修訂四版

刑法分則
實例研習

——個人法益之保護

曾淑瑜 著

三民書局

國家圖書館出版品預行編目資料

刑法分則實例研習:個人法益之保護／曾淑瑜著.－－
修訂四版一刷.－－臺北市:三民,2017
面; 公分

ISBN 978-957-14-6273-8 (平裝)

1.刑法分則 2.問題集

585.2022   106000848

© 刑法分則實例研習
——個人法益之保護

著 作 人	曾淑瑜
發 行 人	劉振強
著作財產權人	三民書局股份有限公司
發 行 所	三民書局股份有限公司
	地址　臺北市復興北路386號
	電話　(02)25006600
	郵撥帳號　0009998-5
門 市 部	(復北店)臺北市復興北路386號
	(重南店)臺北市重慶南路一段61號
出版日期	初版一刷　2004年10月
	修訂二版一刷　2010年6月
	修訂三版一刷　2011年9月
	修訂四版一刷　2017年2月
編　　　號	S 585280

行政院新聞局登記證局版臺業字第○二○○號

有著作權‧不准侵害

ISBN　978-957-14-6273-8　(平裝)

http://www.sanmin.com.tw 三民網路書店

修訂四版序

　　本書自二〇一一年三版後已數年，總算可以增訂新資料以饗讀者。內容除了修正條文及其修法理由、解說（例如一〇三年新增的第三三九條之四加重詐欺罪、第三四四條之一加重重利罪）外，亦在適當處置入新的實務見解。例如為了調合言論自由與名譽權的衝突，法院如何就言論全文論點觀察分析，針對被害人法益侵害之輕重等因素綜合判斷，以建構刑法第三一〇條第一項誹謗罪的各個主、客觀構成要件要素；又例如衛星追蹤器紀錄行駛於公共道路車輛本身的行跡是否妨害隱私？新聞自由可否作為侵害他人隱私的正當理由？此外，就現行社會上大家矚目的兒童虐待究竟應如何論罪，亦特別列入書中。

　　這幾年臺灣社會異常紛亂，有些人歸責教育問題，我聽了很難過。因為早在國小、國中，甚至高中課程中即納入法學教育，但法律似乎只是升學的考題罷了，並未能讓法律實質上的精神落實在日常生活中，的確讓從事教育的我很灰心。縱使我有機會在各場合，一直不厭其煩的解說法律的內涵，但由於本位主義作祟，許多人還是主張有利於自我的才是王道，而交相指責他人的過錯。在民主法治社會裡，當然歡迎大家表達意見，但一味地以自我利益而質疑他人、打擊他人，只會破壞長期學者辛苦建立的法治價值。本書提供許多問題供討論，不論採取哪種立場及學說，均應思考並評估其影響，理性客觀地思考才能維護並貫徹法律的目的。

　　感謝讀者的支持，本書即使細心校正，無法避免地仍可能有錯字或缺漏，請惠予不吝指正。也感謝編輯的辛苦，及三民書局用心經營實體出版品的貢獻。

曾淑瑜　謹誌

2017 年 2 月

初版序

　　其實很早就有本書的規劃藍圖，一直到三民書局找上我，洽妥了細節，本書才順利地著手進行。這段期間往往只能利用工作、家事以外的時間（當然每天可以固定壓縮出來的時間真可以說少之又少），甚至連等車的十分鐘都不放過做校對的事，常常都是「眾人皆睡，唯我獨醒」。此不由得讓我想起我一直想跟現在的法律學子說的話。以我而言，我是本土的法律學子（自是學姐——前輩），對國內考試的生態環境非常習慣，也很認命，或許同學們覺得現在的我看似優閒、樂觀，其實，學習法律的路途上，我所遇到的及感受到的，又何嘗與大家不同。自從擔任教學工作以來，有不少同學抱怨，他（她）已經很努力了，為什麼成績還是不如理想？而我則是一再重覆地說，你（妳）不是不努力，而是不夠努力。換言之，身為一個學生，應該把百分之八十、九十的時間及精力放在課業上，而法律系的學生更應該把百分之一百，甚至於如有百分之一百二十的時間或精力的話，都應該放在課業上。或許同學覺得老師一定瘋了，老師年紀大了、沒娛樂，只好壓榨同學。請仔細想一想，社會隨著時代變遷，人與人之間越形冷漠，猜忌、仇視亦相對增加，與社會習習相關的法律也會跟著時代的脈動有不同的變化，如果無法不斷地學習，脫節的法律觀不但不能保護人民，亦不能建構符合人民期待之社會秩序。我記得曾有位同學告訴我，某年聖誕節的前一天平安夜裏，當宿舍內的同學都去參加舞會、活動，只剩其一人在房內讀書，晚餐也只能到附近的便利商店買便當裹腹，便利商店的老闆問她說：「妳是法律系的吧?!」那位同學無奈地、心酸地點點頭。我也憶起了一個日常生活小故事，某週日上午八點多，當大多數的人都還窩在棉被裏，我就接到朋友的來電，很緊急地描述其家人要離婚的事，很著急地要我提供其建議，看看要如何保障權利。假設我不是法律人，這時候我可能還在

睡覺，我也不用介入別人的家務事，當然，睡眼惺忪地被叫起來，必須在短時間內迅速喚起我身上所有法律細胞，振作精神提供服務——這就是法律人的宿命。社會上的人期待你（妳）為其處理問題、解決問題（我不知這是否就是法律學子所說的伸張正義），而你（妳）為確實地、詳盡地保障周遭相信、信賴你（妳）的人，必須不斷地充實自己。我記得上課時，我常開玩笑地說：「如果哆啦Ａ夢肯借我道具，我要向它借可以記憶的吐司，就是把書印在吐司上，一頁一頁地印，吃下去後，書中的內容就全部記起來了。」某位同學就笑說：「老師，妳的方法太慢了，不如把書拿來煮湯，用喝的不是比較快嗎？」說完，大家都非常贊成他的主意，不過，事後想想，那萬一拉肚子怎麼辦？吃太多，會消化不良的。哈……。

啦哩啦喳說這麼多，主要還是要強調現在同學可能要檢討一下讀書的態度。首先，不求甚解是非常危險的一件事，因為只知其大略如此，再隨自己意念隨意編排，那是自創法律，不是適用法律；其次，寧可把錢、時間用在上網、哈啦，卻不肯多買一本書或雜誌閱讀，欠缺智識的吸收，人會變成膚淺。可能法律學子當中有很多人覺得自己沒打聽清楚就上了賊船，不，有些人應該說是自陷火坑，不論如何，一旦進入火坑，究竟是焠煉成鋼，或者是化成灰燼，就看個人造化了。法律這一行是典型的服務業，不僅是以服務有錢人為對象，也不僅服務九二一、七二災民，此善心事業服務的地點不僅僅限於廟裏，任何職務、場所都有需要，口口聲聲說要伸張正義的法律學子啊！你（妳）們能瞭解本行服務之宗旨嗎？

本書能順利付梓，承蒙學棣陳勇志、張育達、謝明翰細心校對，並對內容中尚未詳盡之處提出寶貴意見。王琇姝，江欣澄，洪家鴻，黃逸哲，陳宏仁，談虹均同學們更是以「共犯」結構，行為分擔，竭盡所能，使得本書之錯誤減到最低。感謝大家在水深火熱之中仍然願意大力協助，在此致上本人最大之謝忱。

曾淑瑜　謹誌
2004 年 8 月

刑法分則實例研習

——個人法益之保護

目　次

問題一

殺人與傷害之不同

> 　　甲女與乙男同居多年，某日甲聽聞乙另結新歡，遂開車尾隨乙男，見乙男以汽車搭載丙女，一路上非常親熱，妒火中燒，遂從後方猛力衝撞乙與丙乘坐之汽車，乙下車查看，見原來是甲，大聲責怪。甲怒火上升，倒車再加速往前衝撞乙倒地，乙因腦部撞及地面，顱內出血不治死亡。請問甲成立何罪?

【問題點】

一、殺人罪、傷害罪之類型

二、殺人故意與傷害故意之不同

三、殺人行為與傷害行為之不同

四、殺人與傷害致死之區別

五、「傷害」之認定

六、轉念殺人

七、兒虐是殺人或傷害

【解析】

一、殺人罪、傷害罪之類型

㈠殺人罪之類型

　　依刑法第二十二章殺人罪（第二七一條至第二七六條）規定，可將殺人罪歸納為下列四種:

　1.故意殺一般人

　　例如刑法第二七一條，其構成要件結構如下圖:

2.故意殺與行為人有特定關係之人

例如刑法第二七二、第二七四、第二七五條，其構成要件結構如下圖：

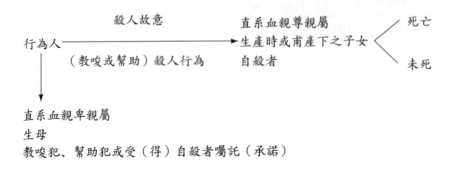

3.過失致人於死

例如刑法第二七六條，其構成要件結構如下圖：

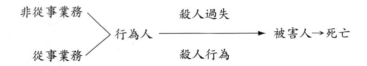

4.基於特別情狀下殺人

例如刑法第二七三條，其構成要件結構如下圖：

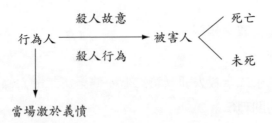

㈡傷害罪之類型

依刑法第二十三章傷害罪（第二七七條至第二八七條）規定，可將傷害罪歸納為下列五種：

1.故意傷害

例如刑法第二七七條第一項、第二八○條，其構成要件結構如下圖：

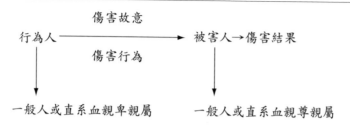

2. 故意重傷

例如刑法第二七八條第一、三項、第二八○條，其構成要件結構如下圖：

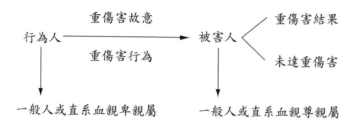

3. （重）傷害罪之加重結果犯

例如刑法第二七七條第二項、第二七八條第二項、第二八○條，其構成要件結構如下圖：

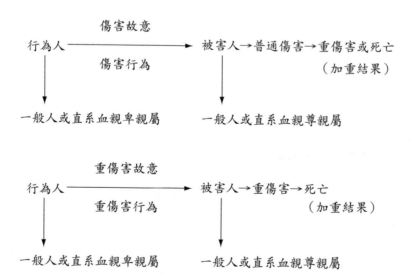

4.過失傷害

例如刑法第二八四條，其構成要件結構如下圖：

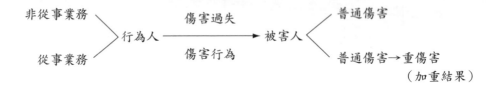

5.特別情狀

⑴義憤傷害罪（刑法第二七九條）：須行為人當場激於義憤犯傷害罪或重傷害罪。

⑵施暴直系血親尊親屬未成傷罪（刑法第二八一條）：本罪之犯罪主體為被害人之直系血親卑親屬，行為客體為行為人之直系血親尊親屬。又行為人對被害人雖有施強暴之行為，但並未因之使被害人之身體或健康遭受損害。

⑶加工自傷罪（刑法第二八二條）：本罪行為人須為教唆、幫助自傷者、受自傷者囑託或得其承諾之人，且被害人如僅受到普通傷害，尚不能成立本罪。申言之，本罪以被害人產生重傷之結果為構成要件之一，無未遂犯之處罰規定，行為人使被害人產生普通傷害結果之行為，不罰。至於如因而致被害人死亡，本條後段尚有處罰加重結果犯之規定。

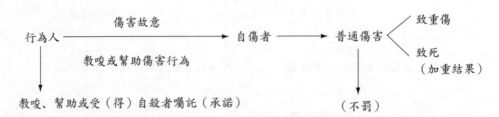

⑷聚眾鬥毆罪（刑法第二八三條）：本罪之行為人必須有數人❶，本罪亦屬結果犯，須有致人於死或重傷之結果發生，如僅發生普通傷害之結果，

---

❶ 刑法第二八三條所謂「聚眾」，係指聚集不特定之多數人，有隨時可以增加之狀態。

則無法依本罪處斷，而依其情節，成立刑法第二七七條傷害罪之共犯。

二、殺人故意與傷害故意之不同

　　刑法第二七一條之殺人罪與刑法第二七七條、第二七八條之普通傷害罪及重傷罪均屬於故意犯，由於殺人未遂與（重）傷害既遂在其客觀犯罪構成要件行為上經常無法明顯予以區分，甚至於其結果不分軒輊，無法僅以其對身體、健康之侵襲程度作為判斷之標準，因此，究竟是殺人行為？抑是傷害行為？端視行為人之犯意而定。申言之，以主觀構成要件要素之角度觀察，殺人罪之主觀構成要件要素為殺人故意，即行為人對被害人為一生命體有所認識，並決意置其於死地；傷害罪之主觀構成要件要素為傷害故意，即行為人對被害人為一生命體有所認識，並決意使其產生普通傷害（刑法第十條第四項重傷定義以外之傷害）；重傷罪之主觀構成要件要素為重傷害故意，即行為人對被害人為一生命體有所認識，並決意使其產生刑法第十條第四項之重傷害❷。

　　按刑法第十三條有關故意之規定，包括直接故意與間接故意二者，殺人（傷害）故意不僅指殺人（傷害）之直接故意，尚包括殺人（傷害）之間接故意❸。即行為人對於殺人（傷害）之犯罪事實有所認識，並能預見其發生，而其發生亦不違背其本意（容認殺人或傷害結果發生），仍應論以

---

❷　我國實務見解如最高法院 29 年上字第 3345 號判例：「刑法第二七八條第二項之罪，以犯罪當時有使人受重傷之故意，因重傷之結果，致被害人死亡為構成要件。若無使人受重傷之故意，則被害人因傷身死，應依刑法第二七七條第二項前段規定處斷。」最高法院 48 年臺上字第 33 號判例：「殺人罪之成立，須於實施殺害時，即具有使其喪失生命之故意，倘缺乏此種故意，僅在使其成為重傷，而結果致重傷者，祇與使人受重傷之規定相當，要難遽以殺人未遂論處。」最高法院 59 年臺上字第 1746 號判例：「重傷罪之成立，必須行為人原具有使人受重傷之故意始為相當，若其僅以普通傷害之意思而毆打被害人，雖發生重傷之結果，亦係刑法第二七七條第二項後段普通傷害罪之加重結果犯，祇應成立傷害人致重傷罪，不能以刑法第二七八條第一項之重傷罪論科。」

❸　申言之，行為人如認識其行為必導致被害人死亡，此為直接故意；如認識其行為未必導致被害人死亡，但認為有此可能而予以容忍，則此為間接故意以

故意殺人（傷害）罪。例如甲在鬧區裡開槍，雖然甲不確定會射擊到那一個人，但甲對於會射擊到人有所認識，甚至甲得以預見如果射擊到人可能會導致該人死亡，即使如此，甲仍然四下掃射，此為結果不確定之故意（為間接故意之一種）。

三、殺人行為與傷害行為之不同

行為人之犯意如何？行為人究竟是殺人故意或是傷害故意？此乃行為人個人內心之心理狀態，外人無從得知，因此，學說及實務見解通說認為此種內在之心理狀態應從行為時之客觀情況予以判斷。而所謂客觀情況，不外乎行為人實施行為之手段方法、下手之輕重程度、被害人遭受侵害之經過、傷痕之多寡、受傷之部位等，依日常經驗法則判斷之。下列情形乃是認定行為人內心具有殺人故意之各種客觀情況：

㈠行為人實施行為之手段方法

例如行為人持槍對被害人之腦門或心臟部位開槍。因槍對於人之生命有強大之殺傷力，行為人應有所認識，又人之腦部或心臟乃屬人體最脆弱之部分，亦屬生命中樞，自可推測行為人有使被害人致死之決意❹。又行為人對被害人當頭潑灑汽油，並點火燃燒，行為人如主張其僅是予被害人一點教訓，並無殺人之故意，自屬脫罪之矯詞。

㈡下手之輕重程度

例如被害人所受刀傷，刀刀見骨，或行為人以汽車高速來回衝撞被害人等。

㈢被害人遭受侵害之經過

例如被害人已經受傷，行為人仍緊隨追殺，或被害人已喝下行為人所提供之毒藥，行為人趁其意識不清時再以棉被緊蓋住其口鼻等。

---

❹ 例如最高法院 43 年臺上字第 109 號判例：「上訴人因挾被害人怨其家姑與上訴人通姦倒貼之恨，於向被害人索取肥料價款相與口角之際，持長三尺直徑二寸之四方木棍向被害人頭部猛擊三下，致頭蓋骨折倒地，移時斃命，其下手當時，顯已具有殺死之故意，自難解免刑法第二七一條第一項之罪責。」即是以行為人實施行為之手段方法認定行為人有殺人之故意。

㈣**傷痕之多寡**

例如被害人身中數十刀，或多處內臟受到重擊破裂等。

㈤**受傷之部位**

例如被害人被刀刺中之部位大都集中在頸部或胸腔。

應注意的是，前開任一情況非絕對唯一之標準，必須參酌各項客觀情況，綜合判斷之。

四、殺人與傷害致死之區別

從前開說明可知，殺人與傷害之區別得分別從主觀面及客觀面觀察。惟殺人既遂與傷害致人於死，雖然主觀面仍以行為人是否有無使被害人致死之決意為主要之區分基準；然而，從其客觀面言，無論是犯罪所發生之結果，或實施犯罪所使用之方法手段，並無太大之不同，因此，往往為個案事實認定時反反覆覆推敲之點。以下茲歸納數項區別之標準，以供參考：

㈠以有無殺意為斷（18 上 1309、51 臺上 1291、86 臺上 2278），或在下手加害時有無死亡之預見為斷（19 上 718）。

㈡認定犯意，應就所調查之證據資料，本於吾人之經驗法則與論理方法，綜合研求，以為心證之基礎（86 臺上 2278）。

㈢受傷處所是否致命部位，及傷痕之多寡，輕重如何，有時雖可藉為認定有無殺意之心證，但僅足供認定有無殺意之參考，究不能據為區別殺人與傷害致死之絕對標準（18 上 1309、19 上 718）。例如最高法院 44 年臺上字第 373 號判例：「上訴人用刀殺傷被害人之身體五處，既經驗明其右側腹部刺創寬二‧五公分，深至腹腔內，右肩胛刺創寬三公分，創底向下前方經胸腔後，再刺破橫隔膜至腹腔內，深約二十一公分，左肋膜左肺下端脾臟、肝臟（左葉）及大、小腸可能已被刺破，致使大量出血，填書在卷。雖殺人與傷害人致死之區別不以兇器及傷痕之多少為絕對標準，然就上述之傷情觀之，則上訴人持刀殺人時下手之重可知，刀能殺人不能謂無預見，下手之重更難謂無殺人之決心。原審並未查有上訴人僅屬意圖傷害之確據，遽認其為傷害人致死，自非允洽。」

㈣不能因行為人與被害人素不相識，原無宿怨，即認為無殺人之故意

(51 臺上 1291)。

㈤按刑法第二七七條第二項傷害致人於死罪，為加重結果犯，行為人基本之普通傷害行為產生基本之普通傷害結果，須有第一層之因果關係，行為人對於產生死亡之加重結果在客觀上有預見之可能性，須有第二層因果關係，此謂為「雙重因果關係」（如下圖）。申言之，成立傷害致死罪之行為人不能有殺人故意，即使有殺人之間接故意，只成立殺人罪，不成立本罪。本罪之行為人在主觀上僅得有傷害之直接故意或間接故意，亦即行為人認識其行為必導致或有可能引起被害人受傷，並決意為傷害行為之實行，而被害人卻因傷重死亡。被害人之死亡對行為人而言不得在其預料之中（否則行為人即屬其「發生並不違背其本意」），但在客觀上，行為人卻有認識或預見之可能。

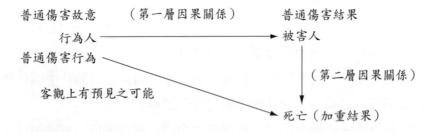

五、「傷害」之認定
㈠「傷害」之概念

關於傷害之概念，計有下列四說：

1. 侵害身體完全性說

本說著重人外觀物理變化，認為凡有害於人身體之完全性者，即為傷害。因此，其內涵包括侵害人身體生理之機能、不良變更健康狀況及改變身體之外貌。從人身體外部來看，皮膚、毛髮、牙齒、指甲；在人體內部之器官，因其各具有不同之機能，既屬人體之一部分，將其削去或割除，自可認定是「傷害」。

2. 侵害身體之生理機能說

本說從生理學之觀點，認為使人之生理機能發生障礙，或使健康狀態

導致不良變更者即是。

3.侵害身體完全性及身體之生理機能說

本說以為人身有不可侵犯性，舉凡對身體之一部分或身體內部機能有所侵害之行為，均可謂之為傷害行為。

4.侵害身體之生理機能及使身體外貌產生重大變化說

本說為折衷說。按刑法第十條第四項有關重傷之定義，除第一款至第五款強調對機能之毀敗外，第六款概括規定，在實務見解上尚包括對人身體外貌產生重大變化之情形。因我國刑法未直接對普通傷害為定義性規定，而僅就重傷為定義規定，是故，均將不符合重傷之定義者認定屬普通傷害之行為。然而，依刑法謙抑性原理，普通傷害亦不能無止境之涵括，自應參酌重傷認定基準，即兼論身體機能及身體外貌重大變化。

我國實務見解通說採侵害身體之生理機能說，例如最高法院32年上字第2548號判例：「刑法第二百七十七條之傷害罪，既兼具傷害身體或健康兩者而言，故對於他人實施暴行或脅迫使其精神上受重大打擊，即屬傷害人之健康。」

㈡以剃刀削去他人頭髮是否成立傷害罪？

假設甲以傷害乙之故意，以剃刀隨意削去乙之頭髮，使乙之頭髮成不規則狀，致乙羞於出門。甲是否成立犯罪？甲成立何罪？

1.甲不成立犯罪

依侵害身體之生理機能說，甲以剃刀削去乙之頭髮未使乙之生理機能產生障礙，亦未使其健康狀態導致不良變更，不符合傷害之定義。例如36年院解字3711號解釋謂：「強行剪去頭髮，僅係違反違警罰法第七十六條第一款之規定，尚不構成刑法上之犯罪。」即採此說。

2.甲成立強制罪

謂甲如以強暴脅迫之方法強行以剃刀削去乙之頭髮，視其情節，可認為是「使人行無義務之事」，應成立刑法第三○四條強制罪。

3.甲成立毀損器物罪

有謂假牙、義肢雖形式上為身體之一部分，究非實質上之軀體，不足

為普通傷害罪之客體，故如打落假牙，未致出血，或打斷義肢，未傷及身體者，均不成立傷害罪，但可成立毀損罪❺。然而，以設例言，頭髮在與人體分離前至少是人身體之一部分，人體既然不是「物」，自無法作為毀損器物罪之客體。此外，民法上有關「物」之要件，除需具備有體性、管理可能性外，尚須有非人格性之要件，如此始能作為交易之客體或所有權之客體。在刑法之立場，雖然有關物之解釋，尚無限定如同民法上之釋示，但「人之身體」畢竟不得解釋為「物」，因此，侵害毛髮、指甲等「人身體之一部分」，自不得認係對物之侵害。

4.甲成立普通傷害罪

本說採侵害身體之生理機能及使身體外貌產生重大變化說。蓋前揭3711號解釋作成於違警罰法時代，因現代社會國民對其身體外部相貌相當重視，毛髮之削去或指甲之折斷，對於人身體機能或健康雖無影響，但好美者視之甚於生命，為符合時代潮流趨勢，自應為新解釋，兼論生理機能及人身體外貌之重大變化。吾人贊成本說論調。至於侵害達於何種程度始為重大變化，其判斷標準不明，吾人以為應參酌當時社會客觀情事，視個案事實認定之。

㈢被害人因行為人之暴行產生「創傷後壓力症候群」是否成立傷害罪?

例如甲將乙壓制於地上，以腳踩在其頭上，並以書包擊打乙之腹部。乙事後雖然有腹痛、頭痛之現象，但未有外傷，就醫亦無法診斷器官受到傷害。惟往後三個月內乙有退縮、失眠、不明原因大哭、逃避他人接觸、社會生活退化等所謂「創傷後壓力症候群」(PTSD, Posttraumatic Stress Disorder 或 Post-traumatic stress disorder) 現象。甲是否成立普通傷害罪?

站在傳統侵害身體之生理機能說的立場，實務上均認為被害人之生理

❺ 褚劍鴻，《刑法分則釋論（下冊）》，頁 934，臺北，臺灣商務印書館股份有限公司（2001 年 2 月 3 次增訂版）。請注意學者甘添貴以為，義肢、義眼、假牙或人工心臟等，如已與身體緊密結合，苟非毀傷身體即無法與身體分離者，既已形成身體之一部分，自得為普通傷害罪之客體。請參考甘添貴，《體系刑法各論第一卷》，頁 82，臺北，自版（1999 年）。

機能如未受到影響，行為人不成立犯罪。例如最高法院 23 年上字第 763 號判例：「刑法第二九三條第一項之傷害罪，以有傷害人之意思並發生傷害之結果者始能成立，若加害者以傷害人之意思而加暴行，尚未發生傷害之結果，除法律對於此項暴行另有處罰規定者外，自不成立何種罪名。」據此，問題就在於所稱生理機能，除了身體及健康外，是否包括精神之正常健全狀態？

1. 肯定說

本說以為如果被害人係因外傷導致精神上之障礙，既然實務上承認即使被害人身體外部受到輕微傷害均屬普通傷害之範疇，則生理機能之障礙亦應解為傷害行為之一種。如採此說，則現實社會上之電話騷擾事件，例如不論是白天或半夜、家用電話或手機，均頻頻打電話占線；或電話撥通後不發一言，造成被害人生活不安或內心窘迫、躁鬱之情形，亦可成立本罪❻。惟適用本說應注意被害人「創傷後壓力症候群」與行為人之行為之間須有相當因果關係。

2. 否定說

本說基本上仍立足於生理機能障礙說。按被害人心理上歇斯底里之狀態，並非基於有形力之行使所直接產生，伴隨著犯罪被害過程中之體驗，被害人只要想起犯罪當時之情狀，基於心理上之原因，其本身產生間接之、派生之、二次之傷害，此與以暴行，即有形力之行使，直接所產生之傷害有異，故不得認定該當於傷害之要件。此外，本說強調傷害罪所謂「傷害」，須行為人有使用物理力（暴行）之故意；且認為「從氣憤、強烈之被害感情、恐怖心理等所產生之無法入眠、心理不安定狀態之程度」，即具「某程度上歇斯底里之狀態」，僅係強盜罪或強制性交罪等所產生之後遺症，非普通傷害所能比擬❼。

---

❻　例如日本名古屋地判平成 6.1.8，判例タイムズ 858 號，272 頁；奈良地判平成 13.4.5、富山地判平成 13.4.19，請參考佐佐木和夫，〈暴行を受けたことによる心的外傷後ストレス症候群による傷害罪の成立が否定された事例〉，《現代刑事法》，39 期，72 頁。

　　以上二說本文以為在現今社會如醫學鑑定上足可證明被害人之「創傷後壓力症候群」與行為人之行為之間有相當因果關係，因精神狀態受到損害，人類之生理機能亦會受到影響，依身體之生理機能說，肯定說有其存在價值。惟應注意者有二，在因果連繫之解釋上應注意社會之客觀可能性，例如甲女因與男友分手心理受創，控告男友傷害罪，因個人主觀情事差異，自不構成本罪，此其一；行為人之行為仍應出於物理上之有形力，避免與其他罪名在適用上競合，例如前揭之電話騷擾事件，除非有強暴、脅迫情事，得論以刑法第三〇四條強制罪外，尚不成立本罪，此其二。是以，前開否定說亦有參考之必要性。

六、轉念殺人

　　所謂「轉念殺人」，係指行為人本以傷害之故意實行傷害之行為，在傷害行為進行中，轉變犯意，改以殺人之意思，對被害人實施殺害之行為。就侵害生命法益之行為事實歷程觀察，擬侵害生命法益，通常會伴隨著身體法益之侵害，或者是須先侵害身體法益，始能達成侵害生命法益之目的。在「轉念殺人」之情形，就客觀犯罪構成要件之分析，行為人於著手實行傷害行為後，變更為殺人之行為，依行為階段，論罪上似可分別論以普通傷害既遂罪及普通殺人既（未）遂罪；但就行為人整體行為觀察，行為人侵害人身法益之行為並未間斷，且單純就外觀言，亦無法明顯區分何者行為屬傷害行為，何者行為屬殺害行為。再就行為人主觀構成要件要素分析，行為人雖是先以傷害之故意行為，嗣後轉為殺害之故意行為，惟行為人之內心意思不但從外部無法分辨，且如無客觀行為上之機會，行為人無法藉行為之接續達成意思之轉換。是以，如強調行為人之內心主觀意思而分別論罪，不論在主觀面或客觀面均無意義。因傷害行為對人身法益之侵害係屬低度行為，而殺人行為對人身法益之侵害係屬高度行為，依法規競合吸收關係理論，高度行為吸收低度行為，應只論以殺人罪。

---

❼　例如日本福岡高判平成 12.5.9 即採此見解，請參考判例タイムズ 1728 號，159頁；佐佐木和夫，〈暴行を受けたことによる心的外傷後ストレス症候群による傷害罪の成立が否定された事例〉，《現代刑事法》，39 期，71–72 頁。

七、兒虐是殺人或傷害

一百零一年針對我國兒童虐待問題嚴重，修正刑法第二八六條第一項為：「對於未滿十六歲之人，施以凌虐或以他法足以妨害其身心之健全或發育者，處五年以下有期徒刑。」除了將行為客體由「男女」修正為「人」，可以避免生理特徵無法確定為男或女而產生規範上之漏洞外，亦將妨害身心之健全或發育之行為納入本罪之處罰態樣，同時修正本罪法定刑下限，刪除拘役及罰金刑，以達到處罰凌虐幼童少年行為人之目的。因本條凌虐罪，除須有對於未滿十六歲之人施以凌虐或以他法妨害其自然發育外，尚須發生妨害其身體自然發育之結果，始足當之（最高法院 82 年臺上字第5599 號刑事判決）。因凌虐與偶然之毆打成傷，應成立傷害罪之情形有異；凌虐行為具有持續性，對同一被害人施以凌虐，在外形觀之，其舉動雖有多次，亦係單一之意思接續進行，仍為單一之犯罪，不能以連續犯論（49 年臺上字第 117 號判例參照）。學說上亦有認為凌虐行為屬於必然多數行為之犯罪型態，為集合犯應以包括之一罪為評價者。所稱「施以凌虐或以他法」，係就其行為態樣所為之規定；凌虐係指通常社會觀念上之凌辱虐待等非人道之待遇，不論積極性之行為，如時予毆打，食不使飽，或消極性之行為，如病不使醫，傷不使療等行為均包括在內。倘行為人之施以凌虐，而生妨害幼童身體之自然發育之結果（如使之發育停滯等），即成立本罪。因凌虐成傷者，乃屬法規競合，應依本罪之狹義規定處斷（最高法院 96 年臺上字第 3481 號刑事判決）。換言之，不再論以傷害罪。然而，在許多場合，兒虐之情形被發現時，通常被虐兒童已死亡，引發犯罪行為人究竟成立本罪？或殺人罪？抑傷害致死罪？因本罪不處罰加重結果犯，如被虐兒已死亡，似乎其身心之健全或發育是否受到妨害已非討論之重點，更何況本罪之性質本就包含傷害之情形，因刑法第二七七條第二項傷害致死罪之法定刑較重，是以，本罪無適用之餘地。至於被虐兒死亡究竟如何論罪，依刑法第十七條加重結果犯：「因犯罪致發生一定之結果，而有加重其刑之規定者，如行為人不能預見其發生時，不適用之。」之規定得知，應依行為人主觀上對於被虐人死亡之結果是刑法第十三條直接或間接故意，還是僅有預見可

能性，而分別論以刑法第二七一條殺人罪及刑法第二七七條第二項傷害致死罪。

【結論】

本題應從主觀面及客觀面分析之：

一、甲主觀上如僅有傷害之直接或間接故意，即甲並未認識其衝撞乙之行為必導致或可能造成乙死亡事實之發生，但客觀上甲有預見乙因衝撞將有可能導致死亡之可能，則甲成立刑法第二七七條第二項前段傷害致死罪。

二、如乙之死亡對甲而言，係其所認識或在其預料之中，換言之，甲主觀上有殺人之直接或間接故意者，則甲成立刑法第二七一條第一項殺人既遂罪。

三、從題意，甲本來見乙與丙親熱遂猛力衝撞乙、丙乘坐之汽車，本意應只有普通傷害罪及毀損器物罪之故意，後來乙下車大聲責怪甲，致甲倒車再加速往前衝撞乙，就客觀犯罪構成要件分析，甲於著手實行傷害行為後，如已變更為殺人之行為，則殺人之高度行為吸收傷害之低度行為，則應只論甲成立刑法第二七一條第一項殺人罪。

【參考法條】

刑法第二七一條

殺人者，處死刑、無期徒刑或十年以上有期徒刑。

前項之未遂犯罰之。

預備犯第一項之罪者，處二年以下有期徒刑。

刑法第二七六條

因過失致人於死者，處二年以下有期徒刑、拘役或二千元以下罰金。

從事業務之人，因業務上之過失犯前項之罪者，處五年以下有期徒刑或拘役，得併科三千元以下罰金。

刑法第二七七條

傷害人之身體或健康者，處三年以下有期徒刑、拘役或一千元以下罰金。

犯前項之罪因而致人於死者，處無期徒刑或七年以上有期徒刑；致重傷者，處三年以上十年以下有期徒刑。

刑法第二八四條

因過失傷害人者，處六月以下有期徒刑、拘役或五百元以下罰金；致重傷者，處一年以下有期徒刑、拘役或五百元以下罰金。

從事業務之人，因業務上之過失傷害人者，處一年以下有期徒刑、拘役或一千元以下罰金；致重傷者，處三年以下有期徒刑、拘役或二千元以下罰金。

刑法第二八六條第一項

對於未滿十六歲之人，施以凌虐或以他法足以妨害其身心之健全或發育者，處五年以下有期徒刑。

刑法第三〇四條

以強暴、脅迫使人行無義務之事或妨害人行使權利者，處三年以下有期徒刑、拘役或三百元以下罰金。

前項之未遂犯罰之。

【練習題】

一、甲因向乙討債未果，不但一拳將乙之假牙打落，且將乙懸吊在頂樓外牆二十分鐘，警告其儘速還債。事後乙經常心悸、發抖、無端大哭，求助心理醫師。請問甲之行為是否成立犯罪？

二、甲氣憤女友乙另結新歡，某日與乙談判破裂，拿出預藏之菜刀向乙之頭頸部猛砍，乙因頸動脈切斷流血不止死亡。甲在警局向警方辯稱其只是要乙好看而已，並不想殺乙。請問法院應如何處理？

問題二

刑法上人之「生命」的始期與終期

> 甲未成年懷孕，因沒有錢，且懷孕已達二十五週，遂反覆自高處跳下，或從樓梯上滾下，想造成流產。多次後果然甲出血產下一早產兒，在臍帶尚未脫離前，因甲為避免被他人發現，在驚慌下以衣物用力覆蓋在早產兒之頭上，剪斷臍帶後該早產兒已臉色紫黑死亡。請問甲成立何種犯罪？

【問題點】

一、人「生命」之始期
二、人與胎兒之界限
三、人「生命」之終期
四、腦死者是「人」？「物」？
五、損壞屍體罪之保護法益
六、自己決定權在死後之效力

【解析】

　　刑法上人身犯罪之行為客體為人之生命及身體，此所稱「人」，係指行為人以外具有生命之自然人。原則上人人皆為獨立之生命體，但人之始期（出生時）及終期（死亡時）究應如何認定，不無疑義。按人之始期，涉及到行為客體究竟為胎兒或人，如以胎兒為行為客體，此為墮胎罪之規範對象（刑法第二八八條以下）；如以人為行為客體，則應成立殺人罪（刑法第二七一條以下），二者之區別具有重大實益。刑法即使承認胎兒亦為保護之對象，在立法設計上卻將同屬生命體之人及胎兒為不同程度之規範，例如不罰過失墮胎罪，墮胎罪亦不處罰未遂犯。換言之，刑法對出生前之「胎兒」的保護較「人」為低。近年來因生殖醫學發展迅速，胎兒離開母體之存活率已大為提高；此外，以受精卵或胚胎作為研究對象者屢見不鮮，在

出生前之階段——著床於子宮前之受精卵、胚胎、或成長數週之胎兒（不論脫離母體存活率如何），是否應隨生命科學之腳步調整刑法上殺人罪、墮胎罪之適用，仍是刑法上有待釐清之重大課題。至於人之終期，人死亡前或死亡後，為殺人罪既遂、未遂時期之認定基準，亦是區別成立殺人罪或損壞屍體罪（刑法第二四七條第一項）之重點。蓋死亡後人之身體為「屍體」、「遺骸」，為了宗教生活上之善良風俗或死者遺族之道德感情，始有保護之必要。

一、人「生命」之始期

有關人「生命」始期之學說計有下列五說：

㈠陣痛開始說（分娩開始說）

主張以開始分娩時，即以開始有規律地陣痛時，為人之出生，此說為德國所採❶。

㈡一部露出說

乃以胎兒身體之一部分露出母體時，為人之出生❷。此為日本之通說。批評本說者認為本說有下列三點謬誤：

1. 即使承認對一部露出之胎兒有攻擊之可能性，然而，因一部露出之胎兒尚屬母體之一部分，因此，究竟行為客體是母體，還是胎兒，此在區分行為客體之性質上無法明確地說明。

2. 本說對於開始生產後尚未露出前（查目前高齡生產情形普遍，有產婦陣痛三日尚未將胎兒產下，甚至無一部露出之情形）之胎兒攻擊，造成產下後為死胎者，究竟依墮胎罪處斷？還是依殺人罪處斷？

3. 順產者一部露出大都為胎兒之頭部、肩部等身體之重要部位，留在

---

❶ 我國學者林山田亦以分娩程序之開始，為人之生命開始點。所謂分娩之開始，指子宮嘗試排擠胎兒而導致之陣痛開始時而言，此等陣痛應指分娩陣痛。請參考林山田，《刑法各罪論（上冊）》，頁 22-23，臺北，自版（2000 年 12 月 2 版）。

❷ 我國學者蔡墩銘似採此說，其認為只要胎兒身體一部分露出，即視為出生，不論露出者係何部位。請參考蔡墩銘，《生命與法律》，頁 285，臺北，自版（1998 年 11 月）。

母體內僅餘一部分，承認其為人自無疑義；但某些胎位不正之胎兒，一部露出者為其足部，因本說亦將胎兒與母體視為獨立具有生活諸機能之生命體，則如何自圓其說，實有困難。

(三)全部露出說

以胎兒身體全部露出母體時，為人之出生。

(四)獨立呼吸說

以胎兒在母體外得藉自己之肺部開始獨立呼吸時，為人之出生。此為我國實務❸所採。

(五)獨立生存可能性說

以胎兒已成熟至離開母體亦有生存可能之程度者，為人之出生。本說係以行為客體是否有規範之價值為出發點，且填補殺人罪、傷害罪與墮胎罪之間的模糊地帶❹。

以上諸說本文以為在我國尚未對受精卵、胚胎之法律上地位定位前，為使現行刑法得與生命科學之進展相協調，以保障人類生命尊嚴，宜採第五說。因異於民法對生命始期之解釋，本說仍待特別立法或實務見解補充。

二、人與胎兒之界限

(一)墮胎後早產兒之法律上地位

以作為或不作為之方式，將胎兒排出於母體以外，其行為究竟成立墮

---

❸ 按我國實務見解不分民法或刑法，均以本說作為認定人「生命」始期之標準。例如最高法院 20 年上字第 1092 號判例：「過失致人死之罪，係以生存之人為被害客體，故未經產生之胎兒，固不在其列，即令一部產出尚不能獨立呼吸，仍屬母體之一部分。如有加害行為，亦祇對於懷胎婦女負相當罪責。」

❹ 學者甘添貴採此說。其謂：「為因應現行刑法仍有殺人罪與墮胎罪之不同規定存在，且為調和懷胎婦女之自我決定權與胎兒生命發展權之衝突，並配合一般國民之法意識及法感情，爰以未出生以前，尚未具有獨立存活能力之生命（即自受精起第十四日起至屆滿六個月前），為胎兒；如已具有獨立之存活能力（即自受精起已滿六個月）者，則視其為人，予以保護，始能實現刑法保護生命之真諦。」請參考甘添貴，《體系刑法各論第一卷》，頁 28–29，臺北，自版（1999年 9 月初版）。

胎罪？殺人罪？或者是有義務者之遺棄罪？其學說有三❺：

1. 限於該早產兒有動物諸項機能，如自發性呼吸及心跳，即認為其存有人之生命，而不論該早產兒之成長週數。

2. 以從母體排除後生命之持續可能性為個別地判斷。申言之，胎兒排出於母體外如育成不可能，排出之早產兒即非屬「人」，而是「胎兒」，對其侵害不再構成另一新的犯罪；且因無延續其生命之可能性，醫師無延命義務，如醫師於早產兒排出於母體外，放任其自然死亡，不成立不作為犯，蓋此不作為已含括於墮胎罪之不法內容中❻。

3. 如是在容許人工流產之期間內排出，為胎兒，因依優生保健法規定，其生命尚無法存續，如在一定條件下施行人工流產，排除殺人罪之適用；如非在容許為人工流產期間內將其排出母體外者，則視為人，有殺人罪之適用。

批評第一說者認為其僅著重在形式上判斷，不能達到保護早產兒之目的；而第二說以是否可得到醫療措施之可能性而決定該早產兒為胎兒或人，欠缺法律之安定性；至於第三說因優生保健法已明定容許人工流產期間，有客觀基準加以區別早產兒是否有醫療之可能、生存之可能，不失為賦與早產兒存在本身法律地位之最佳解釋。

---

❺ 第一說為日本學者大谷實之見解，第二說為學者平野龍一之見解，第三說為學者町野朔之見解。請參考甲斐克則，〈刑法における人の概念〉，西田典之、山口厚編，《法律學の爭點シリーズ 1——刑法の爭點》（有斐閣，3 版，2000 年），124 頁；曾根威彥，《刑法の重要問題〔各論〕》（成文堂，補訂版，1996 年），4 頁。

❻ 日本學者山口厚亦肯定於母體外之嬰兒有延續生命之可能性，但以不作為之方式侵害其生命，不成立殺人罪或有義務者之遺棄罪。其認為殺人如果欠缺具體之危險性，即否定其有不作為殺人之作為義務；又有義務者之遺棄罪，因欠缺保護嬰兒之理由，亦否定其有保護責任。即使該嬰兒有延續生命之可能性，一般而言，不能否定對其有救命義務，但至少無法肯定在此情形下有作為義務，因此，不作為不會違反其保護責任，構成有義務者之遺棄罪。請參考曾根威彥，《刑法の重要問題〔各論〕》（成文堂，補訂版，1996 年），5 頁。

㈡傷害胎兒是否成立傷害罪

　　例如對在母體內之胎兒，以醫藥品或化學物質等使其產生障礙，後來死亡之情形，是否成立刑法第二七六條過失致人於死罪或第二七七條第二項故意傷害致人於死罪？關此，我國至今尚無明顯案例，吾以為此為因果關係有無之問題，因涉及鑑定及一國之醫療水準，且我國對於人與胎兒之界限仍停留在早期之觀念，是以，較少有人探討。德國早在一九七○年因服用薩利邁竇爾藥劑之孕婦產下障礙嬰兒之事件，即已出現對製藥公司之負責人判處過失傷害罪之判例；日本亦有熊本水俁病事件，判決被告成立業務上過失致死傷罪。其理由為：「現行刑法上除了將胎兒獨立作為墮胎罪之行為客體外，一般均解為其為母體之一部分，因此，當討論對胎兒是否得成立業務過失致死罪，因使胎兒發生病變時，係對具有人格之母體的一部分為之，亦相當於使人發生病變。何況胎兒產下成人後，因前開病變之原因死亡，結論上與使人發生病變導致死亡之結果相當，不容否認病變發生時之客體亦屬於人，解釋上亦應成立相同之罪名。」申言之，本判決係以錯誤理論中法定符合說之思考方式解決本問題❼。學者間亦因人與胎兒之界限不明，亦有肯否見解相對立，茲分述如下❽：

　　1. 肯定說

　　認為行為作用之客體究竟為人或者是胎兒均與犯罪成立與否無關，對胎兒之傷害即是對人之傷害。此又稱為作用不問說。本說之立場在於本來胎兒即是「人」之機能的萌芽階段，具有至出生時發育出「人」完全機能之能力，只要經過通常妊娠期間，分娩離開母體後，即具備作為「人」之完全機能，是故從外部對胎兒為侵害行為，使其成為「人」之機能產生障礙，出生後無法成為「人」，發生死亡結果者，即肯定成立業務上過失致死罪。

　　2. 否定說

---

❼　最判昭和 63.2.29 刑集 42 卷 2 號 314 頁；曾根威彥，《刑法の重要問題〔各論〕》（成文堂，補訂版，1996 年），7 頁。

❽　甲斐克則，〈刑法における人の概念〉，西田典之、山口厚編，《法律學の爭點シリーズ 1──刑法の爭點》（有斐閣，3 版，2000 年），124–125 頁。

基於下列四個理由，認為肯定說欠缺說服力。

⑴傷害罪之行為客體為「人」，如果「人」不存在，而將胎兒作為本罪之適用客體，此種類推解釋方法抵觸罪刑法定主義。

⑵殺害母體內之胎兒僅限於墮胎罪，如認以傷害胎兒之意思使其提前離開母體，反而成立較輕之傷害罪，顯不合理。

⑶成立傷害罪，對被害人身體作用之時點為本罪之構成要件要素，故必須有「人」之存在。

⑷傷害罪為狀態犯之一種,而肯定說將傷害罪解為繼續犯,性質上矛盾。

按在現行刑法之立法設計下，胎兒僅依存於母體，並非有完全獨立器官之生活體，由此可見，刑法將人與胎兒視為不同之個體，此其一；如採母體傷害說，將胎兒殺死於母體內，依刑法第二九一條第一項未受囑託或未得承諾墮胎罪之規定，法定刑為一年以上七年以下有期徒刑，而如認對胎兒成立普通傷害罪，其法定刑為三年以下有期徒刑、拘役或一千元以下罰金（刑法第二七七條第一項），二者有嚴重失衡之情形，此由刑法第二八八條第一項懷胎婦女自行墮胎罪、同法第二八九條第一項加工墮胎罪之法定刑分別為六月以下有期徒刑、拘役或一百元以下罰金、二年以下有期徒刑觀之，顯然認為在此情形胎兒為母體之一部分，母親有身體之自主權，相對於前開第二九一條第一項之規定，自處以較輕之刑責，此其二；前揭日本判例將「人」之概念抽象化，已逸脫法定符合說之範圍，此其三；查墮胎罪一章之立法本旨以處罰故意犯為限，申言之，立法者在立法時已設定墮胎之形態，將其行為類型明文化，蓋過失行為沒有設定被害人之必要，僅須論斷過失行為與發生之被害結果之間有刑法上之因果關係即可，此其四。綜上所述，在現行刑法尚未調整墮胎罪之立法規範前，依罪刑法定主義，解釋論上擬採肯定見解似尚有困難。

㈢初期胚胎之法律地位

按生殖醫療技術發達下，實施體外受精相當普遍，而人之體外受精卵——初期胚胎在法律上地位如何？不無疑義。例如以故意毀損之意思，將其毀壞或丟棄，在現行刑法上究應論以毀損器物罪（刑法第三五四條）？或

視其將來有潛在成為「人」之可能，不得與財產同視，認為應成立殺人罪（刑法第二七一條）？為了保護初期胚胎與胎兒，近年來歐、美、日本各國均以立法之方式賦與其一定之法律地位，以保障人性尊嚴，不被物化，甚至以刑罰遏阻利用初期胚胎複製人類之行為。由此可見，不論是初期胚胎、胎兒或是出生後之人，在保障上已不再壁壘分明，對於出生前潛在性可萌芽成人之初期胚胎、胎兒亦應如同出生後之人為相同之保護，法律上有關「人之始期」之認定已嚴重衝擊現行刑法之架構，在罪刑法定主義之前提下，尤待立法、修法解決之。

三、人「生命」之終期

人死亡後便從殺人罪、傷害罪等之行為客體變成毀壞屍體罪之行為客體，因此，人什麼時候死亡，是判斷成立何罪之關鍵。

㈠人「生命」終期之學說

1. 心臟停止說（脈搏停止說）
2. 三徵候說（即綜合心臟停止、呼吸停止及瞳孔反射消失之三項徵候判斷）
3. 腦死說

以往統計上人「生命」之終期百分之九十九均採三徵候說。惟近年來因人工維持生命裝置發達，涉及到何時使用、除去該裝置之問題；又另一方面，伴隨著器官移植之普遍性，為確保器官係從新鮮之屍體中摘出，本說逐漸受到矚目❾。換言之，本說以為當人腦之機能無法回復之停止時，即解為人「生命」之終期。

㈡中止維持生命裝置

對腦死狀態之患者除去維持生命裝置之行為，在法律上之評價，如採腦死說，因該患者已非「人」，而是「屍體」，不該當殺人罪之犯罪構成要件，不發生刑法上之問題。但若採取心臟停止說，首先，對於無治療利益之病患，僅以人工維持生命裝置為支持性治療，醫師應無繼續治療之義務

---

❾　腦死狀態之病患，因有人工呼吸器之輔助，所以有呼吸之徵候，心臟之機能正常，脈搏亦會跳動，其皮膚尚有血色、感覺到有體溫。

（即保證人義務），若醫師停止使用人工維持生命裝置，致病患死亡者，醫師之不作為不該當於殺人罪之犯罪構成要件；惟最初未使用生命維持裝置者，則可能成立不作為犯。其次，在腦死狀態，即使以生命維持裝置代替心臟及肺臟之機能，其心臟及肺臟之機能回復仍屬不可能，無法完全確實迴避死亡之即將到來。因此，從病患事前之意思判斷，如其不希望繼續使用維持生命裝置，醫師即無繼續積極地維持生命裝置治療之刑法上的治療義務（不純正不作為犯之作為義務），可認為前揭情形下中止生命維持裝置「阻卻違法」。

㈢腦死與器官移植

依人體器官移植條例第四條規定：「醫師自屍體摘取器官施行移植手術，必須在器官捐贈者經其診治醫師判定病人死亡後為之。前項死亡以腦死判定者，應依中央衛生主管機關規定之程序為之。」又同法第六條規定，醫師自屍體摘取器官，以合於下列規定之一者為限：(1)死者生前以書面或遺囑同意者；(2)死者最近親屬以書面同意者。由前開說明可知，器官移植與除去人工生命維持裝置不同，前者對客體伴隨著積極地侵襲，即使採腦死說，亦有刑法上之問題。按器官移植之行為該當於毀壞屍體罪之犯罪構成要件行為，在通常之情形下，器官移植所產生之利益（維持或延長他人之生命）較其不利益（侵害遺屬對屍體尊敬、虔誠之感情）為優越，得阻卻行為之違法性。但從前揭法律條文解釋，即使本人有提供之意思，如果其最近親屬反對，縱使在醫學上有腦死之情形，在法律上仍不認同其得為器官移植。此在解釋論上有疑義。蓋「死亡相對化」之認定，會影響「法益之相對化」，對相同客體予以攻擊，在某些場合該當於殺人罪之構成要件，而在另一場合卻不該當，使得行為之性質隨著客體認定不同而有如此相異之變化，豈不是造成該人忽生忽死之奇怪現象；再者，腦死之事實——人「生命」之終期又豈是本人選擇或其最近親屬所得左右者。

至於在採心臟停止說之立場，因器官移植，對捐贈者（器官提供者）言，非屬治療行為之關係，不得依一般治療行為之法理使之正當化。如以生命之衡量為前提，為使器官移植具有適法性，有謂在具體情形下，應從

犧牲某生命及救助他人生命二者利益衡量觀點上判斷其是否有實質之違法性。例如在船難時乘客為搶奪一塊木板，主張以緊急避難法理阻卻違法。惟主張緊急避難以阻卻違法在器官移植之立場並不適當。蓋前開船難案例中不論那一位乘客之生命價值並無優劣之分；而提供器官者之生命價值較接受移植之生命價值為低，至少其保護之必要性程度較低，且其死期逼近，意識回復不可能，無法為自發性呼吸。有謂維持人之生命權為「醫療之第一次任務」，基於「對患者救命、延命」為醫療之基本理念，在「即將消失之生命」與「有延命可能生命」之間，因生命有差異，生命相對化並不損及每個人之生命觀，亦不會動搖傳統社會上對生命尊嚴絕對之尊重❿。

四、腦死者是「人」?「物」?

㈠腦死說將腦死者「物化」

早期主張腦死說者強調腦死者不是「人」，而將其作為「物」處理，此引起極大爭議。因此，在妥協下以下列二理由主張器官移植得阻卻違法：

1.法律明定提供器官限於腦死者自己之決定權。

2.法律應明定摘除器官時腦死者並非不是「人」，只是為了移植器官之便宜性，非謂其非為刑法之保護對象。

在先端科學技術進步之今日，人類之身體真可以說是「活器官之儲藏庫」、「各種荷爾蒙之製造庫」、「投藥或手術之實驗材料」或者是「為人類之福祉提供豐富可能性之資訊、材料」，即使非腦死，為避免活體物化，不論是生物醫學上之實驗或臨床實驗，均建置有保護被試驗者之法制。依照演進之趨勢，為使人能充分地受到刑法之保護，人「生命」之始期的認定已逐漸放寬，而對人「生命」之終期則採限縮地認定⓫。

㈡腦死者「人化」──「尊重身體之權利」

法國在一九八八年發生一起麻醉科醫師對因交通事故陷於腦死狀態，裝有維持生命裝置之青年為麻醉劑之吸入性實驗的事例。一審認為腦死並不相當於人已經死亡，醫師應依職業倫理規範盡其對於病患之義務──即

---

❿　曾根威彥，《刑法の重要問題〔各論〕》（成文堂，補訂版，1996 年），11–12 頁。

⓫　秋葉悅子，〈刑法における「人」の意義〉，《法學教室》，215 期，6–7 頁。

尊重其生命、人格、患者之意思、禁止對本人無直接利益之實驗等。而上訴審雖然改變腦死係人死亡之立場，但其亦認為「醫師職業倫理之根本原則在於其有尊重患者人格之義務，於患者死後亦有其適用。」依本原則對死後之病患為科學實驗，須取得本人生前之同意，並符合一定之條件。本判決確立了腦死為人死亡之時點，但將死者與活人同視，值得參考。法國在此事件後，經過數年之立法作業，於一九九四年有體系地建置規範先端醫療技術之「生命倫理法」，其重點在於其為有關「尊重人之身體的法律」，避免科學技術發達後所招致之人類身體物化現象，以保護遭受嚴重危機之人類本質上之價值（人性尊嚴）。申言之，人類之身體無法與人格切離作為物處理，不論是生前，抑是死後，其固有尊嚴有被尊重之價值，即承認其人格性。將腦死者作為人體試驗之被試驗者，與生者有完全相同之保護。爾後歐洲評議會之「生物科學及醫學實際適用上有關人權及人類尊嚴保護條約」（通稱「生命倫理條約」），甚至是聯合國在一九九七年「有關人類基因及人權世界宣言」中亦可窺見前開「尊重身體之權利」的內容。

五、損壞屍體罪之保護法益

刑法上對於死者之人格、身體及財產等亦有保護之規定，例如刑法第三一二條侮辱誹謗死人罪、第二四七條第一項、第二四九條第一項損壞、遺棄、污辱或盜取屍體罪、第二四七條第二項、第二四九條第二項損壞、遺棄或盜取遺骨、遺髮、殮物或遺灰罪。且學說上有認為將死者殺害後奪取其財物，應成立侵占脫離物罪（刑法第三三七條），亦有認為成立刑法第三二〇條第一項竊盜罪。

學說上認為前揭保護死者之規定，一方面係在保護死者本人；另一方面，係在保護其遺族或國民一般之感情。尤其是損壞屍體罪通說以為係在保護國民一般對屍體之尊敬虔誠之感情（廣義上為宗教情感）。早期之學說著重本罪違反了「宗教上之善良風俗」，解釋上可認為是「侵害了公眾對屍體在道義上、宗教上之感情」。近年來鑑於由屍體移植器官之事例大增，從保護人死後之人格權立場言，當然亦有認為本罪係在保護死者本人。最近之學說有使用「尊崇之感情」、「令人尊敬之感情」等用語來代替，所謂尊

敬虔誠之感情非僅指對死者之敬意，尚包含「尊重死者自己之意思」❷。

六、自己決定權在死後之效力

　　為充分說明從屍體摘除器官不成立損壞屍體罪，學者有謂有關身體之自己決定權，於死後其效力仍屬於人格權之一種，及於死後身體之處理。申言之，遺族對死者之身體雖有固有之人格權（死者保護權），但在通常情形，本人之自己決定較為優先，即使遺族拒絕，本人生前之承諾亦可阻卻損壞屍體罪之違法性❸。亦有認為屍體損壞罪係以死後仍存續之本人人格權（殘存之人格）為中心作為首要之保護法益，將近親者對於死者之尊敬虔誠感情作為副次的保護法益，又死後信賴一般人不會侵害其屍體之完整性，為第三個保護法益❹。現今人體器官移植條例之立法設計雖是以腦死作為人「生命」終期之認定，但基於本人之意思，尊重其「自己決定權」才是該條例保護死者，承認死者自己之決定權在死後仍有阻卻違法之效力。

　　按人格權是在個人尊嚴中具有最高價值者，且在憲法秩序中占有最高地位。最近，尤其是隱私權及自己決定權，亦被納入人格權之範圍內，受憲法之保障，鑑於人格權之對象包括人格之活動及其產物，人格活動不論在何時何地均代表人格主體之精神；其產物──死後之自我決定，與思想或藝術相同，即使人格主體在時間上已不存在，仍應受拘束，換言之，其應超越死亡而存續。近年來生命科學技術高度發展，逐漸有身體商品化、遺傳基因專利化之現象，如果將身體視為不可分之構成要素，將身體之權利置於人格權範圍內，則現行之法制度有大幅改革之必要。基此，死者之身體當然是法律保護之對象，侵害死者身體自然為刑事處罰之對象。德國

---

❷　秋葉悅子，〈刑法における死者の保護〉，西田典之、山口厚編，《法律學の爭點シリーズ 1──刑法の爭點》（有斐閣，3 版，2000 年），126 頁。

❸　此為日本學者金澤文雄之見解。請參考秋葉悅子，〈刑法における死者の保護〉，西田典之、山口厚編，《法律學の爭點シリーズ 1──刑法の爭點》（有斐閣，3 版，2000 年），127 頁。

❹　此為日本學者齊藤誠二之見解。請參考秋葉悅子，〈刑法における死者の保護〉，西田典之、山口厚編，《法律學の爭點シリーズ 1──刑法の爭點》（有斐閣，3 版，2000 年），127 頁。

學說上亦傾向於肯定人死後仍具有人格權之法益性。

【結論】

關於甲之行為究竟成立刑法第二七一條第一項殺人罪？或同法第二八八條第一項自行墮胎罪？抑是同法第二七四條第一項母於生產時殺子女罪？茲分述如下：

一、主觀構成要件要素

甲對於其行為將會造成腹中胎兒死亡之事實有所認識，並反覆自高處跳下或從樓梯上滾下，意欲使其發生，是為故意。

二、行為客體

近日伴隨著生命科學之發展，為了保障人類生命尊嚴，人「生命」之始期，漸傾向採取「獨立生存可能性說」，即以胎兒已成熟至離開母體亦有生存可能之程度者，視為人之出生。申言之，如是在容許人工流產之期間內排出，為胎兒，適用墮胎罪之規定；如非在容許為人工流產期間內將其排出於母體外，則視為人，有殺人罪之適用。依優生保健法施行細則第十五條第一項本文規定：「人工流產應於妊娠二十四週內施行。」由此可知，胎兒在逾越妊娠二十四週後（本題甲懷孕已達二十五週），已有獨立生存可能性，對其侵害，自應成立殺人罪；至於在妊娠二十四週內，則為墮胎罪之行為客體。惟因本說突破現行學說及實務傳統之見解，故有待特別立法或實務補充解釋。

三、客觀構成要件行為

甲於懷孕二十五週時，即以反覆之行為，從高處跳下或從樓梯滾下，以殺害腹中之胎兒，雖然提早產下早產兒並非死胎，但其以衣物覆蓋其頭上之行為，是接續殺害胎兒之行為。即甲一連串之行為，實際上成立殺人罪之接續犯，為實質上一罪。因甲殺害胎兒之行為著手之階段是於妊娠中，未具刑法第二七四條「生產時或甫生產後」之情狀要件，是故，甲成立同法第二七一條之殺人罪。

【參考法條】

刑法第二四七條第一項、第二項

損壞、遺棄、污辱或盜取屍體者，處六月以上五年以下有期徒刑。

損壞、遺棄或盜取遺骨、遺髮、殮物或火葬之遺灰者，處五年以下有期徒刑。

刑法第二七一條第一項、第二項

殺人者，處死刑、無期徒刑或十年以上有期徒刑。

前項之未遂犯罰之。

刑法第二七四條

母於生產時或甫生產後，殺其子女者，處六月以上五年以下有期徒刑。

前項之未遂犯罰之。

刑法第二七七條

傷害人之身體或健康者，處三年以下有期徒刑、拘役或一千元以下罰金。

犯前項之罪因而致人於死者，處無期徒刑或七年以上有期徒刑；致重傷者，處三年以上十年以下有期徒刑。

刑法第二八八條

懷胎婦女服藥或以他法墮胎者，處六月以下有期徒刑、拘役或一百元以下罰金。

懷胎婦女聽從他人墮胎者，亦同。

因疾病或其他防止生命上危險之必要，而犯前二項之罪者，免除其刑。

刑法第二八九條第一項

受懷胎婦女之囑託或得其承諾，而使之墮胎者，處二年以下有期徒刑。

刑法第二九一條第一項

未受懷胎婦女之囑託或未得其承諾，而使之墮胎者，處一年以上七年以下有期徒刑。

【練習題】

一、甲醫師因未注意乙已懷孕之情形，使乙服用易產生畸型兒之藥物，致乙腹中胎兒產生病變，於產下後嚴重畸型。請問甲是否成立犯罪？

二、甲醫師遵從患者乙昏迷前之囑咐，於其腦死時，不顧乙配偶丙之反對，除去乙維持生命之裝置，為器官移植。請問甲是否成立犯罪？

問題三
殉情之迷思

甲男與十六歲之乙女因戀情受到雙方家長反對，遂躲至甲之同學丙女家。某日甲、乙二人相約一同殉情，買了安眠藥攪入酒中。因丙早已暗戀甲多時，表達心意苦勸甲不要自殺，甲反而要脅丙，如果丙真心愛他，亦應一同服下攪安眠藥之酒，乙亦以自己較愛甲而先飲下半瓶酒，丙在心慌之下被甲灌下另半瓶酒，甲見乙及丙陷入昏迷後，始飲下另一瓶酒。當丙女家人發現時，乙及丙已死亡，而甲送醫獲救。

【問題點】

一、自殺不處罰之根據
二、教唆、幫助自殺罪處罰之根據
三、教唆、幫助自殺罪與同意殺人罪之區別
四、教唆、幫助自殺罪與普通殺人罪之區別
五、同意殺人罪與普通殺人罪之區別
六、同意之認識
七、謀為同死之成立要件
八、心中偽裝在刑法上之評價
九、教唆、幫助自殺罪之未遂
十、傷害與同意之問題

【解析】

一、自殺不處罰之根據

(一)適法行為說

基於尊重個人自由之論點，認為自殺是行使個人自己決定權之一環，因個人得自由處分自己之生命法益，故將自殺視為一適法行為，以說明刑法不處罰自殺之根據。以法律對人類自己之實現為最大限度之保障。

(二)不可罰之違法行為說

本說以為自殺行為所侵害之法益——生命已超越自己決定自由之利益，不得因自由利益而將侵害法益——生命棄之於不顧。在此意義上，為了實現自己決定之自由，而以自殺方式侵害重大生命法益，即屬違法；惟即使自殺為違法，基於尊重自己有權決定自身之生死，實現自己決定之自由，應認為自殺行為已降低其違法性，至少應認為是不可罰之違法行為。換言之，自殺不處罰之根據在於其阻卻可罰之違法性。

二、教唆、幫助自殺罪處罰之根據

一般而言，刑法第二七五條第一項通稱為「加工自殺罪」，惟析論其內涵，依犯罪行為之型態，事實上應包含下列四罪：(1)教唆自殺罪、(2)幫助自殺罪、(3)受囑託殺人罪及(4)得承諾殺人罪。有其一即構成本條項之犯罪。如就犯罪行為干預之程度分，前二者亦得稱為「自殺參與罪」，後二者得稱為「同意殺人罪」。首先，從參與行為者之觀點言，既然自殺不處罰，為什麼教唆、幫助自殺之行為要處罰呢？主適法行為說者以為，即使將自殺解為適法行為，因生命法益有一身專屬性，雖然自殺者本人適法，參與自殺行為者因已左右、干涉他人之生命，其行為自具有可罰之違法性❶。條文中雖使用教唆、幫助之文字，但此與刑法第二十九條、第三十條之教唆犯、幫助犯之規定大異其趣。蓋刑法第二十九、第三十條之教唆犯、幫助犯之處罰，非有正犯之存在，無以成罪；又依「教唆犯依其所教唆之罪處罰」及「幫助犯之處罰，得按正犯之刑減輕之」，均有共犯獨立性或從屬性原則之適用，而本罪無可罰之正犯存在，教唆或幫助他人自殺之行為，即為本罪之犯罪構成要件實行行為，獨立成立刑法上之一罪名，且單獨設有處罰未遂犯之規定，與教唆犯、幫助犯相較，本罪之教唆或幫助行為實屬正犯之行為，不發生適用前揭刑法第二十九、第三十條之問題。由此可見，教唆、幫助自殺罪之違法性係使或促進自殺之違法行為發生，具有「違法之從屬性（連帶性）」，此為成立教唆、幫助自殺「正犯」可罰性之依據。至於本罪之法定刑尤較教唆或幫助普通殺人罪為輕，乃係因為「正犯」自殺之違法行為不可罰之故。

---

❶ 本說認為人之違法性本來就具相對性。

三、教唆、幫助自殺罪與同意殺人罪之區別

　　觀刑法第二七五條第一項之立法設計，不論是自殺參與罪，或者是同意殺人罪，二者適用同一法定刑之前提在於其均屬法益主體基於自由意思放棄自己之生命。且教唆、幫助自殺者係屬獨立之正犯類型，與受囑託或得承諾殺人者在行為態樣之構造上並無差異。惟在此共同原理上二者仍有些許不同之處，例如教唆、幫助自殺罪在共犯類型之解釋上倘若認為仍應有自殺正犯之自殺行為（阻卻違法性），教唆或幫助自殺者不存在自己決定權之行使，雖肯定其可罰性，但違法性減少，此乃因正犯不可罰致其刑減輕之緣故。即將本罪置於可罰性減少類型；相對地，同意殺人罪係相較於普通殺人罪，同意自殺者放棄自己之生命，而非以強制之手段剝奪其生命，故其刑之減輕係屬違法減少類型。由此可見，自殺參與罪與同意殺人罪在法律屬性上自有本質上之差異❷。此外，如將教唆、幫助自殺罪解釋為正犯類型，則本罪之犯罪著手時期應指開始教唆、幫助自殺時；而同意殺人罪之犯罪著手時期則是以開始殺人時為著手，此可認為是二者最大、最重要之差異點。我國實務最高法院 32 年上字第 187 號判例：「刑法第二七五條第一項幫助他人使之自殺之罪，須於他人起意自殺之後，對於其自殺行為加以助力，以促成或便利其自殺為要件。若事前對於他人因其他原因有所責罵，而於其人因羞忿難堪自萌短見之行為，並未加以阻力，僅作旁觀態度，不加阻止者，尚不能繩以幫助他人使之自殺之罪。」最高法院 41 年臺上字第 118 號判例：「刑法第二百七十五條第一項幫助他人使之自殺罪，須於他人起意自殺之後，對於其自殺之行為，加以助力，以促成或便利其自殺為要件。事先對於他人縱有欺騙侮辱情事，而於其人自尋短見之行為，並未加以助力，僅未予以阻止者，尚不能繩以幫助他人使之自殺之罪。」即在說明幫助自殺罪係屬自殺者起意自殺後之犯罪行為。

四、教唆、幫助自殺罪與普通殺人罪之區別

　　二者最主要之區別在於後者係違反相對人之意思侵害其生命，而前者

---

❷　高橋則夫，〈同意殺人罪の成立要件〉，西田典之、山口厚編，《法律學の爭點シリーズ 1──刑法の爭點》（有斐閣，3 版，2000 年），130 頁。

係在不違反自殺者之意思下侵害其生命。申言之，普通殺人罪之行為客體
無死亡之意思，而自殺參與罪之行為客體有死亡之意思。既然是以是否違
反相對人之意思為區分二者之基準，則自殺者或被殺害之人是否理解死亡
之意義？其是否有自由意思決定之能力（意思能力）？是否知道自己因此將
會死亡？其自殺之意思是否具備任意性且出於真意？以下將分別論述之❸。

㈠自由意思決定之能力

例如幼兒、精神障礙者因無法理解自殺之意義，欠缺自由意思決定之
能力，教唆或幫助其自殺者，不成立刑法第二七五條第一項之自殺參與罪。
日本實務上有被告利用自殺者有精神分裂疾病，欠缺通常意思能力，無法
理解自殺代表之意義，基於其對被告之服從關係，教導其以筆記寫下遺書，
及上吊之方法，使之自殺之案例。法院判決被告成立殺人罪之間接正犯，
而非自殺參與罪❹。蓋本案中之被害人無法理解自殺之意義，亦無自由意
思決定能力，欠缺作為自殺參與罪客體之適格性，利用被害人前開特性，
以教導上吊之方法為殺人之實行行為，自應成立普通殺人罪。

㈡對死亡之認識

例如愚鈍之被害人平時對被告甚為信賴，被告對其宣稱即使服下鎮靜
催眠劑 (calmotin) 勒住頸部，只會造成一時假死之狀態，如再服下其他藥劑
即會甦醒等虛構事實，被害人在誤信被告之說詞後因勒頸而死。按被害人
雖然知道勒頸會導致死亡，但在被告之錯誤引導下不認為自己會因此死亡，
換言之，其完全欠缺自殺之意思，故被告之行為不成立教唆自殺罪，而是
普通殺人罪❺。蓋行為人欲成立教唆自殺罪，在本質上須有使被害人產生
自殺之決意的行為及認識該行為會導致死亡之結果。又如對酒醉且受傷之
被害人，以脅迫之言語或動作使其爬上河川之堤防，並在後面追趕，致其
掉落溺死之情形，因被害人對於死亡並無認識，故應成立普通殺人罪，而
不是幫助自殺罪❻。

---

❸ 曾根威彥，《刑法の重要問題〔各論〕》（成文堂，補訂版，1996 年），19–21 頁。

❹ 最決昭和 27.2.21 刑集 6 卷 2 號 275 頁。

❺ 大判昭和 8.4.19 刑集 12 卷 471 頁。本案亦被認為被害人欠缺意思能力。

(三)任意且真實之意思

即使被害人對死亡有認識，但其自殺之意思如非出於任意性且非真意者，亦不構成自殺參與罪。又自殺之意思有瑕疵時，尤其是自殺之意思遭受到強暴脅迫，或者是受欺罔，其自殺意思之有效性即有爭議。

1.自殺之意思受到強暴脅迫之情形

例如反反覆覆以強暴、脅迫之方式逼被害人自殺，自殺之決意雖係出於自殺者之意思，但該自殺意思已因強暴脅迫達喪失意思決定自由之程度，在此情形自應成立普通殺人罪，而非自殺參與罪❼。有問題的是，所謂「達喪失意思決定自由之程度」，應指利用被害人對於死亡有認識之行為，以相當強度之強暴脅迫達到足以剝奪被害人意思決定之自由。我國實務最高法院 29 上字第 2014 號判例亦認為：「教唆他人自殺罪，係指被教唆人於受教唆後願否自殺，仍由自己之意思決定者而言。如被教唆人之自殺，係受教唆人之威脅所致，並非由於自由考慮之結果，即與教唆他人自殺之情形不同，其教唆者自應以殺人罪論處。」

2.併用欺罔及脅迫之方法

例如被告欲逼被害人自殺，以將來不返還之意思，向被害人借錢，然後虛構事實向被害人告知其違反法律，將被關入監獄，使被害人心生不安及恐慌，並慫恿其自殺以擺脫心理上之罪責。被告長期受此脅迫，以為快被警察抓到，誤信被告之言，認為已無其他退路遂予自殺之案例❽。本案例之被害人如可正確地認識客觀情形，即不會為自殺之決意，其自殺之決意並非真意，且有重大瑕疵，此與基於自由意思所為之自殺決意不同。被告一方面使用欺罔之手段，另一方面，以脅迫之方式，使被害人之心理受到高度之抑制，自不得謂其自殺係基於自由意思決定。再者，被告利用被害人錯誤之情形使之自殺，因行為人欺罔之內容與真實尚有差距，自不得

---

❻　最決昭和 59.3.27 刑集 38 卷 5 號 2064 頁。

❼　廣島高判昭和 29.6.30 高刑集 7 卷 6 號 944 頁。本案認為被害人係自己為自殺之決意，成立教唆自殺罪。

❽　福岡高宮崎支判平成 1.3.24 高刑集 42 卷 2 號 103 頁。

認為是教唆自殺。

五、同意殺人罪與普通殺人罪之區別

有關同意殺人罪之本質,相對於普通殺人罪係違反被害人之意思殺人,乃被害人基於自己決定之自由侵害自己之生命法益,就侵害法益之程度言,同意殺人罪較普通殺人罪為低,亦降低其違法性之程度。申言之,同意殺人罪與普通殺人罪之區別,主要在於是否有被害人之同意。而被害人同意之要件通說有下列三項❾:

1.同意應基於理解死亡之意義下進行。是以,欺罔精神障礙者自殺或取得五歲小孩之同意而殺之者,因前揭人無法理解生命之利益及自己放棄該利益會造成何種結果,其同意應視為無效,而成立殺人罪。

2.同意須任意為之。為某程度上心理之強制剝奪意思決定之自由所為之同意無效,成立殺人罪。

3.有問題的是因錯誤而欠缺自由意思之情形應如何處理?即以心中偽裝之方式,欺罔被害人自殺,此與被害人心中毫無自殺念頭不同,在此情形,被害人對死亡有認識,且有同意之表示,僅不過其自殺之動機錯誤罷了。關此問題究竟應成立何罪?將於下列敘述中另為詳細討論。

六、同意之認識

為成立刑法第二七五條第一項同意殺人罪,是否有必要對同意有認識?又同意有錯誤時,應如何處理?首先,要探討的問題是同意是否須有外在之意思表示?關此,有意思方向說及意思表示說二學說相對立。前者認為同意僅須有被害人內心之意思存在即足矣,而毋需有外在之意思表示,按自己決定之自由在實體上應屬於社會的、法律的層次,不僅僅侷限於個人的、內心的層次,但如果採此說,則同意時期之判斷不明確,與事後承諾有區別上之困難。因此,自以意思表示說,主張同意應為外在之表示較為妥當。

其次,關於是否須有同意之認識,學說上亦有二說。前揭意思方向說

---

❾ 高橋則夫,〈同意殺人罪の成立要件〉,西田典之、山口厚編,《法律學の爭點シリーズ1——刑法の爭點》(有斐閣, 3 版, 2000 年), 130 頁。

主張認識不要說，認為只要有同意，結論上即無法成立殺人既遂罪。因殺人未遂罪之成立仍有可能，尤其獨立思考受囑託或得承諾殺人行為本身之違法性，從行為無價值論觀點言，結果是否可歸結成立同意殺人罪，不無疑義。而意思表示說主張認識必要說，認為同意之認識係屬主觀之正當化要素，如果不存在此主觀上之正當化要素，結論上自應解為成立殺人既遂罪。如從行為無價值之立場言，自以後說為當。蓋如以殺人之故意，未認識被害人有同意時，即存有殺人罪之行為無價值❿。

七、謀為同死之成立要件

刑法第二七五條第三項規定：「謀為同死而犯第一項之罪者，得免除其刑。」所謂謀為同死，是指自己與他人同具有自殺之決意，互相謀議，而實施自殺或殺人之行為。至於自己是否果然已為自殺，或他人是否因而死亡，則非所問。因謀為同死為刑法免刑事由，必須符合下列要件，始有免刑規定之適用⓫：

㈠須共同具有自殺之決意

倘自己並無自殺之意思，僅虛與委蛇或另有所圖者，不得免除其刑。例如最高法院 56 年臺上字第 1767 號判決：「上訴人自己無自殺之決意，僅虛與委蛇詭稱同死，而使被害人服毒自殺，對於被害人吞服農藥必發生死亡之結果，已有預見，且不違背其本意，自應負殺人之間接故意，論以殺人罪。」

㈡須有互相謀議之事實

㈢同謀者須具有普通辨別事理之能力

倘他人顯無自殺之意思能力，自己縱有謀為同死而殺之之意思，亦與本項規定不合。例如最高法院 48 年臺上字第 380 號判決：「死者年僅五歲，顯無自殺或囑託或承諾被殺之意思能力，上訴人縱有謀為同死而殺之意思，

---

❿ 高橋則夫，〈同意殺人罪の成立要件〉，西田典之、山口厚編，《法律學の爭點シリーズ 1──刑法の爭點》（有斐閣，3 版，2000 年），131 頁。

⓫ 甘添貴，〈教唆自殺與謀為同死〉，《台灣本土法學》，4 期，頁 127，臺北（1999年）。

亦與刑法第二七五條第三項得免除其刑之規定不合。」

八、心中偽裝在刑法上之評價

所謂心中偽裝係指無自殺之意思，假裝想自殺而與被害人謀為同死，使被害人自殺之意思決定錯誤的情形。因刑法對於以欺罔手段使人自殺之行為並無明文規定，故前開情形在刑法上之評價分歧。按在心中偽裝之場合，自殺者自殺本身並無錯誤，似不發生違反被害人之意思而予以殺害之問題；又通常所稱教唆自殺罪，被害人須有完全自由意思決定，而在心中偽裝之場合，行為人以欺罔之方法使被害人之意思有瑕疵，是否可解為成立教唆自殺罪，不無疑義。

(一)普通殺人罪說

本說認為被害人因行為人以欺罔之手段相信且預期行為人亦有自殺之意思，而決意同死，其決意並非真意，很明顯地其意思有重大瑕疵。因此，行為人無自殺之意思，欺騙被害人，使被害人誤信行為人亦欲同死，則行為人之所為與普通殺人罪之犯罪行為相當❷。本說以被害人自殺之意思是否出於真意為前提。倘若被害人知道行為人實無同死之意思，則行為人以教唆自殺之故意，以欺罔之方法違反被害人內心之真意，使之決意自殺者，因被害人並無自殺之真實意思，行為人自不成立教唆自殺罪。亦有學者主張謀為同死之事實為被害人自殺決意之本質上的要素，行為人假裝欲與被害人同死，以促進被害人自殺之決意，該自殺決意即非出自於被害人自由之真意，行為人利用被害人之行為達到使被害人死亡之目的，即該當於殺人罪之間接正犯❸。

(二)教唆、幫助自殺罪說

本說以為在心中偽裝之場合，是否有同死之事實，被害人有正常之判斷能力，且謀為同死是否為此自殺本質上之要素不無疑義。又如將自殺解釋為違法行為，則不論行為人是否提出自殺之意思，只要被害人有規範之意思即有可能遮斷死亡之結果（規範之障礙），在此情形，行為人僅不過賦

---

❷ 最判昭和 33.11.21 刑集 12 卷 15 號 3519 頁。

❸ 曾根威彥，《刑法の重要問題〔各論〕》（成文堂，補訂版，1996 年），23 頁。

與被害人行為之動機，並無法直接支配死亡之結果。再者，被害人對於教唆「自殺」行為本身並無誤認之情形，僅僅是其自殺之動機、理由有錯誤，此不影響教唆自殺罪之成立。換言之，被害人之決意並非「重大瑕疵之意思」，亦不全然違反其內心之意思，被害人之自殺是基於自己之決意，此與刑法第二七五條第一項教唆自殺罪所稱被教唆人完全出於自發性、任意性，希望死亡之意思規定相符，而非謂被害人是行為人用來達成殺人罪（間接正犯）目的之道具。此外，亦有學者主張，即使被害人對於自己生命認識錯誤者，因法益關係錯誤之無效不影響「真意」之形成（例如自殺者誤以為自己罹患癌症，來日不多，對自己生命認識錯誤，此種法益關係錯誤與其自由意思決定無關），且謀為同死之有無與法益無直接關係，尚不妨害成立教唆自殺罪❶❹。

（三）**二分說**

本說以為心中偽裝無法一律適用普通殺人罪或教唆自殺罪，衡量之基準應視利用何種存在情事對被害人為精神上之壓迫、欺罔行為之內容、程度、自殺之際所準備之器具、行為人參與之程度等等，綜合考量前揭相關情形判斷該當脅迫或欺罔行為是否會使自殺者本人誤解行為人之意思。因此，如果被害人僅得依教唆自殺所預定之決意，或依擬為同死欺罔方法所設定之內容、程度自殺而不得決意或選擇死亡，則行為人之行為實與殺人之實行行為並無二致。換言之，在心中偽裝之場合，謀為同死為被害人自殺決意絕對之條件；即行為人之欺罔讓被害人無改變決意之餘地，被害人只有依設定之狀況進行自殺一途❶❺。

前揭三說以二分說為宜。

九、教唆、幫助自殺罪之未遂

按教唆犯依共犯獨立性理論，被教唆人雖未至犯罪，教唆犯仍以未遂犯論（九十五年七月一日施行前刑法第二十九條第三項本文），據此，教唆犯成立未遂犯之情形共計有三：⑴教唆犯為教唆行為後，被教唆人未起犯

---

❶❹　曾根威彥，《刑法の重要問題〔各論〕》（成文堂，補訂版，1996 年），24–25 頁。

❶❺　曾根威彥，《刑法の重要問題〔各論〕》（成文堂，補訂版，1996 年），25–26 頁。

意；⑵教唆犯為教唆行為後，被教唆人已起犯意，但未著手犯罪行為之實行；⑶教唆犯為教唆行為後，被教唆人已起犯意，並著手犯罪行為之實行，但結果未遂。在前揭三種情形，只要教唆犯所教唆之罪有處罰未遂犯之規定，不論被教唆人未成立任何罪名（上述⑴、⑵之情形），或被教唆人成立未遂犯（上述⑶），均得對教唆犯論其所教唆之罪之未遂犯。此外，依共犯從屬性理論，幫助犯得按正犯之刑減輕之。換言之，幫助犯與正犯以同一罪名論處，正犯既遂，幫助犯既遂；正犯未遂，幫助犯未遂。刑法第二七五條第二項對於教唆、幫助自殺有處罰未遂犯之規定，其既、未遂如何認定？如前所述，本條為一獨立罪名，立法上將教唆或幫助之行為人論以正犯之地位，是以，不受前開共犯獨立性理論或共犯從屬性理論之拘束。又教唆、幫助自殺罪之犯罪構成要件行為為教唆或幫助行為，本罪之既、未遂應以教唆或幫助行為著手後是否以達被害人自殺死亡結果而定❶❻。茲以教唆自殺罪為例，在下列行為階段過程，說明何者成立既遂？何者仍屬未遂？

㈠已為教唆自殺行為之實行，被害人未起自殺決意。

㈡已為教唆自殺行為之實行，被害人起了自殺決意，但尚未著手自殺行為。

㈢已為教唆自殺行為之實行，被害人起了自殺決意，且著手自殺行為，但未死亡。

㈣已為教唆自殺行為之實行，被害人起了自殺決意，且著手自殺行為死亡。

在㈣之情形，教唆者成立教唆自殺既遂罪；㈢之情形，成立教唆自殺未遂罪，毫無疑問。有問題的是㈠、㈡之情形究屬教唆自殺未遂罪？抑不成立本罪？主前說者認為本罪既將教唆犯視為正犯之一種，教唆犯與被教唆自殺之人並無刑法總則教唆犯共犯之連繫，不發生正犯未著手實行，就不處罰共犯之問題，因此，只要有自殺之教唆行為，即使被教唆者未為自殺之實行行為，仍論以本罪之未遂犯❶❼。本說從本罪係屬獨立罪名立場解

---

❶❻ 關於本罪之既、未遂標準，學者見解頗為分歧。詳見甘添貴，《體系刑法各論第一卷》，頁 62-63，臺北，自版（1999 年）。

析，在立論上自有其見解，惟從法律不處罰自殺行為之根據觀察，不論主張自殺為一適法行為，或是不可罰之違法行為，既然被教唆人未為前述自殺之構成要件行為，如僅以單純之教唆自殺的實行行為論罪顯然即與刑法謙抑性思想有違。又從加工自殺罪將教唆、幫助自殺與受囑託、得承諾殺人之行為並列於同一條文，並適用同一法定刑，後二者既然是以著手殺人之行為該當犯罪構成要件行為，由此可見，為統一解釋本罪之犯罪構成要件行為，因此，應謂倘僅有教唆或幫助行為，雖已有實行之著手，尚須進而有「使」被害人「自殺」之行為，始足當之。我國實務見解亦認為：「教唆或幫助自殺，應以他人之行為有無結果，即已否死亡為既遂、未遂之標準（院字774）。」從上所述，本文以為前揭㈠、㈡之情形應不成立教唆自殺罪 **⓲**。

十、傷害與同意之問題

刑法除了加工自殺罪外，尚有加工自傷罪之規定（刑法第二八二條）。其犯罪行為之型態同加工自殺罪，亦包括⑴教唆自傷罪、⑵幫助自傷罪、⑶受囑託傷害罪及⑷得承諾傷害罪四種。按現行刑法認為自傷乃屬一種放任行為，不成立犯罪，惟人之身體，為生命之所寄，性質上為個人專屬法益，僅在輕微身體法益範圍內，現行刑法容許本人擁有法益處分權，倘係重大身體法益，因具有可罰之違法性，仍不許本人任意處分。因此，本罪明定須為結果犯──「成重傷」或加重結果犯──「致死」始予以處罰；如被害人僅造成普通傷害，則不成立本罪，不發生成立未遂犯之問題。例如債權人甲教唆乙自剁手腕，謊稱遭強盜受傷，以領取保險金即是。

⓱ 大谷實，《刑法各論の重要問題》（立花書房，新版，平成6年），27頁。

⓲ 學者甘添貴雖亦贊同除教唆或幫助行為外，尚須有使被害人為自殺之行為，但其認此為決定本罪既、未遂之標準。請參考甘添貴，《體系刑法各論第一卷》，頁63，臺北，自版（1999年初版）。而本文以為使被害人為自殺行為為成立本罪之另一要件，如未使被害人實行自殺行為，甚至被害人未起自殺決意，應不成立犯罪，而非本罪之未遂犯。

【結論】

一、甲男與乙女之關係

　　㈠甲以和平之手段使未滿二十歲之乙脫離家庭或其他有監督權之人，成立刑法第二四○條第一項和誘罪。

　　㈡甲、乙二人相約一同喝下攙有安眠藥之酒一同殉情，因雙方均有自殺之決意，且有互相謀議之事實，即使乙為十六歲，因其知悉謀同死之意思，有自殺之意思能力，甲、乙均符合刑法第二七五條第三項謀為同死之成立要件，是以，甲自殺未果獲救，得免除其刑。

　　㈢甲前揭和誘罪與加工自殺罪因犯意各別，行為各別，依刑法第五十條，數罪併罰。

二、甲男與丙女之關係

　　按謀為同死之二人均須具有自殺之決意，即對自殺會產生死亡之事實有所認識，且出於任意且真實之意思。本題中丙本意在勸導甲不要自殺，在甲之要脅下，被甲灌下攙有安眠藥之酒，因其已因甲之脅迫達喪失意思決定自由之程度，甲與丙不符合謀為同死之要件，甲應成立刑法第二七一條普通殺人罪，而非加工自殺罪。

【參考法條】

刑法第二十九條

　　教唆他人使之實行犯罪行為者，為教唆犯。

　　教唆犯之處罰，依其所教唆之罪處罰之。

刑法第三十條

　　幫助他人實行犯罪行為者，為幫助犯。雖他人不知幫助之情者，亦同。

　　幫助犯之處罰，得按正犯之刑減輕之。

刑法第二四○條第一項

　　和誘未滿二十歲之男女，脫離家庭或其他有監督權之人者，處三年以下有期徒刑。

刑法第二七一條第一項、第二項

殺人者，處死刑、無期徒刑或十年以上有期徒刑。

前項之未遂犯罰之。

刑法第二七五條

教唆或幫助他人使之自殺，或受其囑託或得其承諾而殺之者，處一年以上七年以下有期徒刑。

前項之未遂犯罰之。

謀為同死而犯第一項之罪者，得免除其刑。

刑法第二八二條

教唆或幫助他人使之自傷，或受其囑託或得其承諾而傷害之，成重傷者，處三年以下有期徒刑。因而致死者，處六月以上五年以下有期徒刑。

【練習題】

一、甲因失業負債累累，徵得妻子乙、七歲子丙、四歲女丁之同意，將攙有農藥之養樂多餵丙、丁服下，乙不忍心丙、丁痛苦，欲向外求救，甲遂動手勒死乙，再製造強盜闖空門殺人之現場，以領取保險金。請問甲成立何種犯罪？

二、甲、乙、丙閱讀《自殺手冊》一書後，甲邀乙、丙一同模仿書中自殺方式以求解脫，乙嗤之以鼻，不予理會，丙雖興起自殺之意思，但沒有勇氣下手。請問甲是否成立犯罪？

問題四
業務過失致死罪中「業務」之意義

> 　　甲未取得醫師資格，擅自開設診所為病人看病。某日乙上門求診，甲因誤用注射劑致乙死亡。請問甲成立何種犯罪？

【問題點】

一、業務過失致死罪加重處罰之根據
二、「業務」之概念
三、我國實務之見解

【解析】

一、業務過失致死罪加重處罰之根據

　　依刑法第二七六條第一項及第二項規定得知，普通過失致死罪之法定刑為二年以下有期徒刑、拘役或二千元以下罰金；而業務過失致死罪之法定刑則為五年以下有期徒刑或拘役，得併科三千元以下罰金。業務過失致死罪之所以較普通過失致死罪加重處罰之立法理由，不外乎下列六點❶：

　　㈠業務過失致死罪之被害法益通常較普通過失致死罪之被害法益為重大且多數，鑑於其違法性較為重大，自比未熟悉該業務或非從事該業務者之行為侵害法益之危險性大。

　　㈡從事對生命、身體有危險之業務，因該業務之危險性加大，故刑罰加重。

　　㈢從事業務者比一般人對結果之認識、預見能力（注意能力）較廣，因違反義務之程度較高，自應加重處罰。

　　㈣從事業務之人在犯罪類型上，因具有高度注意能力之身分，故加重其刑。

---

❶　曾根威彥，《刑法の重要問題〔各論〕》（成文堂，補訂版，1996 年），66–67 頁；大谷實，《刑法各論の重要問題》（立花書房，新版，平成 6 年），77 頁。

㈤基於從事業務之人特殊的地位，對其課以高度之注意義務，期待其比一般人更盡其注意義務，是以，如其違反義務，責任非難性高，責任程度加大。

㈥對從事業務之人加重處罰係基於刑事政策之理由，從一般預防目的予以警戒。

我國實務似採前揭㈠、㈡說之見解。例如：汽車駕駛人之駕駛工作，乃隨時可致他人身體生命於危險之行為，並係具有將該行為繼續，反覆行使之地位之人。因此應有經常注意俾免他人於危險之特別注意義務（75 臺上 1685）。按在同一客觀情形下，為相同之行為，不論是否為從事業務之人，從法律平等之觀點言，均應課以相同之注意義務，亦應為同程度之期待或責任非難。又以行為人欠缺能力之情形課以從事業務者高度之注意義務，顯已抵觸責任主義，故以刑事政策理論，依犯罪預防目的加重業務過失之處罰自無法周延地說明❷。且行為人主觀上之預見可能性，乃實質地、個別地責任問題，與業務過失致死罪在立法設計上係類型化、一般性之構成要件問題顯然有差異❸。我國學者亦有謂：「……比較高的注意義務的說法，衡諸一般簡單的日常生活事實，顯然難以被接受。因為我們實在說不出來，為什麼計程車司機開車時就比較必須注意路上行人的安全，而一般自用小客車駕駛人開車時就比較可以不注意路上行人之安全。其次，行為人從事業務行為，因此就有比較高的注意能力的說法，也不切實際。雖然從事業務之人累積長久的業務經驗，以提高其注意能力。但是，畢竟業務是經過從事業務之人選擇而來的，並不是選擇某一業務的人都有長久之相關經驗，而有長久相關經驗的人也不一定都要以此為業。所以以注意能力為業務過失的加重理由，有悖於事理。至於以所謂比較高的危險性為理由，可以有兩個意思，一是認為從事業務之人反覆實施業務行為，所以經常有可能造成侵害，從而必須以比較高的刑罰加以警惕，以收預防的效果。……

❷　北川佳世子，〈業務上過失の意義〉，西田典之、山口厚編，《法律學の爭點シりーズ 1──刑法の爭點》（有斐閣，3 版，2000 年），141 頁。

❸　大谷實，《刑法各論の重要問題》（立花書房，新版，平成 6 年），78 頁。

違背雙重評價原則。……過失所可能造成的利益侵害的嚴重性，本來已經反映在條文當中的法定刑裡面，所以也沒有理由再加重。基於此，以上述的種種說詞作為對於業務過失加重刑罰的理由，應該都欠缺正當性。」❹

　　查伴隨著汽、機車普及致車禍事故激增，擴大了業務過失致死罪之適用範圍。然而，基於前開諸種理由，在立法論上業務過失致死罪似乎無特別存在之必要；甚至於觀現行社會車禍案件，因國人輕忽交通安全規則，不論係從刑事政策角度言，或者是注意義務或注意能力之程度，一般人與從事業務者並無軒輊。本文建議在刑法修正時刪除業務過失致死罪（及業務過失傷害或致重傷罪）之規定，而以調整一般過失致死罪（及一般過失傷害或致重傷罪）之法定刑的方式建立過失犯一元化之立場。

二、「業務」之概念

㈠業務之意義

1.社會生活上之地位

　　指基於其職務上、職業上、營業上的社會生活上之活動而言。包括主要事務及其附隨事務。此外，為緩和「社會生活上之地位」的要件，通說均認為不包括自然的及個人的生活活動在內，例如日常生活上屬於自然活動之操作電器、煮飯、育兒等行為，僅解釋為「社會生活上」之事務。換言之，有繼續進行社會生活上危險行為之意思存在者，始該當於業務致死罪之「業務」概念❺。故業務概念之重心不在於「社會生活上之地位」之要件，其重點乃在於下列二個要件。

　　從罪刑法定主義之觀點，所謂業務過失應限於基於社會生活上之地位

---

❹　黃榮堅，〈業務過失概念之範圍〉，《台灣本土法學》，13 期，頁 183，臺北（2000年）。

❺　日本實務上甚至有認為所稱「業務」不問行為人之目的係在取得收入或滿足其他欲望。據此，以娛樂為目的之駕駛汽車或狩獵行為，亦認為具有業務性（大判大正 13.12.6 刑集 17 卷 901 頁、最判昭和 33.4.18 刑集 12 卷 6 號 1090 頁）。其理由在於當反反覆覆繼續為危及他人之生命、身體之行為時，與基於職業上所要求之注意義務並無不同。由此可見，僅以基於「社會生活上之地位」來認定「業務」之概念，似已不當擴大業務過失致死罪之適用。

本來事務之內容及其附隨、輔助之事務，因此，職業駕駛人在例假日駕駛自用車，或非從事業務搭載家人遊玩，因非屬其基於社會生活上之地位本來事務之內容，如在例假日駕駛自用車過失致人於死（或傷害、重傷），職業駕駛人及非職業駕駛人之處罰自無不同，蓋不應解為在此情形下仍為從事業務之行為。但依目前我國實務見解，認為前者因係從事業務之人，應依業務過失致死罪加重處罰。然而，倘若從規範目的範圍內解釋本罪條文，無可避免地前開實務見解已過份重視「業務」二字形式上之意義，與國民之法感情有違。

2. 反覆繼續性

「反覆繼續性」為加重處罰業務過失致死傷罪積極的及實質的基礎。換言之，如未具反覆繼續性，因未熟習該當行為，即不認為其違反了該高期待之注意義務，否定其業務性。即反覆繼續性之設乃在補充「社會生活上之地位」之要件，及業務性之認定。再者，該業務行為如屬須經訓練或有取得證照制度者，即使是第一次之行為亦認為具有業務性；蓋在此情形，行為人只要有繼續其行為之意思，及客觀上將來有反反覆覆為同種行為之可能性存在即已足。

3. 危險性事務

一般而言，學者均將業務過失致死傷罪之「業務」解為對生命、身體有危險之事務，包括具有引起生命、身體危險性質之事務及以防止對生命、身體有危險為內容之事務；前者如駕駛之行為，後者如醫療行為、游泳池救生員、褓姆之工作。我國實務見解亦謂：飲食店所供應之食品，與消費大眾之生命安全及身體健康至有關係。其因過失出售腐化食物，以致傷害人之健康者，應負業務過失傷害罪責（法務部⑺法檢㈡字第 1977 號）。相對地，即使是基於社會生活上之地位反反覆覆繼續之事務，如該事務本身對人之生命、身體不具危險性質者，則非業務過失致死傷罪之「業務」，例如教育之事務本身對人之生命、身體不具有危險性，因此，即使教師懲戒之結果，對學生造成傷害，亦不成立業務過失致傷罪。甚至有學者更進一步指出，業務過失致死傷罪之成立，在業務過程中所產生之「行為」對於

結果之發生應具有危險性，此乃通常過失犯共通之問題，而非業務過失固有之要件❻。

㈡業務之範圍

1. 包括主要業務及附隨業務

按現行社會每個人均不以從事一種業務為限，故除主要業務外，常見有副業或兼業之情形，且實際上主要業務與附屬業務本無明確之界限，鑑於附屬業務之危險性常大於主要業務，為貫徹刑法業務過失致死傷罪之立法目的，故現行實務上均將附屬業務納入業務範圍。例如：刑法第二七六條第二項所謂之業務，係指個人基於其社會地位繼續反覆所執行之事務，其主要部分之業務固不待論，即為完成主要業務所附隨之準備工作與輔助事務，亦應包括在內，且此項附隨之事務不問其與業務係直接或間接之關係，均屬於其所執行之業務範圍（71 臺上 1550）。

以駕駛行為為例，可區分為下列四種情形討論之：

⑴以駕駛為其業務者：例如職業司機（計程車司機、貨車司機等），若駕車撞斃行人，自屬業務過失。

⑵以車輛為交通工具者：即為完成主要業務，必須前往某地點，以車輛為交通工具者，此時駕駛並非附隨業務，如在途中撞斃行人，不屬業務過失。例如開車上班、醫師開車出外開會。

⑶以駕車輔助其主要業務，與主要業務有不可分之關係者：例如以貨車載五金百貨沿街兜售，此時若無駕車之行為，則無法完成其沿街兜售之目的，若開車途中撞斃行人，應屬業務過失。例如：汽車駕駛人之駕駛工作，乃隨時可致他人身體生命於危險之行為，並係具有將該行為繼續，反覆行使之地位之人。因此應有經常注意俾免他人於危險之特別注意義務。上訴人所駕駛之客貨兩用車，係以之為販賣錄音帶所用，其本人並以販賣錄音帶為業，故其駕駛該車本屬其社會活動之一，在社會上有其特殊之屬性（地位），其本於此項屬性（地位）而駕車，自屬基於社會生活上之地位而反覆執行事務，因之，在此地位之駕車，不問其目的為何，均應認其係

---

❻　曾根威彥，《刑法の重要問題〔各論〕》（成文堂，補訂版，1996 年），70 頁。

業務之範圍。上訴人徒以其時非用以運載錄音帶，即謂非業務行為，難認有理由（75 臺上 1685）。「刑法上所謂業務，係指個人基於其社會地位繼續反覆所執行之事務，包括主要業務及其附隨之準備工作與輔助事務在內。此項附隨之事務，並非漫無限制，必須與其主要業務有直接、密切之關係者，始可包含在業務概念中，而認其屬業務之範圍。上訴人以養豬為業，其主要業務似係從事豬隻之生產、養殖、管理、載運、販賣等工作，倘上訴人並非經常駕駛小貨車載運豬隻或養豬所需之飼料等物，以執行與其養豬業務有直接、密切關係之準備工作或輔助行為，僅因欲往豬舍養豬，單純以小貨車做為其來往豬舍之交通工具，自不能謂駕駛小貨車係上訴人之附隨事務」（最高法院 89 年臺上字第 8075 號刑事判例）。又如某甲以農為業，備有拼裝三輪小貨車一輛，以供載農產品、農具、肥料等物，某日駕駛該拼裝車載運肥料擬往田地施肥，途中不慎撞斃路人，為普通過失或業務過失？ 司法院第二廳研究意見謂：按刑法上所謂業務上之行為，係指其事實上執行業務之行為而言（最高法院 68 年第 5 次刑事庭會議決議㈠參照），且今日社會，業務種類繁多，為保障人之生命、身體安全起見，「業務」概念，已有擴大之趨勢，不僅指主業務而已，即為完成主要業務所附隨之準備工作與輔助事務，亦應包括在內，我國學說及實例已多採此廣義見解。茲某甲以農為業，平日均以拼裝三輪小貨車載運農具、肥料等物（題旨當係此意，否則，如僅某日偶而駕車運肥而發生車禍致人死亡，自非業務過失致人於死。）衡以施肥乃屬農事上必要之工作，則某甲之駕小貨車載運肥料往田地施肥，自與執行農事業務有關，應認為包括於農事之業務行為中，亦即為其農事業務之一部。是某甲雖非以駕小貨車為其專業，亦仍無礙於業務之性質，其於駕駛小貨車載運肥料擬往田地施肥時亦即執行農事業務中，不慎撞斃路人，自應論以業務上過失致人於死罪（司法院⑺廳刑一字第 848 號）。

(4)雖以駕駛輔助主要業務，但與主要業務並無不可分之關係者：例如麵包店會計小姐應顧客要求幫忙送蛋糕，在途中不慎撞斃行人；又如洗衣店對於一次送洗衣物數量甚多之顧客，開車收送衣物，在駕車途中不慎撞

斃行人。前二例中，因行為人係以經營麵包店或洗衣店為主要業務，而為顧客送蛋糕或衣物僅為其偶爾服務顧客之行為，與主要業務並無不可分之關係，此情形與外送披薩、便當（騎機車外送披薩或便當之駕駛行為乃輔助販賣披薩或便當──主要業務，不可或缺之行為）之行為不同，蓋無駕車之行為，不影響主要業務之實施，故不成立業務過失。例如：刑法上所謂業務，係指個人基於其社會地位繼續反覆所執行之事務，包括主要業務及其附隨之準備工作與輔助事務在內。此項附隨之事務，並非漫無限制，必須與其主要業務有直接、密切之關係者，始可包含在業務概念中，而認其屬業務之範圍。上訴人以養豬為業，其主要業務係從事豬隻之生產、養殖、管理、載運、販賣等工作，倘上訴人並非經常駕駛小貨車載運豬隻或養豬所需之飼料等物，以執行與其養豬業務有直接、密切關係之準備工作或輔助行為，僅因欲往豬舍養豬，單純以小貨車做為其來往豬舍之交通工具，自不能謂駕駛小貨車係上訴人之附隨事務（89臺上8075）。

2.包括合法業務及非法業務

　　業務除合法之業務外，是否包括未經合法許可之業務在內？此在法條中並未明示，但實務見解及學者通說多採肯定見解。例如：刑法上所謂業務，係以事實上執行業務者為標準，即指以反覆同種類之行為為目的之社會的活動而言；執行此項業務，縱令欠缺形式上之條件，但仍無礙於業務之性質。上訴人行醫多年，雖無醫師資格，亦未領有行醫執照，欠缺醫師之形式條件，然其既以此為業，仍不得謂其替人治病非其業務，其因替人治病，誤為注射盤尼西林一針，隨即倒地不省人事而死亡，自難解免刑法第二七六條第二項因業務上之過失致人於死之罪責（43臺上826）。刑法上所謂業務，係指以反覆同種類之行為為目的之社會的活動而言，執行此項業務，縱令欠缺形式上之條件不免違法，但仍無礙於業務之性質。被告之開駛汽車，雖據稱未曾領有開車執照，欠缺充當司機之形式條件，但既以此為業，仍不得謂其開駛汽車非其業務（29上3364）。

3.「公務」不是「業務」

　　刑法上所稱「業務」，包括經濟上之活動與精神上之活動，係指自然人、

法人或其他團體在社會生活上之地位，及與其相關之職業或其他必須繼續從事之事務，至於有無報酬，並非所問。換言之，業務性之認定，下列三點非常重要：(1)業務須以繼續性為要件；(2)如屬於繼續性事務之一環，即使只從事一次，仍為業務，例如公司之設立行為只有一次；(3)違法業務非屬刑法所保護之對象，不在刑法所稱業務範疇內，例如毒品之製作及販賣不是刑法上之「業務」❼。而「公務」係指公務員執行「職務」之範圍，例如刑法第十條第二項規定：「稱公務員者，謂下列人員：一、依法令服務於國家、地方自治團體所屬機關而具有法定職務權限，以及其他依法令從事於公共事務，而具有法定職務權限者。二、受國家、地方自治團體所屬機關依法委託，從事與委託機關權限有關之公共事務者。」第一二一條至第一二三條所稱「職務上之行為」、「對於違背職務之行為」、及「預以職務上之行為」；又如第一二四條至第一二六條謂：「有審判職務」、「有追訴或處罰犯罪職務」及「有管收、解送或拘禁人犯職務」等等。除一般公務（非權力之公務）外，尚包括限制國民權利及課以義務，具有權力性質之公務在內❽。我國刑法將公務員所執行具公權力性質之行為，通常以執行「職務」相稱，而非執行「業務」，故不發生公務員執行職務造成「業務」過失之問題。再者，刑法各罪名亦以妨害「公務」之文字說明具有公權力性質之公務員職務顯與有私經濟性質之「業務」不同，例如刑法第一三三條之「在郵務或電報機關執行職務」、第一三五條之「依法執行職務」、「使公務員執行一定之職務或妨害其依法執行一定之職務」等。由此可見，刑法中所稱「公務」、「業務」、「公務員執行職務」已非社會上描述相關行為之名詞，而是具有法規範意義之法律用語。

4.包括兼職之業務

例如：刑法第二七六條第二項所謂之業務，係指以反覆同種類之行為為目的之社會活動而言。故一人不以一種業務為限，如一人同時兼有二種或二種以上之業務，而在某一種業務上有不慎致人於死之行為，即應負其

---

❼　大谷實，《刑法各論の重要問題》（立花書房，新版，平成 6 年），153-154 頁。

❽　曾根威彥，《刑法の重要問題〔各論〕》（成文堂，補訂版，1996 年），318 頁。

業務過失致人於死罪責（69 臺上 4047）。

5.僅限於主管事務，不包括監督事務

所謂主管事務，係指依法令對於該事務有主持或執行之權責者而言。此種主管事務，不論為恆久或暫時，全部或一部，主辦或兼辦，係出之於法令之直接授予或主管長官之事務分配，並非所問；更不以須有前後決定之權限為限。所謂監督事務，係指有監察督導之權限者而言。申言之，該事務雖非由其所直接主掌管理與執行，但行為人對於該有直接主掌管理與執行之人的權責事項，依法令有予以監察督促之權責與權限之意（82 臺上6791）。

三、我國實務之見解

㈠未取得合法醫師資格，擅自執行醫療業務，因而致人死亡，應如何論處罪刑？

甲說：應依刑法第二七六條第二項之業務上過失致人於死罪，與違反醫師法第二十八條第一項之違法執行醫療業務罪間有方法結果之牽連關係，從較重之業務過失致死罪處斷，並依醫師法第二十八條第二項加重其刑，其主文即依業務過失致死罪之主文記載（臺灣雲林地方法院 83 年訴字第 305 號判決、臺灣高等法院臺南分院 83 年上訴字第 1454 號判決參照）。

乙說：僅構成刑法第二七六條第二項之業務上過失致人於死罪，應依醫師法第二十八條第二項加重其刑至二分之一，其判決主文罪刑之宣告，亦應依醫師法第二十八條第一項、第二項之規定予以記載，方符罪刑法定之本旨（最高法院 84 年臺上字第 1357 號判決意旨參照）。醫師法第二十八條第二項為加重結果犯之犯罪態樣，其行為只有一個，僅發生原所實施之基本犯罪所預期以外之加重結果，與行為人必須有二個或二個以上行為（方法行為與結果行為）之實施始能成立之牽連犯，兩種犯罪類型不可混為一談，惟應「注意」所諭知之刑度不應低於醫師法第二十八條第一項所定之刑。

丙說：應依刑法第二七六條第二項之業務上過失致人於死罪，與違反醫師法第二十八條第一項之違法執行醫療業務罪間有方法結果之牽連關

係，從較重之業務過失致死罪處斷，並依醫師法第二十八條第二項加重其刑，惟雖係構成刑法第二七六條第二項之業務過失致人於死罪，既依醫師法第二十八條第二項加重其刑，其判決主文罪刑之宣告，亦應依醫師法第二十八條第一項、第二項之規定予以記載，始屬適法（臺灣高等法院臺南分院 84 年上更㈠字第 140 號判決參照）。

丁說：應依刑法第二七六條第二項之業務上過失致人於死罪，與違反醫師法第二十八條第一項之違法執行醫療業務罪間有想像競合犯之關係，從較重之業務過失致人於死罪處斷，並依醫師法第二十八條第二項加重其刑，惟雖係構成刑法第二七六條第二項之業務過失致人於死罪，既依醫師法第二十八條第二項加重其刑，其判決主文罪刑之宣告，亦應依醫師法第二十八條第一項、第二項之規定予以記載，始屬適法。牽連犯之成立要件之一，即行為人必須有二以上之故意行為，違法執行醫療業務罪雖係故意犯，惟過失致人於死罪卻係過失犯，二者自無由成立牽連犯之關係，且過失致人於死係因執行醫療業務行為繼續時所產生，是否可認係二行為，亦有疑問，故甲說似不可採。而乙說與本說雖均認為違法執行醫療業務罪因而致人於死為一行為，惟若認醫師法第二十八條第二項為第一項之加重結果，則在違法執行醫療業務因而致人傷害之情形，其法定刑則成為一年六月以下有期徒刑（刑法第二八四條第二項：從事業務之人，因業務上之過失傷害人者，處一年以下有期徒刑、拘役或一千元以下罰金），與醫師法第二十八條第一項之法定刑即為一年以上三年以下相較，其加重結果反而較輕，似嫌不妥。

〈結論〉以丁說為當（法務部(85)法檢㈡字第 2799 號）。

㈡職業駕駛人以貨車載妻子從事日常生活活動或於假日駕駛自用車發生車禍時，究應認係業務上之過失，抑係普通過失？

〈例 1〉甲以駕駛大貨車，載運貨物賺取運費為業，為從事業務之人。某日甲駕駛該貨車載妻、女前往掃墓，途中車禍，過失致人於死，則甲究應依刑法第二七六條第一項抑第二項處斷？

甲說：應依刑法第二七六條第二項業務過失致死處斷。

理由：甲既以駕駛該大貨車為業，雖肇事當時非替載運貨物唯仍駕該車，自仍屬於執行業務範圍，故其駕駛該車過失致人於死，應依該條第二項論處。

乙說：應依刑法第二七六條第一項單純過失致死處斷。

理由：按業務過失致人於死，須以執行業務為前提，必因執行該業務過失致人於死始足當之。甲以駕駛貨車替人載運貨物為業，駕駛該車雖為其業務之主要部分，唯肇事當時，既非執行其業務自不得以業務過失致人於死罪相繩。

〈結論〉採甲說。所謂業務係指以反覆同種類之行為為目的之社會活動而言。甲既係以駕駛大貨車為業，其駕車途中因過失致人於死，即為業務上之過失致人於死，與其車上所載係貨物或人無關（司法院⑺廳刑一字第 910 號）。

〈例 2〉職業駕駛人於假日駕駛自用車發生車禍時，究應認係業務上之過失，抑係普通過失？

應認係業務上之過失。其理論根據為：刑法上所謂業務係指以反覆同種類之行為為目的之社會活動而言，至於其報酬之有無，是否以營利為目的，均非所問，只須其具有反覆繼續性，即足當之。又從事業務之人，對於一定危險之認識能力，較一般人為強，故法律上課以較高之注意義務，換言之，其避免發生一定危險之期待可能性亦較常人為高，故其違反注意義務之可責性自亦較重，本題職業駕駛人既係從事駕駛業務之人，不論其駕駛係自用小客車或其他之車輛，均不失為業務上行為之性質，其發生車禍，自應論以業務過失論處（司法院⑺廳刑一字第 216 號）。

〈例 3〉某甲在乙公司任職貨運司機，適公司公休，某甲駕駛該貨車送友返途中撞及行人送醫不治死亡，某甲究應負普通過失致死？抑負業務上過失致死罪責？

甲說：某甲既在公司任職貨運司機，駕駛該貨車為其業務上行為之一部分，如駕車撞及行人致死，自不得以非載運公司貨物與其業務無關，仍應論其業務上過失致死刑責。

乙說：刑法第二七六條第二項明定「從事業務之人，因業務上之過失，致人於死」，必從事業務之人，因該項業務上過失致人於死，為其成立要件。本件某甲雖係乙公司專業司機，惟該公司該日係公休，某甲駕車送友，返途中撞及行人致死，與通常非專業司機駕車出遊撞及行人致死相類，且與其業務無關，自不得因其係司機，即負業務上過失致死刑責。

〈結論〉以甲說為當（司法院(71)廳刑一字第 603 號）。

〈例 4〉某甲為計程車司機，於假日向朋友借一輛私人轎車，攜帶妻子兒女前往風景區遊覽，途中不幸發生車禍，過失壓死一突然橫渡馬路之小孩，問某甲應成立刑法第二七六條第一項之普通過失致人於死罪或同條第二項業務過失致人於死罪？

〈結論〉認為某甲雖為司機，然刑法第二七六條第二項之罪，須從事業務之人，因執行職業事務過失致人於死，始足當之。本件某甲係於假日駕駛私人轎車攜帶妻子兒女前往風景區遊覽，並非執行職業事務，應成立同條第一項之普通過失致人於死罪（臺灣高等法院暨所屬法院 66 年法律座談會刑事類第 15 號）。

〈例 5〉某甲係汽車教練場教練，於課餘在教練場外開車，因過失致人於死，究應負業務上過失致人於死罪？抑普通過失致人於死罪？

甲說：刑法上所謂業務上之行為，指其事實上執行業務之行為而言。某甲既以汽車教練為業，則其駕駛行為，應認為包括於其業務行為中，亦即其教練業務之一部。某甲雖從事教練而非以駕車為其專業，亦無礙於業務之性質。且職業駕駛人於假期駕駛私人轎車肇事致人於死，仍屬業務上之行為，故某甲應依業務上過失致人於死罪論。

乙說：某甲應負普通過失致人於死罪，因業務上之過失致人於死罪，必以專從事於某種業務人，因是項業務上過失致人於死，為其成立要件（最高法院 18 年非字第 68 號參照），某甲之業務係汽車教練，並非以駕駛為其專業，因其教練以外之過失行為致人於死，僅能負普通過失致人於死罪。

〈結論〉採乙說（司法院(76)廳刑二字第 820 號）。

由例 4、例 5 觀察，我國亦有少數實務見解認為應成立普通過失致死

罪者，值得注意。惟多數實務見解仍無法跳脫職業駕駛人有高度注意義務之限制，仍謂應成立業務過失致死罪，例如法務部(80)法檢(二)字第 1303 號、司法院(73)廳刑一字第 603 號等。此外，亦有謂應分別情形論斷者：

〈例 6〉甲領有職業大貨車駕駛執照，為某交通公司之大貨車司機，如發生下列兩種情形：

㈠某日甲騎機車出遊，因駕車不慎，撞死行人乙。

㈡甲駕駛之大貨車臨時故障，因貨量甚少，甲遂以機車送貨，因駕車不慎，撞死行人丙。

以上兩種情形，甲究應負普通過失或業務上過失致人於死罪？

〈研討結果〉前一情形，甲應負普通過失致人於死罪責；後一情形，甲應負業務過失致人於死罪責。

理由：甲受僱某交通公司駕駛大貨車載貨。其業務可分為兩部分，即一、大貨車駕駛業務，二、載運貨物業務。而載運貨物，非必限於駕駛大貨車載運貨物始為執行業務。是故，甲以上兩種業務，僅需其中有一因過失致人於死，即應負業務上過失致人於死罪責。第一種情形，甲係以機車為代步工具，與以上業務無涉，應負普通過失致人於死罪責，第二種情形，甲以機車載貨，係執行其載貨之業務，自應負業務上過失致人於死罪責（司法院(80)廳刑一字第 562 號）。

【結論】

一、甲成立刑法第二七六條第二項業務過失致人於死罪。按本條所稱「業務」係指個人基於其社會地位反反覆覆繼續所執行之事務。除合法之業務外，依目前學者及實務通說尚包括未經合法許可之業務在內。換言之，本條所稱業務，係以事實上執行業務者為標準；執行此項業務，縱令欠缺形式上之條件，仍無礙於其業務之性質。

二、甲未取得合法醫師資格，擅自執行醫療業務者，成立醫師法第二十八條本文違法執行醫療業務罪。

三、甲一行為觸犯前揭二罪名，依刑法第五十五條前段想像競合犯之規定，

從醫師法第二十八條違法執行醫療業務罪處斷。

【參考法條】

刑法第二七六條第二項

從事業務之人，因業務上之過失犯前項之罪者，處五年以下有期徒刑或拘役，得併科三千元以下罰金。

刑法第二八四條第二項

從事業務之人，因業務上之過失傷害人者，處一年以下有期徒刑、拘役或一千元以下罰金；致重傷者，處三年以下有期徒刑、拘役或二千元以下罰金。

醫師法第二十八條本文

未取得合法醫師資格，擅自執行醫療業務者，處六個月以上五年以下有期徒刑，得併科新臺幣三十萬元以上一百五十萬元以下罰金，其所使用之藥械沒收之。

【練習題】

一、甲為耳鼻喉科醫師，某日攜家人搭乘飛機赴日旅遊，在機上因有孕婦乙臨盆，經空中小姐廣播請具有醫師資格者協助，甲見義勇為為乙接生。由於甲之疏失致乙生產後大量出血死亡。請問甲是否成立犯罪？

二、甲為某快餐店老闆，平日若有顧客訂購十個便當以上即有外送服務。某日有顧客訂購十個便當，因外送工讀生均尚未返店，甲遂自行騎摩托車外送，路上因過失不慎撞傷行人乙。請問甲成立何種犯罪？

問題五

人工流產是懷胎婦女之自由決定權嗎

> 甲懷孕七個月時，因夫乙失業，基於經濟上之原因，與乙商量後，請求丙醫師為其實施人工流產。請問甲、乙、丙是否成立墮胎罪？

【問題點】

一、「墮胎」與「人工流產」概念上之不同

二、我國墮胎罪之規定

三、人工流產阻卻違法事由

四、胎兒傷害

【解析】

一、「墮胎」與「人工流產」概念上之不同

所謂墮胎，係指以人為之方法，將胎兒於其具有獨立存活能力前，排除於母體或將其殺死於母體內之行為[1]。因墮胎罪之本質為危險犯，是以，胎兒死亡與否不影響犯罪之成立[2]。且事實上未具獨立存活能力之胎兒早產後終必死亡；如果胎兒早產後未死亡，而其母加以殺害，則是成立殺人罪（刑法第二七七條母於生產時或甫生產後殺其子女罪）之問題。本罪之行為客體為有生命之胎兒，至於其發育之程度如何則非所問，因此，母體內之死胎非屬本罪之客體，甚至葡萄胎亦非本罪所稱胎兒[3]。近年來先進

---

[1] 關於墮胎之定義，有採胎兒殺死說者，認為即使胎兒早產，因其尚具生命，並非墮胎；有採人為早產說者，認為不問胎兒之生死，凡未至自然分娩時期，以人為方式令其早產者，即為墮胎。我實務見解採折衷說，認為墮胎罪之成立，以殺死胎兒或使之早產為要件（25上1223）。

[2] 因墮胎罪係對胎兒或母體之生命、身體發生侵害為要件，故學者謂本罪為具體危險犯。請參考大谷實，《刑法各論》（成文堂，2版，平成12年），37頁、《刑法各論の重要問題》（立花書房，新版，平成6年），82頁。

[3] 川崎一夫，《刑法各論》（青林書院，2000年），51頁。

國家在下列三項趨勢下，墮胎自由化已架空墮胎罪之適用，甚至某些國家還背上「墮胎天國」之名號❹：

　　1.各國紛紛訂定優生保健法之規定，在一定條件下，允許人工流產。即指定醫師在取得懷胎婦女本人及配偶之同意，或者是無法確知男性當事人之意思時，則僅獲得本人之同意後，該醫師判斷符合醫學之要件、優生學之要件、社會、經濟之要件或（及）倫理之要件後，實施人工流產手術。此又稱為「治療性墮胎」，換言之，前揭要件是否存在，判斷之主體為實施手術之醫師本人，且該醫師受懷胎婦女囑託為人工流產者，其僅有調查、確認之權限，而非義務。

　　2.某些國家已立法將初期懷孕之墮胎行為除罪化。

　　3.不論是除罪化或者是優生保健法之立法，其理論根據在於懷胎婦女之自己決定權或個人之尊嚴，即強調隱私權應受保障。

　　我國亦制定有優生保健法，其第四條第一項規定，「稱人工流產者，謂經醫學上認定胎兒在母體外不能自然保持其生命之期間內，以醫學技術，使胎兒及其附屬物排除於母體外之方法。」又同法第九條第一項第四款規定，懷孕婦女經診斷或證明，有醫學上理由，足以認定胎兒有畸型發育之虞者，得依其自願，施行人工流產。由上述說明得知，所謂人工流產，其與墮胎概念之關係，並無法明顯予以區分。充其量認為人工流產須由合格醫師為之（優生保健法第五條），而墮胎則得由合格醫師為之外，非合格醫師、懷胎婦女以及其他第三人均得為之。

二、我國墮胎罪之規定

　　由墮胎罪規定於個人法益之犯罪類型中可知，其與社會善良風俗之保障——社會利益及國家有關人口政策之維持——國家利益等超個人法益無關。從自行墮胎罪、同意墮胎罪規定來看，墮胎罪之保護法益為胎兒生命、身體之安全；惟從第二九〇條意圖營利加工墮胎罪之法定刑重於自行墮胎罪之法定刑，又不同意墮胎罪之法定刑亦重於同意墮胎罪之法定刑，且條文中均設有因而致懷胎婦女於死、重傷加重結果犯之規定來看，母體之生

---

❹　大谷實，《刑法各論の重要問題》（立花書房，新版，平成 6 年），83–84 頁。

命、身體安全亦屬墮胎罪之保護法益。

㈠自行墮胎罪

懷胎婦女 ─────────── 墮胎
　　　　服藥
　　　　以他法
　　　　聽從他人

　1.本罪之犯罪主體為身分犯，即懷胎婦女。

　2.本罪之犯罪構成要件行為有二：服藥或以他法。後者係指除服藥以外一切得以發生墮胎效果之方法，例如劇烈運動、用力毆打腹部等。至於其態樣有三：

　⑴懷胎婦女本人直接為墮胎行為。

　⑵懷胎婦女使他人為自己墮胎。即利用他人不知懷胎情事，以間接正犯之方式為墮胎行為，或者是他人知情懷胎情事，在懷胎婦女之教唆或幫助下為墮胎行為。在後者之情形，「他人」成立刑法第二八九條同意墮胎罪或第二九〇條意圖營利加工墮胎罪，惟懷胎婦女不成立前開罪名之教唆犯或幫助犯，而是本罪。

　⑶懷胎婦女與他人共同為墮胎行為。按墮胎罪各條係以犯罪主體之不同而異其處罰，因此，如前述受懷胎婦女教唆或幫助之他人既然應成立加工墮胎罪，則如承認自行墮胎罪有共同正犯之形態似乎在論理上存有矛盾，毋寧認為自行墮胎罪與同意墮胎罪之間有必要共犯之關係；換言之，懷胎婦女本人只能成立自行墮胎罪，而懷胎婦女以外之他人只能成立加工墮胎罪（包括同意及不同意墮胎罪），一般而言，自行墮胎罪在構成要件上並未預定須先有同意墮胎之行為，但同意墮胎罪在構成要件上卻須以自行墮胎罪之行為為前提，二罪之間有必要共犯之關係，且在此情形，無刑法第三十一條之適用❺。

　3.本罪第一項懷胎婦女係居於主動之地位，而第二項懷胎婦女聽從他

---

❺　川崎一夫，《刑法各論》（青林書院，2000 年）53 頁。

人墮胎者，懷胎婦女係處被動之地位，即聽任他人為其墮胎，或聽從他人教唆而自行墮胎。懷胎婦女固然成立本罪，而此處所稱「他人」，倘係教唆懷胎婦女墮胎，應成立本罪之教唆犯；如係得懷胎婦女之同意，為其實施或共同實施墮胎者，則另成立第二八九條同意墮胎罪。

4.至於墮胎後排出之胎兒未死產，雖本罪無處罰未遂犯之規定，只要胎兒無獨立存活之能力，不可能存活者，仍成立本罪之既遂犯。倘若懷胎婦女仍以置其死地之意思，而將胎兒殺害，如係於生產時或甫生產後，則另成立刑法第二七四條母殺子女罪，因墮胎行為與殺害行為間並無方法、結果之關係，應為數罪併罰。

㈡**加工（同意）墮胎罪**

懷胎婦女以外之他人 ———————————— 使懷胎婦女墮胎
       受懷胎婦女囑託、得其承諾
             （同意）
                                （加重結果）

                                            死（重傷）

1.本罪之行為主體為懷胎婦女以外之「他人」，是否具有醫師、助產士資格則非所問。但如未具合法醫師資格者，因醫師法第二十八條另有處罰之規定，故實務見解認為：未具合法醫師資格者，不得執行醫療業務或擅自施行人工流產（即墮胎）手術，違者應依（八十一年七月二十九日修正之）醫師法第二十八條之規定懲處，此觀之同法第二十八條第一項前段及優生保健法第十三條之規定甚明。……是其等所為除構成刑法第二九〇條第二項前段之罪外，並同時觸犯八十一年七月二十九日修正之醫師法第二十八條第二項、第一項前段之罪，應依想像競合犯之例，從一重依刑法第二九〇條第二項前段處斷（92臺上4905）。

2.懷胎婦女之囑託或承諾須出於自由且基於真意。

3.本罪所稱「使之墮胎」應指本罪之犯罪主體受懷胎婦女囑託或承諾後為其實施墮胎行為者而言❻。

---

❻ 日本學者均主張「使之墮胎」須行為人（懷胎婦女）自己實行墮胎行為始屬之。

4.按分娩通常會伴隨或多或少某些程度之普通傷害，是以，同意墮胎之概念包攝同意普通傷害之情形，加重結果須逾越普通傷害之程度始得成立，例如墮胎造成子宮破裂或穿孔。此外，墮胎行為與加重結果——死亡或重傷害之間須有因果關係，始得成立本罪之加重結果犯。

5.有問題的是懷胎婦女在實施墮胎前通常會諮詢配偶或男友之意見，則該配偶或男友是否有墮胎罪之適用？倘若懷胎婦女已決意墮胎，僅與其配偶或男友商量實施之方法、時間或尋求其認可，則充其量該配偶或男友僅得成立自行墮胎罪之幫助犯；如果懷胎婦女對於是否墮胎尚無意思，而與配偶或男友討論，或接受其建議後，始產生墮胎之意思，則該配偶或男友則應成立自行墮胎罪或同意墮胎罪之教唆犯。

(三)意圖營利加工墮胎罪

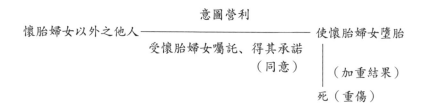

1.本罪之犯罪主體不以從事一定業務之人為限。換言之，醫師、助產士、藥劑師等具有營利之意圖，自得成立本罪；不具前揭資格者，如意圖營利，亦可成為本罪之犯罪主體。

2.本罪為目的犯，即行為人除須對墮胎可能危害胎兒之生命有所認識或預見外，尚須具有營利之目的。行為人只要行為時有營利之意圖即已足，實際上是否得利，則非所問。又如無此意圖，即使懷胎婦女事後饋贈報酬，

我國學者以為，既受懷胎婦女之囑託或得其承諾，其墮胎行為似僅能由行為人實施；如係由懷胎婦女自行墮胎者，其囑託或承諾即無何意義之可言。請參考甘添貴，《體系刑法各論第一卷》，頁159，臺北，自版（1999年）。因墮胎行為具有危險性，如懷胎婦女不欲自己實施，囑託他人或他人得其承諾，依實務情形，自然隱含由他人代勞之意思，並非須以懷胎婦女自行實施為前提，故本文贊成我國學者見解。

仍不成立本罪。

3.有關受懷胎婦女囑託或得其承諾、犯罪構成要件行為——「使懷胎婦女墮胎」及加重結果犯之規定，均與刑法第二八九條同。

㈣不同意墮胎罪

懷胎婦女以外之他人 ——————————————— 使懷胎婦女墮胎
　　　　　　未受懷胎婦女囑託、得其承諾
　　　　　　　　　（不同意）　　　　　　（加重結果）

　　　　　　　　　　　　　　　　　　　　死（重傷）

1.本罪所謂未受懷胎婦女之囑託或未得其承諾，而使之墮胎者，以犯罪人有使婦女墮胎之故意為必要。若僅彼此毆打，因毆打之結果，致婦女墮胎者，苟非毆打時即有使婦女墮胎之故意，尚難論以該條第一項之罪（22上 2143）。同此意旨者，例如：刑法第二九一第二項之墮胎致死罪，以加害人有使懷胎婦女墮胎之故意為必要。如無此故意，僅因毆傷懷胎婦女之結果，致其胎兒墮落，該婦女且因之而死亡者，即與該罪應具之要件不符（30上 1930）。刑法第二九一條第一項之使婦女墮胎罪，以有直接或間接之墮胎故意為必要。倘無使之墮胎之故意，而由另一原因發生墮胎之結果者，則祇成立他罪，而不能論以本罪，即因墮胎致死，亦不能以同條第二項前段之罪論擬（29上 3120）。

2.本罪「使之墮胎」之方法包括以強暴、脅迫、詐術或其他不法之方法，使懷胎婦女自行墮胎；以強暴、脅迫、詐術或其他不法之方法而使懷胎婦女囑託或承諾為其墮胎；未受囑託或未得承諾，而以強暴、脅迫、詐術或其他不法之方法為其墮胎者（即知為懷胎婦女而施以強暴、脅迫以致小產）。

㈤公然介紹墮胎罪

1.本罪之保護法益為不特定或特定多數胎兒之生命安全，性質上屬抽象危險犯。

2.本罪所使用之行為方法為文字、圖畫或他法，而犯罪構成要件行為

有二（具備其一即足成罪）：

　　⑴公然介紹墮胎之方法或物品。

　　⑵公然介紹自己或他人為墮胎之行為。

　　本罪為舉動犯，只要行為人有公然介紹之行為，犯罪即成立，至於懷胎婦女是否因此使用該方法、物品或墮胎，則非所問。

　　　3.行為人為公然介紹行為後，如進而提供墮胎之方法或物品或為懷胎婦女墮胎者，則應分別情形另成立他罪。在前者之情形，行為人提供墮胎之方法或物品供懷胎婦女自行墮胎者，成立自行墮胎罪之幫助犯，與本罪依數罪併罰處理。在後者之情形，行為人則依其情形成立同意墮胎罪或意圖營利加工墮胎罪，再與本罪數罪併罰。

三、人工流產阻卻違法事由

㈠依法令之行為

　　按醫師主張其對懷胎婦女所實施之人工流產手術為刑法第二十一條第一項「依法令之行為」，得阻卻違法，須符合下列要件：

　　　1.實施人工流產之醫師須具施行人工流產或結紮手術醫師指定辦法第三條之資格（優生保健法第五條）。即：

　　⑴領有婦產科專科醫師證書者。

　　⑵依法登記執業科別為婦產科者。

　　未取得合法醫師資格，擅自施行人工流產手術者，依醫師法第二十八條懲處（優生保健法第十三條）；且處一萬元以上三萬元以下罰鍰（優生保健法第十二條）。

　　　2.符合優生保健法施行人工流產之要件

　　觀我國優生保健法相關規定，我國係採伴隨著期限要件之「適當性要件模式」❼：

　　⑴期限要件

　　依優生保健法施行細則第十五條規定，人工流產應於妊娠二十四週內

---

❼　曾淑瑜，《生命科學與法規範之調和》，頁 115-116，臺北，翰蘆圖書出版有限公司（2003 年）。

施行。但屬於醫療行為者，不在此限。妊娠十二週以內者，應於有施行人工流產醫師之醫院診所施行；逾十二週者，應於有施行人工流產醫師之醫院住院施行。

(2)適當性要件

依優生保健法第九條第一項規定，懷孕婦女經診斷或證明有下列情形之一者，得依其自願，施行人工流產：

①本人或其配偶患有礙優生之遺傳性、傳染性疾病或精神疾病者。

②本人或其配偶之四親等以內之血親患有礙優生之遺傳性疾病者。

③有醫學上理由，足以認定懷孕或分娩有招致生命危險或危害身體或精神健康者。

④有醫學上理由，足以認定胎兒有畸型發育之虞者。

⑤因被強制性交、誘姦或與依法不得結婚者相姦而受孕者。

⑥因懷孕或生產，將影響其心理健康或家庭生活者。

從上述規定，可知人工流產之適當性要件，除了保護母體之健康外，其實尚兼顧「社會化」原因（第五、六款）。至於第一至四款之規範範圍則於優生保健法施行細則第十至十二條中明確規定之。因該內容涉及專業醫學之認定，無疑地是否符合人工流產適當性要件乃屬醫師認定之事項，且是依優生保健法相關規定指定之醫師。

實務上關此者，例如：按懷孕婦女是否符合優生保健法第九條第一項各款所規定之情形，須經醫師之診斷或證明，該法第九條第一項定有明文。被告於本院審理中被問及胎兒是否經檢查後發現不正常時，供稱其並無實際去醫院檢查，則其僅憑一己之揣測懷疑，認為胎兒有畸形之可能，即行墮胎，顯與前揭優生保健法之規定不符（83易3154）。

又如：㈠告發人雖係出於自由意志決定，自行上手術臺任醫生實施人工流產，要非他人施加非法強制力，惟告發人本無墮胎之意，係因被告之要求始決意為之，要屬無疑。又被告要求告發人施行人工流產之原因，非因其或告發人本身或彼等四親等以內之血親有罹患有礙優生之遺傳性、傳染性或精神疾病，或有醫學上理由足認告發人不適合懷孕、分娩或胎兒有

畸型發育之虞，抑或告發人係因受強姦、誘姦或近親相姦而受孕，或因懷孕或生產將影響告發人心理健康或家庭生活等合法情事，始要求告發人墮胎一節，亦堪認定。被告所辯未教唆墮胎云云，係事後卸責之詞，自無可採。㈡優生保健法第九條第一項第六款規定，因懷孕、生產，將影響婦女心理健康或家庭生活者，得依其自願，施行人工流產。其立法意旨在於使婦女懷孕後，有配偶死亡、殘廢、離婚、分居、遺棄或避孕失敗或其他因懷孕分娩而導致婦女心理障礙、家庭負擔等情事，得依其志願，施行人工流產，以免影響其心理健康及家庭生活，依被告上開供稱可知其並未就告發人之個人家庭背景等問題，進行瞭解，而係因告發人年逾三十，係大學畢業生，及其男友即被告因個人生涯規劃，不欲結婚，即為告發人施行墮胎手術，是被告於行墮胎手術時確未考量告發人是否將因懷孕而影響其心理健康或家庭生活。㈢原審法院雖函請中華民國婦產科醫學會查詢我國現今之婦產科醫師如何判斷婦女具有「因懷孕或生產將影響其心理健康或家庭生活者」之情形，該會覆函表示：「目前國內婦產科醫師多秉持尊重病人夫婦之意願，若在詳細告知該夫婦病人懷孕狀況後，該對夫婦經過慎重思考認為懷孕或生產會造成影響，則婦產科醫師會予以尊重再加以進一步處理。」而前開函覆所指「該對夫婦經過慎重思考認為懷孕或生產會造成影響」，應係指懷胎婦女及其配偶或男友經慎重思考認為懷孕或生產會影響心理健康或家庭生活，婦產科醫師依病患陳述之意見、檢查結果，綜合個案之各種狀況而為是否符合優生保健法相關規定之專業判斷，非指懷胎婦女及其配偶或男友一經表達墮胎意願，即當然符合優生保健法第九條第一項第六款之規定，是上開函覆之內容，尚無法為被告有利之認定（90 上易 407）。

　⑶懷胎婦女之自己決定權

　　如前揭優生保健法第九條第一項規定中所稱「依其自願」，即是明定縱使懷胎婦女有施行人工流產適當性之要件，醫師仍不得對其強制施行人工流產，尚須取得其同意。又胎兒並非僅屬懷胎婦女之權利，同條第二項後段規定，有配偶應得配偶之同意。在此應注意的是，須獲得配偶之同意者，

僅限於前揭⑥之適當性要件——「因懷孕或生產將影響其心理健康或家庭生活者」，換言之，其他五款要件僅須懷胎婦女自行同意即可施行，縱使配偶反對，亦不影響其適法性。相對地，未婚之未成年或受監護或輔助宣告之人，不論係基於何種要件，欲施行人工流產，均應得法定代理人或輔助人之同意（同條第二項前段），此乃是根據民法規定未成年人為限制行為能力人，而同意實施人工流產手術須簽訂醫療契約之故。倘若未經法定代理人同意，是否得主張依法令之行為而阻卻違法？實務上曾就此問題討論。

〈法律問題〉未婚之未成年婦女懷孕而有優生保健法第九條第一項所定之六款情事之一者，醫師為其施行人工流產時，如未經得其法定代理人同意，是否仍應負加工墮胎罪責？

甲說：按優生保健法之特別法，依該法第一條規定：「為實施優生保健，提高人口素質，保護母子健康及增進家庭幸福，特別制定本法」，並於同法第九條第一項列舉六款得施行人工流產之事由，是只要有該六款情事之一，即不負刑法墮胎罪，至同條第二項規定應得法定代理人同意云云，應僅係對於監護權之注意規定，其法益之保護，顯較優生保健為低，衡諸本法制定宗旨，仍應認醫師無庸負墮胎刑責。

乙說：依優生保健法第二項規定，未婚之未成年或禁治產人，依前項規定施行人工流產，應得法定代理人之同意，如未得法定代理人之同意，該法並無另作處罰規定，是縱合乎第一項六款情事，仍應取得法定代理人之同意，否則仍應負墮胎刑責。

〈法務部檢察司研究意見〉乙說：「依優生保健法第二項……」修正為「依優生保健法第九條第二項……」。惟乙說中「第一項六款情事」上應增「第九條」三字，又最後一句之「否則」之下，並應增加「為其施行人工流產之醫師」一語（法務部(80)檢(二)字第1121號）。

㈡緊急避難

如施行人工流產者非屬依法指定之醫師或未具醫師資格者，抑是合格醫師在不符合適當性要件下或未經懷胎婦女同意者，如為避免懷胎婦女生命之緊急危難，而出於不得已之行為，得主張刑法第二十四條緊急避難之

規定，阻卻違法。同理，懷胎婦女本人亦有此適用。

㈢業務上之正當行為

　　如施行人工流產者非屬依法指定之醫師或未具醫師資格者，抑是合格醫師在不符合適當性要件下或未經懷胎婦女同意，若不符緊急避難之要件，得否主張刑法第二十二條「業務上之正當行為」，阻卻違法？按前開情形如不符「醫療化」之要件，當然，自稱不上業務上之「正當」行為❽。

㈣刑法第二八八條第三項為個人免除刑罰事由，而非阻卻違法事由

　　按刑法第二八八條第三項規定，因疾病或其他防止生命上危險之必要，而自行墮胎或聽從墮胎者，免除其刑。例如懷胎婦女有心臟病、胎位不正或其他妊娠併發症等，此為基於醫學上之理由而設，其適用之前提通常是在懷胎婦女有前開情形而不能阻卻違法或責任時，僅能阻卻處罰而已，稱為免除刑罰事由。因此項處罰阻卻事由僅及於懷胎婦女本人，其他共犯不與焉，故又稱為懷胎婦女之個人免除刑罰事由。又此項處罰阻卻事由，只須有防止生命危險之必要為已足，尚不具有不得已之情形，否則，如已具有不得已之情形，則得直接適用緊急避難主張阻卻違法。尤其優生保健法相關法規制定後，如懷胎婦女因疾病或其他防止生命上危險之必要已符合前開法規之要件，自應主張「依法令之行為」，畢竟不論是認定為「依法令之行為」或是「緊急避難」，為不成立犯罪，均較刑法第二八八條第三項已成立犯罪後再依個人刑罰免除事由阻卻處罰，對懷胎婦女較為有利。

四、胎兒傷害

　　近年來由於人工授精、產前檢查或生男生女分析術等生命醫療之進步，伴隨著對胎兒之侵害情形大增，在此情形下，是否將胎兒視為獨立之保護客體？抑是仍將胎兒視為母體之一部分？論理上究竟是適用傷害罪？還是墮胎罪？

㈠傷害胎兒之類型❾

---

❽　曾淑瑜，《生命科學與法規範之調和》，頁 117，臺北，翰蘆圖書出版有限公司（2003 年）。

❾　木村光江，〈胎兒傷害〉，《現代刑事法》，5 卷 7 號（2003 年），75–76 頁。

1. 在胎兒之階段即受到傷害，結果在母體死亡

如行為人是故意之行為，則成立墮胎罪；如行為人純屬過失，因刑法墮胎罪不罰過失犯，故除非母體受到傷害，另對母親成立普通傷害罪或重傷罪外，不另構成墮胎罪。

2. 在胎兒之階段即受到傷害，直至出生後才因該原因死亡

例如在車禍案件中，懷胎婦女因被撞擊致胎兒早產，胎兒產下時尚未死亡，但無法自發性呼吸，經治療一段時間後死亡。日本實務曾對類似案例作出對母親成立業務過失致傷罪、對胎兒否定成立業務過失致死罪之判決❿。

3. 在胎兒之階段即受到傷害，出生後產生重傷害之情形

(1)出生後之重傷害已屬固定化

即在胎兒之階段，病變已固定，出生後並未惡化。典型之案例為薩利邁寶爾（サリドマイド）藥害事件，懷孕婦女在懷孕初期因服用該藥物，致胎兒四肢產生障礙之情形。德國地方法院判決對胎兒在出生後成人時成立過失傷害罪⓫；日本法院則認為對母親及胎兒雙方成立業務過失致傷罪⓬。

(2)出生後傷害之情形在緩慢持續一段時間後變成重傷害或死亡者

在胎兒階段已發生病變，而在出生後死亡之情形。例如日本胎兒性水俁病事件，被害人在胎兒階段，母親因攝取含有工廠排放水銀污染之魚貝類，母體因受到水銀之影響致胎兒腦之形成發生異常，出生後妨害健全之發育，引發水俁病，營養失調、脫水症，於十二歲九個月死亡。

㈡胎兒之二面性

有關對胎兒得否成立傷害罪之問題，向有肯否二見解之爭。學說多數

---

❿ 秋田地判昭和 54.3.29 刑月 11 卷 3 號 264 頁。

⓫ LG Aachen, JZ 1971, 507。其謂：「侵害之作用雖起於胎兒，但於其出生為人後始顯現其結果，即在人受到侵害時，立法者依其為故意或過失之行為，……決定之重點在於行為人是否對行為客體（人）造成結果。」

⓬ 岐阜地判平成 12 年，請參考小川新二，〈刑事判例研究〉，《警察學論集》，56 卷 2 號（2003 年），204、206 頁。

採否定說，其主要之根據為(1)傷害行為實行時，行為客體——「人」尚不存在；(2)刑法不處罰過失之墮胎行為（胎兒死亡），因傷害之程度較輕，如處罰過失傷害（胎兒生存）則顯失均衡；(3)如處罰對胎兒過失之侵害行為，則由於母親之不注意，照射 X 光、服用藥物等行為造成後遺症，均須受到刑罰處罰，顯有不當❸。日本昭和六十三年二月二十九日最高法院曾對此問題為成立業務過失致死罪之判決。其謂：「現行刑法上，除特別規定將胎兒作為墮胎罪之獨立的行為客體外，應將其作為母體之一部分處理。當討論是否成立業務過失致死罪時，因胎兒發生病變時為母體之一部分，故相當於對人發生病變。是以，胎兒出生成人後，該病變之原因導致死亡者，結論即與人發生病變造成死亡結果相當，不論採何立場，病變發生當時客體是否為人，均不影響本罪之成立。」從上述判決內容得知，日本最高法院一方面認為胎兒與母體均屬獨立存在之客體(即墮胎罪之客體)；另一方面，又主張胎兒為母親身體一部分之人（即傷害罪之客體）。換言之，胎兒之存在具有二面性❹。

㈢獨立生存能力及胎兒之保護

隨著醫療水準之大幅提升，早產兒之存活率已有飛躍性地進步，對胎兒之保護究竟應提前至何種階段，已屬生命科學與法學相互調和之重點。鑑於各國類似優生保健法之立法例，均將約二十四週已具有獨立生存能力之胎兒視為人之始期，在刑法即應相對應地將其視為「人」（獨立之行為客體）加以保護，如有侵害其生命、身體之行為，即應與已出生之人同受法律平等之保護。因此，刑法對胎兒之保護，應以其是否具有獨立生存能力作為判斷之基準。

---

❸　木村光江，〈胎兒傷害〉，《現代刑事法》，5 卷 7 號（2003 年），77 頁。至於採肯定說者尚可區分為(1)母體傷害說，及(2)對出生後之人傷害說二見解。前者有認為胎兒為母體之一部分者；亦有認為已危害到母親產下健康子女之機會或能力。

❹　木村光江，〈胎兒傷害〉，《現代刑事法》，5 卷 7 號（2003 年），77 頁。

【結論】

一、甲成立刑法第二八八條第一項自行墮胎罪。

　　㈠甲請求丙醫師為其實施人工流產，該當刑法第二八八條第一項懷胎婦女使他人為自己墮胎罪。

　　㈡因甲懷孕已七個月，逾優生保健法施行細則第十五條人工流產應於妊娠二十四週內施行之規定，且甲之墮胎係基於經濟上之原因，因不屬醫療行為，不具期限要件，不得主張刑法第二十一條第一項「依法令之行為」阻卻違法。

二、倘若甲已決意墮胎，僅與乙商量，尋求其認可，則乙僅得成立自行墮胎罪之幫助犯；如甲對於是否墮胎尚無意思，而與乙討論，甚至甲決意墮胎是因乙之建議者，則乙應成立自行墮胎罪之教唆犯。

三、丙成立刑法第二九○條第一項意圖營利加工墮胎罪及醫師法第二十八條無醫師資格擅自執業罪。

　　依題示，因甲不具優生保健法施行細則第十五條之期限要件，如丙基於營利之目的，受甲之囑託為甲實施人工流產手術，即該當意圖營利加工墮胎罪之構成要件。此外，丙未取得合法醫師資格，擅自施行人工流產手術，得依醫師法第二十八條論處。丙一行為觸犯前揭二罪名，從一重醫師法第二十八條規定處斷。

【參考法條】

刑法第二十一條第一項

　　依法令之行為，不罰。

刑法第二十二條

　　業務上之正當行為，不罰。

刑法第二十四條

　　因避免自己或他人生命、身體、自由、財產之緊急危難而出於不得已之行為，不罰。但避難行為過當者，得減輕或免除其刑。

前項關於避免自己危難之規定，於公務上或業務上有特別義務者，不適用之。

刑法第二八八條

懷胎婦女服藥或以他法墮胎者，處六月以下有期徒刑、拘役或一百元以下罰金。

懷胎婦女聽從他人墮胎者，亦同。

因疾病或其他防止生命上危險之必要，而犯前二項之罪者，免除其刑。

刑法第二八九條

受懷胎婦女之囑託或得其承諾，而使之墮胎者，處二年以下有期徒刑。

因而致婦女於死者，處六月以上五年以下有期徒刑。致重傷者，處三年以下有期徒刑。

刑法第二九〇條

意圖營利，而犯前條第一項之罪者，處六月以上五年以下有期徒刑，得併科五百元以下罰金。

因而致婦女於死者，處三年以上十年以下有期徒刑，得併科五百元以下罰金；致重傷者，處一年以上七年以下有期徒刑，得併科五百元以下罰金。

刑法第二九一條

未受懷胎婦女之囑託或未得其承諾，而使之墮胎者，處一年以上七年以下有期徒刑。

因而致婦女於死者，處無期徒刑或七年以上有期徒刑；致重傷者，處三年以上十年以下有期徒刑。

第一項之未遂犯罰之。

刑法第二九二條

以文字、圖畫或他法，公然介紹墮胎之方法或物品，或公然介紹自己或他人為墮胎之行為者，處一年以下有期徒刑、拘役或科或併科一千元以下罰金。

優生保健法第四條第一項

稱人工流產者，謂經醫學上認定胎兒在母體外不能自然保持其生命之期間內，以醫學技術，使胎兒及其附屬物排除於母體外之方法。

優生保健法第五條

本法規定之人工流產或結紮手術，非經中央主管機關指定之醫師不得為之。

前項指定辦法，由中央主管機關定之。

優生保健法第九條第一項

懷孕婦女經診斷或證明有下列情事之一者，得依其自願，施行人工流產：

一　本人或其配偶患有礙優生之遺傳性、傳染性疾病或精神疾病者。

二　本人或其配偶之四親等以內之血親患有礙優生之遺傳性疾病者。

三　有醫學上理由，足以認定懷孕或分娩有招致生命危險或危害身體或精神健康者。

四　有醫學上理由，足以認定胎兒有畸型發育之虞者。

五　因被強制性交、誘姦或與依法不得結婚者相姦而受孕者。

六　因懷孕或生產，將影響其心理健康或家庭生活者。

優生保健法第十二條

非第五條所定之醫師施行人工流產或結紮手術者，處一萬元以上三萬元以下罰鍰。

優生保健法第十三條

未取得合法醫師資格，擅自施行人工流產或結紮手術者，依醫師法第二十八條懲處。

優生保健法施行細則第十五條

人工流產應於妊娠二十四週內施行。但屬於醫療行為者，不在此限。

妊娠十二週以內者，應於有施行人工流產醫師之醫院診所施行；逾十二週者，應於有施行人工流產醫師之醫院住院施行。

醫師法第二十八條本文

未取得合法醫師資格，擅自執行醫療業務者，處六個月以上五年以下有期徒刑，得併科新臺幣三十萬元以上一百五十萬元以下罰金，其所使用之藥械沒收之。

【練習題】

一、甲開車不慎撞傷孕婦乙，乙腹中胎兒因撞擊力道過大，胎盤剝離缺氧，醫師丙雖緊急為乙剖腹取出胎兒，但其已因腦性麻痺重度智障。請問甲之行為成立何種犯罪？又醫師丙之行為是否適法？

二、未成年人甲未婚懷孕，偷偷瞞著家長找未有醫師資格之乙為其施行人工流產，乙因經驗不足造成甲子宮穿孔，緊急送醫院急救，經摘除子宮後保住生命。請問甲、乙之行為是否成立犯罪？

問題六
遺棄罪之作為與不作為

甲攜帶幼女乙與朋友丙相約喝下午茶，因乙熟睡，甲遂未叫醒她，獨自留下乙在車上。車子門窗緊閉，且當日酷熱，因乙年幼不會開門窗，等甲回到車上時乙已悶死。請問甲之行為是否成立犯罪？

【問題點】

一、遺棄罪之保護法益
二、遺棄罪是危險犯
三、無自救力人之認定
四、遺棄之作為與不作為
五、「不保護」與「不作為之遺棄」
六、遺棄致死罪與殺人罪之關係
七、有義務者與無義務者之共犯問題
八、減輕或免除扶養義務與遺棄罪之關係

【解析】

一、遺棄罪之保護法益

本罪為個人法益之犯罪，其保護法益究竟是人之生命或身體？抑是兼括二者在內？向為學說爭論之焦點：

㈠生命限定說

本說之根據在於(1)刑法第二九四條規定中稱「不為其生存所必要之……」，即以處罰對生命有危險之行為為要件；(2)如將對身體有危險之行為納入本罪之處罰，顯然不當擴大處罰範圍。例如母親將幼兒置於家中，在短時間內至住家附近購買物品，如認母親之行為對幼兒之身體有潛在之危險性，其行為構成有義務者之遺棄罪，顯然不當❶。按所謂「不為其生存所必要之……」與「維持生命所必要之……」不一定同義。又此說顯然將

---

❶ 山口厚，〈遺棄罪〉，《法學教室》，200 期（1997 年），104 頁。

對身體有傷害危險之行為排除於可罰性之範疇外，由於對生命有較低程度危險者與對身體之危險在實質上並無不同,很難區分何者為對生命之危險,何者為對身體之危險❷。故本說有其盲點。

㈡生命、身體安全保護說

本說之根據在於⑴遺棄罪係置於刑法傷害罪章後❸，且刑法第二九三條單純遺棄罪之法定刑較傷害罪為低，自不可推論其僅限定保護被害人之生命；⑵不論是單純遺棄罪或有義務者遺棄罪，均處罰致死或致重傷之加重結果犯，由此可見，遺棄罪包含發生普通傷害之危險。

亦有學者認為遺棄罪為妨害社會善良風俗之犯罪。換言之，遺棄行為一般均伴隨著犯罪行為，具有反社會性，故亦得認為其侵害善良風俗之社會法益❹。贊成此說者甚少。蓋從犯罪行為之態樣言，單純遺棄罪與有義務者遺棄罪之犯罪行為均規定為「遺棄」之行為，僅僅是後者追加「不為其生存所必要之扶助、養育或保護」之文字，而為前者所無。因此，不得概述遺棄罪僅限定保護生命。鑑於生命限定說有逾越法條文義解釋之虞，自以本說較妥。

二、遺棄罪是危險犯

遺棄罪為危險犯之一種，不以對生命、身體發生侵害為要件（但毋庸贅言遺棄致死傷罪須對生命、身體發生侵害為要件），惟即使不以對生命、身體發生侵害為要件，現實上是否仍須有危險發生始構成本罪?不無疑義。故以下將進一步分析遺棄罪究竟屬何種危險犯，以界定本罪在犯罪論體系上之位置。

㈠遺棄罪是抽象危險犯? 抑是具體危險犯?

關於遺棄罪之成立是否現實上須對生命、身體發生危險之問題，學說

---

❷ 須之內克彥，〈遺棄罪と危險概念〉，《現代刑事法》，33 期（2002 年），40 頁。

❸ 日本之學說及實務見解認為遺棄罪原則上是傷害未遂之一種類型,其成立以發生傷害之結果為要件。塩見淳，〈遺棄の概念〉，西田典之、山口厚編，《法律學の爭點シリーズ1──刑法の爭點》（有斐閣，3 版，2000 年），134 頁。

❹ 此為日本學者大塚仁之見解。

上對立。主張具體危險說者認為現實上須發生具體危險，始得成立遺棄罪；而抽象危險說則認為無發生危險之必要。此外，亦有學者認為應以保護義務之有無區分遺棄罪危險犯之性格，即單純遺棄罪為具體危險犯，而有保護義務之有義務者遺棄罪為抽象危險犯❺。採具體危險犯說者認為，因遺棄罪之成立範圍不明確，為避免無止境地擴張其適用，故應設限須對生命、身體發生具體危險者始成立本罪。例如將嬰兒丟棄在警察局門口，主觀上已預料到可能會有人伸出援手，未產生具體之危險，自不構成遺棄罪。惟本說如何解釋行為人有「遺棄」之故意及行為，卻不成罪？更何況亦無法確定是否會有預料中之援救，在具體危險犯說之立場，尚無法確定本罪是否成立；就未充分保護社會之弱者——被遺棄者而言，本說之立論顯不妥當。相對地，採抽象危險說者認為遺棄罪構成要件該當行為在立法設計之始已擬制有危險性，只要一實行其犯罪構成要件行為即得成立本罪，不容許以反證推翻（本說又稱為擬制說）。換言之，遺棄行為本來即具有高度之危險性，為刑法禁止之對象，本說主張在構成要件之形式上已將法益侵害具體危險化顯現出來了❻。我國學者通說及實務見解即採此說。

〈法律問題〉甲男乙女同居生一女嬰丙，某日丙生病經甲乙送至丁醫師處診治，丁告知甲乙，丙患有先天性心臟病等惡疾，甲乙知悉後即將丙置於丁處不加理會，亦不曾為生活上之扶養，則甲乙是否觸犯刑法第二九四條第一項之遺棄罪嫌？

〈討論意見〉

---

❺ 須之內克彥，〈遺棄罪と危險概念〉，《現代刑事法》，33 期（2002 年），49 頁註9。惟日本學者日高義博反對本說之立場，其謂保護義務之有無，非為決定本罪危險性程度之主要原因，而應以行為態樣廣狹之範圍及刑之輕重及作用認定之。

❻ 曾根威彥，《刑法の重要問題〔各論〕》（成文堂，補訂版，1996 年），53 頁；須之內克彥，〈遺棄罪と危險概念〉，《現代刑事法》，33 期（2002 年），40–41 頁。學者曾根威彥認為如被遺棄者確實受到救助，因未發生抽象危險，例外地即不成立遺棄罪。例如將嬰兒置於育幼院門口，有抽象危險；但如將嬰兒置於育幼院內之床上始離去，則因無發生抽象危險之可能，不成立遺棄罪。

甲說：按刑法第二九四條第一項之遺棄罪，是以對於無自救力之人，依法令或契約應扶助、養育或保護而遺棄之，或不為其生存所必要之扶助、養育或保護為構成要件。所謂不為其生存所必要之扶助、養育或保護，雖負有該義務之人不盡其義務，但事實上尚有他人為之養育或保護，對於該無自救力之人的生命，並不發生危險者，亦不成立遺棄罪（最高法院 29 年上字第 3777 號判例參照）。本件嬰兒丙，因丁醫師依診療契約對其負有照顧之義務，不生危害生命之虞，故甲乙之行為尚不構成遺棄。

乙說：刑法第二九四條第一項之遺棄罪，可分為積極的遺棄行為及消極的遺棄行為二種。所謂不為其生存所必要之扶助、養育或保護，即屬消極之遺棄行為。最高法院 29 年上字第 3777 號判例所謂事實上尚有其他人為之養育或保護，應指他人依據法令亦負有此義務者而言，否則縱令有不負此義務之人，因憐憫而為事實上之照顧、扶助，該依法負有此義務之人仍應成立遺棄罪。本件甲乙既將病嬰丙棄置於丁處，不為其生存所必要之扶助、養育，不問丁是否為事實上之照料，甲乙均應成立遺棄罪。

〈司法院第二廳研究意見〉按遺棄罪，以不履行義務而成立，不以遺棄被害人於荒無人煙之處為必要，甲男乙女有遺棄之犯意，將其等所生之病嬰丙，棄置於丁醫師處，即行逃走，應成立遺棄罪（參閱最高法院 18 年上字第 1457 號判例）。採乙說（司法院(80)廳刑一字第 562 號）。

又例如最高法院 104 年臺上字第 2837 號刑事判決似亦採抽象危險犯說，謂刑法第二九四條第一項之違背義務遺棄罪，構成要件為「對於無自救力之人，依法令或契約應扶助、養育或保護，而遺棄之，或不為其生存所必要之扶助、養育或保護」，屬身分犯之一種，所欲保護的法益，係維持生命繼續存在的生存權，而以法令有規範或契約所約明，負擔扶養、保護義務之人，作為犯罪的行為主體；以其所需負責扶養、保護的對象，作為犯罪的客體。又依其法律文字結構（無具體危險犯所表明的「致生損害」、「致生公共危險」、「足以生損害於公眾或他人」等用詞）以觀，可知屬於學理上所稱的抽象危險犯，行為人一旦不履行其義務，對於無自救力人之生存，已產生抽象危險現象，罪即成立，不以發生具體危險情形為必要（參

照最高法院 87 年臺上字第 2395 號判例）。最高法院 29 年上字第 3777 號判
例所謂：「事實上尚有他人為之養育或保護，對於該無自救力人之生命，並
不發生危險者，即難成立該條之罪」乙節，乃專指義務人不履行其義務「之
際」，「業已」另有其他義務人為之扶養、保護為限（參照上揭 87 年判例），
自反面而言，縱然有其他「無」義務之人出面照護，但既不屬義務，當可
隨時、隨意停止，則此無自救能力的人，即頓失必要的依恃，生存難謂無
危險，行為人自然不能解免該罪責。又上揭所稱其他義務人，其義務基礎
仍僅限於法令及契約，應不包括無因管理在內，否則勢將混淆了行為人的
義務不履行（含積極的遺棄和消極的不作為）惡意，與他人無義務、無意
願，卻無奈承接的窘境。行為人將無自救力的人轉手給警所、育幼院或醫
院，無論是趨使無自救力之人自行進入，或將之送入，或遺置後不告而別，
對於警所等而言，上揭轉手（交付、收受），乃暫時性，充其量為無因管理，
自不能因行為人單方的意思表示，課以上揭各該機關（構）等公益團體長
期接手扶養、保護的義務，而行為人居然即可免除自己的責任，尤其於行
為人係具有民法第一一五條所定的法定扶養義務場合，既屬最為基本的
法定義務，其順序及責任輕重，當在其他法令（例如海商法的海難救助、
道路交通管理處罰條例的肇事救護義務）或契約之上。至於兒童及少年福
利與權益保障法第七條第二項第六款，雖然規定警員應維護兒童安全，又
警察法第二條亦規定警察應保護社會安全，防止一切危害，促進人民福利，
仍非謂警察應長期替代、承擔對於棄童的扶養義務。何況行為人原可依法
向相關社會福利機關（構）請求提供協助，適時、適切、適法使無自救力
人獲得生存所必要的安置、保護措施，倘竟捨此不為，卻任令逃免刑責，
無異鼓勵不法，豈是事理之平，又如何能夠符合國民的法律感情、維持社
會秩序、實現正義。

　　依最高法院 87 年臺上字第 2395 號刑事判例，刑法第二九四條第一項
後段之遺棄罪，以負有扶助、養育或保護義務者，對於無自救力之人，不
為其生存所必要之扶助、養育或保護為要件。所謂「生存所必要之扶助、
養育或保護」，係指義務人不履行其義務，於無自救力人之生存有危險者而

言。是最高法院 29 年上字第 3777 號判例所稱：「若負有此項義務之人，不盡其義務，而事實上尚有他人為之養育或保護，對於該無自救力人之生命，並不發生危險者，即難成立該條之罪」，應以於該義務人不履行其義務之際，業已另有其他義務人為之扶助、養育或保護者為限；否則該義務人一旦不履行其義務，對於無自救力人之生存自有危險，仍無解於該罪責。綜觀本判例事實及理由並未明確說明遺棄罪之性質為抽象危險犯或具體危險犯，與前開104年判決相較，二者似非認一實行其犯罪構成要件行為即得成立本罪。按「抽象危險犯」是指行為本身含有侵害法益之可能性而被禁止之態樣，重視行為本身之危險性。揆諸我國實務見解及比較法觀點，對於法益保護前置的抽象危險犯立法，固為立法上推定之危險，但對抽象危險是否存在之判斷仍有必要（實質說），即以行為本身之一般情況或一般之社會生活經驗為根據，判斷行為是否存在抽象的危險（具有發生侵害結果的危險），始能確定有無立法者推定之危險。採實質說較符合本罪立法宗旨，也較符合前揭實務見解。當然，如此一來，實質說已傾向類如具體危險犯說，個案判斷行為人之遺棄行為，是否具有發生侵害結果的危險。

㈡遺棄罪是「行為之危險」？還是「結果之危險」？

近代刑法從法治國家原理所發展之法益保護原則或責任主義之觀點，採抽象危險犯應屬例外性規定，避免與形式犯相混淆；且如將與法益侵害分離之行為作為處罰之對象，則亦有可能無法論述對個別具體法益侵害或危險化之具體故意或具體過失，如此一來，即與責任形式上之故意、過失完全脫離關係。尤其很難把握抽象危險之內容，即有關危險性之判斷究竟是將行為人或一般人所得認識之事情作為判斷基礎，而為事前之價值判斷？抑是將該危險對法益侵害可能性有無之狀態為基礎，為事實上、客觀地蓋然性判斷？據此，衍生出此抽象危險犯係指「行為之危險」或「結果之危險」之問題。

採抽象危險說者認為，遺棄罪之成立至少須有某程度現實危險之發生，此乃屬「行為之危險」（又稱為危險行為說）。即遺棄行為本身隱含發生侵害結果之可能性，行為危險性之判斷係以行為時為判斷時點，僅能將行為

時之情事作為判斷基礎，而不論具體之結果是否危險。批評者認為如謂未發生某程度具體之危險，即認有遺棄行為，顯然已將遺棄行為概念價值化，與其日常生活用語定義完全不同。例如將嬰兒棄置於育幼院玄關前之行為本來即有抽象之危險，但如果一開始行為人於棄置嬰兒時即有第三者在旁看見，在行為人棄置後即予以保護。上述情形中，於遺棄行為後，雖因事情之介入阻止侵害結果之發生，依危險行為說，行為人仍有遺棄罪之適用。然而，倘依危險結果說之立場，應以行為時之客觀情事（包括行為時及行為後客觀上所得預測之情事）為事實判斷（事後判斷），則不成立有義務者遺棄罪。鑑於不論是危險行為說或者是危險結果說，偏側一方在論理上均無法充分說明，是以，另一折衷見解——綜合危險說逐漸展開。此說主張「行為之危險」與「結果之危險」在理論上的確需要加以區別，但何一危險始有決定性意義，不容諱言，在基本上各有獨立之機能，更何況某些時候危險行為說雖是以行為時行為人及一般人主觀上所考慮之事前危險判斷為基礎，但在客觀上，其實與事後判斷結果是否危險有相同之結論❼。

㈢**主觀上對於危險之發生是否有認識之必要？**

　　據上說明，本罪行為人對於被遺棄者傷害之發生主觀上至少須有具體之認識，如無遺棄之故意，則是否成立過失致死傷罪則屬另一問題。我國實務見解亦有類此解釋：按刑法第二九五條、第二九四條第一項之遺棄直系血親尊親屬罪，須以行為人主觀上基於遺棄之故意而為之始克成立，且其積極遺棄行為或消極遺棄行為，客觀上已致被遺棄者之生命發生危險者，始足當之。按刑法第二九四條第一項遺棄罪之成立，除行為人客觀上須有「遺棄」或「不為生存所必要之扶助、養育或保護」之作為或不作為外，主觀上仍須明知被害人係無自救力人，對之遺棄或不為生存所必要之扶助、養育或保護，將招致對其生命之危險故意，始足當之（90 訴 258）。前揭判決強調對被遺棄者之生命發生危險之故意，似乎係採生命限定說，而未包括傷害危險故意在內，與本文見解有異。

三、無自救力人之認定

❼　須之內克彥，〈遺棄罪と危險概念〉，《現代刑事法》，33 期（2002 年），41–42 頁。

　　遺棄罪之行為客體為「無自救力之人」（刑法第二九五條之行為客體——直系血親尊親屬，亦應指無自救力之直系血親尊親屬）。所謂無自救力之人，通說係指其人無維持其生存所必要之能力而言，例如老人、嬰幼兒、身體殘障者或有疾病須予以扶助者等。至於所謂「無維持其生存所必要之能力」，應是指如無他人之助力，無法為日常生活之活動者，前揭之例示中，老人是指年紀大，嬰幼兒是指年紀小，二者均為無法自行維持日常生活者；而身體殘障者是指身體機能有障礙之狀態；至於疾病則無一定之限制範圍，舉凡受傷者、即將生產之婦女、爛醉如泥者、受麻醉或催眠者、或飢餓了很多天之人等等都包含在內。原則上仍應以是否有「無維持其生存所必要之能力」為判斷基準❽。因此，應視具體個案事實而定。以下茲就我國現行實務見解概述之：

㈠**是否已達無自救力之程度，依其健康、體能狀態而定**

　　例如：遺棄罪以對於無自救力之人為要件，所謂無自救力之人，係指其人無維持生存所必要之能力而言。自訴人當時年方三十餘歲，其所患腳氣病，據法醫師驗明，身體發育強大，現各部分正常，惟兩腿膝腱反射遲鈍，係有輕度腳氣病等語，是否已達無自救力之程度，不無疑義（40 臺上399）。刑法第二九五條之遺棄罪，仍以被遺棄之直系血親尊親屬，係無自救力之人為必要。上訴人年甫四十八歲，體力尚健，平日在某姓家傭工自給，不得謂無自營生活之能力，被告等不為扶養，尚與該條之構成要件不合（26 上 2919）。

㈡**不能僅以無資金、技能或未受教育為無自救力之原因**

　　例如：刑法上所謂無自救力之人，係指其人無維持生存所必要之能力而言。若年力健全之婦女，儘有謀生之途，不能僅以無資金、技能或未受教育，為無自救力之原因。被告對於某氏固有扶養義務，但該氏正在中年，又未病廢，即其本身非無維持生存所必要之能力，被告如違反扶養義務，祇可由某氏依民事法規請求救濟，要不能謂已構成遺棄之罪（27 上 1765）。又院字 1508 號解釋亦同。

---

❽　川崎一夫，《刑法各論》（青林書院，初版，2000 年），62 頁。

㈢**其財產之能否自給，雖不無相當關係，究非以此為必要之條件**（32 上 2497）

㈣**扶養權利人與無自救力人有異**

　　例如：刑法第二九三條、第二九四條之遺棄罪，均以行為人對於無自救力之人或依法令、契約應扶助、養育或保護之人為遺棄之行為或不為其生存所必要之扶助、養育、保護為構成要件。本件上訴人指被告二人係其親生子及媳婦，上訴人因案在監執行，被告二人不探視，亦不為保外就醫之申請，經核與刑法第二九三條、第二九四條之要件，顯不相合（70 臺上 222）。刑法第二九四條所謂無自救力之人，係指其人非待他人之扶養、保護，即不能維持其生存者而言。故依法令或契約負有此項義務之人，縱不履行義務，而被扶養保護人，並非絕無自救能力，或對於約定之扶養方法發生爭執，致未能繼續盡其扶養之義務者，均不能成立該條之遺棄罪（31 上 1867）。

　　此外，依民法之規定，父母對於未成年子女負有扶養義務（民法第一一六條之二），原則上父母對於未成年子女之權利義務，由父母共同行使或負擔之。父母之一方不能共同負擔義務時，由有能力者負擔之（民法第一○八九條第一項）。即父母所負之養育照顧義務，不要求必須親自為之，父母雖有扶養未成年子女之義務，惟如父母之一方因離婚、分居以致無法親自養育照顧，其對未成年子女之扶養義務不因而受影響。倘父母有經濟能力，而對於無謀生能力之幼兒故意不提供或中斷原來所提供之扶養費用，充其量為債務不履行之問題，可循民事法律途徑予以解決。雖可對特定之人主張其有扶養義務，但未必可視為無自救力之人 ❾。

四、遺棄之作為與不作為

　　「遺棄」之概念可分為最廣義、廣義及狹義三種。最廣義之遺棄係兼

---

❾　蔡墩銘，〈扶養權利人與無自救力人有異〉，《月旦法學雜誌》，73 期，頁 16–17，臺北（2001 年）。民法上之扶養義務主要是扶助被扶養者經濟上困境之義務，而刑法上之保護義務係保護被扶助者生命、身體免於危險之義務，扶養義務人不當然是保護責任人。

指遺棄及不保護二種情形，刑法第二十五章「遺棄罪章」所稱遺棄即是。將不保護之概念去除，為廣義之遺棄概念。廣義之遺棄包括以作為方式所為之遺棄及以不作為方式所為之遺棄。前者係將被遺棄者移轉危險之場所，後者係將被遺棄者遺留在危險之場所。而狹義之遺棄是去除廣義遺棄中之不作為方式遺棄，僅指以作為方式遺棄之行為。由以上說明得知，所謂遺棄行為，從現實行為態樣來看，可區分為「移置」及「棄置」二者。所謂「移置」，係指將被遺棄者移轉至其他場所；所謂「棄置」則是指行為人將被遺棄者遺留在原地而離開[10]。此外，棄置意味著不阻止被遺棄者離開該場所，又移置在遺棄犯意之時點上有場所之隔離及場所之移動等特徵，凡此均屬二者之差異。一般而言，均將「移置」及「棄置」二者視為「作為」與「不作為」相對性概念，學說有認為單純遺棄罪所稱遺棄限於「移置」之行為，而有義務者遺棄罪之「遺棄」則包含「移置」及「棄置」二行為在內。申言之，棄置之處罰係以對被扶助者作為義務存在為前提，此與刑法第二九四條有義務者遺棄罪之保護責任相當。反對說者認為同一用語——「遺棄」在刑法第二九三條、第二九四條既然有如此不同之解釋，似突顯法律欠缺整合性之問題，蓋保護責任之存在僅為加重處罰之事由，即「棄置」亦為單純遺棄罪之構成要件行為，僅是犯罪行為人如具保護義務時，則增加其加重處罰之原因[11]。再者，如限定單純遺棄罪為作為犯，在理論上欠缺必然性，至少單純遺棄罪仍可成立不純正不作為犯。綜合言之，本文以為基於刑法第二九三條及第二九四條均使用相同「遺棄」之用語，且二罪之保護法益皆為對人生命、身體之危險犯，如認第二九四條「遺棄」行為包含不作為形態之遺棄，第二九三條之「遺棄」自應解為包含不作為遺棄行為在內。有問題的是，單純遺棄罪中不作為之遺棄行為與有義務者

---

[10] 但非僅指消極地棄之離去，而係同時介入有其他積極之作為，使被遺棄者之生命、身體陷於危險之狀態。例如兒子將中風之年邁父親，在無人照顧之情形下，留置於家中，自己出國旅行是。

[11] 塩見淳，〈遺棄の概念〉，西田典之、山口厚編，《法律學の爭點シリーズ1——刑法の爭點》（有斐閣，3版，2000年），135頁。

遺棄罪中不作為之遺棄行為究有何不同？關於此點，因刑法第二九四條係以作為義務為保護義務之前提——違法身分（身分犯），故其區別基準在於違反作為義務程度之不同，即以保護責任之有無為罪責之差異❷。

五、「不保護」與「不作為之遺棄」

㈠所有之「不保護」皆屬不作為之行為？

按單純遺棄罪只處罰遺棄行為，而有保護義務者遺棄罪則兼處罰遺棄及不保護之行為，故遺棄及不保護在概念上應加以區別。通說以為「遺棄」係因場所之隔離致被遺棄者於無保護之狀態，危及其生命、身體之行為；另一方面，例如未提供病人必要之食物——「不保護」，雖無場所之隔離但卻置客體於無保護之狀態，造成其生命、身體之危險。據此，遺棄及不保護之區別，首先，乃場所隔離之有無，伴隨著場所隔離的限度下，遺棄始包含不作為之形態。其次，在行為態樣上，遺棄大都為作為犯，而不保護原則上為不作為犯（純正不作為犯）。然而，如認為遺棄有不作為之形態，則以不作為之方式實現「遺棄罪」作為犯之構成要件之不純正不作為犯，因刑法第二九四條前段所指之遺棄與後段所指之不保護在法定刑上並無不同，將使不作為之遺棄行為與不純正不作為犯具有同價值性，則處罰單純不保護行為將產生不均衡之現象，此其一；不論是棄置（不作為）或者是以不作為方式之移置，終究須達到不為其生存所必要之扶助、養育或保護之程度，關於此點，又與不保護之情形相同❸。

㈡保護責任之根據

保護責任為有義務者遺棄罪加重刑罰之根據，因「不為其生存所必要之扶助、養育或保護」屬純正不作為犯，與不純正不作為犯之作為義務不同，是以，保護責任應就與保護法益之具體關係決定之。按有義務者遺棄罪之保護責任究竟有那些？歸納學說上之見解大致上有四種：

1. 法　令

例如民法第一〇八四條第二項之保護義務、第一〇八六條、第一〇八

---

❷　曾根威彥，《刑法の重要問題〔各論〕》（成文堂，補訂版，1996 年），59 頁。

❸　曾根威彥，《刑法の重要問題〔各論〕》（成文堂，補訂版，1996 年），55–56 頁。

九條父母對子女之監護義務、第一一一四條親屬之扶養義務、勞動基準法第八條之療養義務、兒童及少年福利與權益保障法第三、四十八條之監護義務、警察職權行使法第十九條警察之保護義務等均是。不問是公法或私法，只要是依法令規定之保護義務、監護義務、療養義務均屬一般性之義務。惟即使存有法令上之義務時，非一定產生保護義務，例如有民法上扶養義務者如有數人，即使現在看護老年人者為後順位之扶養義務者，如擬課後順位者之保護責任，須先免除先順位扶養義務人之保護義務❹。

2.契　約

依契約發生保護義務，其前提須契約本身有效存在，有事實上之保護義務即足矣，至於訂定契約後是否已踐行法律上之程序則非所問。例如收養子女之法律上手續雖然尚未完成，但如已將該年幼養子帶回家中，依收養契約即有保護義務。又契約不問是明示或默示，例如僱用幫傭與主人同住，依僱傭契約即默示主人對該幫傭於其疾病時有保護之義務❺。

3.無因管理

例如醫師在休診時對病人並無診療之義務，但病患如自行跑到醫師家中，且醫師不予拒絕者，該醫師對病患即產生保護義務，在其他有保護義務者尚未出現前，其保護義務應視為繼續。以無因管理作為保護義務之根據時，應依事務管理之法理，以具體情事為基礎，以判斷保護義務之存否。

4.法　理

即以具體情事為基礎，依照法律一般原則判斷保護義務之存否。例如同學二人在溪邊嬉戲，因互相追逐致其中一人掉入溪中，如另一人不予救助扭頭就跑，則依其先行行為所發生之諸情事及其他具體情事為基礎，以判斷保護責任之有無。按即使有過失之先行行為，並不代表即有保護義務，如前例中，溪邊尚有老師在場，故除了先行行為外，尚須考量其他具體個案情形。又例如同居者或同行之人不當然即一律認為有保護義務，蓋依保證行為說之立場，是否有「保護之保證行為」須依同居或同行之具體個案

---

❹ 請參考大判大 7.3.23 刑錄 24 卷 235 頁。

❺ 請參考大判大 8.8.30 刑錄 25 卷 963 頁。

情形認定之。例如對在旅行途中遇到之罹患急病的旅伴並無保護之保證行為，自無保護義務。再者，餐廳老闆對於在店內喝酒之客人，於其酒後爛醉如泥地離開，亦無保護之保證行為，即無保護義務❻。

除上述四種情形外，學者有謂應重視事實上之保證行為，即應重視法益及不作為間事實要素之密切性；行為人之保證行為乃是由保護法益及與行為人依存關係中衍生而來。此外，又有學者認為應重視支配領域性之問題。申言之，如得對因果經過為具體地、現實地支配，以自己之意思於設定之場合為事實上排他性地支配即有繼續之保護、管理義務，亦衍生出其作為義務。此說亦與法益有密切之關係❼。

(三)我國實務介紹

1.以事實上保護義務為基準

例如：原判決既認本件被遺棄人係被告與陳某姘居時所生，並經其撫育，依照民法規定，即應視為已經認領，並負有扶養義務，乃被告竟將之遺棄，自無解於刑法第二九四條第一項犯罪之成立，原審遽改依同法第二九三條第一項規定論科，難謂于法無違（51 臺上 1698）。

2.所謂「生存所必要之扶助、養育或保護」，係指義務人不履行其義務，於無自救力人之生存有危險者而言

例如：本院 29 年上字第 3777 號判例所稱：「若負有此項義務之人，不盡其義務，而事實上尚有他人為之養育或保護，對於該無自救力人之生命，並不發生危險者，即難成立該條之罪」，應以於該義務人不履行其義務之際，業已另有其他義務人為之扶助、養育或保護者為限；否則該義務人一旦不履行其義務，對於無自救力人之生存自有危險，仍無解於該罪責（87 臺上 2395）。刑法第二九四條第一項後段之遺棄罪，必以對於無自救力之人，不盡扶養或保護義務，而致其有不能生存之虞者，始克成立。若負有此項義務之人，不盡其義務，而事實上尚有他人為之養育或保護，對於該無自救

---

❻　川崎一夫，《刑法各論》（青林書院，初版，2000 年），64–65 頁。

❼　林美月子，〈保護責任の發生根據〉，西田典之、山口厚編，《法律學の爭點シリーズ 1——刑法の爭點》（有斐閣，3 版，2000 年），136、137 頁。

力人之生命，並不發生危險者，即難成立該條之罪（29上3777）。

3.應先查明是否有先順序扶養義務之人，以及該順序在先之人，有無扶養資力，以定其扶養義務是否屆至，不能僅以同居與否，執為其應否負扶養義務之標準

例如：刑法第二九四條第一項之遺棄罪，既以依法令或契約負扶助養育或保護之義務者為其犯罪主體，則扶養義務人對於扶養權利人所負之扶養義務，是否屆至，除有契約特別訂定者外，自以民法第一一一五條第一項各款及第二項所定之順序以為衡。子婦對於翁姑之扶養義務，依同條第一項規定，既在第六順位，縱使該子婦向與翁姑同住一家，具有家屬身分，而其扶養順序亦在第五順位，則子婦對於其無自救力之翁姑，不為必要之扶助、養育或保護，是否構成遺棄罪，自應先查明其有無較子婦或家屬順序在先之人，以及該順序在先之人，有無扶養資力，以定其扶養義務是否屆至，不能僅以同居與否，執為其應否負扶養義務之標準（27上1405）。刑法第三一〇條第一項後段之遺棄罪，以對於無自救力之人不盡扶養、保護義務，而致其有不能生存之虞，始克成立。如僅對於無自救力之人違反扶養、保護之義務，而事實上尚有他人為其扶養、保護，不致有不能生存之虞，則僅民事責任問題，並不成立刑法該條之罪。上訴人對於其子雖未盡扶養、保護之義務，但其子尚有母為之扶養、保護，自不成立遺棄罪名（23上2259）。

4.扶養方法不合意僅為民事紛爭，尚不成立遺棄罪

例如：扶養義務人對於無自救力之扶養權利人棄置不顧，不為其生存所必要之扶助養育者，固應成立刑法第二九四條第一項或第二九五條之罪。如扶養權利人，因原來之扶養方法不合其意，要求義務人代以別種扶養，未獲如願，遂即負氣他行，拒不就養，以致義務人無由繼續扶養者，是雙方所爭不過為扶養方法之是否適當，自屬民事糾葛，不發生刑事問題（27上2024）。

5.將早產兒遺留於醫院，拒未給付醫療費，是否成立遺棄罪？

〈法律問題〉甲男與乙女係同居關係，乙女於七十九年一月一日上午

十一時，在臺中市某婦產科診所產下一千公克之早產男嬰，該男嬰有臍帶繞頸、呼吸困難之現象，該婦產科診所促甲男送其嬰兒至某一私立教學醫院急救，甲男繳交保證金，為其嬰兒辦妥住院手續，經該醫院診斷，發現為早產未成熟兒，有先天性心臟病、呼吸窘迫及抽搐痙攣等病症，經治療後已大有改善，甲男與乙女獲悉上情，基於無力負擔龐大之醫療費用及該男嬰患有上揭先天性疾病，即逃避無蹤，未前往該醫院探視，盡其法定扶助、養育或保護之義務，且拒未給付醫療費，致該男嬰仍被遺留在該醫院。問甲男與乙女是否成立刑法第二九四條第一項違背法令義務遺棄罪。

〈討論意見〉

(1)否定說：甲男既已為其男嬰辦妥住院手續，該男嬰正由該醫院進行治療、保護、且病症已大有改善、男嬰之生命非處於有生命危險之狀態，故甲男與乙女之行為不該當刑法第二九四條之「遺棄」要件。又該醫院依醫療契約，對該男嬰有扶助、保護之義務，而養育該男嬰亦該醫療契約伴隨之義務，甲男與乙女將其男嬰置於該醫院，未付醫療費用，亦未盡其法定扶助、養育或保護之義務，因事實上尚有他人為男嬰扶助、養育、保護，不致有不能生存之虞（參照最高法院 29 年上字第 3777 號判例），故甲男與乙女不成立本條項之罪。

(2)肯定說：按刑法第二九四條第一項之犯罪行為態樣有(1)以積極行為遺棄之，(2)不為其生存所必要之扶助，(3)不為其生存所必要之養育，(4)不為其生存所必要之保護，四者行為有其一，即成立犯罪，該醫院依醫療契約，對該男嬰固有診療、治療、保護、扶助之義務，惟並非養育之義務，甲男乙女將其男嬰送至該醫院後，即置之不理，不負其生存所必要之法定扶養義務，故甲男與乙女之行為應成立本條項之遺棄罪。又若甲男乙女之右揭行為不構成本條項之罪，無異鼓勵、助長此類日益增加之不負責任行為之歪風，豈與本條項之刑事立法政策本旨相符。

〈法務部檢察司研究意見〉以肯定說為當（法務部(80)法檢(二)字第 1792 號）。

6.業務過失致死罪與遺棄罪競合問題

〈法律問題〉甲以褓姆為業，受乙之託看顧甫滿周歲之嬰兒丙，一日將丙獨留置於無成年人留守之住處，逕自外出，因發生火警，丙因遭火災濃煙致呼吸道嗆傷，且全身燒傷，當場死亡，問甲應負何罪責？

〈討論意見〉

甲說：甲係從事褓姆業務之人，應注意能注意將嬰兒丙獨留屋內有遭火災等意外之危險，竟疏未注意，逕自外出，致發生火警時，無法保護該嬰兒丙，顯然其有業務上之過失，與嬰兒丙遭火燒死，有相當因果關係，應負刑法第二七六條第二項之業務上過失致死罪責。

乙說：甲對無自救力之嬰兒丙，依契約應負保護之責，竟逕自外出而不為其生存必需之保護，因而致嬰兒因火災燒死，甲應負刑法第二九四條第二項之有義務者遺棄致死罪責。

〈司法院刑事廳研究意見〉採甲說。甲為從事褓姆業務之人，自應隨時注意保護嬰兒之安全，而將嬰兒丙獨留屋內，易生危險，應為從事褓姆業務之甲所應注意且能注意，竟疏未注意，致遭火災受傷死亡，自本案犯罪之形態視察，自以甲說為是。蓋甲之逕自外出，仍會回來，並無不為嬰兒生存必要保護之任何企圖及預見，且火警之發生究屬偶然，不過出於從事褓姆業務之甲之一種嚴重疏失也（司法院⑻⑷廳刑一字第 07260 號）。

7.刑法第二九四條「契約」之解釋如何？是否以「明示約定」為限？民法上「無因管理」是否包含在內？應採狹義解釋或採廣義解釋（即以法律精神及社會價值規範作為衡量之標準）？

甲說：刑法第二九四條之「契約」含義應限制其範圍，即以「明文約定」者為限，以符合罪刑法定主義之精神。實務上採之。

乙說：應從法律精神及社會價值規範解釋刑法第二九四條之「契約」含義，即「無因管理」（民法第一七二條）亦包括在內（學者蔡墩銘教授採此說）。

〈司法院第二廳研究意見〉「契約」之解釋，以民法上規定者為限（司法院⑺⑵廳刑一字第 376 號）。

六、遺棄致死罪與殺人罪之關係

　　按先行行為之重要性於區別有義務者遺棄致死罪及殺人罪間具有重要意義。以往係基於下列二點基準區別有義務者遺棄致死罪及殺人罪：(1)有無殺人之故意、(2)有無客觀危險性。惟以客觀上死亡結果發生之蓋然性或作為義務之程度區別有義務者遺棄致死罪及殺人罪非常困難，蓋具體而言，有何種程度之作為義務、何種程度之危險性，始得認定成立殺人罪之不作為犯？不無疑義。關此常會左右檢察官所引起訴法條，引發不少爭議。例如父母不讓幼兒吃喝造成其死亡之案子，有可能是成立殺人罪之不作為犯，但也有可能該不作為僅僅是虐待幼兒致死諸行為中之一。又例如工地工頭以鐵器毆打工人，於被害人陷於昏迷時置之不理導致死亡之情形。前二例中因有虐待之先行行為，被害人陷於無自救力狀態亦在行為人支配領域內，解釋上認為成立殺人罪較為妥當。如果母親因為幼子智障，內心沮喪心生放棄，不予食物致幼兒衰弱死亡，因行為人尚無任何暴力先行行為，只不過放棄育兒，不得認為成立殺人罪，只能以有義務者遺棄致死罪相繩。總之，為區別有義務者遺棄罪及殺人罪之不同應視先行行為重大性決定之❽。

七、有義務者與無義務者之共犯問題

　　按刑法第二九四條本屬加重刑罰之身分犯，因此當有義務者與無義務者共犯遺棄罪時，有刑法第三十一條之適用。申言之，有義務者遺棄罪乃因身分致刑加重，依刑法第三十一條第二項規定，無義務者（無身分者）應成立刑法第二九三條單純遺棄罪。相對地，因刑法第二九四條第一項後段不保護罪為純正身分犯之規定，未具保護義務者與有保護義務者共犯遺棄罪者，則依刑法第三十一條第一項規定，仍以共犯論。

八、減輕或免除扶養義務與遺棄罪之關係

　　近來常見一些曾經被父母家暴、性侵或遺棄之子女，在成年後反受父母以遺棄罪要脅其一定要盡扶養義務，令當事人情何以堪。有鑑於此，行政院於九十八年十一月五日通過民法及刑法部分條文修正草案，重新定位父母與子女間之扶養義務是「相對義務」。前開草案已經立法院三讀通過，總統公布施行，從此父母子女之扶養關係不再強制，而改成相對義務。修

❽　木村光江，〈不作為による遺棄〉，《現代刑事法》，5 卷 9 號（2003 年），101–102 頁。

法之內如容如下：民法增訂第一一一八條之一，其第一、二項規定，受扶養權利者有下列情形之一，由負扶養義務者負擔扶養義務顯失公平，負扶養義務者得請求法院減輕其扶養義務：(1)對負扶養義務者、其配偶或直系血親故意為虐待、重大侮辱或其他身體、精神上之不法侵害行為。(2)對負扶養義務者無正當理由未盡扶養義務。受扶養權利者對負扶養義務者有前項各款行為之一，且情節重大者，法院得免除其扶養義務。刑法亦於九十九年一月新增第二九四條之一，規定：對於無自救力之人，依民法親屬編應扶助、養育或保護，因有下列情形之一，而不為無自救力之人生存所必要之扶助、養育或保護者，不罰：(1)無自救力之人前為最輕本刑六月以上有期徒刑之罪之行為，而侵害其生命、身體或自由者。(2)無自救力之人前對其為第二二七條第三項、第二二八條第二項、第二三一條第一項、第二八六條之行為或人口販運防制法第三十二條、第三十三條之行為者。(3)無自救力之人前侵害其生命、身體、自由，而故意犯前二款以外之罪，經判處逾六月有期徒刑確定者。(4)無自救力之人前對其無正當理由未盡扶養義務持續逾二年，且情節重大者。

　　按民法扶養義務乃發生於有扶養能力之一定親屬間。惟觀社會實例，雖行為人依民法規定，對於無自救力人負有扶養義務，然因無自救力人先前實施侵害行為人生命、身體、自由之犯罪行為，例如殺人未遂、性侵害、虐待，或是未對行為人盡扶養義務，行為人因而不為無自救力人生存所必要之扶助、養育或保護，應認不具可非難性。若仍課負行為人遺棄罪責，有失衡平，亦與國民法律感情不符，爰增訂本條阻卻遺棄罪成立之事由。本條在適用上宜注意下列情形：

　　㈠扶養義務人應就本條各款「個人刑罰減免事由」情事為舉證。

　　㈡本條之適用，以依民法親屬編規定應扶助、養育或保護者為限。

　　㈢刑法第二九四條遺棄罪之遺棄行為，包含積極遺棄無自救力人之行為，以及消極不為無自救力人生存所必要之扶助、養育或保護之行為。本條明定僅限於「不為無自救力人生存所必要之扶助、養育或保護」之消極遺棄行為，始有其適用。若行為人積極遺棄無自救力人，即便有本條所定

之事由，仍不能阻卻遺棄罪之成立。

㈣第一款所謂為侵害生命、身體、自由之犯罪行為，不以侵害個人法益之犯罪行為為限，凡侵害國家法益或社會法益之犯罪行為，致個人之生命、身體、自由間接或直接被害者，亦包括在內。

㈤無自救力人對行為人為刑法第二二七條第三項準強制性交罪、第二二八條第二項利用權勢猥褻罪、第二三一條第一項引誘容留媒介性交猥褻罪、第二八六條妨害自然發育罪之行為或人口販運防制法第三十二條、第三十三條之行為者，雖前開罪名非法定最輕本刑六月以上有期徒刑，惟亦難期待行為人仍對之為生存所必要之扶助、養育或保護，故本條第二款明定列舉之。

㈥倘若無自救力人對行為人故意犯本條第一、二款以外之罪，而侵害行為人之生命、身體、自由者，考量可能成立之罪名不一、個案之侵害結果軒輊有別，復審酌是類犯罪多為輕罪，為避免因無自救力人之輕微犯罪，即阻卻行為人遺棄罪之成立，造成輕重失衡，故於本條第三款規定，是類犯罪必須經判處逾六月有期徒刑確定，始得阻卻遺棄罪之成立。又應注意的是，徒刑併受緩刑之宣告者，於緩刑期滿而緩刑之宣告未經撤銷者，依刑法第七六條之規定，刑之宣告失其效力，刑既已消滅，即不符合本款之規定，從而不能阻卻遺棄罪之成立。

㈦若不論無自救力人未盡扶養義務之原因、期間長短、程度輕重，皆可阻卻行為人遺棄罪之成立，造成阻卻遺棄罪成立之範圍過大，影響無自救力人的法益保護，有失衡平，爰訂定第四款。本款所謂「正當理由」，例如身心障礙、身患重病。又民法第一一一九條規定，扶養之程度，應按受扶養權利者之需要與負扶養義務者之經濟能力及身分定之。所謂「未盡扶養義務」包含未扶養及未依民法第一一一九條規定之扶養程度扶養。所謂「持續逾二年」，係指未盡扶養義務之期間必須持續至逾二年。若係斷斷續續未盡扶養義務，且每次未盡扶養義務之期間持續皆未逾二年，即便多次未盡扶養義務之期間加總合計已逾二年，仍非此處所謂「未盡扶養義務持續逾二年」。所謂「情節重大」，係用以衡量未盡扶養義務之程度輕重。

㈧無自救力人對行為人若有本條阻卻遺棄罪成立事由以外之事由，行為人因而不為無自救力人生存所必要之扶助、養育或保護者，例如無自救力人傷害行為人，經判處有期徒刑四月確定，則仍成立遺棄罪，惟依個案情節輕重、影響，檢察官可依刑事訴訟法之規定裁量給予緩起訴處分，起訴後法院可依刑法第五十七條之規定，作為量刑之因素，甚或依刑法第五十九條之規定，予以減輕其刑。

㈨依「民法」第一一一八條之一之規定，扶養義務之減輕或免除，須請求法院為之。本條所定阻卻遺棄罪成立之事由，與「民法」第一一一八條之一扶養義務之減輕免除事由相同者，事由是否存在，民刑事案件各自認定，彼此不受拘束。

應注意的是，依民法第一一一八條之一減輕或免除扶養義務人之扶養義務之確定裁判，僅向後發生效力，並無溯及既往之效力，於請求法院裁判減輕或免除扶養義務之前，扶養義務人依民法規定仍負扶養義務之法律見解（高雄高等行政法院 102 年簡上字第 3 號判決）。負扶養義務者依此條第二項規定，請求法院免除其扶養義務之權利，係形成權，自法院予以免除確定時起始發生扶養義務者對受扶養權利者免除負扶養義務之法律效果。是以在此之前，扶養義務者因負扶養義務而具體產生之債務關係，無論是公法上或私法上之債務關係，並不因事後法院予以免除負扶養義務而變成自始或事後不存在（最高行政法院 101 年判字第 715 號判決）。基此，行為人有無義務，得否主張刑法第二九四條之一，不罰，應參考前開見解。

【結論】

一、甲成立刑法第二九四條第二項有義務者遺棄致死罪

㈠乙為幼兒，無維持自己生存所必要之能力，為無自救力之人。

㈡甲對乙依民法第一○八四條第二項、第一○八六條之規定，依法令有保護之義務。

㈢甲將乙獨留在車上之行為為「棄置」之行為。

㈣因乙年幼不會自行打開車窗，甲獨自留下乙一段時間，在酷熱天氣

下，甲對於乙死亡之結果可預見，成立有義務者遺棄罪之加重結果犯。

二、甲不成立刑法第二七六條第一項過失致人於死罪

　　甲雖非故意，但將幼兒置於車上，門窗緊閉，按其情節應注意，並能注意，而不注意者，非謂無過失。因甲對乙無任何先行行為，尚不成立過失致人於死罪。

【參考法條】

刑法第二七一條第一、二項

　　殺人者，處死刑、無期徒刑或十年以上有期徒刑。

　　前項之未遂犯罰之。

刑法第二七六條第一項

　　因過失致人於死者，處二年以下有期徒刑、拘役或二千元以下罰金。

刑法第二九三條

　　遺棄無自救力之人者，處六月以下有期徒刑、拘役或一百元以下罰金。

　　因而致人於死者，處五年以下有期徒刑；致重傷者，處三年以下有期徒刑。

刑法第二九四條

　　對於無自救力之人，依法令或契約應扶助、養育或保護而遺棄之，或不為其生存所必要之扶助、養育或保護者，處六月以上五年以下有期徒刑。

　　因而致人於死者，處無期徒刑或七年以上有期徒刑；致重傷者，處三年以上十年以下有期徒刑。

刑法第二九四條之一

　　對於無自救力之人，依民法親屬編應扶助、養育或保護，因有下列情形之一，而不為無自救力之人生存所必要之扶助、養育或保護者，不罰：

一　無自救力之人前為最輕本刑六月以上有期徒刑之罪之行為，而侵害其生命、身體或自由者。

二　無自救力之人前對其為第二百二十七條第三項、第二百二十八條第二項、第二百三十一條第一項、第二百八十六條之行為或人口販運防制法第三十二條、第三十三條之行為者。

三　無自救力之人前侵害其生命、身體、自由，而故意犯前二款以外之罪，經判處逾六月有期徒刑確定者。

四　無自救力之人前對其無正當理由未盡扶養義務持續逾二年，且情節重大者。

【練習題】

一、甲為某山巡守員，某日深夜登山客乙因負傷，行走困難，以無線電向其求救。因當日溫度甚低，甲不予理會，翌日乙凍斃。請問甲是否成立犯罪？

二、甲未婚懷孕，某日於捷運站因腹痛，至女廁臨盆產下一女嬰，甲心慌之下將其用衣物包裹置於洗手臺，心想廁所清潔工固定打掃女廁，且捷運站人來人往，很快女嬰就會被發現，遂迅速離開。當該女嬰被乘客發現時已氣絕多時。請問甲是否成立犯罪？

問題七
妨害自由之基本問題

　　甲擬強制性交同學乙，於下課後自願開車載乙回家，乙本來不察，直至車子開上北宜公路始大叫要甲讓其下車。甲不但不讓乙下車，反而將車門反鎖，駛至路旁將乙強制性交得逞。請問甲成立何種犯罪？

【問題點】

一、妨害自由罪之保護法益
二、妨害自由罪為繼續犯
三、本罪之行為客體
四、本罪之犯罪構成要件行為
五、被害人之意識是否影響妨害自由罪之成立
六、與他罪之關係

【解析】

一、妨害自由罪之保護法益

　　按刑法第三〇二條第一項妨害自由罪之保護法益一般認為係「身體在各場所移動之自由」。又依此移動自由之內容可區分為下列二種見解❶：

㈠現實自由說

　　即違反現實上被害人欲離去之意思。

㈡可能自由說

　　又稱為客觀自由說。不以違反現實上被害人欲離去之意思為限，只要行為人使被害人之離去不可能或有顯著之困難即足矣。

　　惟為避免與略誘罪或遺棄罪之保護法益重疊，如將無意思能力且移動不可能之嬰兒關在房間中，或者是阻斷扶養人對其養育，雖同屬「身體正當利益之保護」──廣義上亦屬人身自由之保障，不認為屬本罪保護之對

---

❶　高橋則夫，〈住居侵入罪・監禁罪及び財產犯の問題〉，《現代刑事法》，5 卷 7 號（2003 年），95 頁。

象。甚至於如妨害被害人至某場所，或者是強制被害人留在某特定場所，雖亦該當刑法第三〇四條：「以強暴、脅迫使人行無義務之事或妨害人行使權利」強制罪之犯罪構成要件行為，因場所移動之自由——「任意離去某特定場所之自由」乃妨害自由罪保護法益之所由設，因此，本罪可謂是強制罪之特別規定❷。

二、妨害自由罪為繼續犯

本罪為繼續犯典型之代表罪名，因此，本罪之成立必須在某程度上繼續侵害被害人場所移動之自由；即使在瞬間以暴力剝奪被害人身體活動之自由，尚不構成本罪，只不過成立傷害罪。惟本罪並不限於須為某程度侵害自由，亦不問監禁時間之長短，即使監禁之時間只有五分鐘，亦成立本罪。又行為人之行為毋需繼續不斷地侵害被害人場所移動之自由，始成立本罪；換言之，妨害自由之犯罪構成要件行為實行後，本罪即已成立，僅僅是被害人之自由法益被侵害之狀態尚在繼續中罷了，此在正當防衛、共犯之成立與否、時效之起算點上有重要之意義。再者，繼續犯在性質上屬實質上一罪，是故，不論被害人之自由被妨害時間長短如何，均只論以一罪。

三、本罪之行為客體

本罪之行為客體限於自然人，蓋只有自然人有場所移動之自由。此自由應從事實上是否有場所移動之自由來認定，與責任能力、行為能力、意思能力之有無無關。幼兒是否為本罪之行為客體？日本實務上曾謂一歲七個月之幼兒得為本罪之行為客體❸；至於無場所移動之獨立的意思及能力之嬰兒、植物人，則非本罪之行為客體。相同地，須他人攙扶或使用步行輔助工具始得移動者，其只不過是身體有障礙，仍得享有場所移動之自由，

---

❷ 島田聰一郎，〈監禁罪の保護法益〉，西田典之、山口厚編，《法律學の爭點シリーズ1——刑法の爭點》（有斐閣，3版，2000年），142頁；高橋則夫，〈住居侵入罪・監禁罪及び財產犯の問題〉，《現代刑事法》，5卷7號（2003年），96頁。

❸ 京都地判昭和45.10.12刑裁月報2卷10期1104頁。

自得為本罪之行為客體。值得注意的是，場所移動之自由對行為客體言，雖屬於其現實意識上得享有之自由，但不一定是現實之自由；申言之，在客觀上該人得享有之自由，即「客觀之自由」（又稱為「可能之自由」）即足矣。基此，即使是爛醉如泥者、熟睡之人在客觀上均有可能喪失其場所移動之自由，自可為本罪之行為客體。

四、本罪之犯罪構成要件行為

本罪之犯罪構成要件行為為「拘禁」或「以其他非法之方法剝奪人之行動自由」❹。申言之，係泛指一切使被害人不可能離去某特定場所或離開一定之場所顯有困難者之行為，即一切使被害人無法為場所移動之行為而言。例如防止被害人逃走在房間上鎖之行為，或者是將被害人關在房間內，派員或以惡犬看守等。此所稱「特定（或一定）場所」，不以有牆壁、圍籬者為限，例如被害人乘坐於摩托車後座，行為人以時速一百公里行駛，不讓被害人下車即是❺。使用之方法除前開上鎖、派員、以惡犬看守出入口等有形之、物理之方法外，尚有利用被害人之恐怖心理、羞恥心、錯誤等無形之、心理之方法，例如脅迫被害人逃走後必有後患、不讓屋頂上之被害人下來而將梯子取走、將入浴婦女之衣物取走使其不敢走出浴室等等。本罪之犯罪構成要件行為除作為方式外，亦包括不作為之方式。例如明知被害人被關在屋內，卻置之不理或不找鎖匠、管理員將門打開。按不論係「拘禁」或「以其他非法之方法剝奪人之行動自由」，至少該行為須達「使被害人逃脫有相當困難之程度」。逃脫困難度之判斷基準是否須考量被害人之情形？採否定說者認為應依一般人之標準（一般人標準說）認定之，例如被害人是鎖匠，將其鎖在房內，對其而言雖然較一般人容易脫逃，但非謂此非為拘禁、或其他剝奪其行動自由之行為。採肯定說者（被害人標準說）認為在違法性評價之階段上，如侵害自由之程度輕微時，其可罰之違

---

❹ 刑法第三一六條第一項所謂以非法方法剝奪人之行動自由，係指以私禁外之非法方法，妨害其行動自由而言。若將被害人拘禁於一定處所，繼續較久之時間，而剝奪其行動自由，仍屬私禁行為（21 上 1834）。

❺ 最決昭和 38.4.18 刑集 17 卷 3 期 248 頁。

法性低，自可否認成立本罪。本問題在使用無形之、心理之方法上更顯出一般人標準說之不合理，例如利用被害人之羞恥心防止其逃脫之情形，被害人不顧是否羞恥而脫逃者，即使依一般人標準說判斷其脫逃困難度，因被害人尚有移動自由之可能，基於侵害自由尚屬輕微，仍以不成立本罪為宜❻。

五、被害人之意識是否影響妨害自由罪之成立

本問題之重心在於被害人對於自由被剝奪是否須有認識？如果現實上被害人無移動之意思是否會影響本罪之成立？關此，依可能自由說，即使被害人不認識其自由被剝奪，仍成立本罪；反之，依現實自由說，被害人無移動之意思，自不可能認識其自由是否被剝奪，無成立妨害自由罪之實益，例如行為人將睡眠中被害人之房門上鎖，被害人既無被剝奪自由之認識，如認成立本罪，似已悖離本罪之立法目的。茲以下列四例比較可能自由說與現實自由說之差異。

〈例 1〉甲將乙之房門上鎖，適巧乙不在其內。

〈例 2〉丙以強制性交丁女為目的，而告訴丁女要開車送她回家。在未到丁女家前丙已顯露強制性交之犯意，對丁女上下其手。

〈例 3〉戊向己宣稱：如果在一小時之內己走出房門一步，就殺了他。己只好留在屋內工作數小時都不出房門。

〈例 4〉庚趁辛睡覺時將其房門上鎖，不讓他外出。

依現實自由說，例 1、例 3 之甲、戊均不成立妨害自由罪，例 2 之丁因不認識自己之自由遭受剝奪，丙亦不成立本罪。如依可能自由說，例 1、例 3 之甲、戊均成立妨害自由罪，至於例 2，從丁乘車時點即成立妨害自由罪。有問題的是例 4，如採現實自由說，庚自不成立妨害自由罪，為合理地建置本罪之適用範圍，釐清前開二說之爭議，茲就下列三方面討論之。

㈠自由被剝奪之認識

一般而言，對自由之犯罪，即使被害人不知道自己何種法益受到侵害，但法益侵害之狀態須當然存在，例如行為人侵入無人居住之住宅或建築物

---

❻　川崎一夫，《刑法各論》（青林書院，初版，2000 年），80 頁。

無法成立侵入住宅、建築物罪，蓋此際因未侵害該住宅或建築物之居住權人、管理權人之居住權或居住平穩。而假設被害人如果有離去之意思，卻無法離去，或者是離去有極大之困難時，有此種擬制之認識是否即可推論被害人之自由受到侵害？不無疑義。以上為剝奪自由之認識不要說的論調。相反地，剝奪自由認識必要說認為從刑法分則設計各個罪名之保護法益的特性來看，各罪既已限定其處罰範圍——本罪之保護法益為移動自由，則前開例4對於睡覺中毫無自由被剝奪意思之辛，認為無本罪之適用，顯已違反本罪立法之目的。蓋即使被害人在睡覺，亦不會改變違反被害人意思之狀態❼。

(二)移動之意思

可能自由說之問題點在於，即使被害人對於自由被剝奪有認識，但無移動之意思時，是否一律具有可罰性？主張可能自由說者認為無現實移動意思者亦屬妨害自由罪之行為客體，故前開例3戊自亦成立妨害自由罪。惟假設A強制B離去某場所，而本來B無論如何都要離去，在此場合無疑地成立強制罪之未遂犯。基於妨害自由罪在性質上為強制罪之特別構成要件，如認前開例3之戊成立妨害自由罪，則妨害自由罪與強制罪在適用上顯然失衡。故採可能自由說，不可罰之妨害自由未遂將以既遂處罰，其不合理可見一斑。此外，被害人無移動意思，被害人即無基於其自由意思決定的問題，換言之，被害人自不可能離去（如前開例4），無法益侵害情事，則如何說明此情形亦成立妨害自由罪？有學者以為在此情形下，被害人仍有「假設之意思」，因從外部狀況無法確信有被害人之同意，被害人既被置於強制狀態下，自有本罪之適用。然而，依剝奪自由認識不必要說，前開例1，即屬不可罰之行為；蓋乙不是不移動，而是完全無移動之意思❽。

我國司法實務見解雖未見明確探討被害人是否有移動意思或者行為人

---

❼ 島田聰一郎，〈監禁罪の保護法益〉，西田典之、山口厚編，《法律學の爭點シリーズ1——刑法の爭點》（有斐閣，3版，2000年），142-143頁。

❽ 島田聰一郎，〈監禁罪の保護法益〉，西田典之、山口厚編，《法律學の爭點シリーズ1——刑法の爭點》（有斐閣，3版，2000年），143頁。

是否違反被害人移動意思決定之自由，但仍可從中看出端倪。列舉二法律問題如下：

〈法律問題〉某工廠負責人為防止其員工轉往其他工廠做工，將其員工身分證收下代為保管。因有其員工某某，已在其他工廠找到較好之職位，乃向其表明要離職，並向其索回身分證時，該某工廠負責人仍不肯將身分證交還，致該某員工離開該工廠後，因未能提出身分證，而被別家工廠拒絕僱用，當晚欲至當地旅社投宿，亦因未帶身分證，而無法投宿，該某工廠負責人，應否負刑法第三〇二條或第三〇四條之妨害自由罪？

甲說：刑法第三〇四條之妨害人行使權利罪，以強暴脅迫為構成要件，某工廠負責人雖拒不交還某員工之身分證，致某員工無法前往別家工廠報到，然並未以強暴脅迫之行為為之，自難構成該項刑責。又身分證不過為身分之證明，雖未帶身分證，為旅社拒絕投宿，然無身分證，仍可以其他方法證明其身分而要求投宿，亦難令該某工廠負責人擔負該項刑責。

乙說：某工廠負責人拒不交還某員工之身分證，致該員工無法提出身分證明，而為別家工廠拒絕僱用，惟因無強暴脅迫之行為，雖不構成妨害人行使權利罪，然身分證無論居家旅行，必須隨身攜帶，否則旅社不准投宿，故身分證上載明，非依法不得扣留，某員工之身分證，因被扣留，致無法投宿，其行動自由在無形中已被剝奪，該某工廠負責人應負刑法第三〇二條之妨害自由刑責。

〈法務部檢察司研究意見〉按身分證不過為身分之證明，與行動之是否自由，尚無必然之因果關係。如因無身分證以致行動受到干擾，亦係外界原因之介入使然，而非扣留身分證之直接結果。且縱無身分證仍可藉其他方法證明其身分，以獲得行動之自由，故單純之扣留他人身分證，尚難以刑法上之妨害自由罪相繩（法務部(71)法檢(二)字第 278 號）。

〈法律問題〉某甲用和平方法取得他人之國民身分證後，以妨害他人行動自由之意，而扣留之，是否觸犯刑法第三〇二條第一項以其他非法方法剝奪人之行動自由罪？

甲說：採肯定看法，認為扣留他人之國民身分證，確實已經達到了妨

害他人行動自由的結果，因為諸如住居旅社、搭乘飛機、輪船，以及尋找工作等，莫不需國民身分證，如果被扣留，則前述等行動自由是受到妨害，故行為人應負妨害自由刑責。

乙說：採否定看法，認為能否如願搭乘飛機、輪船及住居旅社等，是意願自由之問題，而非行動自由的問題，事實上雖然扣留了他人之國民身分證，但是他人，人身行動自由毫未受到剝奪，故行為人應不負妨害自由刑責，至於民事上因侵權行為而應負損害賠償之責，則係另一問題。

〈法務部檢察司研究意見〉以乙說為當（法務部⑺法檢㈡字第 1099 號）。

以上二法律問題均著墨於國民身分證之功能，未涉及行動自由，故無成立妨害自由罪之餘地。本文以為宜認為扣留他人國民身分證並未違反被害人移動意思決定之自由，且未使被害人無法為場所移動或離開一定之場所顯有困難，故不該當本罪。

㈢基於錯誤之同意

如被害人未受強制，而是基於錯誤同意者，如前開例2，依自由剝奪認識必要說，應認為不成立妨害自由罪。但值得注意的是，例 2 應為被害人基於錯誤之同意是否有效的問題。蓋被害人係因受到欺騙而同意，如被害人明知此情事自不會同意，其同意自應無效，是以，應認為從一開始即成立妨害自由罪，而非嗣後被害人知情自己自由被剝奪時始成立。例 2 之丁如知道丙有強制性交之目的，自不會同意。近來有學者主張須基於與法益相關事項之錯誤所為之同意始為無效。例 2 之丁同意搭便車，在乘車之階段即屬有效之同意（關於強制性交目的之錯誤，只不過是動機錯誤）。此外，如採取可能自由說，丁是因為丙之邀約才有搭便車之意思，由於丁有關其可能自由法益事項錯誤，其同意應為無效；但如果希望搭丙便車返家乃是現實上丁自己之意思，實際上丙亦將丁送到家，丙自無成立妨害自由罪之可能❾。

六、與他罪之關係

❾　島田聰一郎，〈監禁罪の保護法益〉，西田典之、山口厚編，《法律學の爭點シリーズ 1——刑法の爭點》（有斐閣，3 版，2000 年），143 頁。

對刑法分則許多罪名而言，有關被害人自由之妨害自始已涵蓋在各該罪名客觀構成要件行為範圍內，依法規競合吸收關係之法理，本罪往往被其他罪名所吸收；惟亦有因犯意各別，行為各別，而依數罪併罰（刑法第五十條）處理者。以下茲就現行實務見解分別論述之。

㈠與強制性交、猥褻罪之關係

妨害自由究竟是強制性交之著手或二者成立牽連犯，應依個案事實認定之。例如：

為強姦婦女而剝奪該婦女之行動自由時，是否於強姦罪外另成立妨害自由罪，須就犯罪行為實施經過之全部情形加以觀察，如該妨害自由之行為已可認為強姦行為之著手開始，則應成立單一之強姦罪，否則應認係妨害自由罪及強姦罪之牽連犯（最高法院 67 年第 3 次刑庭庭推總會議決定㈡）（因牽連犯已刪除，如認妨害自由與強制性交行為個別，則數罪併罰）。

強姦婦女而剝奪該婦女之行動自由時，是否於強姦罪外另成立妨害自由罪，須就犯罪行為實施經過之全部情形加以觀察，查上訴人等在臺中市區強拉被害人上車，開往離市區遙遠之山上，予以輪姦，其妨害自由之行為，顯非已著手於強姦行為之實行，亦非強姦罪當然所包括，自應另負刑法第三〇二條第一項之罪責（70 臺上 1022）。

強姦婦女而剝奪該婦女之行動自由時，是否於強姦罪外，另成立妨害自由罪，須就犯罪行為實施經過之全部情形加以觀察，除該妨害自由之行為已可認為強姦行為之著手開始，應成立單一之強姦罪外，應認係妨害自由罪及強姦罪之牽連犯（牽連犯刪除後，則論以數罪併罰）。本件原判決既認定上訴人係以機車將被害人載至大社鄉後，不允其下車，而加速駛往現場，然後下手行姦，則其強載被害人顯尚未達於著手強姦之程度，自難以單一之強姦罪論處（68 臺上 198）。

㈡與略誘、和誘罪之關係

妨害自由罪被略誘罪、和誘罪吸收，不另論罪。例如：

刑法第三〇二條妨害他人行動自由，係妨害自由罪之概括規定，若有合於其他特別較重規定者，如刑法第二九八條之略誘婦女罪，因其本質上

已將剝奪人行動自由之觀念包含在內，即應逕依該條處罰，不能再依第三
○二條論處（71 臺上 280）。

1.刑法第二百四十條之和誘罪，其被害法益為被誘人家庭之安全，或
其監督權人之監督權，其對於被誘人個人之自由，雖不無影響，但亦不能
於和誘罪外，復論以剝奪人行動自由之罪。 2.刑法第二四一條及第二九八
條之略誘罪，雖均不免侵害被誘人個人之自由，但其侵害個人之自由，已
包括於各該罪成立要件之中，自不得謂其本罪之方法上，又犯以非法方法
剝奪人行動自由之罪（30 非 22）。

(三)與強盜罪之關係

犯強盜罪是否另成立妨害自由罪視具體個案事實認定。例如：

〈法律問題〉甲、乙二人在臺中市街上為達強盜之目的，強擄被害人
丙女至五十公里外之彰化縣郊區，以強暴方法，致使丙女不能抗拒，而取
丙女財物，問甲、乙之行為除成立懲治盜匪條例第五條第一項第一款之強
盜罪外，應否再論以刑法第三○二條第一項之妨害自由罪？

甲說：甲、乙以非法方法，將被害人丙女置於自己實力支配之下，而
剝奪其行動自由，非可認為強盜行為當然所包括，自應認甲、乙尚觸犯刑
法第三○二條第一項之妨害自由罪,與強盜罪間具有方法結果之牽連關係，
從一重之強盜罪處斷（最高法院 79 年臺上字第 3651 號判決參照）。

乙說：按強盜罪，乃搶奪與妨害自由二罪之結合犯罪，其妨害自由部
分，應包括於強盜行為以內，不另成立妨害自由罪。易言之，以私行拘禁
等非法方法，剝奪人之行動自由，致使不能抗拒，而強取他人財物，或使
人交付財物，即係使用強暴脅迫方法，使人不能抗拒，為其取得財物之手
段，應只構成強盜罪，故甲、乙不另成立妨害自由罪（最高法院 79 年臺
上字第 4417 號判決參照）。

〈結論〉以甲說為當。按強盜而剝奪被害人之行動自由時，是否於強
盜罪外另成立妨害自由罪，須就犯罪行為實施經過之全部情形加以觀察。
本題甲乙二人自臺中市強擄被害人至五十公里外之彰化縣郊區後，實施強
盜，其妨害自由之行為，顯非強盜罪所當然包括，應令負刑法第三○二條

第一項之罪，與強盜罪從一重處斷（司法院(81)廳刑一字第 282 號）。

〈法律問題〉甲賊逾越安全設備侵入乙婦住宅行竊，取得金飾財物，乙婦發現之，懼而進入臥室裝睡。其後誤認甲賊已離去，乃起床欲報警，為甲賊瞥見，乙婦懼，復退回房內，驚呼「救命」、「小偷」。甲賊即持刀及電線對乙婦欲予綑綁，經乙婦反抗掙扎，甲賊始行離去。問甲賊所犯是否屬刑法第三二九條之準強盜罪、或犯第三二一條第一項第二款之竊盜罪外另犯第三〇二條之妨害自由罪。

甲說：甲賊侵入住宅偷竊財物未離現場，為乙婦發覺高呼「救命」及「小偷」，甲賊持刀及電線對乙婦施暴欲綑綁乙婦，應成立刑法第三二九條之準強盜罪。

乙說：乙婦於認甲賊已離現場後，始起床欲報警，初無逮捕甲賊及取回贓物之意思及行為，甲賊於被發現為制止乙婦聲張，欲對之綑綁，除犯刑法第三二一條第一項第二款加重竊盜罪外，另犯刑法第三〇二條之妨害自由罪。

〈法務部檢察司研究意見〉題示甲賊之所為，係加重竊盜而有刑法第三二九條所定以強盜論之情形，參照最高法院 25 年上字第 6626 號判例意旨，應論以同法第三三〇條之加重強盜罪（法務部(80)法檢(二)字第 130 號）。

㈣與殺人罪、傷害罪之關係

例如：刑法第三〇二條第一項之妨害自由罪，原以強暴、脅迫為構成要件，其因而致普通傷害，乃強暴、脅迫當然之結果，除另有傷害故意外，仍祇成立該條項之罪，無同法第二七七條第一項之適用（30 上 3701）。

㈤與擄人勒贖罪之關係

以是否有得財之意思認定之。例如：

擄人勒贖罪，須預有不法得財之意思而施行強暴、脅迫，將被害人擄至自己勢力範圍之內，希圖其出款贖回者始能成立。若初無得財意思，而僅用非法方法剝奪人之行動自由以洩忿或藉此以圖要挾者，祇能構成妨害自由罪，要難以擄人勒贖論（23 上 625）。

㈥與強制罪之關係

強制罪為低度行為，為妨害自由罪高度行為所吸收。例如：

〈法律問題〉甲命乙自某市之某街之街頭爬至街尾，為乙所拒，甲即以腳踢乙，乙被踢後雙腳著地只得跪下，甲並對乙稱：「如你不爬的話，我一直踢你到你在地上爬為止」，乙不得已乃於該街頭開始爬，甲並跟隨在後，乙不在地上爬，甲即以腳踢乙之屁股及背後直至乙在地上爬為止，乙遂自街頭爬至街尾，為警查獲，問甲所為究係犯何罪？

甲說：係犯刑法第三○二條第一項之罪。蓋甲踢乙使乙跪在地上，並跟隨在後，如乙不在地上爬即以腳踢其屁股及背部則係以非法方法不法拘束他人之身體，使其進退行止不獲自由，已剝奪乙之行動自由也。

乙說：認應成立刑法第三○四條第一項之罪。蓋甲踢乙令其在地上爬且如乙不爬即以腳踢乙之背部及屁股並稱「如你不爬的話，我就以腳踢到你在地上爬為止」乃以強暴脅迫方法使人行無義務之事也。

丙說：認應成立刑法第二九六條之罪。蓋刑法第二九六條所定「使人為奴隸者或使人居於類似奴隸之不自由地位」乃指使人繼續居於不法實力支配之下，而失去普通人格應有之自由而言（最高法院 32 上字第 1542 號判例參照）。本例甲令乙在地上爬，並以腳踢乙使其跪在地上，乙不爬，甲即以腳踢乙之背部及屁股並在後跟隨，使乙居於甲不法實力之支配下且立於如「狗」等獸類之類似奴隸地位而失去普通人格應有之自由，應合於刑法第二九六條之構成要件。

〈結論〉以甲說為當。按刑法第二九六條之所謂「使人居於類似奴隸之不自由地位」，係指不法以實力支配他人，剝奪其一般自由，使居於類似奴隸（奴隸非只無身體行動之自由，且其應享之法律上人格亦剝奪殆盡，而淪為權利之客體，與通常財貨無異）之地位而言。本題情形，某乙之身體行動自由，一時雖剝奪，但尚未喪失一般決定意思之自由，故不成立該罪。又某甲以強暴手段，腳踢某乙，使之跪下，並脅迫其在地上爬行，持續相當時間，核其所為，已達剝奪某乙身體行動自由之程度，縱其目的在使某乙行無義務之事，但此低度行為，應為剝奪身體行動自由之高度行為所吸收，僅論以刑法第三○二條第一項之罪（法務部(73)法檢(二)字第 566 號）。

㈦與恐嚇危害安全罪之關係

「其他非法方法」剝奪人之行動自由包括恐嚇之行為。例如：

刑法第三〇二條之妨害自由罪，原包括私禁及以其他非法方法剝奪人之行動自由而言，所謂非法方法，當包括強暴、脅迫等情事在內。上訴人以水果刀強押周女上其駕駛之自用轎車，剝奪其行動自由，並將車駛向屏東縣萬丹公墓途中，周女要求迴車，並表示如不迴車，即跳車云云，上訴人於妨害自由行為繼續中，嚇稱如跳車即予輾死等語。此項自屬包含於妨害周女行動自由之同一意念之中，縱其所為，合於刑法第三〇五條恐嚇危害安全之情形，仍應視為剝奪行動自由之部分行為，原判決認所犯低度之恐嚇危害安全罪，為高度之剝奪行動自由罪所吸收，其法律見解不無可議（74 臺上 3404）。

【結論】

一、本例係被害人乙基於錯誤之同意是否有效的問題。按乙同意搭甲之便車乃是受到甲之欺騙而同意，如乙明知此情事自不會同意，其同意自應無效。是以，從一開始甲以強制性交乙之意思，邀約乙搭車，即無使乙下車之意思，即成立刑法第三〇二條妨害自由罪。

二、我國實務上通說認為「為強制性交婦女而剝奪該婦女之行動自由時，是否於強制性交罪外另成立妨害自由罪，須就犯罪行為實施經過之全部情形加以觀察，如該妨害自由之行為已可認為強制性交行為之著手開始，則應成立單一之強制性交罪，否則應認係妨害自由罪及強制性交罪之牽連犯。」因本例中甲將車門鎖上之行為顯非已著手於強制性交行為，故於強制性交罪外另成立妨害自由罪，二罪數罪併罰。

【參考法條】

刑法第三〇二條

私行拘禁或以其他非法方法，剝奪人之行動自由者，處五年以下有期徒刑、拘役或三百元以下罰金。

因而致人於死者，處無期徒刑或七年以上有期徒刑；致重傷者，處三年以上十年以下有期徒刑。

第一項之未遂犯罰之。

刑法第三○三條

對於直系血親尊親屬犯前條第一項或第二項之罪者，加重其刑至二分之一。

【練習題】

一、甲乙為情侶，某日為乙另結新歡大吵一架，乙憤而進房間蒙頭大睡。甲愈想愈氣，將乙反鎖於房間內，逕自外出。請問甲之行為是否成立犯罪？

二、甲因其女乙結識有婦之夫經常蹺課，某日在乙欲外出約會時，甲大聲警告乙，如果其敢走出大門一步，即打斷其腳筋。請問甲之行為是否成立犯罪？

問題八
強制罪是刑法上之「備胎」條文

> 甲向債務人乙多次催討債款，乙均置之不理，甲氣憤之下將乙綑綁，強迫其立下字據，同意加倍償還債款。請問甲之行為是否成立犯罪？

【問題點】

一、強制罪之構成要件分析
二、強制罪與他罪之競合
三、權利行使與強制罪

【解析】

一、強制罪之構成要件分析

　　刑法第三〇四條規定，以強暴、脅迫使人行無義務之事或妨害人行使權利者，成立強制罪。本罪之強暴係指施用武力而強制他人，剝奪或妨害他人之意思形成、意思決定或意思活動，以迫使被害人作為、不作為或忍受。此強暴之程度不必如強盜罪（刑法第三二八條第一、二項）之強暴行為般，必須至使被害人不能抗拒之程度，故某一行為造成被害人被強制之程度，雖可該當本罪之強暴行為，但卻不一定該當強盜罪之強暴行為。因此，可以該當本罪之強暴行為者，顯較強盜罪為廣。本罪之脅迫，係指行為人以加害他人之意思，使被害人心生畏懼，而得強制他人，迫使被害人作為、不作為或忍受。此脅迫程度同前揭強暴行為之程度，亦毋需至使被害人不能抗拒之程度，適用上亦顯然較強盜罪為廣。至於強暴與脅迫雖同樣具有使被害人心生畏懼之性質，但後者不必限定使用暴力。

㈠強制罪為結果犯

　　本罪主要是侵害被害人意思決定之自由及其身體活動之自由，申言之，本罪除了對已為一定決意之人強制其變更決意之內容，尚包括對於無意思決定之人強制其為決意、或不可能為一定之決意的行為。因必須發生「使

被害人行無義務之事」或「妨害被害人行使權利」之構成要件結果，故本罪為結果犯。換言之，行為人之強暴行為或脅迫行為必須造成被害人被強制之狀態，且被害人係在此等被強制之狀態下，受迫而行無義務之事，或其權利之行使遭受妨害等行為結果，亦即強制行為與強制結果間必須具有因果關係，始足以構成本罪。此外，本罪因使用強暴、脅迫之手段，促使結果發生，故與強制性交罪、強制猥褻罪（刑法第二二四條）、強盜罪、恐嚇罪（包括刑法第一五一條恐嚇公安罪、第三○五條恐嚇危害安全罪及第三四六條恐嚇取財罪）、違法逮捕、拘禁罪（刑法第一二五條第一項第一款）、使公務員行使一定職務罪（刑法第一三五條第二項）等等具有共通之特性；又因前揭罪名亦具有侵害被害人自由之性質，故本罪對前揭罪名應解為居於一般規定或補充規定之位置。

㈡**使人行無義務之事**

係指行為人無任何權利或權限，且被害人亦無任何遵從之義務，而使之作為或不作為之謂。例如行為人將被害人之頭部按入水中、行為人要求被害人將重物高舉在頭上數分鐘或數小時、行為人強迫被害人寫下悔過書、老闆強迫員工寫自願離職書等等。所謂「無義務」，非指強制之行為全部均無義務，即使有一部分之義務，如其他部分無義務者，亦屬此所稱「無義務」之情形。實際上，強制被害人作為或不作為時被害人是否無義務並不一定顯而易見，因此，有學者主張此所稱義務不限定是法律上的義務，換言之，包括在社會生活上相當之行為在內；惟有謂此既屬構成要件之行為類型，不宜為如此不明確之解釋。是故，限於強制被害人在法律上無義務者為作為或不作為，始該當本罪之成立，倘若行為人強制被害人作為或不作為者係屬被害人有法律上作為義務或不作為義務者，則應否定本罪之構成要件該當性❶。

㈢**妨害行使權利**

係指妨害被害人在法律上容許之作為或不作為，例如行為人威脅被害人如果其到法院告他債務不履行，將告訴其女友其劈腿的事情。換言之，

---

❶ 川崎一夫，《刑法各論》（青林書院，初版，2000 年），74–75 頁。

行為人使用脅迫之手段妨害被害人對其提起民事訴訟，此訴訟權乃屬我國憲法保障之權利。此所稱權利，包括公法上及私法上之權利，如選舉權、撤銷權或契約之解除權等❷。

㈣本罪之著手及既、未遂問題

通說認為行為人為強暴、脅迫之開始時，即為強制罪著手之時期。當發生強制之結果時，即屬既遂。換言之，以強暴、脅迫產生使被害人行無義務之事，或妨害被害人行使權利之結果者，即成立強制既遂罪；未產生使被害人行無義務之事，或妨害被害人行使權利之結果者，即成立強制未遂罪。手段行為——強暴、脅迫須與被害人之作為、不作為之間存有因果關係。

二、強制罪與他罪之競合

通常在討論強制罪時，絕對不會忘了說明強制罪是刑法上之「備胎」條文的情形。蓋本罪在性質上為其他針對各種特別情狀所規定之個別構成要件的概括性規定，而形成本罪與他罪之法規競合關係——概括構成要件與個別構成要件之特別關係，當只要適用個別構成要件處斷，屬概括構成要件之本罪即被排除而不適用，因此，只有在個別構成要件條文無法適用時，始發生適用本罪之問題，此即為其屬「備胎」條文之所由來。前揭所稱個別構成要件條文，有出現強暴、脅迫之用語者，亦有雖無強暴、脅迫之用語，但其構成要件該當行為具有強暴、脅迫之實質內涵。前者如濫用追訴處罰職權罪（刑法第一二五條第二款）、強制公務員執行職務或辭職罪（刑法第一三五條第二項）、公然聚眾妨害公務罪（刑法第一三六條第一項）、妨害自由投票罪（刑法第一四二條第一項）、妨害集會罪（刑法第一五二條）、加重脫逃罪（刑法第一六二條第二項）、聚眾加重脫逃罪（刑法第一六二條第三項）、強制性交罪（刑法第二二一條第一項）、強制猥褻罪（刑法第二二四條第一項）、妨害販運農工物品罪（刑法第二五一條第一項）、普通強盜罪（刑法第三二八條第一、二項）等等。後者如普通略誘未成年人罪（刑法第二四一條第一項）、加重略誘未成年人罪（刑法第二四一條第二項）、

❷　大谷實，《刑法各論》（成文堂，2 版，平成 14 年），59 頁。

略誘婦女罪（刑法第二九八條第一項）、恐嚇取財或得利罪（刑法第三四六條第一、二項）等。

按行為人之強制行為，在刑法評價上，究屬強制猥褻行為？強盜行為？妨害自由行為？抑僅屬本罪之行為？除決定於強制行為之強制程度外，尚決定於行為人主觀犯意究為何種故意，抑為本罪之概括故意；若行為人之主觀犯意未明，行為人究欲強制猥褻婦女？或強取婦女財物？無法認定時，則可適用本罪處斷。因此，學者有謂本罪屬於一種輔助構成要件 (Subsidiar-tatbestand)❸。實務上屢見類此法規競合特別關係之實例，茲列舉說明。

㈠**強制罪與搶奪罪、強盜罪之競合**

〈例 1〉

搶奪及強取財物罪之內容，當然含有使人行無義務之事，或妨害人行使權利等妨害自由之性質，各該罪一經成立，則妨害自由之行為，即已包含在內，自無另行成立妨害自由罪名之餘地（32 上 1378）。

〈例 2〉

以強暴、脅迫使人行無義務之事，如係使人交付財物，或藉以取得不法之利益，即應成立強盜罪名，不得論以刑法第三〇四條之罪（28 上 3853）。

㈡**強制罪與強制猥褻罪之競合**

〈例 1〉

〈法律問題〉甲男持美工刀脅迫乙女不許動，然後露出自己之生殖器實施手淫之行為，使乙女目睹其情景，直至射精後始許乙女離去，問甲男犯何罪？

甲說：甲男之行為應成立刑法第二百二十四條第一項之強制猥褻罪。按猥褻係指除姦淫以外，足以引起或滿足人性慾之一切行為，甲男脅迫乙女目睹其手淫，在異性面前露出自己之生殖器而實施手淫，自然足以引起及滿足甲男之性慾，故應成立該罪。

乙說：甲男之行為，僅成立刑法第三〇四條第一項之強制罪。按甲男

---

❸　林山田，〈論強制罪及其與他罪之競合之關係〉，《刑事法雜誌》，39 卷 3 期，頁 125，臺北（1995 年）。

僅脅迫乙女目睹其露出生殖器實施手淫之行為，並未對乙女加以猥褻之積極行為，故僅能成立該條項；以脅迫使人行無義務之事之強制罪。

〈司法院刑事廳研究意見〉如甲男之行為尚未達於剝奪乙女行動自由之程度，同意採乙說（司法院⑻廳刑一字第 7626 號）。

〈例 2〉

〈法律問題〉甲男持尖刀對其女友乙，以脅迫之語氣對乙女說，如果不對其口交，將對乙女不利等語。致使乙女不能抗拒，遂行口交，讓甲得以滿足。甲男之行為構成刑法第二二四條第一項之罪或第三〇四條第一項之罪？

甲說：第三〇四條第一項之強制罪。蓋強制猥褻罪，其為猥褻行為之人，應屬行為人而非被害人。為猥褻行為之人係被害人乙女，與強制猥褻罪之犯罪主體構成要件不同。故甲男之行為應成立以脅迫方法使人行無義務之事之罪。

乙說：第二二四條第一項之強制猥褻罪。本罪中強制及猥褻行為，固以行為人為犯罪主體。惟行為人以強制之方法使被害人達於不能抗拒之狀態，而為猥褻之行為者，其與行為人為猥褻之行為同。至於甲男之脅迫行為已使乙女達於不能抗拒之狀態，遂對甲男為猥褻之口交行為，應成立強制猥褻罪。

〈結論〉以乙說為當（法務部⑻檢㈡字第 1799 號）。

㈢**強制罪與妨害自由罪之競合**

〈例 1〉

行為人以使人行無義務之事或妨害他人行使權利為目的，而其強暴或脅迫已達於剝奪被害人之行動自由之程度者，即只成立私行拘禁罪（第三〇二條第一項），不應再依本罪論處，因為本罪之行為係低度行為，應為剝奪他人行動自由之高度行為所吸收（29 上 2359 ㈡）。

〈例 2〉

因為私行拘禁罪與本罪之本質相同而前罪之法定刑既較後者為重，故如行為人使用私行拘禁之方法，以達其使人行無義務之事或妨害他人行使

權利之目的，應逕依私行拘禁罪（第三○二條第一項）處斷，並無適用本罪之餘地（29 上 3757）。

〈例 3〉

〈法律問題〉甲乙二人素有嫌隙，某日，甲見乙之機車停置郵局前，乃乘機抒憤，暗自購得鎖鍊一條將乙之機車鎖住後離去，嗣乙見狀，無法騎用，不得已，僱請鎖匠開啟，始得返回，問甲犯何罪？

甲說：某甲無罪。

1.甲以鍊條鎖住乙之機車，固使乙無法騎用，惟對乙並未實施強暴、脅迫，核其行為與刑法第三○四條之強制罪不合。

2.若採乙說，認甲犯刑法第三○二條之罪，則甲若對乙實施強暴、脅迫令乙不能騎用機車時，因僅構成刑法第三○四條之罪，反有情輕法重、情重法輕之不平現象。

乙說：某甲應構成刑法第三○二條之罪。

1.甲乘乙不在時，暗自鎖住乙之機車，對乙固未施予強暴、脅迫不構成刑法第三○四條之強制罪，但甲之行為，已致生乙無法騎用機車之結果，應構成刑法第三○二條之私行拘禁以外之「他法」剝奪乙之行動自由罪。

2.至甲對乙若施強迫，反有情輕法重、情重法輕之疑慮，則係立法問題，可從量刑方面審酌。

丙說：某甲應構成刑法第三○四條之罪。

1.刑法第三○四條所謂之「以強暴……」其強暴行為，不必對被害人直接實施（如毆打、扭抱），對被害人之所有物為強暴行為（如取走物品），亦屬之。

2.本題甲以鎖鍊鎖住乙之機車，縱甲加鎖時，乙並不知情，甲之行為仍係強暴行為，其結果使乙對其機車之使用權受到妨害，而乙之行動自由則尚未受剝奪。依其情形，自應認為構成刑法第三○四條之罪。

〈結論〉以甲說為當（法務部㈦法檢㈡字第 1803 號）。

㈣強制罪與恐嚇取財罪之競合

〈法律問題〉某甲需款賭博，路遇某乙，乃萌不法所有之意圖，揮拳

毆打某乙胸部一拳（未成傷），並命某乙交出錢款。雖尚未達不能抗拒之程度，惟某乙害怕，不願抗拒而拿出五百元交給某甲。問某甲究應成立何罪？

甲說：某甲意圖不法所有，對某乙施強暴（毆打某乙），惟尚未使某乙達於不能抗拒之程度，某乙之交付財物，尚有幾分自由之意思，不應成立強盜罪。刑法第三四六條之恐嚇，僅指以將來之惡害通知被害人，使其發生畏怖心已足。若進而對被害人施用強暴者，自非僅為恐嚇，而應構成其他相當罪名（參照最高法院 48 年臺上字第 986 號判例意旨）。某甲已對某乙施強暴，使某乙行無義務之事，自應成立第三〇四條之強制罪。

乙說：某甲既有為自己不法所有之意圖，則其毆打某乙，並命交付錢款之行為，即與刑法第三〇四條之構成要件不合，不得以該罪處斷。且某甲毆打某乙，尚未使某乙達於不能抗拒之程度，某乙是否交付財物，尚有斟酌之餘地，亦不能論以強盜罪。惟恐嚇不以使用文字或語言為限，即以舉動相恐嚇，使人畏怖之心亦屬之。某甲毆打乙之舉動，實含有使某乙遭受不利之惡害，其情節較之將來之惡害尤有過之，某乙因而心生畏怖交付錢財，某甲自應負刑法第三四六條第一項之恐嚇取財罪責（參考刑事司 64 年 2 月 4 日(64)刑(二)函字第 200 號、64 年 3 月 24 日(64)刑二函字第 359 號函附件）。

丙說：按刑法第三四六條之恐嚇，係指以將來之惡害通知被害人，使其生畏怖心，若以目前危害或暴力相加，則為強暴、脅迫，不能以該條之罪論擬，最高法院 49 年臺上字第 266 號著有判例。本件某甲既已對某乙施強暴，自不能論以刑法第三四六條之恐嚇取財罪。又最高法院 28 年上字第 3853 號判例意旨「認以強暴、脅迫使人行無義務之事，如係使人交付財物或藉以取得不法利益，即應成立強盜罪名，不得論以刑法第三〇四條之強制罪」。是某甲對某乙施強暴使某乙交付財物，自不得論以刑法第三〇四條之罪。某甲意圖不法所有，對某乙施強暴，即已著手於強盜之行為，惟尚未達不能抗拒之程度，不問某乙拒不交付財物或有幾分自由斟酌之意思而交付財物，某甲均應成立強盜未遂。「按此類法律問題，歷年來高等法院（包括檢察處）以下之法律問題座談會研究結果均採乙說，惟最高法院歷年之

判例、判決，均認為未來惡害通知之恐嚇，與現時之強暴、脅迫，有嚴格之區分，以現時之強暴、脅迫取得財物，並不成立恐嚇取財，究應成立何罪，似有再討論之必要」。

〈法務部檢察司研究意見〉以乙說為當（法務部(77)法檢(二)字第 1013 號）。

(五)強制罪與毀損罪之競合

〈法律問題〉甲、乙素有嫌隙，某日，甲見乙之機車停於郵局前，竟踹倒乙之機車，並打開油箱，使汽油流光後離去。嗣乙見狀，不得已而牽車去加油站加油，問甲犯何罪？

甲說：成立刑法第三〇四條之罪。刑法第三〇四條強制罪之「強暴」係指直接或間接對人行使有形力，不問其對人之身體或財物為之，本題甲踹倒乙之機車，應認已對乙之機車施強暴，漏光機車汽油妨害乙騎機車之權利，甲之行為當然構成強制罪。

乙說：不構成犯罪。乙既不在場，則甲踹倒乙之機車並未使乙感到強暴性，至多屬於民事上之侵權行為。

丙說：成立毀損罪。甲將乙之汽油流光，令其不堪使用，應成立毀損罪。

〈法務部檢察司研究意見〉以丙說為當（法務部(86)法檢(二)字第 3585 號）。

(六)強制罪與執行公務

〈法律問題〉執勤警員張三於實施臨檢時，發現李四面有酒容，欲對李四實施酒精測試，但為李四所拒絕。張三乃使用必要之強制手段，對李四實施酒精測試。則張三之行為是否構成刑法第一三四條、第三〇四條第一項之強制罪？

甲說：不構成。警察行政性質上本具有強制性質，除法律有特別規定外（如一般搜索需有法官所核發搜索票），在達成其任務必要之情形，自得採用強制手段。警察法第二條明定：「警察任務為依法維持公共秩序，保護社會安全，防止一切危害，促進人民福利。」在任務賦予同時，便授權管轄機關，有權採取必要之措施，如此方能切合實際，不危及警察之效率。依道路交通管理處罰條例第三十五條第一項第一款規定：酒醉者不得駕車；而所謂酒醉之標準依道路交通安全規則第一一四條第二款規定，係指飲酒

後其吐氣所含酒精成分超過每公升〇‧二五毫克。如警察不得強制測試駕駛人之吐氣，如何執行前開法律？雖道路交通管理處罰條例第六十條第一款規定：不服從執行交通勤務警察之指揮者，得處罰鍰。但對於酒醉者，在測試之前仍無法禁止其駕車，實不足以防止危害。而行政執行法第三十七條第一項第一款實施管束處分之要件，須行為人有酗酒泥醉之情形，在測試之前，如何認定其已達於泥醉程度？如取決執勤警員之主觀判斷，更易流於恣意。

乙說：已構成。

1.按限制人民權利之事項，依憲法第二十三條之規定，需以法律明文定之，且需符合比例原則。以宣示性之任務概括規定，作為強制性干預處分之依據，不合乎法治國家之要求。在法無明文之情形下，為保障人民權利，自得認警察有概括之強制權。

2.另依行政法上之比例原則而言，李四拒絕受測時，張三本得依道路交通管理處罰條例第六十條第一款之規定，課以罰鍰，無庸強制李四受測。如李四確已酒醉，為防止其生命、身體之危險及預防他人生命、身體之危險，得依行政執行法第三十七條第一項第一款規定，對李四實施管束處分。

〈結論〉在執勤警員有合理懷疑之情形為前提（如行為人面有酒容、言語中散發濃烈酒味，走路搖晃不穩、駕車蛇行等），對駕駛人實施酒精測試，在不超過必要之程度時，應認其係執行勤務之依法令之行為，自不構成刑法上之強制罪。以甲說為當（法務部(84)檢(二)字第 1037 號）。

三、權利行使與強制罪

按以權利為本位之法制下，是否行使權利，如何行使權利，乃屬權利人之自由，他人不得干涉。而權利自由行使之方式，不外乎公力救濟與自力救濟二種，邇來我國因欠債不還，債權人紛紛以自力救濟之方式，甚至以恐嚇債務人之手段行使權利之實例不勝枚舉，遂引發前開情事是否成立刑法第三四六條恐嚇取財（得利）罪？或第三〇五條恐嚇危害安全罪？抑是成立第三〇四條強制罪之問題。本文以為以恐嚇之手段行使權利究竟構成何罪，宜視具體個案事實認定。首先，須以行為人所行使者是否為權利

為前提要件；其次，再為審究該權利合法與否或者有權利濫用之情形。申言之，如行為人之手段已逾容忍之程度，實屬權利濫用之行為，視其是否具備主觀上不法所有之意圖，分別成立刑法第三四六條恐嚇取財（得利）罪或刑法第三〇五條恐嚇危害公安罪；如行為人之手段尚在容忍之程度內，為權利行使之行為，則不成立恐嚇取財罪，宜再視其是否該當恐嚇危害安全罪或強制罪❹。以下茲列出數實例說明之。

(一)強搬貨物、機器抵債是否成立強制罪

〈例1〉

被告等因上訴人購布尚未給付布款，聞其行將倒閉，情急強搬貨物，意在抵債，並非意圖為自己不法之所有，其行為僅應成立妨害人行使權利罪，尚難以搶奪或強盜罪相繩（53臺上475）。

〈例2〉

〈法律問題〉甲拖欠乙貨款一筆，屢催未還，嗣二人達成協議，約定甲須於八十六年三月八日前償還全數貨款，否則得由乙自行前往甲之工廠搬取機器抵償。嗣屆期甲仍未償還貨款，乙乃率工人前往甲工廠欲搬運機器抵償，適甲未在工廠，乙於搬運機器時，遭甲之父親丙堅決反對，惟乙仍不顧丙之攔阻，而以與甲間之前開協議，強行將機器運走。試問乙之行為是否成立強制罪犯罪？

子說：無罪。

理由：甲既曾與乙達成「自行前往搬運機器抵債」之協議，尚難認甲有妨害他人行使權利之情形，則甲所為自係依循雙方民事契約履行，自未構成任何罪責。

丑說：強制罪。

理由：甲乙雙方先前雖有協議，惟於契約履行時甲並未在場，復有第三人對此提出爭議，則乙自應循民事訴訟途徑確認其權利，並依法院強制執行之程序實現其權利，然乙竟逕採強制手段將財物取走，自應論以刑法

❹ 曾淑瑜，《刑法分則問題研析(二)》，頁278、284–285，臺北，翰蘆圖書出版有限公司（2002年）。

第三○四條第一項之強制罪責。

〈結論〉以子說（即無罪說）為當（法務部⒃法檢㈡字第 003900 號）。

㈡成立強制罪須有強暴、脅迫之行為

刑法第三○四條之強暴、脅迫，祇以所用之強脅手段足以妨害他人行使權利，或足使他人行無義務之事為已足，並非以被害人之自由完全受其壓制為必要。如果上訴人雇工挑取積沙，所使用之工具確為被告強行取走，縱令雙方並無爭吵，而其攜走工具，既足以妨害他人工作之進行，要亦不得謂非該條之強暴、脅迫行為（28 上 3650）。

㈢以恐嚇等強暴、脅迫之行為迫使債務人還債

〈例 1〉

〈法律問題〉甲、乙共同欠丙四萬元，甲持刀命乙籌款四萬元償還丙，並揚言如不從命即加以殺害，致乙心生畏懼而償還丙四萬元。問甲係犯何罪？

甲說：甲係犯刑法第三四六條第一項之恐嚇取財罪。甲命乙償還丙四萬元，甲應負擔之半數債務即二萬元，即可因此免於償還，是其應有為自己不法利益之意圖，雖該款非直接交付予甲，仍與恐嚇取財罪之構成要件相當。

乙說：甲係犯刑法第三○四條第一項之強制罪。甲以脅迫手段使乙代其償還債務，應構成以脅迫使人行無義務之事之強制罪。

〈臺高檢署研討意見〉採乙說（法務部⒀檢㈡字第 2045 號）。

〈例 2〉

〈法律問題〉某甲在乙開設之賭場賭博，欠某乙鉅額賭債，某乙為索回賭債，乃持刀以二天內不還即予殺害等詞恐嚇某甲，某乙所為應成立何罪？

甲說：按不法所有之意圖須行為人主觀上明知財物為其所不應得，而欲違法獲得，方足成立，如某乙誤認賭債係合法之債權，縱令法律上認為賭債非債，然就行為人主觀之意思而言，仍無不法所有之意圖可言，某乙所為僅成立刑法第三○五條之恐嚇安全罪（司法院⒄廳刑一字第 834 號函復臺高院）。

乙說：刑法上關於財產上犯罪，所定意圖為自己或第三人不法之所有

之意思條件，即所稱之「不法所有之意圖」，固指欠缺適法權源，仍圖將財物移入自己實力支配管領下，得為使用、收益或處分之情形而言。然該項「不法所有」云者，除係違反法律上之強制或禁止規定者外，其移入自己實力支配管領之意圖，違背公共秩序或善良風俗，以及逾越通常一般之人得以容忍之程度者，亦包括在內。賭博行為有悖乎公序良俗，殆無疑義，若在公共場所或公眾得出入之場所賭博財物，又屬懸為厲禁之犯罪行為，刑法第二六六條第一項定有處罰明文。而賭博行為所得之賭資，在民事法上，屬於自然債務，債務人拒絕給付時，債權人若以之作為訴訟上請求給付之標的，既不得准許；其在刑事法上當亦屬不法原因而取得之所謂「債權」；而此項「權利」既非具備適法之權源，亦即不受法律之保護，如行為人為實現對該項「權利」（或財物之管領、支配）以恐嚇方法施之於對方（即因不法原因而負給付「對務」之他方），使其心生畏怖者，殊不能謂其不該當於刑法第三四六條第一、二項之恐嚇罪。

丙說：某乙所為係以強暴脅迫使人行無義務之事，成立刑法第三○四條之強制罪。

〈法務部檢察司研究意見〉某甲如無不法所有之意圖，同意原結論，以甲說為當。惟有無不法所有之意圖，乃事實認定之問題，應就個案具體情形認定之（法務部(84)檢(二)字第 0503 號）。

〈例 3〉

〈法律問題〉甲因戊欠其賭債未償，乃偕乙丙至戊處索討未果，遂與乙丙共同挾持戊登由不知情之丁所駕計程車，惟恐戊之弟己庚報警，乃共同脅迫己庚自行駕機車在後尾隨，否則將予毆打，己庚無奈而從之，旋於途中為警查獲，問甲乙丙所犯何罪？

甲說：甲乙丙共犯刑法第三○二條第一項之罪，至觸犯強制罪部分依吸收之原理為第三○二條第一項妨害自由罪所吸收，不另論罪。

乙說：甲乙丙三人對戊係共犯刑法第三○二條第一項之罪，對己庚係共犯同法第三○四條第一項之罪，但因係一個犯意，一個行為依同法第五十五條前段想像競合犯之規定從一重處斷。

　　丙說：認係共犯刑法第三〇二條第一項及第三〇四條第一項之罪，但非一個行為，應依同法第五十條分論併罰。

　　結論：以丙說為當（法務部⑻法檢㈡字第 1303 號）。

【結論】

　　按以非法之方法剝奪人之行動自由者，成立刑法第三〇二條第一項妨害自由罪。又以強暴、脅迫使人行無義務之事或妨害人行使權利者，則成立刑法第三〇四條強制罪。依案例事實所示，甲不以訴訟途徑解決與乙債務問題，而施用武力將乙綑綁，不但剝奪乙之行動自由，同時甲強迫乙立下字據，同意加倍償還債款，乃是施強暴妨害乙之意思決定，迫使其為無義務之事。就保護法益均為乙之自由而言，甲之行為同時有刑法第三〇二條第一項及第三〇四條第一項之適用，此乃法規競合之問題。基於第三〇四條強制罪為「備胎」條文（實務上有謂其為低度行為），因第三〇二條第一項妨害自由罪為基本規定（實務上稱其為高度行為），不論是依補充關係或吸收關係，甲應成立第三〇二條第一項妨害自由罪，而不再依第三〇四條強制罪論處。

【參考法條】

刑法第三〇二條第一項

私行拘禁或以其他非法方法，剝奪人之行動自由者，處五年以下有期徒刑、拘役或三百元以下罰金。

刑法第三〇四條

以強暴、脅迫使人行無義務之事或妨害人行使權利者，處三年以下有期徒刑、拘役或三百元以下罰金。

前項之未遂犯罰之。

刑法第三〇五條

以加害生命、身體、自由、名譽、財產之事，恐嚇他人致生危害於安全者，處二年以下有期徒刑、拘役或三百元以下罰金。

刑法第三四六條

意圖為自己或第三人不法之所有，以恐嚇使人將本人或第三人之物交付者，處六月以上五年以下有期徒刑，得併科一千元以下罰金。

以前項方法得財產上不法之利益，或使第三人得之者，亦同。

前二項之未遂犯罰之。

【練習題】

一、甲威脅其同學乙幫其打手槍，否則要將乙考試作弊之事報告老師。請問甲之行為是否成立犯罪？

二、丙聽聞丁公司經營不善即將倒閉，唯恐收不到貨款，遂強行將丁公司之數部電腦及其相關設備搬走，以抵償貨款。請問丙之行為是否成立犯罪？

問題九

居住之安寧

> 甲妻乙趁甲出差時，邀約外遇男友丙至家中親熱，不料甲提早回家，撞見陌生人丙在自宅內洗澡。請問甲是否得告丙侵入住宅罪？

【問題點】

一、侵入住宅罪之保護法益
二、侵入住宅罪之行為客體
三、「侵入」之意義
四、居住權人之承諾
五、居住權人之競合
六、無故隱匿或不退去罪

【解析】

一、侵入住宅罪之保護法益

　　按在刑法各罪名當中侵入住宅罪極少獨自出現，為達到在他人住宅、建築物內犯竊盜罪、強盜罪、殺人罪、放火罪之目的，不外使用侵入他人住宅或建築物之手段，因前後二罪間有目的、手段（或方法、結果）之關係，在牽連犯尚未廢除前，應從一重處斷，從而，最終只論以前揭殺人、強盜等罪，常令人輕忽侵入住宅罪之存在。是以，有謂侵入住宅罪為上述犯罪之前階段預備行為。然而，本罪之保護法益因異於前揭罪名，自有獨立論罪之必要。關於本罪之保護法益，歷來學說紛歧，茲分別析述如下：

㈠平穩說

　　早期之平穩說鑑於日本將侵入住宅罪置於社會法益之犯罪中，而謂本罪為危害家族生活物質及精神雙方面平穩之一種公共犯罪，此乃是基於其保護法益之基礎為不特定或多數「公益性」而來（又稱為舊平穩說）。今日，因侵入住宅罪已置於個人法益之犯罪，因此，侵入住宅罪之保護法益已轉

為個人「居住事實上之平穩」，緩和居住權之內容（又稱為新平穩說）。所謂「平穩」非僅指無噪音，尚包括「對生命、身體、業務、財產等不發生侵害之危險性」在內。惟此進一步衍生下列三個相關問題：(1)所謂居住「平穩」之內容相當抽象，難免會將此平穩概念與社會之平穩相結合，如此一來，即與侵入住宅罪係屬個人法益之犯罪的基本立場不相容，無法明確地與早期平穩說劃清界限；(2)行為人故意隱藏違法目的而取得居住權人之承諾進入住宅者，因在客觀情形上認定平穩侵害之有無仍須依賴行為人之主觀狀態，前開情形是否成立侵入住宅罪，更倍增認定上之困難；(3)如取得居住權人之承諾，但卻以危害居住平穩狀態而進入者，則此屬阻卻「侵入」住宅之違法性？或者是即使欠缺居住權人之承諾，以平穩之方式進入，即不構成侵入住宅罪？以上二種情形，均將「侵入」之意義與居住權人之意思混為一談，此亦為本說之缺失❶。

㈡居住權說

早期之居住權說認為侵入住宅罪之保護法益為居住權（即以違反居住權人之意思違法侵入住宅者，即侵害他人之居住權）（又稱舊居住權說）。例如乘夫不在時，以與其妻通姦之目的進入住宅之行為，即使在此情形下已得妻之承諾，因不得推定已取得居住權人——夫之允許，故亦該當於侵入住宅罪。換言之，侵入住宅係以侵害家長或戶長之權利為處罰根據。按前開居住權之歸屬問題顯然與現代之家族制度不符，也違反憲法及民法之基本理念，據此，為批判平穩說之立場，更貫徹本罪為侵害個人法益之犯罪，又進一步衍生出本罪係屬「是否允許他人進入自己住居之自由」，而解為是一種對自由之犯罪（又稱為新居住權說、自由說）。但此所稱「自由」非指意思決定之自由，而是指對於具有一定支配領域之住居等的管理、支配意思決定之自由。蓋個人之居住「自由」所引發之問題，不外乎對居住隱私權自由利用及管理之權限，在此意義下，本罪係以侵害私生活或個人秘密領域為內容，屬於侵害隱私權之犯罪。相反地，行為客體如屬公共設

---

❶ 曾根威彥，《刑法の重要問題〔各論〕》（成文堂，補訂版，1996 年），77–78、79 頁。

施之建築物，即使未妨害此一定場所平穩地利用與支配，但基於居住自由為本罪之保護法益，本罪亦可成為對自由之犯罪❷。同樣地，本說亦有缺失。例如居住權之內容並不明確，又居住權人有數人時，是否全體均有權利？再者，本說比平穩說有更擴大處罰範圍之危險。尤其是於公共建築物，倘若過度強調居住權人——管理權者之意思，則未侵害平穩之進入行為亦該當於本罪「侵入」建築物之行為，自不當擴大本罪之處罰範圍❸。

(三)承諾權說

最近以隱私權之觀點為中心，又發展出純粹以「是否允許他人進入之自由」為本罪之保護法益。本說將侵入住宅罪單純化，解為對於自由之犯罪；換言之，即將居住權人、管理權人之意思作為刑法保護之對象，雖值得注目，惟因為本罪之行為客體包括私人住宅及公共建築物（前開建築物在社會學上之機能頗有差異），前者有隱私權，而後者基於該建築物之利用目的，似乎係以平穩地供從事業務為目的，則雙方立場迥異，本說自無法自圓其說。此外，例如有保管商品之倉庫及空倉庫，如建築物之管理權人拒絕他人進入，則侵入行為之可罰性是否不同？本說亦無法以論述隱私權之內涵詳解之❹。

(四)法益區別說

近日有學者針對本罪行為客體之不同而發展出法益區別說。即狹義之住宅所保障的是居住權；而公共（社會性）建築物所保障的則是（客觀上之）平穩性。蓋以隱私權及自己決定權為基礎之居住權說，基本上有其正面意義，保護法益本質上即可能與其客體有密切之關係，否則會引發法益

❷ 新居住權說又可分為以強調支配權之性格——以對住居等一定場所有支配權為保護法益、強調自由權之性格，及以是否得自由允許進入他人住居等為保護法益，且將居住權解為對住居等一定場所有事實上支配力為前提，而此場所是否自由允許他人進入者為判斷，即將居住權視為結合支配權與自由權之權利。

❸ 曾根威彥，《刑法の重要問題〔各論〕》（成文堂，補訂版，1996 年），78、80–81頁。

❹ 林陽一，〈住居侵入罪の保護法益〉，西田典之、山口厚編，《法律學の爭點シリーズ 1——刑法の爭點》（有斐閣，3 版，2000 年），147 頁。

抽象化、精神化之譏。原則上侵害法益亦須透過客體始能達成，就此點言，本說有其正當性❺。

　　以上學說，平穩說所謂「平穩」之概念包含了各種要素，曖昧不清，侵害平穩與否可能很難從外觀上判別。而居住權說，以居住權人之意思、其法律保護之必要性、是否違反複數居住權人之意思等加以分析判斷。各有優劣。我國實務雖未明顯指出採取何種學說，但由其所用語詞似可認為我國採居住權說。本文以為在現行社會群眾運動（包括勞資糾紛、政黨運動等）眾多之情形下，似可參酌日本之實務演進尋求最適合我國國情之作法。查日本在昭和四十年前，大約半數以上之勞資糾紛爭議事件，均以欠缺平穩性為理由認為成立侵入建築物罪❻。蓋當時重視秩序之維護，以非平穩之態樣強行進入禁止入內之建築物者，自然不被允許。又類此爭議行為於抗議活動之際，經常引發此抗議行動是否正當性之問題。在此場合，因已違反管理權人之意思，即該抗議活動已違反抗爭行為相對人之意思，當然為侵入行為，以「侵害建築物之平穩性」為理由認定成立侵入建築物罪。惟自昭和四十年以後，出現以抗爭行為正當性為根據，以社會相當性為考量，否定成立侵入建築物罪之裁判❼。換言之，有關保護法益之學說

---

❺ 　高橋則夫，〈住居侵入罪・監禁罪及び財產犯の問題〉，《現代刑事法》，5 卷 7 號（2003 年），94 頁。

❻ 　例如大阪高判昭和 29.3.10 高判特 28 號 102 頁，被解僱之勞工至工廠與資方交涉確認解僱無效事宜，法院認為被告等人之行為依社會通念非屬平穩之行動，成立侵入建築物罪。又如東京高判昭和 31.1.30 高裁特 3 卷 1＝2 號 24 頁，認為為了向警政署長抗議，多數抗議者共同挽臂組成橫隊，一方面強行進入警政署，另一方面，嘴裡高喊「警政署長出來、警政署長在那裡!」被告之行為已具違法性，侵害建築物之平穩，應成立侵入建築物罪。

❼ 　例如大阪地判昭和 40.2.28 下刑集 7 卷 3 號 495 頁，認為在勞資糾紛案件，管理者雖然在辦公室玄關處揭示非公司員工禁止進入之字樣，且管理者方面亦有多數人阻止被告等人進入，被告等人仍然組成隊伍強行進入，因該行為從其目的及態樣觀之，屬社會相當性行為，抗爭活動亦在容許之範圍內，是故，否定成立侵入建築物罪。

之爭已轉移至「侵入」之意義──構成要件該當性判斷、或阻卻違法判斷之戰場。直至大槌郵局事件（最判昭和 58.4.8 刑集 37 卷 3 號 215 頁）❽ 又改採居住權說，以「侵入」行為為綜合性判斷基準。前開判決僅僅以是否「違反管理權人之意思」為根據，認為不成立侵入建築物罪。即綜合判斷「該建築物之性質、使用目的、管理狀況、管理權人之態度、進入之目的」。爾後日本實務界多沿襲本判決之理由，至少在表面上即將違反管理權人禁止進入之意思認為是侵入之行為。而且採用新居住權說後，當判斷是否違反管理權人之意思時，則具體地考慮侵入之態樣即變得非常重要。例如「除了侵入之目的外，侵入之態樣、滯留場所及滯留期間、其他在紀錄上可窺見之情事」（東京高裁平成 7.10.12），或者是「侵入之目的、侵入之時刻、一開始之態樣、侵入建築物是否為反社會性強烈惡質之犯罪行為」（東京地裁平成 7.10.12）。

二、侵入住宅罪之行為客體

雖然一般人均將刑法第三○六條通稱為侵入住宅罪，然而，本罪之行為客體不受限於只有住宅一種。本罪之行為客體尚包括建築物、附連圍繞之土地或船艦，且此行為客體須屬行為人以外之他人，否則不成立犯罪。以下茲分述之。

㈠住　宅

係指人日常生活所使用，他人未經其同意不得進入之場所而言。不限於僅供睡覺飲食之處所，即使是實驗室、研究室、辦公室或店鋪等，如果該場所亦包含日常生活居住之設備，亦屬之。即使是暫時使用之場所，例如旅館，基於保護私生活之觀點，亦為住宅。又如帳篷、露營區，不一定需有房間之陳設，亦認為其為住宅❾。此外，居住者不一定於侵入行為時須住在該處、或者是經常住於該地；即使是暫時不在或偶而在一定時間才會使用，例如別墅，亦為住宅。至於於空地上之水管內、橋下、寺廟之迴廊，因與提供日常生活居住設備之場所顯有差異，原則上不該當「住宅」

---

❽　被告等人違反郵局管理權人之意思，進入郵局內，並於各處貼上約一千份傳單。

❾　東京高判昭和 54.5.21 高刑集 32 卷 2 期 134 頁。

之意義。不論本罪所保護者究屬居住權或者是事實上之平穩，占有住宅之情形不一定須適法，例如租賃契約消滅後，房東為要求房客搬家，違反房客之意思進入其住宅，仍構成侵入住宅罪❿，因侵入「他人住宅」之他人係指對該住宅現在事實上為居住使用者⓫。

㈡建築物

係指有屋頂、牆壁、樑柱等之土地上之定著物，可供人進出者。例如政府機關、學校、辦公室、工廠等。解釋上亦包括附連圍繞此建築物之場所，例如在建築物之周邊設置臨時之圍籬，即使未遮斷通行至外部，此圍繞建築物周圍之地域亦屬建築物之一部分⓬。又辦公場所、會議室當然亦屬建築物之一部分。應注意的是，日本刑法第一三〇條侵入住宅罪之行為客體——建築物，法有明文限於有人看守者，因此，該建築物須有人事實上為管理支配者而言，而管理支配者即為看守者；但為防止他人侵入，如設置保全系統或其他類似防衛設備，由管理人或監視器監管者，亦屬有人看守之建築物。按我國之侵入建築物罪因無類此「有人看守」之規定，故本罪之行為客體究竟有無人看守，並非所問。

㈢附連圍繞之土地

例如以籬笆、圍牆、門等設施區隔至建築物周圍之土地境界包括建物之附屬地及供建物利用之土地。按居住權既屬本罪之保護法益，則對與住宅、建築物有密不可分關係之附連圍繞土地自亦有管理支配權，同屬本罪保護之對象。

㈣船　艦

包括軍艦及一般船舶在內，不問其航行能力、形狀大小如何。

三、「侵入」之意義

「侵入」為本罪之犯罪構成要件行為，侵入之意義可從相對立之保護

---

❿　例如大判大正 9.2.26 刑錄 26 期 82 頁、名古屋高金沢支判昭和 26.5.9 判特 30 期 55 頁。

⓫　大谷實，《刑法各論》（成文堂，2 版，平成 14 年），84 頁。

⓬　東京高判平成 5.7.7 判例タイムズ 1484 期 140 頁。

法益學說中反映出來。一為不論居住權人之意思、心理，純屬客觀的、外部的行為態樣之平穩侵害說；另一為依存於居住權人之意思、心理，為主觀的、機能的行為態樣之意思侵害說。分述如後 **⓭** 。

㈠平穩侵害說

所謂「侵入」，係指侵害居住等事實上平穩之行為。本說不考慮居住權人之意思，僅客觀地判斷是否有危害居住平穩之行為。然而，取得居住權人之承諾是否即非屬侵害居住平穩之侵入行為？違背居住權人之意思是否亦有可能無害於居住之平穩？例如推銷員經常無視居住權人之意思而進入大樓或公寓內推銷，其行為並不一定侵害居住平穩之狀態，是否屬「侵入」之行為，不無疑義。因此，雖然學者有謂當判斷是否侵害平穩應考量行為主觀及客觀全體構造，並比較侵害平穩之程度、建築物之目的、用途等是否值得處罰，具體而言，本說仍無法避免平穩侵害概念內容不明確之缺點。

㈡意思侵害說

只要是違反居住權人之意思，即居住人或建築物看守者等居住權人之意思而進入住宅或建築物之行為即解為「侵入」之行為。尤其是個人居住之住宅，從保護隱私權及尊重自己決定權之觀點來看，違反居住人之意思已侵害其支配、管理權，自構成侵入住宅罪。蓋本罪所侵害者為居住人私的支配領域，是否成立本罪自應依居住者之意思（自己決定）為依據。基此，推銷員無視居住者之意思進入住宅或建築物之行為，即使是採取平穩之態樣，仍該當於「侵入」之行為。批評本說者認為此說比平穩侵害說有擴大處罰範圍之虞。特別是政府機關等公共設施，如果違反設施管理權人之意思，例如許多政府機關在形式上經常會公告「非洽公者勿入」或「非辦公者禁止進入」等字樣，則即使以平穩之行為進入，依本說亦屬「侵入」之行為。採法益區別說者認為，應將公共建築物之保護法益解釋為依該當建築物之利用目的，職員得平穩、順利遂行事務；即在個人居住之場合，居住者現實支配之意思很重要，但在公共建築物，重要的則是在該當領域內保障職員平穩進行業務不受侵害。因此，不妨將侵入住宅罪之保護法益二

⓭　曾根威彥，《刑法の重要問題〔各論〕》（成文堂，補訂版，1996 年），81–84 頁。

元化,即關於個人之居住採居住權說,而對公共建築物則以平穩說處理❶。

(三)綜合說

本說又稱為折衷說,即有關侵入住宅罪之保護法益採平穩說之立場,至於「侵入」之意義,則以意思侵害說為主;或者是「侵入」之意義採平穩侵害說之立場,而認定危害平穩態樣之標準則解釋為「違反居住者等之意思或推定之意思」。由於侵入住宅罪係置於個人法益之犯罪,當認定犯罪時不得不重視法益主體——個人之意思;而平穩侵害說是就全體居住者之平穩狀態觀察,顯有與個人意思分離之傾向,而本說即在解決此一不合理之現象。

我國刑法第三○六條第一項侵入住宅罪所稱侵入行為究採平穩侵害說?抑意思侵害說?學說及實務並未明言,本文以為就本罪所稱侵入行為須為「無故」來看(實務通說解為「無正當理由」),似以綜合說解釋較為妥當。申言之,「侵入」之意義採平穩侵害說之立場,而認定危害平穩態樣之標準則解釋為「違反居住者等之意思或推定之意思」。故違反居住者之意思或推定之意思而進入他人住宅或建築物者,自該當本罪;如係以侵害平穩狀態之行為進入,倘若未違反居住者之意思,亦不成立本罪。反之,只有在以有害平穩狀態下進入他人住宅或建築物,且違反居住者之意思者,始構成本罪。我國實務似亦採此見解,如下:

〈法律問題〉甲積欠乙新臺幣(下同)貳拾萬元,經乙屢催不還。某日乙上門按鈴向甲催討,甲置之不理不開門,乙即翻牆進入,並強行推門進入屋內向甲討債,問乙之行為是否構成無故侵入住宅罪?

甲說:按所謂「無故」係指無正當理由而言。甲欠乙貳拾萬元債務,屢催不還,乙乃登門索債,甲竟無故不開門,乙隨即擅自翻牆入內「討債」,是屬「有故」行為,應不構成「無故侵入住宅」罪名。

乙說:乙對甲雖有貳拾萬元之債權,惟甲對乙並非即有忍受其自由出

---

❶ 法益區別說不合理之處在於無法充分說明公共建築物在夜間業務停止時,侵入建築物並未侵害職員平穩、順利進行業務之法益,則是否構成侵入住宅罪尤待商榷。

入其住宅之義務。乙雖為討債而進入，然法律另有規定行使債權之正當方法，乙不能因對甲存有債權即得自由進出甲門戶之權利。故乙未經甲允許，強行侵入甲住宅，亦構成「無故侵入住宅罪」。

〈臺灣高等法院審核意見〉按㈠上門討債，為債務人閉門而自始拒絕其進入，而竟翻牆，又強行推門進入屋內，此種妨害他人居住安寧之情形，較之㈡初受允許進入他人住宅後，經受退去之要求而仍滯留者為嚴重，而㈡之情形尚且為刑法第三〇六條第二項規定亦認為侵害居住自由罪，舉輕以明重，則㈠之情形應不能認為有正當理由。本件法律問題之題例，以採乙說為當。

〈司法院第二廳研究意見〉乙登門向甲催討欠債，雖遭甲拒絕並拒予開門，然法律另有規定行使債權之正當方法，除有符合民法第一五一條所規定自助行為之情形外，乙私擅翻牆並強行推門侵入甲之住宅，仍應構成刑法第三〇六條第一項之無故侵入他人住宅罪，臺灣高等法院審核意見採乙說，核無不合。

四、居住權人之承諾

㈠承諾之意義及要件

關於取得居住權人之承諾而進入住宅或建築物之行為是否成立侵入住宅罪，視「侵入」之意義採何種學說而異其結論。採平穩侵害說者認為，即使取得居住權人之承諾當以有害居住平穩之態樣進入者，即屬「侵入」之行為，只不過其行為阻卻違法性罷了。相對地，如採意思侵害說，因侵入住宅罪廣義上為對自由之犯罪（自由權說），如取得居住權人（被害人）之承諾，則阻卻本罪之構成要件該當性，在此情形，被害人之承諾即為構成要件不該當事由。原則上有效之承諾須具備下列要件：

1.該住宅之居住者對進入住宅有承諾權

原則上居住者全體均有承諾權，夫婦、兄弟等間之承諾並無優劣之分；但幼兒、兒童則不在此限。有問題的是，承諾權人有數人，又其意思相對立時，究以何者之承諾為準？關此問題，原則上須有承諾權人全體之承諾，惟僅有承諾權人其中一人之承諾亦可之情形如下❶：

⑴現在者與不在者意思對立時，現在者之意思優於不在者。不在者並未喪失其承諾權，僅僅是目前之居住者當然比外出之居住者有承諾權。

⑵不在者包括地委任現在者行使承諾權。

⑶承諾權乃居住者在共有之關係上有制約彼此意思之利益，是以，當其中一位居住者有容許進入之意思時，已使他居住者喪失其利益。

亦有認為應個別處理居住者之意思；換言之，應考慮複數居住者各居住者法益之歸屬，將各居住者之承諾權個別化。即依居住形態、居住領域之性質將承諾權個別化。例如對複數居住者共享之居住形態，必須經全體居住者之承諾；若屬個別化之居住形態——各個居住之房間，各居住者有排他性之承諾權（只要有該居住者之承諾即已足），至於對於居住場所共用部分，各居住者則無排他性之承諾權❻。

2.對建築物有管理權者有承諾權

有效承諾進入住宅以外建築物者，一般而言，均指對該建築物有管理權者，例如守衛、門禁保全人員、宿監等，前開人員基於管理權人之意思（或推定之意思）授與承諾進入之權限，故其承諾始為有效之承諾。例如倉庫之管理員與竊盜犯人事先謀議，由前者開啟倉庫大門供後者實行竊盜，在此情形，如果否認該竊盜犯罪行為人成立侵入建築物罪，顯非本罪立法之設，蓋倉庫管理員並未明示授權或推定可使竊盜犯進入，且該管理員與竊盜犯為竊盜罪之共同正犯，自無法脫免侵入建築物罪之罪責。此外，於一般公開建築物之情形，因在此場合大都有「包括性承諾」，故現實上如存有推定承諾內容之要件，亦認為是有效之承諾❼。

㈡基於違法目的進入及包括之承諾

一般人可以自由進入百貨公司之賣場、旅館、飯店之大廳、銀行之營業場所等，此乃該建築物管理權人包括之承諾所致。此包括之承諾須限於

---

❺ 山口厚，〈住居侵入罪〉，《法學教室》，204 期（1997 年），97 頁。

❻ 高橋則夫，〈住居侵入罪・監禁罪及び財產犯の問題〉，《現代刑事法》，5 卷 7 號（2003 年），95 頁。

❼ 山口厚，〈住居侵入罪〉，《法學教室》，204 期（1997 年），96、97 頁。

該建築物預定之利用目的範圍內。如果以違法目的進入前該建築物，因該建築物之管理權人倘若知情當然不會賦與包括之承諾，因此，如以違反該建築物預定之利用目的而進入者，自應成立侵入建築物罪。例如進入餐廳之目的係參加械鬥，則攜帶刀械進入餐廳自屬侵入建築物。再者，如果前揭公共建築物之管理權人個別地為拒絕進入之意思，同樣地，亦認為強行進入者成立侵入建築物罪。目前在各公共場所如未揭示「禁止進入」之牌子，只不過為包括承諾之表示，倘若有拒絕特定人士之必要，應個別地為意思表示，否則無法成立侵入建築物罪[18]。

(三)基於錯誤承諾之效力

承諾須基於居住權人出於真意且具任意性，因強暴、脅迫、恐嚇等非任意性之承諾為無效之承諾。有問題的是，基於錯誤之承諾其效力如何？按居住權人本身意思表示錯誤之場合，其承諾無疑地無效；有爭議的是如為動機、目的錯誤之情形，例如強盜犯罪行為人以強盜殺人之目的，假裝為顧客而進入店內，店家以為其與一般顧客無異而允許其進入，此承諾之效力如何？不無疑義。採無效說者認為居住者承諾之意思不及於犯罪行為人以犯罪之目的進入之行為，基於錯誤所為之承諾應為無效。採有效說者則謂被害人至少允許行為人進入店內，此承諾本身已使行為人之行為非屬「侵入」，是故，行為人之意思、目的與居住權之侵害並無任何關係，即使進入之目的錯誤，不影響對進入行為承諾之效力。查是否侵害本罪之保護法益應從行為之主觀、客觀雙方面判斷之，例如以詐欺或賄賂之違法目的進入住宅或建築物，並未侵害居住之平穩；但如以強盜、殺人等之違法目的進入者，則因已潛在地侵害居住之平穩，自得成立侵入住宅罪[19]。有學者主張應以「法益關係之錯誤」解決此問題。例如只准會員入場之會場，如有人假冒會員身分進入者，因關於承諾進入之重要基準錯誤，故不論是進入之承諾或推定之承諾均屬無效，而成立侵入建築物罪[20]。

---

[18] 川崎一夫，《刑法各論》(青林書院，初版，2000年)，112-113頁。

[19] 曾根威彥，《刑法の重要問題〔各論〕》(成文堂，補訂版，1996年)，87頁。

[20] 山口厚，〈住居侵入罪〉，《法學教室》，204期 (1997年)，98頁。

五、居住權人之競合

同一空間有複數居住權人時會產生居住權人競合之問題。尤其是公司內有長官及下屬、在住宅內有父母子女等關係之居住權人。在前開情形，是否應以在上位者或長輩之意思為優先？又如為對等關係者，如夫妻、父母及已成年之子女，假設其中有人同意進入，有人反對進入，則是否認為一部同意即視為其他人喪失利益？通說以為在此情形必須慎重考慮合理利益存否之判斷。

㈠一部分居住權人不在之情形

居住權人全體現在均居住在內時，無疑地必須取得全體之同意始得進入；有問題的是，居住權人中如有人不在，又不在者與現在者意思相反時，是否為「無故」侵入住宅？依平穩侵害說，承諾之有無僅為判斷是否侵害平穩之參考資料罷了，是否須取得全體居住者之承諾並非重點，例如在通姦事件中，姦夫以相姦之目的，於取得妻之承諾進入住宅之情形，依本說不構成侵入住宅罪。又如採綜合說，保護法益雖為居住之平穩，但有關「侵入」之意義係立於意思侵害說之立場，必須重視居住者之意思，基於各居住者平等之立場，承諾應包含不在者及其他全體居住者之意思或推定之意思，是以，依此說前揭通姦事例可構成侵入住宅罪。按居住權僅不過意味著對住宅事實上之支配、管理，如果取得事實上適法支配、管理居住狀態者之承諾，而不一定須取得全體居住者之承諾，否定成立侵入住宅罪，較符合現行社會現狀及國民感情。此非謂不在者喪失其居住權，而是其不在時將居住之管理權委由現在居住者處理，自以現在居住者之意思決定之❷❶。

㈡罪數問題

在同一住宅、建築物內雖有數位居住權人、管理權人，但有關罪數之計算並非以居住權人或管理權人之人數計算，而是以對居住權、管理權「侵害之次數」計算。此外，行為人如已離去該侵入之場所，而再度侵入者，倘前後犯意各別，除了起初成立之侵入住宅罪外，另再成立侵入住宅罪，數罪併罰（刑法第五十條）。但行為人如是在同一犯意下，接續為數個侵入

❷❶ 曾根威彥，《刑法の重要問題〔各論〕》（成文堂，補訂版，1996 年），85–86 頁。

住宅、建築物或其附連圍繞之土地者，因只侵害同一居住權、管理權，應只成立一個侵入住宅罪。又既成立侵入住宅或建築物罪後，不可能發生再成立不退去罪之問題。蓋行為人無故侵入與行為人本有進入之權限但受退去之要求而不履行者之情形顯然相異，本罪在立法設計上既將「侵入」與「不退去」規定於同一法條內，侵入與不退去均屬侵害同一法益之行為，行為人之犯行究竟該當何一行為係屬事實認定問題，無同時發生之可能。

侵入住宅罪為實務上最常見之犯他罪之手段行為，例如侵入住宅→殺人、傷害、竊盜、強盜、強制性交、放火等等，由於侵入住宅罪之法定刑較低，在牽連犯未廢除前，從一重處斷後，本罪形同被吸收；又本罪為告訴乃論之罪（刑法第三〇八條第一項），因此，本罪之討論常被略而不談。

六、無故隱匿或不退去罪

刑法第三〇六條第二項規定：「無故隱匿其內，或受退去之要求而仍留滯者，亦同。」此為無故隱匿或不退去罪之規定，其與第一項侵入住宅罪之保護法益相同，僅僅是犯罪構成要件行為不同。所謂「隱匿」，是指進入他人之住宅、建築物等後，潛伏藏匿其內，使居住權人、管理權人難以發現之行為；至於其先前是如何進入的，有無正當理由，則非所問。「受退去之要求而仍留滯者」為純正不作為犯，當有權為退去要求者為退去之要求時，對行為人即產生退去義務；惟此退去之要求須具有正當性，不正當之退去要求，行為人無退去之義務。所稱「要求」須有足以使人理解程度上之明確性，換言之，基本上須為明示。有要求退去之權限者，與前揭侵入住宅罪所述承諾權人相同，即居住權人或管理權人。再者，條文既明示「而仍留滯」，由此可見，行為人於受退去之要求後，尚須酌留適當時間供其退去，如於適當時間經過後，行為人仍未退去者始成立本罪。適當時間究為多久？宜就具體個案，依一般社會通念，是否已提供行為人充分時間供其退去者而言，例如對推銷員下逐客令，須酌留其收拾推銷物品之時間；又如對辭退之員工，須使其有適當時間收拾個人物品，非謂當為退去之命令而行為人不退去者即成立本罪。

【結論】

一、依平穩侵害說，因客觀上丙進入甲之住宅非屬危害居住平穩之行為，丙除成立通姦罪外，不另成立刑法第三〇六條第一項侵入住宅罪。

二、依綜合說，雖侵入住宅罪之保護法益係採平穩說，惟如以意思侵害說解釋「侵入」之意義，則丙進入甲之住宅違反甲之意思（甲不在，違反其推定之意思），自可能成立侵入住宅罪。

　　本文以為不一定須取得全體居住者之承諾，如果已取得事實上適法支配、管理居住狀態者之承諾，即不構成侵入住宅罪。換言之，不在者於不在時將其居住之管理權委由現在居住者處理，以現在居住者之意思決定即已足。基此，因丙是在乙之承諾下進入，自不成立侵入住宅罪。

【參考法條】

刑法第三〇六條

無故侵入他人住宅、建築物或附連圍繞之土地或船艦者，處一年以下有期徒刑、拘役或三百元以下罰金。

無故隱匿其內，或受退去之要求而仍留滯者，亦同。

【練習題】

一、甲、乙為情侶，某日甲乙於乙賃居之住處吵架，乙對甲下逐客令，甲拒絕離去，乙遂報警處理。請問甲之行為是否成立犯罪？

二、丙趁某辦公室大樓保全人員不注意時，不顧門口貼有「推銷員禁止進入」之告示，溜進該大樓各辦公室推銷化妝品。請問丙之行為是否成立犯罪？

問題十
侮辱及誹謗之不同

> 甲因為官司敗訴，憤而至法院門口發傳單，傳單內記載乙法官為「菜鳥」法官，顛倒是非，之所以會擔任法官完全是裙帶關係，逢迎拍馬等等之語。請問甲之行為是否成立犯罪？

【問題點】

一、名譽之概念

二、妨害名譽罪之保護法益

三、妨害名譽罪為危險犯？

四、公然之意義

五、侮辱與誹謗之區別

【解析】

一、名譽之概念

　　刑法第二十七章妨害名譽及信用罪，係保障在社會生活上人之人格尊嚴會受到尊重、保護之法益為「名譽」，由於其關係到人格之價值，故一般均將名譽區分為「內部名譽」、「外部名譽」及「主觀名譽」三種。所謂「內部名譽」，與評價無關，乃是客觀上人格內在之價值，即人格之價值；所謂「外部名譽」，乃是外界賦與該人者，意指社會對該人人格之社會評價，又稱為社會的名譽；至於「主觀名譽」，又稱為名譽感情，是自己對自己人格價值之意識，隱含名譽感情之內涵。此三種名譽當中，內部名譽為內在人格之價值，非為現實之名譽，尚無法受到他人之侵害，刑法無保護之必要❶。關於公然侮辱罪及誹謗罪所保護之「名譽」，在概念上是否一致，學說上基於此二罪性質上之差異而有不同之見解，分述如後❷。

---

❶ 川崎一夫，《刑法各論》（青林書院，初版，2000年），125-126頁。

❷ 丸山雅夫，〈名譽の概念〉，西田典之、山口厚編，《法律學の爭點シリーズ1──刑法の爭點》（有斐閣，3版，2000年），148-149頁。

(一)**名譽概念統一說**（外部名譽共通說）

本說認為不論是公然侮辱罪或誹謗罪所保護之名譽均屬外部名譽，即事實上社會積極地對被害人之評價，強調的是事實上之名譽（又稱為事實名譽說），與真實相分離之「虛名」不是刑法保護之對象。申言之，妨害名譽罪所稱「名譽」指的是「該人在社會上之地位或價值」，因此，不論是否使用具體指謫或傳述相關事實之方法，只要有侵害外部名譽之情事，自成立妨害名譽罪。本說因以外部評價作為對象，是以，對無名譽感情、意識之幼兒或重度精神疾病患者、法人等均有成立公然侮辱罪、誹謗罪之可能性。再者，公然侮辱或誹謗死者，均得降低死者外部之名譽，死者之名譽自得為刑法保護之對象。

(二)**名譽概念區別說**（二分說）

即區分為公然侮辱罪所保障者為被害人主觀之名譽，而誹謗罪所保護的是外部名譽。基此，對於不是社會評價對象、無名譽感情或意識之幼兒或重度精神疾病患者、法人等，無法成立公然侮辱罪，只得成立誹謗罪。本說以為公然侮辱罪與誹謗罪二罪法定刑之所以有所差異即在於客觀評價下之外部名譽較主觀評價下之名譽感情或意識優越，前者當然受到較大之保障。至於對死者之公然侮辱或誹謗亦作如此解釋。此外，侮辱罪係以主觀名譽為保護客體，其可罰性乃是因其行為「公然」為之所致，較之於被害人當面侮辱之可罰性為高。

(三)**規範名譽概念說** ❸

本說為德國之通說。基於言論自由、表現自由為憲法保障之人權，且近年來社會構造以都市化、大眾化、情報化為中心，對名譽之保護須兼顧現在憲法秩序及社會構造，探索對名譽概念最為適當之定位。按名譽一方面為人類尊嚴之表現，另一方面，其本質上包含現象形式、文化的及社會的機能，除具備身為人類普遍之價值——「人類尊嚴」外，同時亦涵括個人之獨立特質、個性。前者為普遍之社會名譽，後者為個別之社會名譽。

---

❸ 平川宗信，〈名譽に對する罪の保護法益〉，《現代刑事法》，6 卷 4 號（2004 年），6–9 頁。

凡此價值在法規範上均有請求他人尊重之權利（尊重請求權），此即為規範名譽。換言之，妨害名譽罪所保護之「名譽」是規範之名譽，即「正當化之名譽」，在規範上「得受到正當社會評價之權利」。

　　現代社會因網際網路、通訊設備發達，隨著情報化之進展、產業構造之變化及人口之移動，產生都市化、大眾社會化、民主化，及在高度經濟成長下所顯現之社會階層均等化、價值觀多樣化，法律概念之規範性意義當然須適時地反映此社會構造現象。故現代所稱「名譽」，應架構在「人性尊嚴」之基礎上。申言之，名譽為人之「價值」，其基礎在於全人類所承認具有普遍價值之尊嚴性、尊嚴價值，即「人之所以是人之尊嚴」。在此意義下，妨害名譽罪之保護法益必須以「人性尊嚴」為基礎。名譽權為人格權之一種，應解為包含「追求幸福之權利」（此亦應屬憲法所欲保障者）。憲法保障人性尊嚴，就能尊重個人之發展，個人擁有自由始得保障個人自由地發展自己之獨立性個性，追求幸福，此即為保護名譽之所由設。從以上說明可知，名譽一方面從「人性尊嚴」之觀點，乃人之所以為人之普遍性價值；同時，從個人均具有其獨自性、個性觀察，亦存有其獨特之價值。前者稱之為普遍之名譽，後者為個別之名譽，法律應保障前揭價值有受到尊重之權利（尊重請求權），而將納入保護之名譽規範化、觀念化（規範的名譽），始為妥當。

　　按社會名譽說無法充分說明「無名」之市民在無任何社會評價或名聲之情況下，是否即無名譽？又社會上有名的人，通常社會對其評價差異甚大，無確定之評價，應如何認定其名譽？當然，在此情形下自難以認定是否侵害被害人之社會評價、名聲或世界對其之評論。有學者主張社會的名譽非謂社會之評價、名聲，而係指「在社會上所存在與人之價值有關之資訊的狀態」，即「社會之資訊狀態」，以消除「保護虛名」之問題。所謂「社會之資訊狀態」理論，乃是從最近社會學理論啟發。依社會心理學對人認知理論言，人類係屬浮動資訊處理者，蒐集、選擇與他人有關之資訊，並賦與資訊之意義，經由推論形成印象。惟人類之資訊處理能力有限，印象之形成受到盲從人格觀 (implicit personality theory)、陳腔爛調、社會詞藻

(social schema) 等之影響，伴隨著曖昧、不確實、偏差等，個人差異甚大。另一方面，依社會資訊學理論，人類係依手上之資訊思考及活動，因都市化擴大了生活空間，使得人類間接地處理自己手上之資訊，且不得已地基於有限之資訊架構自己之環境，此稱為「擬似環境」(pseudo environment)。擬似環境現實上與「真實的環境」不同，在現代社會不可能確認真實的環境。因此，在現代社會無法認知他人真實之實像，僅能基於資訊認知擬似人像在社會上不存在「真實之自我」，保護社會的名譽，其實就在保護擬似人像——社會下的自己。換言之，社會的名譽是指「與人之價值有關存在於社會之資訊狀態」，即「社會的資訊狀態」。

二、妨害名譽罪之保護法益

關於妨害名譽罪之保護法益，有不區分公然侮辱罪與誹謗罪之一元說及分別依公然侮辱罪與誹謗罪之性質而為區分之二元說，此外，因我國亦將死者之名譽作為妨害名譽罪之保護客體，故以下分別論述之。

㈠一元說

本說認為公然侮辱罪與誹謗罪之保護法益均為外部的名譽。

我國實務採此說，例如「按公然侮辱罪所保護者，並非被害人主觀在精神上、心理上感受之難堪或不快，而係保護個人經營社會群體生活之人格評價不受不當詆毀，故縱使被害人確實因行為人之言語內容而內心感受難堪，但若未減損或貶抑被害人之人格或地位評價時，仍非『侮辱』，而不應以本罪繩之。次按『詛咒』係指用惡毒之言語詛罵或祈求鬼神降禍他人，惟惡毒之言語並不等同於侮辱之言語，祈求鬼神降禍他人亦非減損或貶抑他人在社會上之客觀人格或地位評價，至於『肥胖』確實係造成高血壓、腦中風、腦溢血等心血管疾病之高風險因子，惟對於『肥胖』此一體型外觀所為之上開意見陳述，亦難因此逕認構成『侮辱』；再者，心理恐慌與社會上對被害人之客觀人格或地位評價無涉，此乃係恐嚇罪之保護範疇，與公然侮辱罪之『侮辱』判斷無關。」(臺灣高雄地方法院 103 年易字第 580 號刑事判決)

㈡二元說

本說以為公然侮辱罪之保護法益為主觀的名譽，而誹謗罪之保護法益為外部的名譽（社會的名譽）。又稱為法益區別說。惟有學者認為誹謗罪之保護法益雖然著重於尊重社會對被害人之評價，但仍無法排除名譽感情，故又稱其為複合的法益共通說❹。

㈢侮辱誹謗死者罪之保護法益

我國刑法不但保護生存者之名譽，亦保護死者之名譽，至於死者既然已經不存在，為什麼在法律上仍有保護之必要？關此問題，學說分歧❺：

1. 死者本身之名譽

本說為日本之通說。反對此見解者認為死者無法作為法益之主體。

2. 保護社會對死者評價之公共法益

本說以為既然死者不是法益之主體，則死者之名譽不歸屬於個人法益，應認為是社會法益。蓋人之名譽在死後常以社會一般追憶之形態下存在，凡此社會之評價（追憶）應尊重其為社會之公共財，將其視為法益之一種。因此，此法益非屬於特定個人，而在分類上應歸類為具有公共法益之性質。按不能否定對人生前之社會評價（名譽）在死後仍然存在，故在法律上有加以保護之價值並非不合理。惟有問題的是，從公然侮辱罪及誹謗罪在刑法之位置來看，為個人法益之犯罪；且妨害名譽罪均為告訴乃論之罪（刑法第三一四條），社會法益無從成為告訴乃論之罪，如謂死者之名譽為社會法益，自與告訴乃論之法理有違。

3. 遺族之名譽

本說亦認為死者無名譽權，妨害死者之名譽相當於間接妨害遺族之名譽。本說在死者無遺族時是否即無保護法益之問題有盲點，似不妥當。

4. 保護遺族對死者之虔敬感情

本說與前第 3 說同將保護法益歸屬於死者之遺族，故面臨相同之批判。

5. 保護對死者社會評價仍具有特別利益者

本說認為即使死者無遺族，如尚有對死者社會評價仍具有特別利益者

---

❹　川崎一夫，《刑法各論》（青林書院，初版，2000 年），126 頁。

❺　杉山博亮，〈死者の名譽毀損〉，《現代刑事法》，6 卷 4 號（2004 年），19–21 頁。

存在時，侵害死者之名譽即該當本罪。按「虔敬感情」或「特別利益」之內容非常不明確，且如採此說，則具有特別利益者應屬被害人，應有告訴權，但此又與現行刑事訴訟法第二三四條第五項規定不符。

以上諸說雖然分歧，但其實得歸納為死者為法益之主體及死者非為法益之主體二種。本文基於下列二項理由，認為死者得為法益之主體❻。

1. 權利之主體與法益之主體不同

否定死者為法益之主體者混淆了權利主體與法益主體之概念。蓋所謂「權利」，係依法律保障得享受生活上利益之地位，有權利能力者即為權利（義務）之主體，民法第六條規定，人之權利能力，始於出生，終於死亡。基此，人死亡後即非為權利之主體。相對地，所謂「法益」，係指依法所保障之社會生活上之利益。將「權利」及「法益」相比較，權利係法律上之「地位」，而法益係社會生活上之「利益」。法益既然是社會生活上的利益本身，即非屬法律上之地位，社會生活上利益之歸屬不是法律上資格之問題，何人為享受社會生活利益之主體為社會事實的問題。此從實務見解認為妨害名譽罪之被害人包括自然人、法人及非法人團體在內可以得知，妨害名譽罪所保障的不是權利主體，而是法益之主體。

2. 死者之外部名譽仍有保護之實益

作為法益之主體至少須具備(1)該主體得享受社會生活上有關社會事實之利益，及(2)此利益之享受在法律上值得保護二項要件。此所稱死者之名譽，首先，因死者對於主觀的名譽（名譽感情）已無感情存在，當然不得享受其利益；其次，外部的名譽為與其人之意思或感情無關之社會評價，是以，即使認為死者無意思、無感情，死者仍可作為外部名譽之歸屬主體，不容受到侵害。

三、妨害名譽罪為危險犯？

㈠肯定說──危險犯說

通說以為是否妨害被害人之社會評價，造成其名譽受損，在舉證、認定上相當困難，因此，應將妨害名譽罪解釋為危險犯❼。換言之，只要有

---

❻ 杉山博亮，〈死者の名譽毀損〉，《現代刑事法》，6 卷 4 號（2004 年），22–23 頁。

侵害被害人在社會上之評價的行為即成立犯罪，至於現實上被害人之名譽是否受到侵害則不論。批評此說者認為本說有下列二缺點❽：

1. 違反罪刑法定主義，不當擴大處罰之範圍

誹謗罪所稱「毀損」為「侵害」之意思，而非僅具「危險」性而已。觀現行刑法以處罰現實上發生法益侵害結果為原則，例外始處罰未遂或危險犯，未遂或危險犯之處罰限於保護法益為生命、身體等重大法益之侵害，而名譽非屬重大法益，不宜以危險犯方式處罰。此外，公然侮辱罪因有「公然」之要件，依所謂「傳播性理論」，公然侮辱罪係透過不特定多數人有間接傳播之可能性，而誹謗罪所傳述者係指直接之對象——特定少數人，即私底下以耳語告訴友人亦可成立本罪，是以，如將誹謗罪解釋為危險犯，將過度介入私生活及表現自由，不當擴大刑罰處罰之範圍。

2. 解釋為危險犯根據之問題

按之所以將妨害名譽罪解釋為危險犯，主要是在解決實務上認定是否侵害名譽之困難，為了迴避舉證、認定上之問題，借用危險犯，以「疑似危險犯」、「便宜的危險犯」等「非本來使用之危險犯概念」來解決問題，此種擬制處罰之情形，已違反「罪疑唯輕」原則或責任主義，及憲法言論自由之保障❾。

㈡否定說——侵害犯說

本說以為妨害名譽之行為必須對法益造成客觀可見之實害結果，始得成立犯罪。申言之，誹謗罪既以毀損他人社會的名譽為處罰之對象，不得以認定法益侵害有困難為理由，認為誹謗罪為危險犯，蓋如果不存在貶損

---

❼　至於是抽象危險犯，還是具體危險犯，學說上各有所採。如從須具備「公然」、「意圖散布於眾」或「指摘或傳述足以毀損他人名譽」等構成要件始得成立犯罪來看，應解釋為抽象危險犯較為妥適。

❽　平川宗信，〈名譽毀損罪と危險概念——危險犯說の問題點と侵害犯說の展開——〉，《現代刑事法》，33 期（2002 年），26–27 頁。

❾　本說以為現代社會在「危險社會」之前提下，為預防法益侵害及確保市民安全，很明顯地有將法益保護、刑罰早期化、濫用危險犯之趨勢。積極地使用刑事法律，會萎縮媒體之報導，不當侵害憲法所保障之言論自由、新聞自由。

被害人社會名譽之事實者，應屬不可罰之行為，將誹謗罪解為侵害犯、結果犯較符合立法之宗旨。由於近年來學說傾向於以「規範的名譽」取代「社會的名譽」，作為本罪之保護客體，而所謂規範的名譽，指的是被害人受到正當社會評價之名譽權，應已將保護法益規範化、觀念化，故不得再以危險犯之概念——不論事實之有無均認定成立犯罪。此外，從前述資訊狀態說觀察，「無名」之平民百姓本來即不存在一定之「社會評價」、「名聲」或「評價」；而許多有名之人在今日價值多元化之資訊化社會中，毀譽參半。人類基於自己所持有之資訊思考及行動，而自己所持有之資訊來自於所認知之環境，環境在象徵性 (symbol) 下已非客觀的環境，而是大量充塞自己持有資訊之主觀的想像 (image) 環境——「疑似環境」或「準環境」(pseudo-environment)，又可稱為「記號環境」或「資訊環境」。在現代都市社會化、資訊社會化下，因生活空間擴大，人類所直接接觸之資訊為傳播媒體，尤其是大眾傳播工具所提供之資訊，人類不可能檢驗疑似環境與現實環境之不同，倘若資訊狀態惡化，人們當然受到影響。因此，行為人如透過電視媒體、書籍、雜誌等無遠弗屆地播放、傳送或販售以達毀損名譽之目的，因資訊廣泛地流通、擴散，會貶損資訊狀態、情報環境下被害人之社會名譽，將資訊狀態或資訊環境下之社會名譽視為誹謗罪之保護法益，不但在舉證、認定上不困難，將誹謗罪解釋為侵害犯亦無問題❿。

四、公然之意義

按刑法分則中公然二字之意義，祇以不特定人或多數人得以共見共聞之狀況為已足（院字2033）。當認定是否為公然時，不必要「同時地」向不特定或多數人為之，即「非同時地」向不特定人或多數人為之，例如先向多數人郵寄宣傳單，再反覆地告訴不特定人，此亦認為符合公然之要件。又以最粗鄙之語言在公共場所向特定之人辱罵時，倘為其他不特定人可以聞見之情形，而其語言之含義，又足以減損該特定人之聲譽者，自應成立刑法第三〇九條第一項之罪（院字 1863）。實例如下：

---

❿ 平川宗信，〈名譽毀損罪と危險概念——危險犯說の問題點と侵害犯說の展開——〉，《現代刑事法》，33 期（2002 年），28–30 頁。

〈法律問題〉A 寄信給 B，其在信封上註明「B 畜牲收」，A 是否構成公然侮辱罪？

肯定說：自 A 投遞信件至 B 收受期間經各地郵局之總局、支局職員處理信件，已達公然之狀態。

否定說：一般信件之處理實務除發信地郵局總局之分檢員與收信地郵局總局、支局之分檢員及支局之郵差共計四人個別閱信外，其餘職員並未就每封信一一閱視處理，該個別之四人尚難認係多數人得共見共聞之狀況。

折衷說：如郵差直接遞信件至 B 之信箱則不構成，如 B 之收信處係類似工廠、學校等開架陳列式之信箱，由個人自行覓取，則不特定人均得閱悉，應可構成。

〈結論〉以折衷說為當（法務部⑻法檢㈡字第 512 號）。

在現代傳媒發達之社會，本文以為毋需執著前揭實務上有關公然之解釋，蓋依「傳播性理論」，即使是對特定或少數人為侮辱之行為，如有傳播不特定或多數人之可能性者，亦應解為具備「公然」之情狀要件。反之，即使是向多數人為侮辱之行為，如依行為時之狀況得否定傳播之可能性時，當然，不符合公然之要件。由此可見，所謂公然，有必要從傳播性之觀點為修正，而傳播可能性之判斷，應依具體個案事實為一般性之觀察❶。

五、侮辱與誹謗之區別

依名譽概念統一說，侮辱罪與誹謗罪之不同僅在於其是否使用具體指謫傳述事實之方法不同，造成其法定刑之差異。而依二分說，公然侮辱罪所保護的是主觀的名譽，誹謗罪所保護的是外部的名譽，即各有其保護法益。除此之外，依現行刑法之規定，基本上侮辱與誹謗尚有下列不同：

㈠是否須具體指摘或傳述足以毀損他人名譽之事

我實例認為誹謗罪須意圖散布於眾，而指摘或傳述具體之事實；而侮辱罪則僅以抽象之言詞或行動表示輕蔑或予人難堪，並未指出具體之事實（院字 2179）。據此，欲成立我國刑法上之誹謗罪，必須具體指摘或傳述足以毀損他人名譽之事，而侮辱則不然。換言之，後者之行為僅為概括性、

❶　川崎一夫，《刑法各論》（青林書院，初版，2000 年），129–130 頁。

籠統性,而前者之行為必須具體地描述或指出有關貶損被害人名譽之情事。依二元說之立場,既然誹謗罪之保護法益為外部的名譽,自應具體指摘或傳述足以毀損他人名譽之事;再者,指摘或傳述者須為足以貶損人之社會評價的具體事實,至於其內容是否須揭發該人之惡事醜行則不論,原則上誹謗罪所保護的是人在社會評價上之「虛名」,是以,指摘或傳述之事實究為真偽,是否為公眾周知之事實,並非所問。惟如單純地以將來預想之事指摘或傳述毀損他人名譽之事,尚不構成本罪;如將過去、現在之事實包含在將來預想之事內予以指摘或傳述,則仍有成立誹謗罪之可能。此外,本罪之被害人應為特定人,實務上例如:來電所述既非對於特定人或可推知之人所發之言論,自不構成刑法第三〇九條及第三一〇條之罪(院解字3806)。甚至於指摘或傳述之事實未特定對象,但依其他相關情事特定可能者,亦屬之。指摘具體事實乃為必要,故僅僅表明判斷之意見尚為不足,指摘之事實須具體性。例如,罵人「王八蛋」、「卑鄙小人」、「北港香爐」,欠缺事實之具體性,僅僅是意見或判斷之表達,與本罪所稱指摘事實不符。傳說、謠言、街談巷議等,亦非屬之。指摘或傳述之方法並無限制,口頭、文書、圖畫等方法均屬之❷。

　　申言之,所謂「侮辱」,則係指以言語、文字、圖畫、動作等,非指明具體事實而對他人為抽象之侮蔑、辱罵等表示輕蔑之舉動,足以進而減損或貶抑他人在社會上客觀存在之人格或地位評價;若為具體事實之指摘,則為刑法第三一〇條誹謗罪之範疇。又因公然侮辱罪係規定在刑法第二編分則第二十七章妨害名譽及信用罪之下,而「名譽」本即為一種外部社會之評價,是以公然侮辱罪即應認係以保護個人經營社會群體生活之人格評價不受不當詆毀為其目的,故是否足以使其人格評價減損或貶抑,非單依被害人主觀之情感為斷,縱使被害人在精神上、心理上感受到難堪或不快,惟客觀上對於被害人之客觀人格評價並無影響,仍非名譽之侵害,亦即應依社會多數人之通念為客觀評價,否則現代社會人與人間之往來頻繁,因往來而起衝突致引起負面情緒而出言回應之情形亦所在多有,如將人之此

---

❷　川崎一夫,《刑法各論》(青林書院,初版,2000年),130–131頁。

種負面情緒回應之言詞所造成受話者心理感覺不舒服之情形，均認為該當刑法上之「侮辱」，將可能造成人民動輒觸犯刑罰而為罪犯之不合情理情形，當非法律規範之目的；而在判斷是否構成侮辱時，則應參酌該爭議言詞或舉動之內容，比對前後語意、當時客觀環境情狀與為何有此用詞之前因後果等一切情事參互以觀，而還原行為人陳述時之真意後，依社會一般人對於語言使用、舉動之認知，進行客觀之綜合評價，不宜僅著眼於特定之用語文字，即率爾論斷。

　　至於侮辱之方法毋需具體指摘或傳述，因此，前揭所舉「王八蛋」、「卑鄙小人」、「北港香爐」即屬之。甚至罵人為「妓女」、「水性楊花」、「狗」等等，只要有侵害被害人名譽感情之虞者，自成立本罪。因公然侮辱罪具有抽象危險犯之性質，故解釋上，侮辱行為本身須具有侵害他人感情名譽之一般危險者，始足當之。倘不具此性質，即非侮辱行為。例如行為人只是單純出於玩笑，戲稱友人「豬頭」、「神經病」、「白癡」等等。至於輕蔑之言詞、動作是否有害於他人之感情名譽，宜就具體情況，例如行為人與被害人之年齡、教育程度、職業、方言或用詞習慣等，自客觀予以判斷。例如「公然侮辱罪係對人辱罵、嘲笑、侮蔑，方法並無限制，不問以文字、言詞、態度、舉動方式，只需公然為之，而足使他人在精神、心理上感受難堪或不快之虞，足以減損特定人之聲譽、人格及社會評價，即足當之。而個人之名譽究竟有無受到減損或貶抑，非單依被害人主觀上之感情為斷，至於是否屬足以貶損他人評價之侮辱行為，應參酌行為人之動機、目的、智識程度、當時所受之刺激及連接之前後文句等統觀之，非得以隻言片語而斷章取義。因此行為人因遭告訴人指摘任意拍照而認受到告訴人冤枉，對其指責無法認同，脫口說出『神經病』之言語，或有過於激烈而有失允當，然從實質上判斷，非出於毫無依據之謾罵、嘲笑或其他表示足以貶損他人評價之意思，客觀上難認已影響告訴人之人格評價，僅屬用字遣詞不當，尚不得因此遽認主觀上有公然侮辱之不法犯意。」(臺灣高等法院 103 年上易字第 2447 號刑事判決)

　　但要注意被害人與侮辱之用語間須有關連，例如罵某老師誤人子弟、

罵某公務員貪官污吏，此乃用語之濫用，並未侵害被害人之名譽感情，不構成侮辱。實例上有於公務員依法執行職務時當場辱罵，認為另構成公然侮辱罪者：

〈法律問題〉某甲於某乙公務員依法執行職務時，當場辱罵乙公務員「幹你娘」，某甲所為，除犯刑法第一四○條第一項前段妨害公務罪外，是否尚犯刑法第三○九條第一項公然侮辱罪？

甲說（肯定說）：刑法第一四○條第一項前段之罪所處罰者，在其妨害國家公務之執行，其被害者為國家法益，並非公務員。故同時侮辱公務員本身者，仍應另成立妨害名譽罪，並有第五十五條之適用。

乙說（否定說）：依一般經驗，一罪所規定之構成要件，已為他法條所包括，一構成要件既為他構成要件所吸收，自不另成他罪。本題刑法第三○九條第一項之構成要件，已為刑法第一四○條第一項前段所吸收，故依法條競合原則，某甲所為，僅成立刑法第一四○條第一項前段之罪，不另成立刑法第三○九條第一項之罪。

〈研討結果〉以甲說為當（法務部(82)檢(二)字第 1121 號）。

㈡是否須具公然性

所謂「公然」，詳如前揭說明，應注意的是，公然並不意謂著須在被害人面前為之，甚至於被害人是否見聞亦不影響本要件之認定。刑法上之公然侮辱罪，只須侮辱行為足使不特定人或多數人得以共見共聞，即行成立（院字 2033），不以侮辱時被害人在場聞見為要件，又某甲對多數人罵乙女為娼，如係意圖散布於眾而指摘或傳述其為娼之具體事實，自應成立刑法第三一○條第一項之誹謗罪，倘僅漫罵為娼，並未指有具體事實，仍屬公然侮辱，應依同法第三○九條第一項論科（院字 2179）。至於「公然」僅為公然侮辱罪之情狀要件，誹謗罪則不必具備使不特定或多數人得以共見共聞其所指摘或傳述之事實。

㈢法定刑不同

比較二者之法定刑，誹謗罪較重於公然侮辱罪，依一元說之立場，二者法定刑之所以有此差異，乃因具體指摘或傳述事實會嚴重影響被害人社

會的名譽,尤其是散布文字、圖畫之加重誹謗行為更是;而未指摘或傳述具體事實者,則尚不足以侵害社會的名譽。相對地,二元說以為此乃保護法益本質即有所不同所致。

㈣是否須有散布於眾之目的

誹謗罪為目的犯,換言之,須具有散布於眾之意圖始能成罪。如僅密告某人或向檢察官檢舉者,是否有此意圖,應依具體個案事實認定之。例如:某甲對於法院判決某乙之案件,於其主辦之報紙,登載被告神通廣大洗刷重重罪刑,顯係意圖散布於眾而指摘足以毀損他人名譽之事實,應成立刑法第三一〇條之罪(院解字 3082)。

㈤公然侮辱罪與誹謗罪二者為法規競合

依一元說之立場,公然侮辱罪與誹謗罪之區別在於有無指摘或傳述具體事實而定,在此意義上,二罪為擇一關係,故如有指摘或傳述具體事實者,因二罪為法規競合,僅成立誹謗罪。但二元說以為二罪之保護法益既然不同,無妨二罪之成立。

茲列舉數實例說明之:

〈例 1〉

〈法律問題〉甲對乙提起請求給付借款之訴,乙之債務保證人丙出庭為乙做證謂乙已清償該筆借款,詎甲竟惱羞成怒,當庭指責丙:「狗拿耗子(老鼠之意),多管閒事」,丙遂控告甲公然侮辱罪,問甲是否有刑責?

甲說:公然侮辱罪只須有使人在社會上之人格或地位因加害者之言語或舉動而達於毀損之程度即足以構成該罪,查國民有作證之權利及義務,丙為自己之利害關係而出庭作證,竟在法庭上被甲比喻成狗拿耗子,使其名譽受損而感到難堪,應成立公然侮辱罪。

乙說:「狗拿耗子,多管閒事」是民間慣用之歇後語,並無侮辱他人之人格之意思,故甲因一時生氣而脫口說出,應不構成犯罪。

〈法務部檢察司研究意見〉依一般社會觀念「狗拿耗子,多管閒事」一語,尚無貶人名譽之涵義,認以乙說為當(法務部⑺4法檢㈡字第 554 號)。

〈例 2〉

〈法律問題〉某甲意圖散布於眾，當街罵丙婦「偷漢子」，經丙提出告訴，問某甲係犯何罪？

甲說：某甲既係意圖散布於眾，當街罵丙婦「偷漢子」，既係指摘丙婦與人通姦之具體事實（與抽象的罵人「下賤」「娼妓」之情形有別），自應成立刑法第三一〇條第一項之普通誹謗罪。

乙說：某甲係當街公然抽象的辱罵丙婦「偷漢子」，並未指摘丙婦與特定人通姦之具體事實，應成立刑法第三〇九條第一項之公然侮辱罪。

〈結論〉以乙說為當（司法行政部(69)臺刑(二)字第 347 號）。

〈例 3〉

〈案由〉以電子郵件轉寄內容為勸戒他人勿用勿食某類產品（但未特別指明商家或廠牌名稱），是否亦屬網路散布不實謠言之一種？（臺灣高等法院檢察署 90 年第 1 次電腦犯罪防制中心諮詢協調委員會議第 2 號提案）

〈說明〉

1. 轉寄電子郵件中若含誹謗性文字，有可能成立刑法之誹謗罪。目前國內已發生數起類似案例，亦有以誹謗罪起訴。

2. 然若轉寄內容並未特別指出個別商家或產品名稱，而是對該產品之效益或功能為全面性否定陳述，若該類產品果然因此滯銷，現行法律是否有所因應規範？

〈臺灣高等法院檢察署研究意見〉多數採否定說，研討意見如下：按刑法上之誹謗罪以意圖散布於眾而指摘或傳述足以毀損他人名譽之事者為成立要件，若轉寄之內容並未特別指出個別商家或產品名稱，尚難遽以刑責相繩。本件擬採否定說（法檢字第 0890003992 號）。

〈例 4〉

〈法律問題〉甲男乙女均未成年，惟已交往有時，且曾經發生性關係。嗣乙女與丙男訂婚，甲男心有不甘，遂至丙男家裡，將情形告訴其父、母、其祖母、弟妹亦在場。甲男與乙女之關係因而傳揚開來，導致乙女與丙男解除婚約。問甲男是否構成刑法第三一〇條第一項「意圖散布於眾，而指摘或傳述足以毀損他人名譽之事」之罪？

甲說：甲男係在丙男之家裡，且僅對丙男之父母傳述渠與乙女之關係，並無散布於眾之意圖，雖嗣後渠與乙女之關係因而傳開，導致乙女與丙男解除婚約，非其始料所及，應不構成刑法第三一〇第一項之罪。

乙說：甲男雖係在丙男家裡對丙男之父母傳述渠與乙女之關係，但丙男之祖母、弟妹亦在場，顯有散布於眾之意圖。今乙女與丙男解除婚約，亦為渠傳述之初所期盼，故應構成刑法第三一〇條第一項之罪。

〈法務部檢察司研究意見〉某甲之行為是否構成刑法第三一〇條第一項之罪，應視其有無散布於眾之意圖為斷。是否有此意圖，乃事實認定之問題，應就具體案情審認之。如果有此意圖，不問已否達於大眾週知之程度，均無解於本罪之成立（法務部(75)法檢(二)字第 511 號）。

〈例 5〉

〈法律問題〉某甲於同時地除對乙女為公然侮辱外，並意圖散布於眾而指述其為娼之具體事實，應如何處斷？

甲說：應依刑法第五十五條想像競合或牽連關係從一重處斷。

乙說：應依刑法第五十六條連續犯之規定以一罪論。

丙說：甲所犯公然侮辱及誹謗二罪之犯罪行為，並無當然之牽連連續關係，應併合論處。

丁說：某甲既已意圖散布於眾而指摘或傳述其為娼之具體事實，其前所為侮辱之低度行為已為誹謗之高度行為所吸收，應僅論以刑法第三一〇條第一項之誹謗罪。

〈司法院第二廳研究意見〉本問題題意欠明，如某甲所為公然侮辱之行為，係對不特定人或多數人謾罵乙女為娼，並意圖散布於眾而指述其為娼之具體事實，則論以刑法第三一〇條第一項之誹謗罪（司法院(74)廳刑一字第 478 號）。

〈例 6〉

〈法律問題〉某律師係現職國民大會代表，因執行律師業務、承辦某民事案件。被控詐欺，經檢察官提起公訴，其起訴書被告職業欄載：業律師。有某報記者，知該律師為國大代表，乃於登載此新聞時，標題載為「國

大代表×××涉嫌詐財被起訴」,問某報記者是否觸犯刑法第三一〇條第二項散布文字誹謗他人之罪嫌。

甲說：某律師雖為現職之國大代表,但其被訴詐欺,係以律師之身分承辦案件所致,與國大代表職務無涉,而律師與國大代表係兩不同之名譽,且起訴書職業欄亦無國大代表之記載,乃某報記者道故意渲染,以「國大代表×××涉嫌詐財,被起訴」為標題。使閱讀該報之廣大讀者,對國內代表之形象發生不良之觀感,自足毀損該現職為國大代表者之名譽,應構成誹謗罪。

乙說：某律師既為現職之國大代表,而依一般人之通常觀念,關於「人別」之記載係包括其姓名、年齡、職業、住居所等,該則新聞標題將其現職亦即「國大代表」列出,目的在引起讀者之注意,增加新聞之可讀性,並無誹謗之惡意,尚不構成犯罪。

〈座談結論〉應以乙說為當。因該記者目的僅在增加新聞之可讀性,且其國大代表之身分亦係屬實在,應不構成誹謗(司法院第2、4期司法業務研究會)。

【結論】

一、按誹謗罪須意圖散布於眾,而指摘或傳述具體之事實。換言之,成立誹謗罪須具體地描述或指出有關貶損被害人名譽之事。

二、依二元說之立場,誹謗罪之保護法益為外部的名譽。本例中甲於傳單上記載乙法官為「菜鳥」法官,顛倒是非,之所以會擔任法官完全是裙帶關係,逢迎拍馬等等之語。對身為法官乙之社會名譽而言,自有受貶損之可能。

三、甲於法院外散發傳單,如意圖散布於眾,其散布文字指摘傳述足以毀損乙名譽之事,成立刑法第三一〇條第二項加重誹謗罪。

【參考法條】

刑法第三〇九條

公然侮辱人者，處拘役或三百元以下罰金。

以強暴犯前項之罪者，處一年以下有期徒刑、拘役或五百元以下罰金。

刑法第三一○條第一、二項

意圖散布於眾，而指摘或傳述足以毀損他人名譽之事者，為誹謗罪，處一年以下有期徒刑、拘役或五百元以下罰金。

散布文字、圖畫犯前項之罪者，處二年以下有期徒刑、拘役或一千元以下罰金。

刑法第三一二條

對於已死之人公然侮辱者，處拘役或三百元以下罰金。

對於已死之人犯誹謗罪者，處一年以下有期徒刑、拘役或一千元以下罰金。

刑法第三一四條

本章之罪，須告訴乃論。

【練習題】

一、甲與乙常為爭停車位吵架，甲為洩憤，在乙住家附近公告欄上張貼告示，指稱乙之父親感染梅毒死亡(事實上是肝癌死亡)。請問甲成立何罪？

二、丙、丁為公務員，丙為丁之直屬長官，某日丙於民眾服務櫃檯為丁處理公務經常出錯引起民眾抱怨一事指摘丁，丙見丁嘻皮笑臉，毫不在乎，遂破口大罵丁「白痴」、「豬」。請問丙之行為是否成立犯罪？

問題十一
言論自由之界限

> 甲記者聽信友人乙的話，未經查證，即報導丙官員「金屋藏嬌」，並育有私生子一事。事後證實確有其事。請問甲之行為是否成立犯罪？

【問題點】

一、名譽之保護及表現自由
二、真實性之證明
三、真實性之錯誤
四、善意發表言論之不罰

【解析】

一、名譽之保護及表現自由

　　按我國憲法雖未明言保障人民之名譽，但從其第二十二條規定「凡人民之其他自由及權利，不妨害社會秩序、公共利益者，均受憲法之保障。」及民法第一九五條規定得知，名譽既屬人格權之一種，當然受到憲法之保障，不容他人侵害。蓋名譽之內涵包含了人格價值在內，不論是生存者或死者，亦不論是否為虛名，均不允許其社會評價受到任何貶損；另一方面，為制約他人無限擴張權利侵害名譽，亦於刑法中具體明定保障其不容侵害性。然而，言論自由亦屬憲法第十一條保障之對象，相對於人身自由或私生活自由等之保障為人民基本之權利，對於其他權利、自由言，言論自由有其「優越的地位」。因此，即使毀損他人名譽，如屬言論自由之行使，在一定之要件下，有必要否定其可罰性，刑法第三一〇條第三項本文——事實之真實性及同條項但書——目的之公益性——不罰之規定即所由設。前者之目的在調和個人在社會生活上之平穩（名譽之保護）及憲法上正當言論活動之保障；後者則以事實之證明具有公共之優越性，而不得不將保護名譽之防線往後退一步。換言之，在立法政策上，一方面，雖明示名譽之

保護；另一方面，如果言論伴隨著事實之公共性或目的之公益性者，即嘗試為憲法上基本權相互間之調整。近日輿論有以我國「新聞自由」較美國聯邦憲法第一修正案所規範之新聞自由較具主動性及積極性❶，美國現行法律與法院實務多已刪除誹謗之刑事責任，美國之《模範刑法典》(*Model Penal Code*) 亦未將誹謗行為列為刑事犯罪行為，不認為成立犯罪，改以民事侵權行為責任論處，由被害人向法院提起民事侵權行為請求損害賠償；且個人之言論自由與新聞媒體之新聞自由具有不同之價值性，而大力主張將誹謗罪除罪化，始能充分彰顯「新聞自由」之精神，以避免新聞媒體因畏懼誹謗責任而採行「自我限制與檢查」，導致剝奪大眾知的權利。甚至於有認為八十九年七月七日司法院大法官釋字第五〇九號解釋以憲法保障言論自由與新聞自由，限縮刑法誹謗罪責，涉及公眾知的權利之新聞自由較公務員個人名譽為重要❷。本文以為言論自由、新聞自由、維護名譽權同屬憲法上所保障之權利，無孰輕孰重之問題，不容偏廢一方，尤其是在我國新聞媒體只追求績效，刺激或聳動人民之感觀，不證實、調查新聞來源、內容等惡質環境下，不應任意犧牲法律對人民名譽權之保障，只能儘量調和、解決各權利間之衝突及矛盾，始為正當。

二、真實性之證明

我國刑法第三一〇條第三項規定：「對於所誹謗之事，能證明其為真實者，不罰。但涉於私德而與公共利益無關者，不在此限。」按德國刑法未類如我國刑法前開規定，即原則上不論事實有無，只要有妨害他人名譽之情形，均認成立誹謗罪，不許為真實性之證明。基此，前開規定之所以不處罰之根據何在？乃屬首要討論重點。其次，不罰之前提——「事實之真實性」及「目的之公益性」如何認定？何人負舉證責任？此涉及言論自由、新聞自由及名譽權保障之調和，已為現今憲法上重要議題，本文礙於篇幅有限，自僅侷限於刑事法學範疇內探討。

---

❶ 美國聯邦憲法第一修正案規定：「國會不得制訂法律剝奪……新聞之自由。」

❷ 林世宗，〈名譽誹謗與新聞言論自由之界限——闡釋大法官五〇九號解釋之法理與適用〉，《全國律師》，6卷6期，頁25，臺北（2002年）。

㈠「證明事實」不罰之法律根據

1.阻卻處罰事由說

本說主張仍成立誹謗罪，僅為不處罰而已。為了避免憲法上對言論自由、新聞自由之保障而犧牲對個人名譽之保障，本說以為即使毀損他人名譽之行為具備事實之公共性、目的之公益性的要件，僅證明其真實性，尚不足以阻卻行為之違法性，只得阻卻處罰。蓋依實體法上之事實為阻卻事由與依訴訟法上之事實為阻卻事由顯然不同，新聞從業者如認其新聞報導乃屬正當言論時應依刑法第二十二條「業務上之正當行為」主張阻卻違法；而刑法第三一〇條第三項本文乃是就蒐集證據為真實性證明可能程度之判斷，應屬依訴訟法上之事實阻卻處罰之事由。

2.犯罪不成立說

⑴阻卻違法事由說

本說主張阻卻違法性，犯罪不成立。按誹謗罪之成立只須意圖散布於眾，而指摘或傳述足以毀損他人名譽之事即足。不問其為真實或虛偽之事實，如足以毀損他人之名譽，即具有本罪之犯罪構成要件該當性。其指摘或傳述之行為，雖已侵害他人之名譽法益，但如能證明其具有真實性，並具公益性，則其行為仍屬正當行為，而欠缺實質之違法性。是以，此項不罰之規定，應認其為阻卻違法事由，較為妥適。又行為人只須能證明其為真實即可，毋需已經證明其為真實，故不必業經法院裁判證明其係真實為必要❸。

⑵阻卻構成要件事由說

本說亦認為有此事由時，犯罪不成立。蓋指摘或傳述足以毀損他人名譽之事者──「指摘或傳述虛偽之事實（在證明可能程度上不真實）毀損他人名譽」為誹謗罪之構成要件之一，前開技巧性之解釋，主要之目的在強調言論自由，即在一定之條件下導引出侵害名譽之言論為不具違法性的定型化。所謂言論自由，為民主國家存在最重要之基本人權，應予以最大

❸　甘添貴，〈言論自由與妨害名譽〉，《台灣本土法學》，14 期，頁 114，臺北（2000年）。

限度之尊重。惟行使言論自由之行為如已侵害他人之名譽——人格權法益者，則應慎重考慮是否仍應尊重其言論自由權。採本說行為人倘若得在可能之程度內證明為真實❹，即使不能證明其真實性，仍得阻卻構成要件故意，否定成立犯罪。本說除一方面強調言論自由外，另一方面，亦將構成要件修正為「虛偽之事實」；換言之，行為人如誤信其為真實，亦得主張阻卻構成要件故意，不會降低對言論自由之保障❺。

3. 正當行為說

本說結論上亦屬阻卻違法事由說，只不過其認為當行為人所指摘或傳述之事實可能證明為真實時，因屬「正當行為」，應援引刑法第二十二條「業務上之正當行為」以阻卻違法❻。

以上各說本文以為阻卻構成要件事由說為宜，以調和言論自由及名譽權之保護。

㈡「**事實真實性**」之證明

刑法第三一○條第三項規定：「對於所誹謗之事，能證明其為真實者，不罰。但涉於私德而與公共利益無關者，不在此限。」由此可分析只有在具備真實性、私德性及非公益性，始構成誹謗罪❼。所謂私德，乃私人之德行，亦即有關個人私生活之事項。例如抽煙、喝酒、休閒活動、交友情形等。所謂公共利益，乃與社會上不特定人或多數人有關之利益。不限於與國家或社會全體有關之利益，即與限定一定範圍內之小社會有關之利益，

---

❹ 日本學者團藤重光即謂此包括依證明可能程度之資訊、證據誤信該事實為真實之情形。

❺ 川崎一夫，《刑法各論》(青林書院，初版，2000 年)，135-136 頁。

❻ 塩見淳，〈言論の自由と真實性の證明〉，《現代刑事法》，6 卷 4 號 (2004 年)，17 頁。

❼ 學者甘添貴將刑法第三一○條第三項解為特別阻卻違法事由，而分為以下四種情形：(1)真實性＋私德性＋公益性；(2)真實性＋非私德性＋公益性；(3)真實性＋非私德性＋非公益性；(4)真實性＋私德性＋非公益性。前三種情形，得阻卻違法，至第(4)種情形，則不得阻卻違法。甘添貴，〈言論自由與妨害名譽〉，《台灣本土法學》，14 期，頁 114，臺北 (2000 年)。

亦包括在內。至於是否涉及私德而與公共利益無關，應就事實之內容、性質、被害人之職業、身分或社會地位等，依一般健全之社會觀念，客觀予以判斷❽。例如一般百姓之外遇情形，僅涉私德而與公共利益無關；而國家元首或政府首長之外遇情形（在辦公室內或與同事搞外遇）則與公共利益有關。實務上如在報上刊登啟事，指他人竊盜騙款，即非僅涉私德而與公共利益無關，如能證明其為真實，即可不罰（48 臺上 1235 判決）。

為了使本條項之適用較具合理性，以兼顧民主國家之基礎、國家社會之健全發展及人格權之保護，本文認為在事實真實性之證明下，尚須符合事實之公共性（非涉私德）或目的之公益性，始不成立本罪❾。

1. 事實之公共性

即指摘或傳述之事實係「與公共利益有關之事實」。所謂「與公共利益有關之事實」，乃指摘或傳述該事實得受公眾評斷，以增進公共利益。此公共利益，毋需為國家或社會全體之利益，如為某一地域或小範圍之社會（部分社會）的利益，亦屬之❿。總而言之，是否有公共利害關係，應符合(1)有必要公布該事實，以增進公共利益——必要性；及(2)該事實在程度上很明顯地與公共利益有關——明白性二要件。

2. 目的之公益性

即指摘或傳述事實之目的單純係為公益性。此所稱目的係指動機而言，為阻卻誹謗罪違法性之主觀要件。又指摘或傳述事實之動機係在增進公共利益，如以恐嚇為目的、賠償被害人為目的，或者是以滿足讀者之好奇心為目的，則與目的公益性不符⓫。有問題的是，是否排斥其他動機，只基於此一動機而行為？按行為人是否只有唯一一個動機，是否符合期待，實際上認定困難，只要其主要動機係以公益性為目的即足矣。

---

❽ 甘添貴，〈言論自由與妨害名譽〉，《台灣本土法學》，14 期，頁 114–115，臺北（2000 年）。

❾ 大谷實，《刑法各論》（成文堂，2 版，2002 年），106–107 頁。

❿ 大阪地判平成 4.3.25 判夕 829 期 260 頁。

⓫ 東京高判昭和 30.6.27 東時 6 卷 7 號 211 頁。

3.舉證責任

指摘或傳述事實之公共性及目的之公益性的要件僅為真實性之證明的前提要件,真實性證明之對象非為指摘或傳述之事實本身是否存在,而是其內容。例如指摘他人有犯罪嫌疑,犯罪嫌疑之事實本身雖得毀損該人在社會上之評價,惟該犯罪嫌疑人被懷疑之犯罪事實是否存在並不重要;真實性證明之對象並非犯罪事實,而是犯罪嫌疑人本身。按英美習慣法於原告提起誹謗訴訟時,採「誹謗性指摘不實推定」(a presumption of the falsity of all defamatory statements) 法則,先推定被告公開誹謗性指摘為不實,而由被告負舉證責任以證明其所陳述為真實之抗辯,即採「不實推定法則」(presumption of falsity)。如被告無法提反證以證明所陳述為真實,即成立誹謗罪。所謂「真實」,不以「完全真實」為必要,而以「重大真實」(substantially true) 即足矣 ❷。早期我國實務界即對我國刑法第三一○條第三項規定為類此舉證責任之認定。直至司法院大法官釋字第五○九號解釋出現後,始謂真實性之證明非純屬被告之責任。其內容如下:「言論自由為人民之基本權利,憲法第十一條有明文保障,國家應給予最大限度之維護,俾其實現自我、溝通意見、追求真理及監督各種政治或社會活動之功能得以發揮。惟為兼顧對個人名譽、隱私及公共利益之保護,法律尚非不得對言論自由依其傳播方式為合理之限制。刑法第三一○條第一項及第二項誹謗罪即係保護個人法益而設,為防止妨礙他人之自由權利所必要,符合憲法第二十三條規定之意旨。至刑法同條第三項前段以對誹謗之事,能證明其為真實者不罰,係針對言論內容與事實相符者之保障,並藉以限定刑罰權之範圍,非謂指摘或傳述誹謗事項之行為人,必須自行證明其言論內容確屬真實,始能免於刑責。惟行為人雖不能證明言論內容為真實,但依其所提證據資料,認為行為人有相當理由確信其為真實者,即不能以誹謗罪之刑責相繩,亦不得以此項規定而免除檢察官或自訴人於訴訟程序中,依法應負行為人故意毀損他人名譽之舉證責任,或法院發現其為真實之義務。就此而言,

---

❷ 林世宗,〈名譽誹謗與新聞言論自由之界限──闡釋大法官五○九號解釋之法理與適用〉,《全國律師》,6 卷 6 期,頁 34,臺北 (2002 年)。

刑法第三一〇條第三項與憲法保障言論自由之旨趣並無牴觸。」按被告對於真實性證明之程度，本無搜索、扣押證據之權限，無理由要其負舉證之責任，故前揭解釋自屬正當。此外，有關證明之程度如何的問題，從保護名譽之觀點言，應解為「不容許為合理懷疑之程度」❸。

　　觀現行實務見解，為尊重及保障人民在憲法上之基本權，調和言論自由與名譽權之衝突，通說謂言論是否構成誹謗罪，除客觀上有指摘或傳述足以毀損他人名譽之事實外，尚須主觀上具有誹謗他人之故意，始構成該罪，如行為人所指摘之內容實涉及一般投資大眾之權益，自應予以言論自由之最大限度尊重與維護（臺灣新北地方法院 103 年易字第 1586 號刑事判決）。即行為人雖不能證明言論內容為真實，但依其所提證據資料，認為行為人有相當理由確信其為真實者，即不能以誹謗罪之刑責加以處罰；而法官在從事個案審判時，應具體衡量案件中法律所要保護的法益與相對的基本權限制，據以決定法律的解釋適用，追求個案中相衝突之基本權的最適調和（臺灣高等法院 105 年再字第 1 號刑事判決）。又基於文義解讀可能被曲解之風險性，凡涉及言論內容、表達等方式是否構成刑法第三一〇條第一項之誹謗罪，在語意闡釋及斷句過程中，自不應以斷章取義之微觀方式來解讀或評價，否則易造成「寒蟬效應」，甚至羅織入罪的「文字獄」，實非現代民主法治所樂見，且亦有礙不同立場之觀點，經由言論發表而充分揭露其意見，以使組成社會之每個人都能有了解、抉擇而激勵出析辨真理之機會。因此，在具體個案中應如何審查、檢視言論或行為是否構成誹謗罪之要件時，中立之法院自應以宏觀角度來就全文論點觀察分析，不宜拘泥片斷文句而作為建構誹謗罪構成要件之方法，諸如：誹謗時間、場所、與對談人間關係、對話語句口吻、對話反應、所造成被害人法益侵害之輕重等因素綜合判斷，是否足以建構刑法第三一〇條第一項誹謗罪之各個主、客觀構成要件要素（臺灣高等法院花蓮分院 104 年上易字第 71 號）。

三、真實性之錯誤

　　所謂真實性之錯誤，係指行為人相信所指摘或傳述之事實真實，但無

---

❸　川崎一夫，《刑法各論》（青林書院，初版，2000 年），135 頁。

法證明其真實性之情形。在此情形下是否仍成立誹謗罪，學說分歧，說明如下 ❹：

㈠以錯誤論方法解決

1. 依阻卻處罰事由說之立場，不論誤信之理由為何，無法證明真實性，即不得免除其處罰。

2. 依阻卻違法事由說之立場，因刑法第三一〇條第三項之重點在於證明真實性之前提要件——事實之公共性及目的之公益性，如指摘或傳述者為真實，自不違法。依此見解，阻卻違法性之對象為事實之真實性，誤信其真實性，即應依阻卻違法事由錯誤解決。通說以為阻卻違法事由錯誤為事實之錯誤，因誤信指摘或傳述之事實為真實，欠缺誹謗之故意，不成立本罪。依此見解，則輕率地相信為真實致得主張阻卻故意者，不但無法充分保護名譽，亦忽略了證明制度之旨趣。另一說以為阻卻違法事由之錯誤為違法性之錯誤（又稱為嚴格責任說），唯有相當之理由誤信者始得阻卻責任。本說之結論亦不甚妥當，蓋阻卻違法事由之對象非為完全之真實，而是證明可能程度之真實，因此，如何解釋輕率地相信為真實不得主張阻卻故意，但基於確實之資料及根據有相當理由誤信為真實者則得阻卻故意。

3. 依阻卻構成要件該當性事由說之立場，刑法第三一〇條第三項本文所稱真實為「證明可能程度之真實」，即使誤信其真實性，對於誤信之資訊仍有客觀上之認識，應認為阻卻故意。

由上述說明可知，不論係採阻卻違法事由說，或是阻卻構成要件該當性事由說，必須證明其誤信乃是有相當理由者。

㈡以違法論方法解決

本說為最近有力之見解，即基於確實之資訊、根據信其真實所為之言論，為正當之權利行使行為，依刑法第二十二條「業務上正當行為」之規定，得阻卻違法。本說之背景乃在保障憲法上言論自由得充分行使，不必考慮其是否真實。惟憲法並不保障虛偽言論之自由，因此，刑法明定保護

---

❹ 堀內捷三，〈真實性の錯誤〉，西田典之、山口厚編，《法律學の爭點シリーズ 1——刑法の爭點》（有斐閣，3 版，2000 年），150–151 頁。

之對象為真實之言論，如指摘或傳述之事實有相當資訊、根據為虛偽事實者，自不得阻卻違法。

(三)以責任論方法解決

本說認為基於政策上之理由，刑法第三一○條第三項乃是依據憲法上之要求，在一定之範圍內限制保護名譽之必要性，明定阻卻處罰事由。前開事由亦可還原為違法要素，主張阻卻違法性事由說。按如將刑法第三一○條第一項之保護法益解釋為規範的名譽，則指摘或傳述真實自不違法。然而，如對事實之虛偽有認識之可能性者，除非誹謗罪處罰過失犯，否則不予處罰。

(四)誤信相當性之判斷基準

依前揭說明所示，如有相當理由誤信為真實，可否定犯罪之成立。有問題的是，誤信相當性之判斷基準為何? 依據何種資料? 蒐集至何種程度? 誤信之情況如何? 等等，均為判斷是否有相當理由誤信之要件。原則上應以一般人之基準，正當地、公平地、客觀地判斷蒐集資料之有無、蒐集之方法、分析、評價及確認所蒐集之資料。

四、善意發表言論之不罰

我國通說認為刑法第三一一條善意發表言論是特別阻卻違法事由，本條雖係置於誹謗罪之後，妨害死者名譽罪之前，惟因本條之設乃在調和人民言論自由與名譽、信用等人民之基本權利，是以，本條之適用涵括整個妨害名譽信用罪章各罪名，而非僅適用於誹謗罪❶。

(一)此所稱「善意」，乃非專以毀損他人名譽、信用，或以侵害他人感情名譽為目的者而言。換言之，善意發表言論之行為人並非無誹謗、侮辱或妨害信用之故意，且行為人客觀上所發表之言論亦有可能貶損他人之社會評價或侵害他人之感情名譽。

(二)刑法第三一一條所列舉之四種情形，或為權利行為，或為職務上之義務行為，或對於可受公評之事或公眾記事予以適當之評論或載述，因此

---

❶　甘添貴，〈言論自由與妨害名譽〉，《台灣本土法學》，14 期，頁 115，臺北 (2000年)。

等行為在性質上均屬於正當行為，欠缺實質之違法性，故此所稱不罰是認為其屬阻卻違法事由。

(三)善意發表言論之四種類型

1.因自衛、自辯或保護合法之利益者。例如某老師被檢舉對學生性騷擾，於學校開會討論時，為自衛或自辯，而聲稱事實上是系主任對學生性騷擾，而嫁禍於他。其聲明內容雖足以毀損系主任之名譽，惟因其為自衛或自辯，得主張阻卻違法，不罰。應注意的是如是為他人防衛或辯護，則無本款之適用。

2.公務員因職務而報告者。公務員在其職務範圍內所提出之報告，如涉及毀損他人名譽或信用之事，因其目的係在將報告內容據實陳述，即使認識有妨害他人名譽或信用之虞，亦可阻卻違法。例如政風人員報告某官員貪污收賄案即是。

3.對於可受公評之事，而為適當之評論者。是否為可受公評之事，應依具體個案，依事實之性質，是否在客觀上可受公眾評論者認定之。例如對國家之政策、媒體記者之報導、公眾人物之婚姻狀況等等均屬之。不論是主觀上個人之意見，抑是公眾輿論，其評論應為適當，始得阻卻違法。如藉機挾怨報復，大為撻伐，自不在此限。

4.對於中央及地方之會議或法院或公眾集會之記事，而為適當之載述者。按在民主社會中，人民對於中央或地方會議或法院或公眾集會之情形，有知之權利，故對適當載述前開記事時如有妨害他人名譽時，在合理之範圍內，應屬正當行為，可阻卻違法。例如報紙刊登立法院立法委員質詢時，互罵對方賣國賊之情形。但縣參議員在會議時所為無關會議事項之不法言論，仍應負責（院解字 3735）。

(四)與選舉罷免法之關係

〈法律問題〉公職人員選舉競選期間，意圖使某候選人不當選，並意圖散布於眾，而以文字、圖畫、錄音、錄影、演講或他法，散布謠言或傳播不實之事，足以生損害於該候選人之名譽，該當刑法第三一○條第一項或第二項之誹謗罪與公職人員選舉罷免法（下稱選罷法）第九十二條之意

圖使候選人不當選,散布虛構事實罪。二者之間,究應依特別法優於普通法之單純一罪法規競合法理,論以選罷法第九十二條規定之罪? 抑應依一行為觸犯數罪名之想像競合犯法則,從較重之選罷法第九十二條規定之罪處斷?

甲說:刑法上所謂法規競合,係指一個犯罪行為,因法規之錯綜關係,致同時有數符合該犯罪構成要件之法條可以適用,爰依法理擇一適用者而言。公職人員選舉競選期間,意圖使某候選人不當選,以文字、圖畫、錄音、錄影、演講或他法,散布謠言或傳播不實之事,足以生損害於該候選人之名譽時,雖同時符合刑法第三一〇條第一項或第二項之誹謗罪與選罷法第九十二條之意圖使候選人不當選散布虛構事實罪之犯罪構成要件,因係法規之錯綜關係,致一個犯罪行為,同時有數符合該犯罪構成要件之法條可以適用,應依法規競合法理,擇一適用選罷法第九十二條規定論處。

乙說:刑法學理上所謂法規競合(法條競合),係指一行為在外觀上雖然觸犯數個罪名,但僅能適用其中一個犯罪之構成要件而排除其他之構成要件,因其僅受一個犯罪構成要件之評價,故非犯罪之競合,仍屬單純一罪。此與刑法第五十五條前段所規定之想像競合犯所指一行為而觸犯數罪名,雖亦係以一個犯罪行為之實行,卻生數個犯罪之結果,侵害數個法益,應受數個犯罪構成要件之評價,屬於犯罪之競合,僅裁判上得以從一重處斷(裁判上一罪)者不同。選罷法第九十二條規定,以文字或演講等方法傳播不實之事誹謗他人,雖僅實施一個犯罪行為,與刑法第三一〇條第一、二項所規定誹謗罪之構成要件似亦相當。但前者尚須有使其他候選人不當選之意圖,且除妨害候選人個人名譽外,並妨害公眾選舉之公正性,亦即除侵害個人法益外兼侵害社會法益;又前者屬公訴罪,後者為告訴乃論之罪,追訴條件既不相同,其犯罪構成要件之評價,尤屬有間。是選罷法第九十二條當非專為刑法第三一〇條而設立之特別法,自亦難遽謂二者之間屬於法規競合關係,而遽依特別法優於普通法規定論以選罷法第九十二條之罪,應依想像競合犯法則從一重之選罷法第九十二條之罪處斷。

〈決議〉

採甲說（87 年第 6 次刑事庭會議）。

【結論】

一、依例題事實所示，甲散布文字具體指摘、傳述足以毀損丙社會名譽之
事實，成立刑法第三一○條第二項加重誹謗罪。

二、依例題事實所示，即使事後證實甲之報導屬實，甲仍不得主張有阻卻
構成要件事由，不影響加重誹謗罪之成立。

㈠依刑法第三一○條第三項規定，在事實真實性之證明下，尚須符合
事實之公共性及目的之公益性二要件。前者係指「與公共利益有關之事實」，
而後者是指行為人指摘或傳述事實之目的（動機）須具公益性。依例題事
實，甲報導之內容涉及丙之私德，與公共利益無關；且甲未經查證，其動
機如何待斟酌，似未具備前揭二要件。

㈡甲不得主張相信友人的話為真實，有真實性錯誤之情形，而阻卻故
意。蓋甲身為記者，於聽聞友人的話後，應經調查後始為報導，其未經任
何證實，依一般人判斷基準，其並未正當地、客觀地判斷蒐集資料、分析、
評價及確認所蒐集之資料。

【參考法條】

刑法第三○九條

公然侮辱人者，處拘役或三百元以下罰金。

以強暴犯前項之罪者，處一年以下有期徒刑、拘役或五百元以下罰金。

刑法第三一○條

意圖散布於眾，而指摘或傳述足以毀損他人名譽之事者，為誹謗罪，處一年以下
有期徒刑、拘役或五百元以下罰金。

散布文字、圖畫犯前項之罪者，處二年以下有期徒刑、拘役或一千元以下罰金。

對於所誹謗之事，能證明其為真實者，不罰。但涉於私德而與公共利益無關者，
不在此限。

刑法第三一一條

以善意發表言論，而有左列情形之一者，不罰：

　一　因自衛、自辯或保護合法之利益者。

　二　公務員因職務而報告者。

　三　對於可受公評之事，而為適當之評論者。

　四　對於中央及地方之會議或法院或公眾集會之記事，而為適當之載述者。

【練習題】

一、某周刊大幅報導甲立法委員、偶像明星乙與運動國手丙在五星級飯店開房間大玩 3P 一事。甲憤而告該周刊誹謗。請問能否成立？

二、丁記者於報紙上刊載立法院某場公聽會中戊立法委員罵庚官員「討客兄」、「狐狸精」之用語。請問丁之行為是否成立犯罪？

問題十二
隱私權之保護

> 　　甲因常上網瀏覽色情網站，對制服美少女心懷遐想，遂持可拍式手機，假裝站在捷運站電梯下方等人，拍攝穿著制服高中女生之裙底風光。又為了保存前開畫面，並將其製成光碟。某日被其弟乙發現，偷偷地燒錄，並在自設網站刊登廣告，兜售「三角褲內的秘密」光碟。請問甲、乙之行為成立何種犯罪？

【問題點】

一、刑法對隱私權之保護

二、八十八年刑法新增第三一五條之一、第三一五條之二之緣由

三、侵害隱私權行為之類型

四、與通訊保障及監察法之關係

五、衛星追蹤器紀錄行駛於公共道路車輛本身之行跡是否妨害隱私

六、新聞自由可否作為侵害他人隱私之正當理由

【解析】

一、刑法對隱私權之保護

　　按刑法第二十八章妨害秘密罪係以「秘密」為行為客體，因「秘密」並不等同於「隱私權」❶，因此，八十八年於妨害秘密罪章新增第三一五

---

❶ 隱私權一語源自於 Warren 以及 Brandeis 兩人於一八九〇年在《哈佛法學》中所發表之一篇文章，其意味著個人獨處之權利。於經過半世紀之發展，終於在一九四八年聯合國總會所通過之世界人權宣言之第十二條中，得到全世界之肯認。該條規定「任何人就其私生活、家庭、住所以及通信，不受到恣意之干涉或侵害，人們擁有受到法律保護之權利。」當然此並不是一個非常完整之定義，而且隱私權也是一個尚在發展中之權利群組，依民法第一九五條規定得知，將隱私權視為人格權之一種，亦屬八十八年的事。故要成熟化，尤待時代演進。李茂生，〈刑法秘密罪章新修條文評釋〉，《月旦法學雜誌》，51 期，頁 94，臺北（1999 年）。

條之一、第三一五條之二等條文後，遂謂本章係以隱私權為保護客體，我國刑法已將隱私權納入刑法之保障，顯過度誇大前開新增條文之功能。目前我國刑法並未就隱私權此一特定權益為全面性之保護，蓋隱私權之範圍尚無法正確地界定，且侵犯隱私權之態樣多樣化，刑法尚無法將之明確地定型化，如輕率地將該當權益予以全面性刑法之保障，將會破壞刑法之補充原則或刑法之謙抑性❷。在八十八年新增條文前，傳統刑法僅侷限於私領域之物理性侵入禁止及私人秘密之保護二種。前者不外為妨害書信秘密罪（書信以封緘來表示其私領域空間）及侵入住宅罪（以物理性設備等築出私領域並隔絕外人侵入）；而後者有關秘密之保護因涉及「秘密」內涵之界定（此並無類似前揭封緘之形式來表示私領域），故觀其立法設計首先是將犯罪行為人界定為具有一定之身分資格者，換言之，被害人均不得不將自己一些不欲人知之資訊提供給行為人。其次，該資訊不但須具備「非公開性」之要素，由於該資訊通常僅限定只有特定人始能知悉，被害人對其尚應具有「秘密利益」（即值得刑法保護之利益），鑑於被害人對於前開秘密無法掌控，如被洩漏將會造成精神上之不安及痛苦，是以，刑法特設專章規範之。

亦即只要被害人具有隱私合理期待之非公開活動，逸脫本人之自主控制而被揭露，足使本人感到困窘及痛苦者，即屬侵害隱私權及自主權，應該當本條之不法構成要件。而欲判斷一個人是否受憲法保護的隱私合理期待，通常有雙重要求，即一個人必須有「隱私的主觀期待」及該隱私的期待必須是「客觀上社會普遍承認為合理」。只要具有合理隱私期待之非公開活動逸脫本人之自主控制而被揭露，足使本人感到困窘及痛苦者，即該當本罪（臺灣高等法院 102 年上訴字第 2054 號判決）。

二、八十八年刑法新增第三一五條之一、第三一五條之二之緣由

八十八年刑法新增第三一五條之一、第三一五條之二之背景，乃是當時警方掃蕩色情光碟及錄影帶時，赫然發現早期以男女演員依劇本拍攝之

---

❷ 竹內正，〈名譽・プライヴァシーと刑法〉，竹內正、伊藤寧編，《刑法と現代社會》（峨野書院，1987 年版），120–121 頁。

畫面，怎麼變成是某些賓館、三溫暖、MTV 內男女幽會做愛做的事之鏡頭；甚至於還有些是為了滿足觀眾偷窺之慾望，將百貨公司女性更衣室（包括一般外出衣物及內衣）、公共場所之廁所、女生宿舍、浴室、廁所內之更衣、沐浴、如廁之畫面加以攝錄。由於高科技設備日新月異，攝錄之機器已採用針孔大小般，隱藏於如鏡子、燈座、電視機、緊急照明燈內等等，使不知情之民眾不但莫名其妙地變成色情影片之男女主角，而且其隱私行為無所遁形，引發社會大眾之恐慌。雖然各大眾場所也因應地採購反偵測儀器，檢查營業場所，但仍時有所聞。在提案當時，首先，針對所攝錄之內容後來大都以色情光碟或錄影帶呈現，於是將增列條文置於刑法第二三五條散布播送販賣製造猥褻文書圖畫物品罪之後——第二三五條之一。惟有鑑於社會大眾被侵害之隱私行為並不限於性方面之行為，而且所稱「他人非公開之活動、言論或談話」亦非僅指會引起他人性慾或羞恥感之活動言論或談話；再者，散布播送販賣製造猥褻文書圖畫物品之行為所侵害的是社會法益，而窺視、竊聽、竊錄、公開、販賣他人隱私之行為所侵害的是個人法益——隱私權，既然二者不可相提並論，是故，立法三讀時即將增列條文移列至妨害秘密罪章，俾名實相符。前開社會異象演進至今，有的是委託徵信社或電信器材行在住宅、公司辦公室、車輛內裝設針孔攝影機，以攝錄之方式取得配偶或情人外遇或偷歡之證據；而有的是利用針孔攝影機或手機上攝影功能，於公共場所偷錄女性裙底風光或如廁畫面，仍不乏情色意味。雖然增列之條文具政策性質，但由其使用「他人非公開之活動、言論或談話」文字來看，已涵括客觀上人民隱私權之範疇，而非侷限色情事件，自可謂為刑法保障隱私權之一大躍進。

三、侵害隱私權行為之類型

　　按八十八年刑法新增第三一五條之一、第三一五條之二前，所謂妨害秘密罪可區分為妨害書信秘密罪及洩漏秘密罪二種，以保護個人秘密之法益。詳言之，前者之保護法益為通信者之秘密管理權；後者是知悉個人秘密之他人的秘密管理權❸。惟八十八年修法後，後一犯罪類型不變（將於

---

❸　有謂刑法第三一五條之保護法益為秘密通訊之安全，有謂其係在保護個人私生

下一個問題中討論），前者之類型因已涵括隱私權之保障，故應修正為妨害隱私權罪❹。以下茲就此類型分述之。

㈠**妨害書信秘密罪**（刑法第三一五條）

行為客體	他人之封緘信函、文書或圖畫
主觀構成要件要素	故意
客觀構成要件行為	開拆、隱匿或以開拆以外之方法窺視其內容
情狀要件	無故
未遂犯之處罰	無

1.所謂「信函、文書或圖畫」，係指特定人指明特定人為收件人向其傳達自己意思之書信而言。包括原稿、影本、照片、圖畫及其包裝物等。前開書信不以透過郵務送達為必要，亦毋需請他人代為送達，發信人自己親自將書信交給收件人亦屬之。至於書信之內容是否為秘密則非所問。有問題的是前開書信是否以傳達一定意思為必要？有謂須用為傳達意思之媒介，始足當之；有學者認為本罪之保護法益為個人私生活之秘密，不以通訊秘密為限，因此，不宜限縮解釋，除傳達意思之情形外，其他如單純事實之記載、感情之表示、物體之盛裝，甚或並無隻字片語，如予以封緘者，均足當之。例如報值函件、內裝相片、金錢、稿件等之信函或日記等，只須不欲人知之事項或物件，均得包括在內，不以用為傳達意思之媒介為必要❺。按本文著重於發信人之秘密管理權，是故，只要發信人將其書信予

活之秘密。後者其範圍極為廣泛，凡屬私生活中不欲人知之事項，均包含在內。按八十八年刑法增列第三一五條之一、之二條文後，既將刑法第三一五條與前開二罪名視為保障隱私權之規定，鑑於隱私權為人格權之一種，有關隱私權之概念在尚未明確化前，本文認為應視為是隱私權人之秘密管理權。換言之，當隱私權人放棄此一管理權時，則無保護之必要，亦非屬本罪之行為客體。

❹ 學者甘添貴將第三一五條之一及第三一五條之二稱為「妨害私人秘密罪」。換言之，將妨害秘密罪區分為三種類型。甘添貴，《體系刑法各論第一卷》，頁63，臺北，自版（1999年初版）。

以封緘，即有使該書信內容不欲人知之表示，此從保障發信人及受信人之隱私權而言，似較為妥適。至於書信之內容是否為一定意思之傳達，是否涉及私生活之秘密，屬主觀上之秘密或客觀上之秘密，均非所問。

2.所謂「封緘」，係指封閉開口，使他人無法自外部知悉其內容之方法，須與書信成為一體，例如將書信置於抽屜內，再將抽屜上鎖，因該鎖與書信不具一體性，非為「封緘」裝置。封緘之方法，並無限制，例如以漿糊、膠水、膠帶、封蠟、訂書針等固定書信封口即是，甚至以線繩緊綁亦是，但必須牢固達不易解開之程度。換言之，只要是使書信本身之內容無法判讀之裝置即可。再者，封緘裝置因須客觀地表現秘密管理權之行使，如裝置固定之程度差，即不得認為已有秘密管理權之行使，不得謂之為「封緘」，例如膠水上得不完全，或者是繩索已經鬆開，均不得認為該書信已「封緘」。此外，不論是發信前、送達中或送達後書信均須「封緘」始得謂為本罪之行為客體，如果收信人開封後再彌封，仍屬本罪之行為客體❻。現今常見之各種廣告函 (DM)，依其形式大都未封緘，自非屬本罪之行為客體。

3.「他人」是否包括法人及非法人團體。本罪所稱「他人」，係指行為人以外之自然人、法人或非法人團體。惟須為特定人或可得特定之人，包括父母、配偶或子女在內。又其是否於書信上署名，署名真假、使用別名、外號等均無不可。此外，發信人匿名，僅署名收信人；發信人為政府機關或公共團體，收信人為個人；或者是發信人為個人，收信人為政府機關或個人，均屬之。但倘若發信人及收信人皆屬政府機關，因本罪為侵害個人法益之犯罪，不包括國家之公秘密，無本罪之適用。

4.照相、錄音、錄影或電磁紀錄是否得成為本罪行為客體。按刑法第二二〇條已將照相、錄音、錄影或電磁紀錄納入準文書之範疇，且因電腦、網路之普及，使用網路傳輸書信 (E-Mail) 或將書信製成電子檔 (此所稱書信包括文字檔、圖檔、視訊、影音等)，與傳統書信在形式上雖有所差異，

---

❺　甘添貴，〈侵權行使與妨害秘密〉，《台灣本土法學》，26 期，頁 128，臺北 (2001年)。

❻　川崎一夫，《刑法各論》(青林書院，初版，2000 年)，117–118 頁。

但論其性質亦屬某種意思之表達、傳述,自屬新興一代之書信,如有封緘時,自得認為是本罪之行為客體。例如電磁紀錄加密,須輸入帳號、密碼始得瀏覽。

5.所謂「無故」係指無正當理由,亦即行為人不具任何阻卻違法事由。例如監獄行刑法第六十六條規定,監獄長官得檢閱發受書信;刑事訴訟法第一○五條第二項規定,押所得檢閱被告與外人之通信等,即屬有正當理由。

6.妨害書信秘密罪為抽象危險犯,因此,本罪所謂「開拆」,行為人只要使書信之內容處於可得知悉之狀態為已足,行為人是否閱讀或瞭解並非所問。而以開拆以外之方法窺視其內容,不論是使用燈光、陽光、電子儀器、電腦設備等透視其內容,凡是能使封緘失其效力之方法均可。

7.因行使親權開拆子女之封緘信函、文書或圖畫是否可阻卻違法。按父母開拆未成年子女之書信可否以民法第一○八四條第二項:「父母對於未成年之子女,有保護及教養之權利義務」之規定,主張有正當理由,得阻卻違法? 主肯定說者認為在親權行使之範圍內或保護之必要限度內,得予以容許。申言之,基於保護及教養之權利與義務,在行使親權之必要範圍內,對於未成年子女之書信予以開拆等之行為,應可認為係依法令之行為,依刑法第二十一條第一項之規定,不罰;至必要範圍之認定,可依實質違法性之法理予以判斷。主否定說者認為憲法保障秘密通訊自由,阻卻違法事由應予嚴格斟酌❼。本文贊同肯定說,但仍應分別依個案事實認定是否在「必要」範圍內,又是否具「正當性」,不可一概而論。

㈡**窺視竊聽竊錄罪**(刑法第三一五條之一)

此罪之類型有二:

1.無故利用工具或設備窺視、竊聽他人非公開之活動、言論、談話或身體隱私部位

---

❼ 甘添貴,〈侵權行使與妨害秘密〉,《台灣本土法學》,26 期,頁 129,臺北(2001年)。

行為客體	他人非公開之活動、言論、談話或身體隱私部位
主觀構成要件要素	故意
客觀構成要件行為	利用工具或設備窺視或竊聽
情狀要件	無故
未遂犯之處罰	無

(1)所謂「非公開之活動、言論、談話或身體隱私部位」，係指他人之活動等之參與或發表對象，非不特定人或多數人之情形。申言之，他人之活動等，在性質上須僅係個人或特定少數人所得參與，或係向個人或特定少數人發表者。至於此活動、言論、談話或身體隱私部位是否是在公共場所或公眾得出入之場所為之，只要非向不特定人或多數人為之，均屬本罪之行為客體。前揭「活動」，包括人日常生活或工作上之各種動作在內。「言論」不限於語言，以圖畫、符號、肢體動作，只要是意思之表現方法均包括在內。「談話」為二人或二人以上之對話，通常為口語，如為筆談、手語亦屬之。以上所稱「活動、言論、談話或身體隱私部位」解釋上應包括被害人主觀上及客觀上均不欲人知之情事。「身體隱私部位」係指一般人不願曝露在外的身體私密處，例如下體、大腿根部、鼠蹊部。「身體隱私部位」除應考慮社會一般通念外，尤應慮及被害人之意願，方符該條保障個人隱私權之意旨。何種隱私的公開，會被認為令人困窘或高度冒犯而使人厭惡，非可一概而論，應視當地社會的風俗習慣、受侵害人之身分、職業、地位與報導內容而定，如依一般有理性之人均視為高度侮辱，應即可認為其內容侵犯隱私權。

(2)此所稱「他人」，應係指行為人以外之自然人，不包括法人及非法人團體。蓋後者仍是透過其代表之自然人表現其「活動、言論或談話」。又所謂「隱私」，以民法而言，係指自然人即活人之隱私；就刑法方面，隱私之法益，則當然是指活人之法益，而不及於死者之法益，因為死者並無刑事法益之可言。是以，由於屍體存在有別於一般「物」之特殊性，刑法乃對

於侵害屍體之行為，特設刑法第二四七條之侵害屍體罪加以規範，惟除此特別規定之外，刑法各條文所保護之各種刑法之法益主體，均指自然人即活人而言，不包括死者在內。是死亡者並無所謂「非公開之活動」可言，因此行為人拍攝屍體及上傳相片之行為，在道德上縱有可以非難之處，惟在刑法上並不成立犯罪，無從以刑法第三一五條之一第二款之無故竊錄他人非公開活動及第三一五條之二第三項之散布竊錄內容等罪繩之。(臺灣基隆地方法院 104 年訴字第 92 號刑事判決)

(3)本罪之犯罪構成要件行為為「窺視」或「竊聽」之行為，前揭二行為均具有密行之性質，即「窺視」或「竊聽」之行為只須使被害人難以發現之程度即可，至於被害人是否確未發現，不影響本罪之成立。但須以使用工具或設備為限；換言之，行為人如果只是藏匿暗處窺視、竊聽，均不成立本罪❽。因立法理由並明揭「未透過工具之窺視或竊聽，則依社會秩序維護法之規定，以秩序罰處罰之」等語。足見各類電子、光學工具或設備（儲存載體），因不同於人為窺視、竊聽或人力跟監，而具有低成本、全天候、大量儲存、複製容易、重複播放之特性及危害強度，始為立法者課以刑事責任之本意。亦即行為惡性較輕之「故意窺視他人臥室、浴室、廁所、更衣室，足以妨害其隱私者」、「無正當理由，跟追他人，經勸阻不聽者」等非使用工具、設備之窺視或跟監行為，僅處以行政秩序罰（社會秩序維護法第八十三條第一款、第八十九條第二款）；而以工具或設備窺視、竊聽、竊錄他人之隱私活動，因侵害強度較高，始課以刑事處罰。

(4)阻卻違法事由——非屬無故，同上。至於懷疑配偶外遇，而裝設相關設備竊聽、竊錄，蒐集證據者，是否可認有正當理由？實務見解謂：「刑法第三一五條之一妨害秘密罪規定，其所謂『無故』，係指欠缺法律上正當理由者而言，縱一般人有伸張或保護自己或他人法律上權利之主觀上原因，亦應考量法律規範之目的，兼衡侵害手段與法益保障間之適當性、必要性及比例原則，避免流於恣意。現行法就人民隱私權之保障，既定有通訊保障及監察法等相關法律，以確保人民秘密通訊自由不受非法侵害，而以有

---

❽ 本條增修理由謂此情形依社會秩序維護法之規定以秩序罰處罰之。

事實足認該他人對其言論及談話內容有隱私或秘密之合理期待者，依該法第三條第一項第三款、第二項之規定進行通訊監察之必要，固得由職司犯罪偵查職務之公務員，基於偵查犯罪、維護國家安全及社會秩序之目的，並符合法律所明定之嚴重危害國家、社會犯罪類型，依照法定程序，方得在法院之監督審核下進行通訊監察，相較於一般具利害關係之當事人間，是否得僅憑一己之判斷或臆測，藉口保障個人私權或蒐證為由，自行發動監聽、跟蹤蒐證，殊非無疑。質言之，夫妻雙方固互負忠貞以保障婚姻純潔之道德上或法律上之義務，以維持夫妻間幸福圓滿之生活，然非任配偶之一方因而須被迫接受他方全盤監控自己日常生活及社交活動之義務，自不待言。故不得藉口懷疑或有調查配偶外遇之必要，即認有恣意窺視、竊聽他方，甚至周遭相關人士非公開活動、言論、談話或身體隱私部位之舉措，率謂其具有法律上之正當理由。」(最高法院 103 年臺上字第 3893 號刑事判決)

2.無故竊錄他人非公開之活動、言論、談話或身體隱私部位

行為客體	他人非公開之活動、言論、談話或身體隱私部位
主觀構成要件要素	故意
客觀構成要件行為	以錄音、照相、錄影或電磁紀錄竊錄
情狀要件	無故
未遂犯之處罰	無

(1)竊錄，係指行為人在被害人難以發現或未發現之情形下，將其非公開之活動、言論、談話或身體隱私部位以錄音、照相、錄影或電磁紀錄記錄下來。因目前科技日新月異，故錄音筆、數位照相機、數位攝影機、或者是具有錄音、錄影功能之手機均得作為本罪犯罪行為之工具。

(2)本罪經常伴隨著侵入住宅之情形，即事先未受允許進入被害人所居住之住宅或經常乘坐之車輛內安裝錄音、照相、錄影或儲存電磁紀錄之工具或設備。則因前後行為有方法結果、目的手段之關係，依刑法第五十五

條後段之規定，成立牽連犯，從一重處斷。若前後行為均發生於民國九十五年七月一日新法施行後，因刑法第五十五條後段牽連犯之規定已刪除，則應視具體情形，分別依同法第五十五條前段以想像競合犯或依同法第五十條數罪併罰。

　　以上二類型均無未遂犯之處罰，乃是一讀立法審查會時認為本罪屬於行為人本人單純窺視、竊聽或竊錄之行為，而非為他人，為舉動犯，無成立未遂犯之可能。換言之，如僅是意圖窺視、竊聽或竊錄而持有其工具、設備之行為，為不罰之行為。惟觀外國立法例對於前開此等行為皆明定處罰，例如美國《模範刑法典》第二五〇・一二條(1)(b)規定，於私的場所不法設置或使用觀察、攝影、錄音、增幅或播送用之裝置的行為，須受到刑法處罰；而(c)規定，於私的場所外側，設置或使用裝置，聽取、錄音、增幅或播送以通常之方法則無法從外部聽取或理解之該當私的場所中發出之聲音，亦是一種犯罪行為。美國一九六七年《加州州刑法典》第二五〇・一〇亦規定有竊聽裝置持有罪。法國於一九七〇年七月十七日所通過之人權保障強化法，其第三六八條規定利用器械竊聽、錄音、放送，以及利用器械攝影、散布之行為；第三七一條規定，政府應發布前條所稱器械一覽表，未得許可而製造、輸入、提供或販賣者，處前條之刑❾。換言之，前揭規定採實質預備犯之立法模式，將預備階段作為獨立罪名處罰。就隱私權之保障言，本文贊同。

㈢便利窺視竊聽竊錄及散布竊錄內容罪（刑法第三一五條之二）

　　此罪之類型有三：

1.意圖營利，供給場所、工具或設備以利他人為窺視、竊聽或竊錄之行為

---

❾　李茂生，〈刑法秘密罪章新修條文評釋〉，《月旦法學雜誌》，51 期，頁 106，臺北（1999 年）。

行為客體	他人非公開之活動、言論或談話
主觀構成要件要素	1.營利之意圖（目的） 2.故意
客觀構成要件行為	供給場所、工具或設備，便利他人為窺視、竊聽或竊錄他人非公開之活動、言論或談話之行為
未遂犯之處罰	有

2.意圖散布、播送、販賣而竊錄之行為

行為客體	他人非公開之活動、言論或談話
主觀構成要件要素	1.散布、播送、販賣之意圖（目的） 2.故意
客觀構成要件行為	以錄音、照相、錄影或電磁紀錄竊錄他人非公開之活動、言論或談話之行為
未遂犯之處罰	有

3.製造、散布、播送或販賣之行為

行為客體	竊錄「他人非公開之活動、言論、談話或身體隱私部位」之物品
主觀構成要件要素	故意（刑法第十三條）
客觀構成要件行為	製造、散布、播送或販賣竊錄「他人非公開之活動、言論、談話或身體隱私部位」物品之行為
未遂犯之處罰	有

實例如：查被告母女二人係與前開公司總經理約定時間，談論被告之夫與自訴人之間有曖昧關係及該二人利用上班時間外出約會等情事，隨後並於總經理之個人單獨之辦公室播放自訴人與被告之夫談及上班時間外出約會之錄音帶內容給在場之總經理和人事部經理等二人聽，藉以印證被告所述非虛；而當時在總經理之個人單獨之辦公室播放錄音帶內容時，除被

告母女二人外，在場者亦僅公司總經理和人事部經理等共四人；而於播放錄音帶內容時外面同事則聽不到等情；由此可知，被告母女二人所為，顯然與刑法第三百十五條之二第三項規定，明知為無故以錄音竊錄他人非公開之談話內容而散布、播送罪之構成要件不合（89自41判決）。

(1)前揭三罪之關係

刑法第三一五條之二第一項及第二項兩罪間，因保護法益相同，為補充關係，成立法條競合，應優先適用基本規定——第二項。同條第一項及第三項兩罪間保護法益亦相同，具有吸收關係，應優先適用吸收規定——第三項。至於第二項及第三項兩罪間亦屬吸收關係，優先適用吸收規定——第三項。

(2)與第三一五條之一罪名之關係

本條第一項與刑法第三一五條之一兩罪間，保護法益相同，因性質上前者為後者之從犯，兩罪有補充關係，優先適用基本規定——第三一五條之一❿。本條第二項與刑法第三一五條之一兩罪間，屬特別關係，應優先適用特別規定——本條第二項。本條第三項與刑法第三一五條之一兩罪間，具有吸收關係，應優先適用吸收規定——本條第三項；惟如行為人前後兩罪之行為，犯意各別，則適用數罪併罰。

四、與通訊保障及監察法之關係

按刑法第三一五條之一及通訊保障及監察法所保護之客體，係指具「隱私或秘密之合理期待」之活動、言論、談話，另依通訊保障及監察法第三條第一項規定，還兼保障具「隱私或秘密之合理期待」之有線及無線電信、郵件及書信。所謂「隱私或秘密之合理期待」，在犯罪構成要件之解釋上，應兼具主觀與客觀兩種層面之內涵，始具有刑罰之明確性合理性。主觀上，人民對某特定有體物或無體物必須有隱密性期待之意思，即主觀上不欲為

---

❿ 按刑法第三一五條之二第一項之法定刑為五年以下有期徒刑，而同法第三一五條之一的法定刑為三年以下有期徒刑、拘役或三萬元以下罰金。二罪法條競合時，優先適用後者之結果，將排除適用重罪，產生立法上不當之情形。似有檢討修正之必要。

人所知之意願或期待。客觀上，該期待為社會所認合理，因此一般人不認為其隱密期待為合理的，即不成為「秘密通訊自由」及「隱私權」之保護客體（臺灣高等法院臺南分院 103 年上訴字第 449 號刑事判決）。

如前所述，刑法第三一五條之一、第三一五條之二所保障之隱私權範疇不以色情內容為限，只要是「他人非公開之活動、言論或談話」均包括在內，則刑法增列第三一五條之一、之二罪名後，是否與通訊保障及監察法之規定發生重疊，不無疑義。按通訊保障及監察法之犯罪主體限定為(1)有執行監察職權之公務員；(2)有協助監察義務之公務員，例如郵局或公營電信業者；(3)有協助監察義務之非公務員，例如民營電信業者。由此可見，在立法設計之始，並未考慮將民間通訊器材業者、徵信社或一般人民之監察行為涵括在內。又依通訊保障及監察法第二十四條規定，所稱之「違法監察」，其類型僅有(1)單純之違法監察（第一項）；(2)有執行或協助執行職權公務員之違法監察（第二項）；(3)意圖營利之違法監察（第三項）三種。據此，即使一般人民或民間業者違反了通訊保障及監察法之規定，無適用之可能，充其量僅得按其情節分別適用刑法之規定。茲列舉數實例說明之：

〈例 1〉

〈法律問題〉A 男為掌握 B 女之行蹤，遂於民國八十九年一月間至乙女住處外電信箱，以錄音帶接線方式，竊聽 B 女家中電話內容，A 究竟觸犯何罪？（臺灣高等法院暨所屬法院 90 年法律座談會刑事類提案第 19 號）

〈研討意見〉

甲說：A 係犯通訊保障及監察法第二十四條第一項之違法監察通訊罪。A 之行為雖同時符合刑法第三一五條之一第二款妨害秘密罪之構成要件，惟該二罪係屬法條競合，依特別法優於普通法之原則，應從通訊保障及監察法第二十四條第一項之違法監察通訊罪處斷（臺灣高等法院 89 年上訴字第 3474 號判決）。

乙說：A 係犯刑法第三一五條之一第二款妨害秘密罪。蓋通訊保障及監察法之立法目的係在規範公務員實施通訊監察之程序及範圍，以保障人民秘密自由，此從通訊保障及監察法第二條所規定「通訊監察，除為確保

國家安全，維持社會秩序所必要者外，不得為之」「前項監察，不得逾越所欲達成目的之必要限度，且應以侵害最少之適當方法為之」可知，故通訊保障及監察法所使用之「通訊監察」或「監察」一詞，係指有關公務員所執行之通訊監察職務而言，與一般民眾竊聽、竊錄等妨害秘密行為毫不相涉，是通訊保障及監察法第二十四條第二項之處罰對象為直接執行或協助執行通訊監察之公務員或從業人員（例如擔任實施截收、監聽、開拆、檢查職務之警察或電信、郵政人員），同條第一項之處罰對象則為前開第二項直接執行通訊監察職務以外之公務員（例如故意下令實施違法通訊監察之法官、檢察官或其他公務機關人員）（同見解參臺灣高等法院花蓮分院 89 年上易字第 91 號判決）。

〈研討結果〉

㈠法律問題第一行「……乙女住處外電信箱，以錄音帶……」修正為「…… B 女住處外電信箱，以錄音機、錄音帶……」。

㈡增列丙說。

丙說：A 係觸犯電信法第五十六條之一第一項之罪。A 之行為同時符合電信法第五十六條之一第一項及刑法第三一五條之一第二款妨害秘密罪之犯罪構成要件。惟該二罪係屬法規競合，依特別法優於普通法之原則，應從電信法第五十六條之一第一項處斷。

㈢改採丙說。臺灣高等法院暨所屬法院 90 年法律座談會彙編（91 年7 月）第 339–341 頁。

〈例 2〉

〈法律問題〉告訴人 A 申告其夫 B 與 C 女通姦，A 提出之唯一證據為錄音帶二卷，A 並自承錄音帶係趁 B 不知時，將聲控式錄音機置放於 B 所駕自用小客車內竊錄所得，其內容除男女一般談話外，並有足認為進行性行為之聲音，又經鑑定錄音帶內之男女聲音，確係 B 及 C 之聲音。問 A 是否成立刑法或通訊保障及監察法之罪？

〈討論意見〉

甲說：A 利用錄音機竊錄 B 與 C 之談話，應構成刑法第三一五條之一

及通訊保障及監察法第二十四條第一項之罪，法條競合，應從一重依通訊保障及監察法第一項處斷。

乙說：A 與 B 係夫妻關係，A 之竊錄行為係因其身分權利遭受侵害，為蒐集證據所為，與刑法第三一五條之一所規範之「無故」行為不同，故不構成該法之罪。惟仍構成通訊保障及監察法第二十四條第一項之罪。

丙說：A 係民法上之身分權利遭受侵害，其竊錄行為係為取得 B 與 C 通姦之證據，與刑法第三一五條之一規定之「無故」行為不同，故不構成該法之罪。另通訊保障及監察法第二十四條第一項所規範者，應係指依法有權行使監察權之公務員，故不依法而監察他人通訊之處罰規定；第二項規範者是有執行或協助執行通訊監察之公務員或從業人員假借職務或業務上之權力、機會或方法所為行為之處罰；第三項所規範的對象，係指意圖營利，而違法監察他人通訊者。故 A 之竊錄行為，亦不構成通訊保障及監察法之罪。

〈結論〉多數採丙說（否定說）。

〈法務部研究意見〉按隱私權與其他權利保障之取捨，原應就個案情節，依比例原則並衡量其法益判斷之。本案 A 因其夫 B 與 C 女通姦，以聲控式錄音機置於其夫 B 所駕自用小客車竊錄蒐集 B 與 C 通姦之證據，其竊錄之錄音機係置放於 B 之自用小客車內，衡之一般常情，該車為 A、B 日常私生活所及之處所，其為保全訴訟上之證據，在該車內所為之竊錄行為，考量其手段的必要性及急迫性，固尚難謂無正當理由，與刑法第三一五條之一所規範之「無故」行為不同，而不構成該條之罪，惟通訊保障及監察法第二十四條第一項規定「違法監察他人通訊者，處五年以下有期徒刑」，參酌同條第二項規範之對象為執行或協助執行通訊監察之公務員或從業人員，第三項則為營利犯罪，而同法第三十條又規定僅第二十四條第一項之罪須告訴乃論，可見第二十四條第一項之處罰對象係指一般人民，此亦係原立法意旨，另同法第二十九條則規定有不罰之例外情形，是以題示情形，A 之違法竊錄行為，若據被害人合法提出告訴，復無第二十九條所列不罰之情形，自應依同法第二十四條第一項處罰（法務部⑻⑼法檢字第

000805 號)。

五、衛星追蹤器紀錄行駛於公共道路車輛本身之行跡是否妨害隱私

關此，實務見解認為按刑法第三一五條之一妨害秘密罪所保障之「非公開之活動」，並未排除處罰公共場所之隱私侵擾行為，當車輛於公共道路上行駛時，尚不得逕認必不該當於「非公開之活動」。又衛星追蹤器固僅能紀錄車輛本身之行跡，未能即時見聞駕駛或乘客於車輛行駛過程中之對話內容及其他行止，然本罪之處罰要件係以工具或設備窺視、竊聽或竊錄他人之隱私活動。次按車輛各次行跡本身縱為公開性質、甚至對於訊息擁有者一開始並無價值，但利用衛星追蹤器連續多日、全天候不間斷追蹤他人車輛行駛路徑及停止地點，將可鉅細靡遺長期掌握他人行蹤。而長期經由此種大量蒐集、比對定位資料、整合車輛行跡，除得將該車輛駕駛之慣用路線、行車速度、停車地點、滯留時間等活動一覽無遺外，並可藉此探知車輛使用人之日常作息、生活細節及行為模式。此一經由科技設備對他人進行長期且密集之資訊監視與紀錄，他人身體在形式上雖為獨處狀態，但心理上保有隱私之獨處狀態已遭破壞殆盡，自屬侵害他人欲保有隱私權之非公開活動。申言之，零碎的資訊或許主觀上並沒有造成個人隱私權遭受侵害之感受，但大量的資訊累積仍會對個人隱私權產生嚴重危害。是以車輛使用人對於車輛行跡不被長時間且密集延續的蒐集、紀錄，應認仍具有合理之隱私期待(臺灣高等法院 104 年上易字第 352 號刑事判決)。申言之，利用衛星追蹤器連續多日、全天候不間斷追蹤他人車輛行駛路徑及停止地點，將可鉅細靡遺長期掌握他人行蹤。而經由此種「拖網式監控」大量蒐集、比對定位資料，個別活動之積累集合將產生內在關連，而使私人行蹤以「點→線→面」之近乎天羅地網方式被迫揭露其不為人知之私人生活圖像。質言之，經由長期大量比對、整合車輛行跡，該車輛駕駛之慣用路線、行車速度、停車地點、滯留時間等活動將可一覽無遺，並可藉此探知車輛使用人之日常作息、生活細節及行為模式。此一經由科技設備對他人進行長期且密集之資訊監視與紀錄，他人身體在形式上雖為獨處狀態，但心理上保有隱私之獨處狀態已遭破壞殆盡，自屬侵害他人欲保有隱私權之非公

開活動。而此亦為美國法院近年來針對類似案件所採取之「馬賽克理論 (mosaic theory)」（或譯為「鑲嵌理論」），即如馬賽克拼圖一般，乍看之下微不足道、瑣碎的圖案，但拼聚在一起後就會呈現一個寬廣、全面的圖像。個人對於零碎的資訊或許主觀上並沒有隱私權遭受侵害之感受，但大量的資訊累積仍會對個人隱私權產生嚴重危害。是以車輛使用人對於車輛行跡不被長時間且密集延續的蒐集、紀錄，應認仍具有合理之隱私期待（臺灣高等法院 104 年上易字第 352 號判決）。

六、新聞自由可否作為侵害他人隱私之正當理由

在狗仔盛行之社會，新聞自由往往作為侵害他人隱私之理由，本文肯定實務見解採否定說。即新聞自由係針對公共領域之服務，而隱私權則係在保障私人之事務。倘人、事、物具有新聞價值、公眾人物及正當的公共關切等特質，才可適用較寬鬆之注意義務；反之，倘媒體報導之人、事、物不具這些特質，則須負責其所造成之侵害。又私人事務亦有得為公眾所注意者，惟純粹私人之事務，仍應予以尊重，亦即其有免於受公眾監視或干擾之權利。至刑法第二十二條規定所稱之業務正當行為，則應符比例原則及社會相當性，故媒體所報導之新聞內容，仍應對純粹私人事務之保護盡注意義務（臺灣高等法院 102 年上訴字第 2054 號刑事判決）。雖為確保新聞媒體能提供具新聞價值之多元資訊，促進資訊充分流通，滿足人民知的權利，形成公共意見與達成公共監督，以維持民主多元社會正常發展，新聞自由乃不可或缺之機制，應受憲法第十一條所保障。而如何編輯新聞圖、文內容並予刊登，亦應為新聞自由所保障之範圍。然新聞自由亦非絕對，為兼顧對個人名譽、隱私及公共利益之保護，國家尚非不得於憲法第二十三條之範圍內，以法律予以適當之限制。刑法第三一五條之二第三項對於製造、散布、播送或販賣無故以錄音、照相、錄影或電磁紀錄竊錄他人非公開之活動、言論、談話或身體隱私部位者，科以刑責，即係為保護個人之隱私權，免遭窺視、刺探後被公諸於世而設。刑法上開規定固未設有因保障新聞自由而得阻卻違法之規定，然基於憲法之最高性以及法秩序一致性之法理，法律之適用仍應合乎憲法意旨，以避免在特定之具體事實

下，憲法一方面保障新聞自由，刑法卻以刑罰就憲法保障之行為予以處罰。但新聞自由並非毫無限制之絕對性權利，當憲法保障之新聞自由與隱私權之間產生衝突時，必然有一方之權利主張必須退讓，並進一步依憲法對各基本權保護要求之整體價值秩序，具體衡量案件中新聞自由、隱私權之法益與相對之基本權限制，據以決定上開法律之解釋適用，以取得相衝突基本權之最適調和與實踐。新聞自由所以受保護，既非以新聞媒體或從業人員不受干預為其終極目的，毋寧係藉由保障媒體或從業人員之自由而達成服務社會資訊的流通，亦即透過保障新聞自由而保障人民「知的權利」，進而維持社會的開放及民主程序的運作，防止政府的不當行為。換言之，新聞自由純係「制度性」、「工具性」之權利，而非個人權利，新聞自由之本質，亦構成新聞自由權利之界限。是倘新聞之內容與公共意見之形成、公共領域之事務越相關，而具公共性、越具新聞價值，則新聞自由應優先保障；倘越屬私人領域之事務，即越應證明該新聞報導確有優先於個人隱私權獲得保障之正當理由。至就新聞內容是否具新聞價值之判斷，法院認事、用法亦應依循上開原則及界限，避免逕代新聞從業人員決定，以免產生寒蟬效應，而應於新聞自由工具本質之合理範圍內，給予最大限度之保障。然而，若「該新聞」係以竊錄方式所取得，且係性侵害犯罪被害人現場照片，對被害人而言，較之男女臥室床笫間之性愛行為，更屬隱私核心，尚不得僅以滿足一般大眾窺淫興趣即認有正當之公益，而允許新聞媒體假新聞自由之名，行侵害隱私之實，主張阻卻違法而不罰（最高法院 104 年臺上字第 1227 號刑事判決）。

換言之，刑法第三一五條之二所謂身體隱私部位之規範意旨，不應僅就其內容是否涉及個別人身之身體隱私部位而為片段觀察，更應就該隱私部位與相關背景事實脈絡之連結，因他人散布行為而為人所窺見所呈現之整體意義為何，綜合判斷。此外，新聞內容與公共意見之形成、公共領域之事務越相關，而具公共性、越具新聞價值，則新聞自由應優先保障；倘越屬私人領域之事務，即越應證明該新聞報導確有優先於個人之隱私權獲得保障之正當理由（臺灣高等法院 103 年上訴字第 1763 號刑事判決）。

【結論】

一、甲之部分

　　㈠甲成立刑法第三一五條之一第二款無故竊錄他人非公開活動罪

　　一般而言，女性之裙底具私密性，乃屬非公開之活動。甲以可拍式手機——以拍照之方式竊錄過往高中女生裙底風光，即該當本罪之犯罪構成要件。

　　㈡甲成立刑法第三一五條之二第三項製造竊錄隱私罪

　　依題意事實所示，甲明知為竊錄他人身體隱私部位之物品，製造成光碟，即該當本罪之犯罪構成要件。

　　㈢前開二罪具有吸收關係，應優先適用刑法第三一五條之二第三項製造竊錄隱私罪。但如果二行為間犯意各別，則適用刑法第五十條數罪併罰。

二、乙成立刑法第三一五條之二第三項製造、販賣竊錄隱私罪

　　乙知悉光碟內容為他人身體隱私之部位，而燒錄光碟，甚至兜售，已符合「製造」、「販賣」之構持要件行為。

【參考法條】

刑法第三一五條

　　無故開拆或隱匿他人之封緘信函、文書或圖畫者，處拘役或三千元以下罰金。無故以開拆以外之方法，窺視其內容者，亦同。

刑法第三一五條之一

　　有下列行為之一者，處三年以下有期徒刑、拘役或三十萬元以下罰金：

一　無故利用工具或設備窺視、竊聽他人非公開之活動、言論、談話或身體隱私部位者。

二　無故以錄音、照相、錄影或電磁紀錄竊錄他人非公開之活動、言論、談話或身體隱私部位者。

刑法第三一五條之二

　　意圖營利供給場所、工具或設備，便利他人為前條第一項之行為者，處五年以下有期徒刑、拘役或科或併科五萬元以下罰金。

意圖散布、播送、販賣而有前條第二款之行為者，亦同。

製造、散布、播送或販賣前二項或前條第二款竊錄之內容者，依第一項之規定處斷。

前三項之未遂犯罰之。

通訊保障及監察法第二十四條

違法監察他人通訊者，處五年以下有期徒刑。

執行或協助執行通訊監察之公務員或從業人員，假借職務或業務上之權力、機會或方法，犯前項之罪者，處六月以上五年以下有期徒刑。

意圖營利而犯前二項之罪者，處一年以上七年以下有期徒刑。

【練習題】

一、甲懷疑褓姆乙虐待其子，遂在家中安裝針孔攝影機，攝錄乙之活動。某日不但錄到乙毆打小孩之畫面，也錄到乙潛入甲臥室竊盜之情形。請問甲之行為是否成立犯罪？

二、丙教官懷疑學生丁、戊吸毒，趁下課時開啟其手機簡訊（設有按鍵鎖）。丙之行為是否成立犯罪？

問題十三
洩密之罪責

> 甲醫師診療偶像明星乙時，發現其感染梅毒，遂告訴護士丙，丙如獲至寶，返家後告訴鄉居丁，因丁之先生服務於某電視公司，乙感染梅毒一事傳遍影視圈。請問甲、丙、丁三人之行為是否成立犯罪？

【問題點】

一、何謂「秘密」
二、「洩密」之行為類型
三、阻卻違法事由

【解析】

一、何謂「秘密」

　　刑法第三一六條至第三一八條之二的妨害秘密罪，其保護法益係指知悉或持有他人秘密者之秘密管理權。申言之，原則上一般人均容許某些特定人知悉或持有自己之秘密，惟在此情形，並非意謂秘密所有人放棄其秘密管理權，其信賴特定人不將其秘密洩漏予第三人知悉，本罪即是以處罰違背信賴侵害秘密管理權為目的。關於秘密之判斷基準，見解分歧，但大致上應著重下列三要素，以判斷其事實上之秘密性❶：

㈠事實之非公開性

　　即該事實非一般人所知悉，換言之，公眾周知之事實沒有秘密性。但只有特定少數人知悉之事實，非謂欠缺非公開性。

㈡秘密意思

　　即本人不欲他人知悉該事實。當承認事實有非公開性時，通常可推定本人亦存有秘密意思在內，為了證明本人無秘密意思，必須本人為明示之意思表示。

---

❶　川崎一夫，《刑法各論》（青林書院，初版，2000年），121–122頁。

(三)秘密利益性

即從一般人之觀點觀察，本人對該秘密有保密之價值。例如即使有事實之非公開性，本人有秘密意思，但該事實如果無作為秘密保護之價值，即不具有秘密利益性。按秘密利益性為秘密客觀之要素，其目的是為了調和過於偏重行為人之秘密意思，使秘密之認定正當化。學說對於秘密究應著重行為人主觀意思或兼顧客觀情形，可區分為主觀說、客觀說及折衷說三說，分述如後：

1. 主觀說

以本人之意思認定是否為秘密。即本人希望該事實保密時，該事實自為秘密。本說過於偏重本人之秘密意思。

2. 客觀說

即一般人（不論何人）均不欲他人知悉之事實，即屬秘密。本說排除秘密意思，在維持秘密概念之客觀性上頗具優勢，但根本上仍無法解決及說明為什麼完全排除本人之秘密意思。

3. 折衷說

本說兼顧秘密意思（主觀部分）及秘密利益（客觀部分）二方面。即依本人之秘密意思，限定於在客觀上有相當利益之事實，始為秘密；換言之，該事實為一般人（不論何人）均不欲他人知悉，且本人亦不欲他人知悉者，即為秘密。本文原則上贊同折衷說之立場，因此，以前揭三要素說明秘密判斷之標準。

秘密之內容，只要符合前揭三要素，不論係涉及健康狀態、家庭環境、犯罪事實、違法事實、經濟狀況等均屬之。應注意的是，洩密罪係以處罰違背信賴關係侵害秘密者自己個人私生活上之秘密管理權為主，並不包括公眾生活上之秘密；換言之，公眾生活上之事實非屬本罪所稱「秘密」。

「他人」為本罪秘密之主體。此所稱「他人」，包括自然人、法人及非法人團體在內，蓋私生活之秘密管理權並非只有自然人始得享有，惟本罪強調的是違背信賴關係侵害秘密管理權，是以，國家及政府機關，甚至地方公共團體均不得為秘密之主體。此外，因刑法第三一六條至第三一八條

之二洩密罪所指秘密必須為因業務或職務知悉或持有者為限，因此，如該秘密與業務或職務無關者，或者是行為人偶然認識、知悉之事實，則非本罪之行為客體。至於是如何在業務上或職務上知悉或持有者，是從本人聽來的，還是經過調查後得來的，均非所問。

至於刑法第三一七條、第三一八條洩密罪所稱「工商秘密」，係指工業上或商業上應行秘密之事務，例如產品之設計、食品之配方等。實例上如：按刑法第三一八條妨害秘密罪之成立，須公務員或曾任公務員之人，無故洩漏因職務知悉或持有他人之工商秘密者，始足當之；申言之，必須該行為人有積極洩密行為，且所洩漏之秘密係屬「工商秘密」，始為該當，所謂「工商秘密」，係指工業或商業上之發明或經營計劃具有不公開之性質者屬之。如行為人未有積極之洩漏行為，或其所謂「秘密」非屬該條所定之「工商秘密」，即難遽以妨害秘密罪相繩（84 上易 6433）。自訴人認被告等犯有詐欺罪嫌，無非以工程合約書、追索函、估價單為據，惟上開證據，僅能證明雙方有合意訂立工程契約及事後自訴人有向被告等追索工程款之事實，並不足以認定被告於訂約時，即有施用詐術之情事。況且被告均已按工程進度支付定金及工程款，並於工程進行中，預付工程款等情，則自不能僅因嗣後雙方就是否有追加工程之事，發生爭執，即認定被告等有詐欺之意圖。又刑法第三一七條、第三一八條等罪，必須洩漏者為「工商秘密」，始足當之，而所謂「工商秘密」，係指工業上或商業上之秘密事實、事項、物品或資料，而非可舉以告人者而言，重在經濟效益之保護。姑勿論被告等，或無公開宣稱……有票據前科，有雖有宣稱，但係為自衛，並無誹謗故意，縱或有此行為，亦因票據前科之有否，與工商秘密無涉，自無構成本罪之可言（78 上易 2046）。則此所稱工商秘密與營業秘密法上所指「營業秘密」範圍並不一定相同。依營業秘密法第二條規定，本法所稱營業秘密，係指方法、技術、製程、配方、程式、設計或其他可用於生產、銷售或經營之資訊，而符合左列要件者：⑴非一般涉及該類資訊之人所知者。⑵因其秘密性而具有實際或潛在之經濟價值者。⑶所有人已採取合理之保密措施者。侵害營業秘密之行為態樣規定於營業秘密法第十條，雖該法並

無侵害行為刑事責任之規定，惟該法制定當時，立法理由非認侵害營業秘密之行為無刑罰之適用；而是認為既然刑法已就洩密罪有明文規定，自應依侵害行為之情形，分別適用刑法第三一六條至第三一八條之二洩密罪。是以，刑法第三一六條至第三一八條之二妨害秘密罪所稱「秘密」包含「營業秘密」在內。我實例亦謂：受外國廠商教唆之外國人或我國人在我國領域內為有關商業間諜犯罪行為，應按其情節，分別依竊盜、侵占、詐欺、妨害秘密等罪處罰（62 臺函刑 64754）。由此可見，營業秘密範圍較小，所謂營業秘密自然是工商秘密，但工商秘密不盡然是營業秘密。

二、「洩密」之行為類型

歸納刑法第三一六條至第三一八條之二洩密罪之規定，可以得知，其客觀犯罪構成要件行為均為「洩漏」之行為，僅是犯罪主體、行為客體或犯罪所使用之手段不同。各罪名均為特別構成要件行為，如有其中之一的適用，即排除其他。茲分述如下：

㈠洩漏因業務知悉或持有之他人秘密（刑法第三一六條）

犯罪主體	醫師、藥師、藥商、助產士、心理師、宗教師、律師、辯護人、公證人、會計師或其業務上佐理人，或曾任此等職務之人
行為客體	因業務知悉或持有之他人秘密

1.本罪為純正身分犯，不具此身分者，非為本罪之犯罪主體。本罪之犯罪主體均屬被害人對其有一定之信賴關係者，信賴其因執行一定之業務，依其職業倫理道德，不任意洩漏被害人曾經向其陳述之事項。本罪除了宣示保護個人隱私權外，亦有強制執行此等業務者謹守其職業義務之預防功能。然而，本罪就犯罪主體係採列舉式，欠缺概括性之規定，因此，現代社會中類此主體者，例如張老師、學校之心理諮商人員、保險經紀人、投資理財顧問等等，因與投訴者、學生或客戶或多或少有一定之特定的信賴關係，如果洩漏因業務知悉或持有之他人秘密者，亦屬隱私權之侵害，故本罪在修正時宜增加概括性之規定，以符現實需要（基於社會結構的改變，

一般人對於心理諮商之需求相較過去，顯得越來越多，且心理師於診療過程中，極易知悉他人之隱私，因此，於民國九十五年七月一日施行之新法即於本條增訂「心理師」之類型。此舉應予以肯定，惟仍欠缺概括性之規定，殊為可惜）。

2.至於本罪之犯罪主體是否以取得合格證照者為限？按本罪保護之對象為被害人不欲他人知悉之隱私權事項，因未取得合格證照之犯罪主體對外以該業務表彰，使被害人誤以為其具有一定之身分，信賴其有該身分而使其可能有知悉或持有秘密之情形，與有合格證照者並無二致。因此，從保護隱私權法益言，在解釋上，應認為只須事實上從事前開業務即可，不以正式取得主管機關執業職照為必要❷。

3.所謂業務上佐理人，係指從事醫師等業務以外之人，而居於輔助業務地位者而言。例如護士、法務助理、會計助理等等皆是。

4.所謂業務知悉或持有，係指從事該業務者因執行業務所知悉或持有他人秘密事實或物件，例如醫師因替某女明星為人工流產而知悉其未婚懷孕之事實；律師因受某被告委任辯護而持有其殺人之事證等。至於前開事實或事證係本人告知或依自己經驗、推斷而來，則非所問。倘若係從八卦雜誌看來，或是友人口耳相傳，則非此所謂業務知悉或持有。

㈡**洩漏因業務知悉或持有工商秘密**（刑法第三一七條）

犯罪主體	依法令或契約有守因業務知悉或持有工商秘密之義務者
行為客體	因業務知悉或持有之工商秘密

1.本罪之犯罪主體為依法令或契約有守因業務知悉或持有工商秘密義務之人，亦為身分犯。前者例如證券交易法第一二〇條規定，會員制證券交易所之董事、監事及職員，對於所知有關有價證券交易之秘密，不得洩露。後者例如依僱傭、委任契約有保守工商秘密義務者。

---

❷ 甘添貴，《體系刑法各論第一卷》，頁 400-401，臺北，自版（1999 年初版）。

2.成立本罪亦可能同時觸犯刑法第三四二條背信罪，因二者保護法益不同——前者為隱私權，後者為個人財產法益，非屬法條競合關係，如為一行為觸犯此二罪，自應適用刑法第五十五條想像競合犯之規定，從一重處斷。

㈢**洩漏因職務知悉或持有他人之工商秘密**（刑法第三一八條）

犯罪主體	因職務知悉或持有他人工商秘密之公務員或曾任公務員之人
行為客體	因職務知悉或持有之他人工商秘密

本罪之犯罪主體亦為身分犯，即公務員或曾任公務員之人。例如稅捐稽徵人員、銀行行員對於納稅、存款資料，應保守秘密。

㈣**洩漏因利用電腦或其他相關設備知悉或持有他人之秘密**（刑法第三一八條之一）

犯罪主體	利用電腦或其他相關設備知悉或持有他人秘密者
行為客體	因利用電腦或其他相關設備知悉或持有之他人秘密

本罪之犯罪主體為純正身分犯，例如電腦維修人員在維修某公司電腦設備時知悉某職員買賣股票之紀錄。本罪與刑法第三一六條、第三一七條洩漏因業務知悉或持有之他人秘密罪及洩漏因業務知悉或持有工商秘密常發生競合問題，例如會計師事務所之會計助理因利用電腦查詢客戶資料時知悉其漏稅紀錄，而將此告訴他人；會員制證券交易所職員利用電腦查閱資料時，查看某政府官員之股票交易紀錄，並告知報社。在犯罪評價上，因前開三罪之保護法益相同，成立法條競合，優先適用吸收規定之本罪。本罪又稱為廣義之電腦犯罪，即以電腦或其相關設備作為犯罪工具者。

㈤**利用電腦或其相關設備犯罪加重刑罰**（刑法第三一八條之二）

犯罪主體	同前述㈠至㈢
行為客體	同前述㈠至㈢
犯罪手段	使用電腦或其相關設備犯罪者

本條之立法理由，係認就職務上或業務上有守秘密義務之人，如利用電腦或其相關設備為洩漏秘密之行為，由於電腦具有大量儲存資料功能，洩漏範圍自較傳統洩漏秘密之行為損害為鉅，有加重處罰之必要。故本條為前揭第三一六條至第三一八條各罪之特別加重構成要件。

三、阻卻違法事由

「無故」為洩密罪之情狀要件，換言之，無正當理由洩密者，始該當本罪。何謂有正當理由？例如傳染病防治法第三十九條第一、二項規定，醫師診治病人或檢驗屍體，發現傳染病或疑似傳染病時，應於指定期間內，報告該管主管機關。基此，醫師發現疑似 SARS 患者時，即應通報主管機關，而不得謂洩漏因業務知悉或持有他人秘密。同樣地，醫事人員、醫療機構等即使因業務知悉愛滋病患者之姓名及其性接觸史等有關資料，雖然人類免疫缺乏病毒傳染防治及感染者權益保障條例第十四條明文規定對於該項資料，除依法律規定或基於防治需要者外，不得洩漏；依同條例第十三條第一項規定，醫事人員發現愛滋病患者，應於二十四小時內，向當地衛生主管機關報告。此即屬以法律明文規定作為阻卻違法事由。由此可見，法律明定在某些情形下，執行業務者不但有義務揭露病患之秘密，且在此正當理由下，不構成洩密罪。前開依法令之「報告義務」、「揭露義務」即為洩密罪第一個阻卻違法事由。第二個阻卻違法事由為「緊急之必要性」，例如醫師為了預防病患之家屬亦會感染傳染病之必要，緊急通知病患家屬，雖未得病患同意得洩漏該秘密，亦得主張緊急避難之法理，主張阻卻違法。

有問題的是，有保守秘密義務者在訴訟法上是否有拒絕證言權？例如刑事訴訟法第一八二條規定：「證人為醫師、藥師、助產士、宗教師、律師、辯護人、公證人、會計師或其業務上佐理人或曾任此等職務之人，就其因

業務所知悉有關他人秘密之事項受訊問者，除經本人允許者外，得拒絕證言。」有謂此為有拒絕證言權之證人，其拒絕證言，乃其權利，而非義務。然而，國家既科人民有作證之義務，其放棄拒絕證言之權利，履行其作證據實陳述之義務，自非無故，要無刑責可言。有謂既承認其有拒絕證言權，自應以本人之利益為優先考量。亦有認為此為義務衝突，應就個別、具體之情況而判斷究應以保密——拒絕證言權，或以履行證言義務為較優越利益❸。本文以為拒絕證言權係在確保當事人對特別執行業務人員之信賴授予秘密管理權，在未經秘密主體之承諾下，即使是在司法協助下有供述之義務，亦不容許將他人秘密作為證言。惟因業務知悉或持有該秘密者不行使拒絕證言權，而將他人秘密作為證言時，尚不構成本罪，蓋此情形尚非無故。

【結論】

一、甲成立刑法第三一六條洩漏因業務知悉他人秘密罪。

依例題事實所示，乙為明星，自然不欲人知其患有性病，其患有梅毒之事實，不但為一般人無所知悉，主觀上其個人自有秘密意思，客觀上該事實亦有保密之價值。甲為醫師，違背乙對其之信賴，將前開情事告訴他人，自侵害其秘密管理權。該當本罪之犯罪構成要件。

二、丙成立刑法第三一六條洩漏因業務知悉他人秘密罪。

丙為護士，為醫師業務上之佐理人，亦屬刑法第三一六條洩漏因業務知悉他人秘密罪之行為主體，丙侵害乙之秘密管理權，自構成本罪。

三、丁不成立犯罪。

按刑法第三一六條至第三一八條之二之犯罪主體均為身分犯，丁不具相關身分，自不得成立前揭罪名。

【參考法條】

刑法第三一六條

❸ 甘添貴，《體系刑法各論第一卷》，頁 403-404，臺北，自版（1999 年初版）。

醫師、藥師、藥商、助產士、心理師、宗教師、律師、辯護人、公證人、會計師或其業務上佐理人，或曾任此等職務之人，無故洩漏因業務知悉或持有之他人秘密者，處一年以下有期徒刑、拘役或五百元以下罰金。

刑法第三一七條

依法令或契約有守因業務知悉或持有工商秘密之義務，而無故洩漏之者，處一年以下有期徒刑、拘役或一千元以下罰金。

刑法第三一八條

公務員或曾任公務員之人，無故洩漏因職務知悉或持有他人之工商秘密者，處二年以下有期徒刑、拘役或二千元以下罰金。

刑法第三一八條之一

無故洩漏因利用電腦或其他相關設備知悉或持有他人之秘密者，處二年以下有期徒刑、拘役或五千元以下罰金。

刑法第三一八條之二

利用電腦或其相關設備犯第三百十六條至第三百十八條之罪者，加重其刑至二分之一。

營業秘密法第二條

本法所稱營業秘密，係指方法、技術、製程、配方、程式、設計或其他可用於生產、銷售或經營之資訊，而符合左列要件者：

一　非一般涉及該類資訊之人所知者。

二　因其秘密性而具有實際或潛在之經濟價值者。

三　所有人已採取合理之保密措施者。

營業秘密法第九條

公務員因承辦公務而知悉或持有他人之營業秘密者，不得使用或無故洩漏之。

當事人、代理人、辯護人、鑑定人、證人及其他相關之人，因司法機關偵查或審理而知悉或持有他人營業秘密者，不得使用或無故洩漏之。

仲裁人及其他相關之人處理仲裁事件，準用前項之規定。

營業秘密法第十條

有左列情形之一者，為侵害營業秘密。

一　以不正當方法取得營業秘密者。

二　知悉或因重大過失而不知其為前款之營業秘密，而取得、使用或洩漏者。

三　取得營業秘密後，知悉或因重大過失而不知其為第一款之營業秘密，而使用

　　或洩漏者。

四　因法律行為取得營業秘密，而以不正當方法使用或洩漏者。

五　依法令有守營業秘密之義務，而使用或無故洩漏者。

前項所稱之不正當方法，係指竊盜、詐欺、脅迫、賄賂、擅自重製、違反保密義務、引誘他人違反其保密義務或其他類似方法。

【練習題】

一、甲因與鄰居乙停車糾紛，央求任職於監理所之表弟丙查詢乙之車籍、車主資料。丙於上班時趁同事離開座位電腦未關機之狀態，下載乙之車籍資料。請問甲、丙之行為是否成立犯罪？

二、丁擔任某商業會資料登打輸入職員，因投資股市失利，聽信徵信社友人戊的話，將電腦中該商業會會員之基本資料數萬筆全部儲存於光碟中賣給戊，戊再轉賣給詐騙集團。請問丁、戊之行為是否成立犯罪？

問題十四
竊盜罪、搶奪罪、強盜罪之不同

> 甲趁乙於櫃員機提款，即將吐鈔前，以辣椒水噴乙的臉，致乙受刺
> 激閉上眼睛，甲迅速將鈔票取走。請問甲之行為成立何種犯罪？

【問題點】

一、財產犯罪之保護法益
二、犯罪行為人權利之有無與成立財產犯罪之關係
三、財產犯罪之行為客體
四、竊盜罪、搶奪罪、強盜罪之相同點
五、竊盜罪、搶奪罪、強盜罪之不同

【解析】

一、財產犯罪之保護法益

　　刑法自第二十九章（刑法第三二○條）以下統稱為財產犯罪，一般而言，係以個人之財產權為其保護法益，以落實國家保障私有財產制度下個人財產不受侵害。財產犯罪原則上係以(1)行為客體之種類分類：例如以財物為行為客體之竊盜罪、搶奪罪等；以利益為行為客體之強盜得利罪或詐欺得利罪等。(2)侵害行為之態樣分類：例如有關財產移轉之犯罪——以移轉對財產之支配為內容的犯罪，竊盜罪、強盜罪、詐欺罪等是；及有關毀損財產之犯罪——以滅失或減少他人財產效用為內容之犯罪，刑法第三五二條以下之毀棄損壞罪即屬之。(3)侵害行為之強弱及對人生命、身體之威脅程度分類：例如竊盜罪僅單純侵害財產法益，未涉及人身攻擊；搶奪罪及強盜罪設有加重結果犯之規定，除財產法益之侵害外，尚對人生命、身體有強弱不同程度之侵害，再者，強盜罪更有結合犯之規定（刑法第三三二條），兼及生命法益、社會法益之保障。

　　按民法物權編不但保障物權法定主義下之物權，窺其第十章占有之內

容，其亦承認「占有」事實之狀態。此外，占有還包括善意占有（民法第九五二至第九五五條）、惡意占有（民法第九五六至第九五九條）、有權占有、無權占有，甚至於尚有占有之自力救濟（民法第九六〇至第九六三條）、善意取得（善意受讓）（民法第八〇一條、第九四八條）之制度。在此前提下，究竟刑法財產犯罪所保障之法益範圍如何？不無疑義。學說大致上有下列三說❶：

㈠本權說

即以事實上之占有為基礎之所有權或其他本權（借貸權、留置權、質權等或有正當實質權利之占有）為保護法益。本說之目的係以刑法充分地保障民法上之權利，以對民法上財產權之侵害為刑法上財產犯罪之處罰依據。按相對於所有權人等之本權，占有在民法上僅屬於一種事實上之狀態，其占有之原因有屬民事不法者，依民法規定，例如第七六七條之所有物返還請求權、第四七〇條第二項貸與人之借用物返還請求權、第八九六條質物返還請求權等，本權人可依民事訴訟程序請求返還該財物。

㈡占有說

本說又稱為持有說，強調對物事實上之支配力，在現代社會所有與占有分離之現象非常顯著，保護持有財物之財產秩序亦應屬刑法之重點，故本說將受到民法保護之占有獨立作為刑法上之保護法益。因刑法第三二〇條以降有關財產法益犯罪之行為客體，均僅規定為「他人之物」，至於該他人究竟是否有法律上之正當權源占有該財物則非所問；從該文義解釋來看，可能指的是本權，亦可能涵括占有之事實狀態在內。故宜以實際上是否在他人事實上占有（持有）為保護法益較為周延。此外，既然民法亦將占有之事實狀態明列於物權編中，將占有事實本身視為保護之對象，很明顯地即認為即使占有係在不法之情形下，為了維護社會秩序，亦有保護之必要，當然，刑法自不得與前揭意旨相違背。在此意義下，刑法上所保護之占有應指法秩序所承認之占有。

---

❶ 大谷實，《刑法各論》（成文堂，2 版，平成 14 年），122–123 頁；曾根威彥，《刑法の重要問題〔各論〕》（成文堂，補訂版，1996 年），116–117 頁。

㈢平穩占有說

　　本說折衷以上二說，主張平穩之占有一律為適法占有，為財產犯罪之保護法益。例如甲竊取乙之財物，當乙欲向甲取回自己之財物時，甲之占有對乙而言，非屬平穩之狀態，不值得保護；相反地，如果丙竊取甲從乙取得之財物，在此情形下，甲對乙之財物的占有即屬平穩之狀態，值得刑法加以保護。由此可見，將本權人及其他第三人對財物關係之占有概念相對化，此即為本說之特色。蓋在社會複雜化下，現實之占有是否有適法之權源在客觀上不甚明確，現實上為維護社會生活上財產之秩序有必要承認應一律以有適法權源為基礎之占有為保護之對象。惟於侵害財物之占有的時點，通常不可能各個確認該占有與侵害者之關係是否基於適法權源，因此，從法律、經濟財產說之立場，即使採取本說，所謂「他人之物」不僅應解為他人事實之占有，亦包括本權受到侵害者為回復占有之竊盜等行為，應認為至少亦該當竊盜等罪之犯罪構成要件。

　　綜上論述，以上三說可區分為下列二情形：⑴僅侷限於事實上占有或持有時，侵害「平穩占有」或「外觀上看不出為不法占有之財物者」，該當財產犯罪之構成要件；換言之，本權者將財產犯罪之財物從財產犯罪行為人取回之情形，不具財產犯罪之構成要件該當性。⑵如未侷限於事實上之占有，不論在何種情形下，只要侵害事實上占有，即該當財產犯罪之構成要件，然後再依阻卻違法之法理解決。基於下列理由，採前揭平穩占有說——⑵之立場較為正當。按在行為時判斷是否為平穩占有其困難，此其一；侵害事實上之占有原則上亦會侵害本權，故將權利行使行為例外處理，以阻卻違法作為權利行使之正當化的理由，此其二。至於本權之占有是否屬違法占有，只要於違法性階段為個別地、具體地判斷即足矣。申言之，財產犯罪行為人於財產犯罪後事實上支配之贓物，亦屬「他人之物」，本權人如使用竊盜、搶奪、強盜等財產犯罪行為將該財物取回，或者是意圖為第三人所有為竊取、搶奪、強盜等行為者，仍然該當於財產犯罪之構成要件。惟基於財產犯罪之保護法益為財物之本權，因財產犯罪後本權仍然存在，如認本權人以權利行使之方式奪回占有，乃係該權利行使行為之必要性、

緊急性或手段相當性者，從自救行為或社會相當性之法理言，自得主張阻卻違法❷。

我國實例雖無有關財產犯罪保護法益之討論，但確可看出非法之財物支配關係亦屬財產犯罪保護之對象，如下：

〈法律問題〉某甲之車輛停放在花蓮市時，遭某乙於竊取後供己做交通工具使用，某日某乙駕駛至花蓮縣吉安鄉暫停於路邊，某丙基於為自己不法之所有意圖，乘某乙不在之際開走該車供己使用，則某丙應成立何罪？

甲說：該車輛原在某甲持有中被某乙竊取，而於某丙開走時，對某甲而言已是離其所持有之物，故某丙僅成立刑法第三三七條侵占離本人所持有之物罪。

乙說：竊盜罪之客體不以他人所有為限，即使他人因犯罪而取得之動產，若該動產在他人支配下而意圖不法之所有，將之取走，仍應成立竊盜罪。本件該車輛原雖在某甲持有中被某乙竊取，某乙嗣後將該贓車暫停於路邊，某丙將之開走，使之脫離某乙持有，仍應成立竊盜罪。且某丙所開走者，外觀上係他人所暫停放之車輛，其主觀上亦在行竊，尚難因該車實際上原由某乙自某甲處竊得，即可論以較輕之侵占離本人所持有之物罪。

〈法務部研究意見〉按竊盜罪之保護客體，我國多數學者多主張為物之現實持有狀態，即對物之支配關係，而其支配關係之是否合法，亦所不問，故如竊取他人竊得之贓物者，仍應成立竊盜罪。以乙說為當（法務部⑻法檢字第 002636 號）。

二、犯罪行為人權利之有無與成立財產犯罪之關係❸

㈠犯罪行為人有權利之情形

自己所有物在他人違法占有中，可以自力取回者，是否成立財產犯罪？不無疑義。對此問題，可分為一開始即屬違法占有之狀態及開始是適法之狀態，但因後來相關情事轉化為違法占有之場合二種，分述如後：

---

❷ 大谷實，《刑法各論》（成文堂，2 版，平成 14 年），123–124 頁。

❸ 曾根威彥，〈竊盜罪の保護法益〉，西田典之、山口厚編，《法律學の爭點シリーズ 1──刑法の爭點》（有斐閣，3 版，2000 年），163 頁。

1. 一開始即屬違法占有之狀態

例如行為人一開始即違反本權人之意思將贓物取回者，依持有說，因前開行為不符合自救行為之要件，成立財產犯罪。蓋行為人之占有一開始即違反本權人之意思，此無權源、不適法之占有不得與有正當權利之本權人的所有權對抗。相同地，如依本權說，即使認為在此情形下該當財產犯罪之構成要件，其行為亦不得援用自救行為主張為適法行為。此外，依平穩占有說，因本說主張占有本身之狀態依其與相對人之關係認定之，是以，財產犯罪行為人之占有如與相對人之關係不平穩者，即應認為成立財產犯罪，惟占有狀態本身為客觀之狀態，不受與相對人關係之影響，故本說在適用上即有疑義。

2. 開始是適法之狀態，但因後來相關情事轉化為違法占有

例如借貸契約屆期，借用人未返還之場合。依平穩占有說之立場，借用人之占有一開始是有權源的，與所有權人之關係為平穩占有之狀態，惟返還期限屆至時，借用人不得以其有法律上之利益對抗本權人之所有權；換言之，借貸期限屆至後，借用人占有之保護自無法超越法律對所有權人之保護，故在此情形下，所有權人自力取回之行為不成立財產犯罪。

㈡被害人及犯罪行為人雙方均無權利之情形

按倘若被害人無任何權利，自不發生侵害本權之問題，但因行為人亦無任何權利，一般而言，依本權說，得成立財產犯罪。占有說者以為第三人竊取財產犯罪行為人之贓物時，財產犯罪行為人具有占有之權限，雖非屬適法之占有，與本權說相較，似認該第三人成立財產犯罪較為正當。蓋第三人侵害財產犯罪行為人之占有，首先，已構成對第一次財產犯罪行為之被害人的所有權再次侵害；又第三人及行為人對所有權人而言，因具占有關係者仍較有優越地位，故以本權說說明成立財產犯罪自無疑義。此外，對違禁品為竊取、搶奪、強盜等行為者，因任何人對違禁品無任何權源，法律上禁止對違禁品之所有及占有，故如果貫徹本權說，不成立財產犯罪。反對論者以為違禁品之持有對事實上之占有人仍具有利益，且未踐行法律程序無法予以沒收，在此情形，不容否認地，其仍有一定利益存在。因此，

有成立財產犯罪之餘地。申言之，違禁品之占有，對國家而言，係屬不法；但對私人關係而言，仍有維護法律秩序之必要。

三、財產犯罪之行為客體

財產犯罪之行為客體為財物，但觀我國現行刑法均以「物」稱之。因此，有問題的是，此所稱「物」，與民法上之「物」概念上是否一致？又其是否與我國刑法財產犯罪以外之罪所稱「物」為同一解釋？按刑法與民法之性質大異其趣，財產犯罪所稱「物」自有其特殊法規範意義，說明如後：

㈠有體性說及管理可能性說

採有體性說者認為，「財物」僅限於有體物。包括固體、液體及氣體在內。瓦斯、蒸氣、暖氣、冷氣均屬有體物，但電氣等能源則非有體物。相對地，採管理可能說者認為除有體物外，無體物如果管理可能者，亦包含在「財物」內。我國刑法第三二三條規定：「電能、熱能及其他能量，關於本章之罪，以動產論。」又刑法第三三四條之一、第三三八條、第三四三條皆準用本條文，由此可見，我國採管理可能性說，「財物」不以有體物為限。

㈡財產價值之有無

即使是管理可能之物亦有完全無財產價值者，此是否可為財產犯罪之行為客體，不無疑義。按有財產價值之物不一定與客觀上有經濟上交換價值之物同義。僅有主觀上、精神上、感情上價值之物，在社會通念上亦有占有之價值時，亦應屬刑法保護之對象。例如實例謂：甘蔗田內白露筍尾梢，如果類同什草並無經濟價值，且依當地農村習慣，任人採刈，即無構成竊盜罪之餘地（47 臺上 1399）。

㈢動產及不動產

觀我國刑法財產犯罪之設計，「財物」原則上是指動產，在某些犯罪類型始明定包含不動產在內，例如第三二〇條第二項。除此以外，其他財產犯罪所稱「物」是否包括不動產？依通說搶奪罪、強盜罪之行為客體僅限於可移動之物體，而不動產不可能成為強取豪奪之對象❹。至於詐欺取財

---

❹ 批評者認為財產犯罪只強調「占有之移轉」，即「支配之移轉」即已足，不以「場所之移轉」為必要，故將不動產排除於搶奪罪及強盜罪之行為客體外似乎

罪、恐嚇取財罪、侵占罪（包括普通侵占、公務侵占及業務侵占）雖未如竊盜罪設第二項以不動產作為行為客體，但解釋上並未排除其所稱「物」包括不動產在內。

㈣準動產

刑法第三二三條：「電能、熱能及其他能量，關於本章之罪，以動產論。」即為準動產之規定，並準用於其他各財產犯罪。實例如：電業法第一○六條之規定，係在保護經營供給電能之事業，並非一般之用電戶，此觀該條各款、同法第二條及處理竊電規則之規定自明。故私接電線，若係通過電力公司允許供電之鄉人電錶所設之線路內，因用電已有電錶控制計算，該通過電錶控制計算後之電氣，即屬該鄉人所有之動產，如予竊取，即應視其犯罪形態，依刑法之竊盜罪章論處（84 臺非 214）。

有疑義的是，近年來伴隨著影印機的發達，藉影印機不法取得他人之「資料」之情形甚眾，則「資料」是否為財產犯罪之「財物」？例如甲將公司之秘密文書以影印機印下來為自己持有，或以影印之目的，將該文書攜出公司外影印後再放回原處，此在日本實務上有許多判例均認成立竊盜罪❺。查前揭判例均認為資料之財產價值乃是依附於該資料所屬有體物本身，不能只單純討論資料本身之財物性。不法取得資料之前提須不法取得該資料所依附之有體物，故本問題非直接為資料本身是否具財物性之問題。雖然資料為無形的、精神的，但由於資料本身有管理可能性，如依管理可能性說自無法否定資料之財物性❻。按八十六年刑法修正時，曾於第三二三條中增列「電磁紀錄」亦屬準動產，有財產犯罪之適用，但因我國實務界無法跳脫傳統刑法對財產犯罪行為之認定，於九十二年修法時予以刪除，從該次修正之表面意義來看，似乎謂電磁紀錄非屬財產犯罪中之「財物」，惟因該次修法並未刪除刑法第二二○條有關電磁紀錄為準文書之規定，如

欠缺合理之理由。

❺　如東京地判昭和 40.6.26 下刑集 7 卷 6 號 1319 頁、東京地判昭和 59.6.28 判時 1126 期 3 頁。

❻　川崎一夫，《刑法各論》（青林書院，初版，2000 年），161 頁。

依前述日本實務見解，電磁紀錄內之資料自與其所依附之有體物——磁片、電腦、CD、VCD、DVD 等具有一定之財物性，仍得解釋為「財物」的一種。我國實務上曾對盜接有線電視提出研討：

〈法律問題〉甲曾向乙有線電視公司申請裝設有線電視線路，嗣申請停機後，竟私接線路，盜收乙公司之節目電訊，偷看節目，問甲是否犯罪？（臺灣高等法院暨所屬法院 89 年法律座談會刑事類提案第 8 號）

〈討論意見〉

甲說：刑法第三二三條規定：電能、熱能及其他能量關於竊盜罪章以動產論，則此所謂「其他能量」自應以性質上等同電能、熱能之「能量」為限，否則即與罪刑法定主義之類推適用禁止原則有違，準此以言，具消長性質之「能量」始為刑法竊盜罪章所欲保護之客體。而有線電視臺所傳輸之「影音視訊」，乃係利用設置纜線方式以電磁系統傳輸影像聲音供公眾直接視、聽之訊息（有線廣播電視法第二條第一款、電信法第二條第一款參照），其為電磁波之一種，使用之後物質的全部能量並不會減少，性質上非屬於電能、熱能等概念範疇內之能量，應非刑法竊盜罪章所欲保護之客體。甲未經乙公司同意，而截收或接收系播送之影音視訊內容，並不會排除他人對影音視訊接收或播送之所有或持有狀態，其行為態樣亦與刑法竊盜罪之構成要件有間，自難論以刑法第三二三條、第三二〇條第一項之竊盜罪。充其量僅係應否依有線廣播電視法第七十四條第一項之規定補繳基本費用，其造成系統損害時，並應負民事損害賠償責任。

乙說：視訊電波係使用電能循管線傳遞，亦即以電能轉換成電磁波，係能量之轉換，因此，電磁波係屬刑法第三二三條規定之「其他能量」，甲之私接行為，自屬竊取有線電視公司傳送給合法用戶之電磁波能量，應負刑法準竊盜之罪責。

〈研討結果〉採甲說。

㈤違禁物

例如偽造之貨幣、麻醉藥品、毒品、槍砲彈藥刀械管理條例所公告之槍砲彈藥刀械等，在法令上禁止私人所有或占有之物。日本實務上認為違

禁物仍屬財產犯罪之行為客體，未否定違禁物之財物性，蓋違法占有違禁物，其沒收仍須踐行法律程序，法律應保障其免於未踐行法律程序之奪取行為。再者，刑法財產犯罪之目的是在保障占有人對財物事實上之持有狀態，至於持有財物者在法律上是否有正當權源則非所問❼。觀我國實務，亦採相同見解：竊盜罪之標的物，不以非違禁物為限，鴉片雖係違禁物品，竊取之者仍應成立刑法第三二○條第一項之罪（院字 2348）。

㈥遺失物、漂流物或其他離本人所持有之物

刑法第三三七條之行為客體為遺失物、漂流物或其他離本人所持有之物。所謂遺失物，是指非基於本人之意思，偶然脫離其持有之物。所謂漂流物，乃隨水漂流而脫離本人持有之物。至於其他離本人所持有之物，乃指遺失物、漂流物外，其他非基於本人之意思，而脫離其持有之物。例如晾曬衣物掉落他人屋瓦上、走失之家畜等。原則上前揭之物應以動產為限，不動產在性質上殊難想像。至於日本實例認為無主物非為所有權之對象，非屬財物，例如鳥、動物保護區內之鳥、動物、河川內之泥沙等，如將其移轉為自己或為第三人持有，除另構成其他罪名外，尚不成立財產犯罪❽。此與遺失物、漂流物或其他離本人所持有之物性質迥異，應加以注意。

㈦財產上不法之利益

觀刑法第三三九條以下，另以第二項「財產上不法利益」為行為客體，與第一項「物」相區別，例如詐欺得利罪（第三三九條第二項、第三三九條之一第二項至第三三九條之三第二項、第三四一條第二項）、恐嚇得利罪（刑法第三四六條第二項）。所謂「財產上不法之利益」，係指財物以外財產上之利益而言，非僅指增加財產之積極利益，尚包括未減少財產狀態之消極利益在內。申言之，財產上之利益非指債權、抵押權、或智慧財產權等法律上所保護之權利，而是財物以外在法律上值得保護之經濟上利益。至於侵害或取得財產上之利益之態樣，大致上有四種：(1)處分財產上之利益，例如免除債務或延期債務之履行；(2)承受財產上之負擔，例如債務承

---

❼　最判昭和 24.2.15 刑集 3 卷 2 號 175 頁。

❽　最判昭和 32.10.15 刑集 11 卷 10 期 2597 頁。

擔；(3)使為財產上利益處分之意思表示，例如為土地所有權移轉之意思表示；(4)未支付社會通念上之對價使他人提供勞務，例如脅迫計程車司機免費載送❾。

㈧屍體、遺骨、遺髮、殮物等

按刑法第二四七條、二四九條規定，盜取屍體、遺骨、遺髮、殮物或火葬之遺灰者，成立（發掘墳墓）侵害屍體罪。則竊取前開屍體、遺骨等之行為是否亦成立刑法第三二〇條第一項竊盜罪？肯定說者主張如謂竊取屍體、遺骨、遺髮等不成立竊盜罪，顯然喪失刑罰之均衡，換言之，前開屍體、遺骨等為竊盜罪之行為客體，毋庸置疑。基此，盜取屍體、遺骨之行為，同時有侵害屍體罪及竊盜罪之適用，成立法規競合。相對地，否定說認為侵害屍體罪之法定刑比竊盜罪之法定刑為重，此乃因前開屍體、遺骨等為信仰之對象，所有人對其已喪失占有之意義，故無法作為竊盜罪之行為客體。日本多數採肯定說❿。我實例認為，竊取殮物之行為，其竊取財物之罪責，已包含於盜取殮物之內，不另成立竊盜罪（57 臺上 3501），似認其為法規競合，而依吸收關係加以處斷。

四、竊盜罪、搶奪罪、強盜罪之相同點

茲以下表具體明列：

相同點	竊盜罪	搶奪罪	強盜罪
均為目的犯	意圖為自己或第三人不法之所有	同	同
主觀構成要件故意	只罰故意，不處罰過失犯	同	同
行為客體	「他人」之動產或不動產	「他人」之動產	「他人」之物
加重條件	刑法第三二一條第一項第一至六款	刑法第三二六條第一項	刑法第三三〇條第一項
既、未遂之認定	移入自己實力支配下為既遂	同	同

---

❾　川崎一夫，《刑法各論》(青林書院，初版，2000 年)，163–164 頁。

❿　川崎一夫，《刑法各論》(青林書院，初版，2000 年)，163 頁。

處罰常業犯（民國95 年 7 月 1 日刪除）	刑法第三二二條	刑法第三二七條	刑法第三三一條
不罰之後行為	贓物罪、毀損罪	同	同

㈠刑法第三二○條以下之財產犯罪均屬目的犯，即犯罪行為人除須有犯罪故意外，尚須有不法所有之意圖。關此，將於下一問題詳細敘述。

㈡所謂「他人」係指行為人以外之人，不以自然人為限，法人亦得透過其代表人持有。我國實務見解認為此「他人之不動產」所稱「他人」包括所有人、占有人在內（24.7 刑庭總會決議）。所有人、占有人、持有人屬於同一人時，固無疑義；如不同時，因竊盜罪之保護法益為財產之監督或支配利益，因此，應以持有人為準。此外，此「他人」尚須具有事實上支配之能力，即持有人事實上得以發動支配意思之能力，只須事實上有發動支配意思之可能為已足，無須有發生法律上效果之意思。是故，幼兒、精神病人、酒醉酩酊而處於心神喪失之人，均得為持有之主體⓫。又自己與他人共有之物，以他人所有物論。

㈢既、未遂之認定，以行為人已破壞持有人對物之監督支配關係，而將所竊之物移入於行為人或第三人實力支配之下為準⓬。至於物一旦已移入行為人或第三人實力支配之下，再將該物遺棄，或為被害人取回，仍無妨於既遂之認定。實例如：竊盜罪既遂與未遂之區別，應以所竊之物已否移入自己權力支配之下為標準。若已將他人財物移歸自己所持，即應成立竊盜既遂罪。至其後將已竊得之物遺棄逃逸，仍無妨於該罪之成立（17 上 509）。應注意的是，刑法第三二○條第二項竊佔不動產罪之既、未遂是以竊佔行為已

⓫　甘添貴，《體系刑法各論第二卷》，頁 12-13，臺北，自版（2000 年）。

⓬　日本通說採取得說，即須為占有移轉，且有占有移轉即已足。在具體情況下，占有移轉時期之判斷，應考慮財物之大小、形狀性質、被害人管理支配之程度、財物放置場所之狀況等等。其他學說例如接觸說，以手接觸到他人之財物即屬既遂；移轉說，占有移轉財物後尚須有場所之移轉；隱匿說，須將取得之財物隱匿於不容易被發現之場所等等。川崎一夫，《刑法各論》（青林書院，初版，2000 年），173-174 頁。

否完成為準。如：上訴人所竊之樹木，既經砍伐倒地，不得謂非已移入於自己實力支配之下，其竊盜行為即已完成，自難因其贓木尚未搬離現場，而謂為竊盜未遂（49 臺上 939）。刑法第三二〇條第二項之竊佔罪，既係以意圖為自己或第三人不法之利益，而竊佔他人之不動產為其構成要件，則已完成竊佔之行為時，犯罪即屬成立。蓋竊佔行為應以己力支配他人不動產時而完成，與一般動產竊盜罪係將他人支配下之動產，移置於自己支配下而完成者，固無二致也（25 上 7374）。因行為客體——不動產之性質迥異，竊佔行為何時完成，應依不動產之種類、竊佔行為之方法、態樣及程度、竊佔期間之長短、原狀回復之難易、排除及設定持有意思之強弱，以及有否造成原持有人之損害等等，依一般社會通念，綜合予以判斷❸。

五、竊盜罪、搶奪罪、強盜罪之不同

茲以下表具體明列：

不同點	竊盜罪	搶奪罪	強盜罪
主觀構成要件故意	竊盜故意	搶奪故意	強盜故意
客觀構成要件行為	竊取或竊佔	搶奪	以強暴、脅迫、藥劑、催眠術或他法，至使不能抗拒，而取他人之物或使其交付
取得利益	無	無	自己或使第三人得財產上不法利益
親屬間犯罪免除其刑	刑法第三二四條	無	無
加重結果犯之處罰	無	刑法第三二五條第二項——致死或致重傷	刑法第三二八條第三項——致死或致重傷
預備犯之處罰	無	無	刑法第三二八條第五項
以強盜論	準強盜罪之前階段行為	準強盜罪之前階段行為	刑法第三二九條
結合犯之處罰	無	無	刑法第三三二條

❸ 甘添貴，《體系刑法各論第二卷》，頁 53，臺北，自版（2000 年）。

　　竊盜罪、搶奪罪、強盜罪三者最大之不同在於其客觀構成要件行為程度上之差異。一般而言，所謂「竊取」，係乘人不知，不告而取他人之財物，使脫離所有人或持有人之監督權，而移置於自己或第三人之實力支配之下，雖不限於以秘密之方法行之，但通常具有密行之性質（例如趁屋主上班不在家或睡覺而潛入偷竊、扒手等）。在現行社會各處大都設有監視錄影器且全程監控，甚至有些大賣場更以職員伴裝顧客於賣場中巡邏，秘密跟監竊盜犯罪行為人，由此可見，被害人「知悉」情況下，亦有成立竊盜罪之可能。此外，近來常見有人伴稱顧客至銀樓挑選金飾，趁店員回頭或彎腰取金飾時，將置於櫃檯上之金飾一把抓走逃離。在此情形下，因非屬密行之狀態，遂有成立竊盜罪、搶奪罪之爭議。故本文以為「密行」並非界定竊盜罪及搶奪罪、強盜罪之主要不同所在，毋寧認為竊取是使用非暴力之手段，未經持有人同意或違背持有人之意思，而取走其持有物即可，行為是否秘密或公眾，和持有的被破壞無關。因此，乘他人對物一時支配力鬆弛之際，即使在有人共見之情況下，均無礙竊取行為之成立❶。而搶奪、強盜之行為比竊盜之行為對被害人之身體，甚至是生命有較高之危險性，且依其使用之方法，區分侵害行為較弱者為搶奪之行為，而侵害行為不但較強，且抑制被害人之自由意思者則屬強盜之行為。按所謂「搶奪」，通常係指行為人「乘人不備」，遽然施暴（物理力）使被害人來不及抗拒（尚未達到使被害人不能抗拒之程度）。有謂搶奪行為與竊盜行為之不同在於後者為密行，而前者為公然之狀態，但如前所述，本文以為此尚非區分二行為最佳之方法。申言之，宜謂搶奪所破壞者係屬被害人「緊密之持有」，而非「鬆懈狀態之持有」，例如搶奪行為之客體大都是被害人提在手上或掛在身上之財物；且因行為人強將此財物取走，對被害人有造成生命、身體危險之可能性（因出其不意將被害人手上或身上之財物取走，可能會使被害人跌倒受傷），故搶奪罪之法定刑自較竊盜罪為重，且有加重結果犯之規定（刑法第三二五條第二項）。由此可見，搶奪行為與竊盜行為最主要之區別在於前

---

❶　張麗卿，〈竊盜與搶奪的界線〉，《刑事法雜誌》，41 卷 4 期，頁 62，臺北（1997年）。

者大部分是使用不法腕力，而後者則使用非暴力之和平手段。

　　所謂「強盜」，係指施用強暴、脅迫、藥劑、催眠術或他法，至使他人不能抗拒下，強取他人財物（或財產上不法之利益）或使之交付（刑法第三二八條第一、二項）。從其構成要件觀察，結構上如下圖：

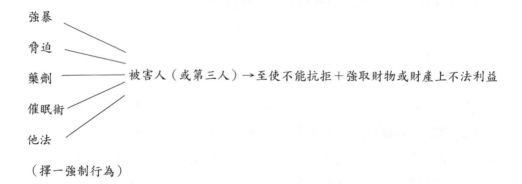

（擇一強制行為）

　　「強暴」是指以有形力壓制被害人身體之手段；「脅迫」是指威脅、逼迫被害人之精神、自由意志。強暴、脅迫行為之對象不以財物持有人為限，尚包括間接地對其家人或親友行之，亦無不可。「藥劑」是指利用藥物控制他人；「催眠術」是指使人昏睡之方法；「他法」是除前開強暴、脅迫、藥劑、催眠術以外其他類似之方法，例如以酒將人灌醉。兼採列舉及概括式規定。以上諸種方法擇一即可，但須達到足以使人抗拒不能為必要，目前實務通說認為倘未達於使人不能抗拒之程度，除構成他罪外，尚難以成立本罪。又如果行為人尚未施行強暴、脅迫等行為時，被害人因主觀上之畏懼，不敢抵抗任行為人將財物取走，亦與本罪之構成要件不符。本罪之成立與被害人實際上是否有無抗拒行為，與本罪之成立不生影響。有學者認為強盜罪成立之行為要件，包括強制行為與取走行為。而強制行為又必須嚴格要求為直接強制之行為（即必須以強暴或脅迫等方式，直接針對以人為對象之行為客體；而非僅屬間接地對第三人物或精神上之強制），同時強制與取走間必須存在有內部緊密之手段──目的關係，且此等關係必須是持續實現之關係，即強制行為必須持續至目的實現，不能有所中斷，僅有完全滿足此種行為條件及其連帶關係之要求時，方有成立強盜罪之可能⓯。

　　本文以為強盜行為與前揭竊盜行為、搶奪行為之差異主要有三：⑴強盜行為施用之手段須對被害人或第三人之身體、活動、心理、意志等產生壓制性;⑵前開強制行為可能導致被害人之生命或身體遭到危險之侵害(故有加重結果犯——致死或致重傷之設);⑶前開強制行為在客觀上須達到使被害人不能抗拒之餘地。申言之，如謂竊盜罪所破壞者為財物持有人「鬆懈狀態之持有」，搶奪罪所破壞者為財物持有人「緊密之持有」，則強盜罪所破壞者應屬財物持有人「受到強制下無法繼續之持有」。

　　我國實務上關此問題，例如：至竊盜罪與搶奪罪之區別，自其主觀條件言之，固均須意圖為自己或第三人不法之所有，而自其客觀條件言之，一則係乘人不知而竊取他人之動產，一則須對人施強暴脅迫或其他不正之手段，至使不能抗拒而取他人之物或使其交付，二者之構成要件不盡相同（院字 2661）。被害人將現款攜至銀行存入時，係以左手壓住該款，右手填寫存款單，上訴人乘其不備而將該款搶走，顯係在其實力支配之下突然搶去，自屬搶奪而非竊盜（64 臺上 2583）。又下列法律問題似未釐清竊盜行為與搶奪行為之差異，其論斷似有疑義。

　　〈法律問題〉甲女於某日騎機車至郵局存錢，到達郵局後甲將所戴之安全帽置於機車上後即進入郵局，此時乙從郵局門口經過，見甲之安全帽置於機車上，竟起不法所有之意圖，走至機車旁欲將該安全帽取走，適甲從郵局內走出，見乙正欲拿其安全帽，但甲因見乙身軀孔武有力、面目凶惡，且旁邊又無他人，深恐上前攔阻會遭毆打，遂眼睜睜看乙將該安全帽取走。問乙之上開行為構成何罪？（臺灣新竹地方法院檢察署 86 年 7 月份法律問題座談會討論意見）

　　甲說：竊盜罪。乙主觀上係趁甲不知之際，以不法所有之意圖而將該安全帽取走，且其行為過程和平，未施用任何不法之腕力，其行為自當構成竊盜罪。

---

❶❺　柯耀程，〈弔詭的「不能抗拒」要件——台灣高等法院高雄分院九十年度上更字第三九五號暨最高法院九十一年度台上字第一八三三號判決強盜罪部分之評釋〉，《月旦法學雜誌》，90 期，頁 317-318，臺北（2002 年）。

乙說：搶奪罪。乙欲取走安全帽之際，甲已看到此事，故乙已非趁甲不知而取走安全帽，則乙取走安全帽之行為應屬搶奪罪。

丙說：不構成犯罪。

㈠乙正欲取走安全帽之際，甲已看見此事，乙取走安全帽之行為並非趁甲之不知，故乙之行為與竊盜罪之構成要件有間。

㈡另刑法上之搶奪罪，係指乘人不備而掠取之，故須使用不法腕力自財物所持人支配範圍內，移轉於自己之所持，始構成搶奪罪（最高法院19年上字第533號判例可資參照）。而本件乙雖有取走安全帽之行為，但客觀上並未施用不法腕力攔阻，係基於畏懼而不敢防備，亦非上開判例所指「乘人不備」，故乙之行為與搶奪罪亦有不同。

〈法務部檢察司研究意見〉以甲說為當（法務部⑻法檢㈡字第3586號）。

【結論】

甲成立刑法第三二五條第一項搶奪罪。理由如下：

一、乙操作櫃員機領款，於完成操作手續後，乙即為該鈔票之持有人，即使櫃員機故障未吐鈔，甚至因某些原因未依領款數目給付，如交易已完成，均不影響乙對該提款之持有狀態。又因乙自始至終均注意提款之進行，甲之行為如未介入，乙可順利地取得提款，此屬「緊密之持有」，而非「鬆懈狀態之持有」。

二、在此情形下，甲遽然施物理力，依題示，甲以辣椒水噴乙的臉，因對乙之生命、身體並非毫無侵害行為，亦非類如強盜行為具有高度之危險性，使被害人乙來不及抗拒，尚未達到乙不能抗拒之程度，故該當於「搶奪」之犯罪構成要件行為。

【參考法條】

刑法第三二〇條

意圖為自己或第三人不法之所有，而竊取他人之動產者，為竊盜罪，處五年以下有期徒刑、拘役或五百元以下罰金。

意圖為自己或第三人不法之利益，而竊佔他人之不動產者，依前項之規定處斷。

前二項之未遂犯罰之。

刑法第三二三條

電能、熱能及其他能量，關於本章之罪，以動產論。

刑法第三二五條

意圖為自己或第三人不法之所有，而搶奪他人之動產者，處六月以上五年以下有期徒刑。

因而致人於死者，處無期徒刑或七年以上有期徒刑；致重傷者，處三年以上十年以下有期徒刑。

第一項之未遂犯罰之。

刑法第三二八條

意圖為自己或第三人不法之所有，以強暴、脅迫、藥劑、催眠術或他法，至使不能抗拒，而取他人之物或使其交付者，為強盜罪，處五年以上有期徒刑。

以前項方法得財產上不法之利益或使第三人得之者，亦同。

犯強盜罪因而致人於死者，處死刑、無期徒刑或十年以上有期徒刑；致重傷者，處無期徒刑或七年以上有期徒刑。

第一項及第二項之未遂犯罰之。

預備犯強盜罪者，處一年以下有期徒刑、拘役或三千元以下罰金。

刑法第三三四條之一

第三百二十三條之規定，於本章之罪準用之。

刑法第三三八條

第三百二十三條及第三百二十四條之規定，於本章之罪準用之。

刑法第三四三條

第三百二十三條及第三百二十四條之規定，於第三百三十九條至前條之罪準用之。

【練習題】

一、某大賣場架上 CD 經常被竊，遂僱工讀生假裝顧客巡邏。某日甲被發現將架上 CD 裝入背包中，至櫃檯結帳時，店長據報強制甲將背包打開檢查，搜出 CD 二片，甲辯稱其尚未拿出來結帳。請問甲之行為是

否成立犯罪？

二、乙以筆抵住正準備提款之丙的背部，威脅丙領十萬元給他。丙誤以為抵住後背的是小刀，遂依乙之指示提領現金給乙。請問乙之行為成立何種犯罪？

問題十五
使用竊盜

> 甲見乙之機車停在超商前未熄火，趁四下無人將其騎走，在市區內到處閒晃，數小時後因沒油了，便將機車隨便棄放於巷子內。請問甲之行為是否成立犯罪？

【問題點】

一、不法所有意圖之意義及其機能

二、財產犯罪之保護法益及其與不法所有意圖之關係

三、使用竊盜之不可罰性——排除權利者意思之欠缺

四、以毀棄、隱匿之目的竊取財物之情形

五、不法所有意圖發生錯誤之效果

【解析】

一、不法所有意圖之意義及其機能

按主觀構成要件要素包含構成要件故意、構成要件過失及意圖三種。所謂意圖，一般而言，乃指行為人出於特定之犯罪目的而努力謀求構成要件之實現，或希求構成要件所預定之結果發生，以達其犯罪目的之主觀心態而言。基此，須具意圖此種主觀構成要件要素之犯罪一律被稱為目的犯，而意圖即指此犯罪之特別構成要件。個人法益中有關財產法益之犯罪，通常均明定須具備「意圖為自己或第三人不法之所有」此主觀構成要件要素，例如竊盜罪（刑法第三二〇條第一項）、搶奪罪（刑法第三二五條第一項）、強盜罪（刑法第三二八條第一項）、侵占罪（刑法第三三五條第一項、第三三七條）、詐欺罪（刑法第三三九條第一項、第三三九條之一至之三、第三四一條第一項）及恐嚇取財罪（刑法第三四六條第一項）。由此可見，我國之財產犯罪大多數為目的犯，如未具「意圖為自己或第三人不法之所有」的目的者，則不成立犯罪。因此，俗稱之「使用竊盜」不是犯罪，即係指

「使用竊盜」未具此意圖之謂。目前相關判決於論及犯罪行為人不具此意圖，不成立竊盜罪時，往往只以「行為人無不法所有意圖」一句話帶過，至於此意圖存於犯罪行為人內心，究竟法院是如何判斷得出則無從知悉。最高法院 16 年上字第 139 號判例謂：「……則該項犯罪之主觀要件即令不須被告有於法律上使自己或第三人取得所有權之故意，至少也須有於經濟上使自己或第三人與所有人享同等利益，或為同等支配故意。」據此，本文爰將「不法所有意圖」定義為：「排除權利人行使所有權內容之意思，使他人之物成為自己之所有，依其經濟上之用法加以利用或處分之意思。」❶前揭定義中之前段「排除權利人行使所有權內容之意思」——法律面，其機能在於區別竊盜之犯罪行為與不可罰之使用竊盜，此為「可罰性限定機能」；後段「利用或處分之意思」——經濟面，其機能則在於強調竊盜行為與毀棄、隱匿之行為不同，此為「犯罪個別化機能」。刪除前段要件，會縮小使用竊盜可罰性之範圍；刪除後段之要件，則竊盜罪便會具有享益犯罪之性格，擴大使用竊盜可罰性之範圍❷。

　　我國學者援引德國學說認為，竊盜罪屬於取得罪之一種，所謂「所有」或「取得」應具有積極與消極二種要素，通常以「占為己有」與「排斥所有或持有」稱之。前者係指行為人將他人動產併入自己之財產或使用其價值；後者係指行為人透過永久對物體本身或其體現之價值完全或嚴重地剝奪，而排除所有者於此動產上之經濟地位。行為人之「所有」必須是「不法」，其係指行為人對於物之移轉並不具有請求權，因此，若行為人對竊取

---

❶　曾根威彥，《刑法の重要問題〔各論〕》（成文堂，補訂版，1996 年），130 頁；杉山博亮，〈論文式問題研究——不法領得の意思の「流用」と「消滅」〉，《現代刑事法》，43 期（2002 年），118 頁。此為日本學者大谷實、西田典之之見解。此外，尚有學者小野清一郎、團藤重光之「作為意思說」（即排除權利人作為自己所有物之意思）；學者平野龍一、前田雅英之「利用、處分意思說」（即依經濟上之用法或其原來之用法加以利用、處分之意思）；學者大塚仁之「不要說」（即竊盜罪不以不法所有意思為其主觀構成要件要素）。

❷　川端博，〈竊盜罪における不法領得の意思〉，西田典之、山口厚編，《法律學の爭點シリーズ 1——刑法の爭點》（有斐閣，3 版，2000 年），164 頁。

之物具有屆期清償且無異議之請求權時，則非竊盜。意圖係指以所有為目的之意欲，即行為人之竊取目的在於所有（取得）。總而言之，所有意圖必須針對事實竊取之東西而言，其係指行為人在竊取時，為了能獲取物之本體或物之價值，而排斥所有人或持有人對物之支配，將該物據為自己之財產，而使自己或第三人取得如所有人或持有人之地位等意圖❸。據上所述，日本及德國學者對不法所有意圖之認定顯有異曲同工之處。

二、財產犯罪之保護法益及其與不法所有意圖之關係

從來有關財產犯罪保護法益之問題即與是否須有不法所有意圖之問題在論理上有密不可分之關係。通說認為本權說採不法所有意圖必要說，而占有說採不法所有意圖不要說❹。

㈠採本權說者，認為財產犯罪之保護法益與不法所有意圖具有必然之關係。按財產犯罪之客觀構成要件須有財物之占有移轉，對此除了須有主觀構成要件故意外，尚須有不法所有意圖之主觀構成要件要素。蓋財產犯罪係以不法所有意圖為媒介，在法律上有侵害本權之意義。換言之，依本權說，奪取占有本身並無任何法律上之意義，為了侵害本權所使用之手段始具有重要性，又是否使用侵害本權之手段決定於是否有不法所有意圖。

㈡採占有說者，認為財產犯罪之保護法益與不法所有意圖並無必然之關係。按對財物原來之占有狀態為竊盜罪之保護法益，故主觀上對占有之移轉有認識（故意）之要件即足矣，除此之外對於行為客體是否有不法所有意圖則非所問。申言之，侵害占有本身原本單獨即具有法律意義，財產犯罪之成立毋需以不法所有意圖為媒介之必要；即使僅侵害占有亦可認定為財產犯罪行為，在此情形下，特別強調不法所有意圖在論理上並無任何實益。

---

❸ 黃惠婷，〈竊盜罪之所有意圖〉，《台灣本土法學》，45 期，頁 133，臺北（2003年）。

❹ 川端博，〈竊盜罪における不法領得の意思〉，西田典之、山口厚編，《法律學の爭點シリ－ズ 1——刑法の爭點》（有斐閣，3 版，2000 年），165 頁；曾根威彥，《刑法の重要問題〔各論〕》（成文堂，補訂版，1996 年），131-132 頁。

㈢至於採平穩占有說者認為論理上亦有主張不法所有意圖必要說之可能性。此說將不法所有意圖與被害人保護法益之問題切開，從行為人主觀上可罰之事項依經濟之觀點認定之。

如前所述，所謂不法所有意圖包含了法律面及經濟面之內涵，而「排除被害人對財物、權利之意思」為不法所有意圖在消極面之機能，就法益侵害之關係言，已逾越財產犯罪客觀要件（內心傾向），在目前財產犯罪之適用上，乃是具備規範違法性之特別主觀構成要件要素，不可或缺。

三、使用竊盜之不可罰性──排除權利者意思之欠缺

如前所述，竊盜罪所要保護之法益是動產之所有權及持有，行為人犯罪之目的在於取得他人之物，而非圖利目的，行為人即使所取得之物毫無經濟利益可言，也不影響所有意圖之成立。故行為人必須對所獲取之物具有占為己有以及在一段時期內排斥原所有或持有者之使用或支配之意思，才肯定具有所有意圖。換言之，必須行為人主觀上之認知是持續性地剝奪原所有人之所有利益。至於對於物之暫時性的使用意圖並不屬於財產犯罪所謂之所有意圖❺。基此，所謂使用竊盜，係指暫時地無償使用他人財物之行為，因行為人有返還之意思，欠缺「使自己所有之意思」，自不得依竊盜罪處罰。惟是否只要有返還之意思即無法成立竊盜罪呢？如果長時間無償使用是否亦屬不可罰之行為？按行為人倘若具不法所有意圖中完全排除權利者之意思──「使自己所有之意思」，且有消費不少價值之意思，即使有返還的意思，因已具不法所有意圖，自有竊盜罪之適用❻。無論如何，目前基於下列二項理由，通說一般均認為使用竊盜不可罰❼。

㈠排除權利者意思必要說

❺ 黃惠婷，〈竊盜罪之所有意圖〉，《台灣本土法學》，45 期，頁 133，臺北（2003年）；黃榮堅，〈財產犯罪與不法所有意圖〉，《台灣本土法學》，25 期，頁 116，臺北（2001 年）。

❻ 採不法所有意圖不要說者亦認為使用竊盜不可罰，蓋本說雖認為竊盜罪之認定毋庸審視行為人是否具有不法所有意圖之主觀構成要件要素，但因使用竊盜欠缺侵害占有可罰價值之客觀要素，亦可說明其不可罰性。

❼ 曾根威彥，《刑法の重要問題〔各論〕》（成文堂，補訂版，1996 年），135–137 頁。

主張排除權利者意思必要說者認為，雖然「排除權利者意思」為說明使用竊盜不可罰之主要原因，但對「排除權利者意思」應為一定之修正，以緩和其內容。例如有謂不一定須永久地排除權利者意思，如僅僅是暫時地完全排斥權利者對自己所有物之權利，即具有不法所有意圖。但既然稱為使用竊盜，則行為之始即不得基於排除權利者意思有將該物視為自己所有物之意思，然而，前開修正說主張只要有暫時地排除意思即已足，則在此情形下，即可認定其有不法所有意圖，此與採取排除權利者意思不要說在事實上結論相同。此外，有謂暫時使用他人機車，「倘若會伴隨著不甚輕微，且具有某程度消費價值意思之形態者，則行為人雖僅僅是使用該財物，但因仍有消費該財物價值之意思，即有不法所有意圖」，此種說詞仍無法說明為什麼行為人對汽油有消費之意思，卻直接推認其對機車有排除權利者意思。

㈡對本權之侵害、危險及故意

按使用竊盜並未伴隨占有之移轉，在客觀上侵害占有之程度輕微並不認為已侵害本權或對其產生危險（排除權利者之危險），自不認為有不法所有意圖存在（因侵害本權、對本權產生危險為違法要素，即使該當竊盜罪之構成要件，因使用竊盜欠缺可罰的違法性，自無成立犯罪之餘地）。然而，即使是暫時地使用行為客體亦有可能侵害本權或產生危險，而構成竊盜罪。因此，有謂使用竊盜可罰性判斷，應視財物價值大小或其特性認定之，蓋此攸關「排除權利者利用之程度」。例如行為人將機車騎走數小時，妨害被害人對該機車之利用，客觀上應比照侵害被害人本權之行使（或行使可能性），即使行為人有返還機車之意思，仍宜認為成立竊盜罪。由此得知，使用竊盜不可罰首先係因為在主觀上，其不具排除權利者意思或其危險性（侵害本權或其危險）不存在，而且欠缺排除權利者意思或對侵害本權或其危險之認識，是否有構成要件故意都無法充分說明，更何況行為開始時究竟是可罰之竊取行為，或者是不可罰之一時使用，其判斷基準不得以故意之有無推論之。

因使用竊盜是民事與刑事交錯下所產生之爭議問題，在刑法謙抑性思

想下，通常解為是不可罰之行為。遂有謂其之不可罰應限制在被害輕微、有推定之承諾或者是可罰之違法性不存在的場合。惟從保護物之利用價值觀點來看，無疑地不得以前揭單純之理由否定使用竊盜成立竊盜罪。例如行為人在數小時內將被害人之機車完全置於自己的支配下無償使用，是否可以因為行為人在使用後將該機車送回原地即認為其無不法所有意圖？又例如公司股東名簿之保管人，趁機會將該股東名簿攜出公司外，將內容影印，在二小時後攜回置於原處，按該股東名簿之經濟價值為其內容本身，行為人意欲利用影印之方法以達轉讓第三人之目的，影印其內容，在此時排除權利者，將該股東名簿視為自己所有物，依其經濟上用法加以利用，如此是否可認為行為人有不法所有意圖？查前開股東名簿，甚至是公司之情報資訊，其經濟價值不在該文書本身，而是在其現實化後依存於其情報或資訊之有用性、價值性，影印資訊之內容以獲得其情報之意思，當然具有排除權利者將該資訊等同視為自己之物，依其經濟上之價值加以利用之意思，自可認定行為人有不法所有意圖。

「使用竊盜」與犯竊盜罪事後物歸原主之行為有別，主要在前者係自始即無不法所有意圖，因一時未能取得他人同意，暫時使用他人管領支配之物，事後即時歸還，後者則係意圖為自己或第三人不法之所有，破壞原持有人對於財物之持有支配關係，而建立新的持有支配關係，事後因某種原因，而歸還所竊取之物。兩者雖事後均有物歸原主之客觀行為，然就其自始是否有不法所有意圖，則迥然有別。再行為人是否自始即有不法所有意圖，雖屬內心狀態，然仍得由其表現在外的客觀狀態或物本身之性質加以綜合判斷，諸如有無就物為攸關權義或處分之行為、使用時間之久暫、該物是否因使用而產生耗損、是否事後為隱含某種不法的目的，而將所竊之物放回原處，並非意在歸還原物，甚而在一般相同之客觀情狀下，所有人或權利人有無可能同意行為人之使用行為等，予以綜合判斷（臺灣高等法院 104 年上易字第 839 號刑事判決）。

四、以毀棄、隱匿之目的竊取財物之情形

按欲毀損、隱匿他人財物，在客觀上同樣地亦屬侵害他人占有，將他

人財物移轉為自己占有之行為，故通說認為基於竊盜罪係屬於利欲犯之性格，不法所有意圖原則上須有「利用、處分之意思」。是以，有侵害占有之意思，且有利用、處分之意思，成立竊盜罪；除了侵害占有之意思外，另基於破壞或隱匿之意思侵害占有（無利用、處分之意思），則成立毀損器物罪或不成立犯罪。由以上說明得知，竊盜行為與毀損、隱匿他人財物行為之區別在於享益意思之有無❽，以下茲說明其論理上之謬誤❾：

㈠利用、處分意思必要說

不法所有意圖必要說認為利用、處分意思之有無為區別竊盜行為及毀損、隱匿他人財物行為最主要之基準；惟完全未斟酌客觀事實，而僅僅以行為人內心之動機、目的來特定犯罪類型，似有將刑罰主觀化之現象。尤其是假如行為人一開始是以毀損、隱匿他人財物之意思，占有他人財物，後來僅將該財物置於一旁，並無任何毀損或隱匿之行為，則因行為人無不法所有意圖，依不法所有意圖必要說之立場，亦無成立竊盜罪之餘地；又現實上因亦無毀損、隱匿之行為，故不發生成立犯罪之問題。從上述說明，論理上似無疑義，但實務上如何單純僅以行為人內心意思論斷，並無合理、充分之理由。

㈡利益之移轉及其認識

通說以為竊取行為有財物占有之移轉，伴隨著財物占有之移轉，行為人取得自由使用、收益或處分該財物之可能性。在此情形下，即使行為人無毀損、隱匿之意思，且亦無利用、處分之意思——不法所有意圖，但不容否認的是，該行為人仍有不正利用處分之可能性，亦不能否定已有客觀利益之移轉。因此，竊盜罪之行為人須對於伴隨利益之移轉，認識到因此取得對該當客體之利用可能性、利益取得可能性，此即為竊盜之故意。而

---

❽　反對說以為毀損、隱匿他人財物在現實上仍有可能是剝奪利用可能狀態之財物占有的行為，使財物所有人（或持有人）喪失對財物之利用可能性，此相較於未剝奪占有而毀損特定財物之行為，一般而言，破壞財物之利用可能性的程度自較為嚴重。

❾　曾根威彥，《刑法の重要問題〔各論〕》（成文堂，補訂版，1996 年），139–142 頁。

毀損器物罪之行為人對於取走財物加以損壞之行為，則是伴隨著占有之移轉，增加不正利用、處分該財物之可能性。申言之，就占有移轉之犯罪形態言，雖然在外觀上相同，但二者行為人對於財物移轉後是否可取得對財物利用、取得利益之可能性在認識上則顯然有異。

五、不法所有意圖發生錯誤之效果

倘若行為人對有關行為情狀發生錯誤，而誤以為無此情狀存在，換言之，行為人不法所有意圖發生錯誤時，其法律上效果如何？有下列二說❿：

㈠阻卻故意說

按德國之通說，在不法所有意圖中與不法有關之行為情狀，大多都認為是一客觀的、規範性的構成要件要素。因此，前揭不法所有意圖之錯誤係一「構成要件錯誤」，可阻卻行為人之故意。例如甲、乙對乙機車買賣價金尚未談攏，甲誤以為乙願意接受其出價，某日經過乙處，見機車鑰匙未取下，心想先將機車騎回家再將錢轉帳給乙，不料乙恰好出現，以為甲欲竊車，報警處理。在此非種類之債的情形，因標的物特定，行為人誤以為有財產上之請求權，不認識排除不法有關之事實不存在，此係構成要件錯誤，阻卻前開行為人甲之竊盜故意。又例如丙向丁訂購高級手錶一支，實際上丁進口二支外型相同但功能、價格不同之手錶，某日丙路過丁店，丁因事暫時離開櫃檯，丙見手錶已到貨遂先取去，其不知其所取走的乃是價格較高的那支手錶。此為種類之債的情形，行為人對此物之取得或所有並不符合所有權秩序，此所有或取得為不法，由於刑法並不支持此種所有或取得，行為人對此事實不存在之不認識，並無法阻卻行為人之故意；換言之，此存在一「間接禁止錯誤」，雖行為人相信有阻卻違法事由存在，但此阻卻違法事由並不被法秩序所承認。至於貨幣之債的情形，例如庚欠辛三萬元，辛忘記庚已將錢返還，某日辛至庚家，見其桌上正好有三萬元，心想正好拿來抵債，遂將其取走。按辛之行為已損害庚債務人之經濟上利益，且此利益係在於具體之債的標的的特定（選擇權之行使），以此標準來檢驗，

❿　吳俊毅，〈竊盜罪不法所有意圖之探討〉，《刑事法雜誌》，43 卷 2 期，頁 93–95，臺北（1999 年）。

若不符合，則排除行為人之不法，若行為人對不符合此標準之事實發生錯誤，則此錯誤係構成要件錯誤，阻卻行為人之故意。

㈡構成要件不該當說

此說認為在此情形為排除主觀構成要件而不具構成要件該當性。即行為人欠缺所有意圖時，與行為人對排除「不法」有關之事實發生錯誤的情形應該分別以觀。前者可以「使用竊盜」來說明，行為人竊取他人之物，其主觀上並無取代原所有權人而自居所有權人地位之意願，因其尚有返還之意思；而後者行為人誤以為自己對於所竊取之物具有財產上之請求權，此種認識上之錯誤，與不法所有之「不法」有關，行為人欠缺不法，當然不具構成要件該當性。

本文贊成前揭德國通說——阻卻故意說。蓋不法所有意圖在三階理論之刑法體系中，本居於構成要件該當性之下，又不法所有意圖與構成要件故意、構成要件過失並列為主觀構成要件要素，鑑於意圖亦不乏知與欲二個要素，是以，不得直接將行為人不法所有意圖錯誤導出構成要件不該當之結論，而應認為其是否得阻卻故意，視個案具體情形而定，蓋至少須顧及民法上保護交易安全下買賣雙方或債權人、債務人之注意義務。

查我國實務見解僅言明欠缺不法所有意圖不構成竊盜罪，例如：刑法上之竊盜罪，須意圖為自己或第三人不法之所有，而取他人所有物，為其成立要件，若行為人因誤信該物為自己所有，而取得之，即欠缺意思要件，縱其結果不免有民事上之侵權責任，要難認為構成刑法上之竊盜罪（23上1892）。動產竊盜罪之成立，必以他人所有之財物移轉於自己所持為其要件之一，若僅因圖得不法利益，使他人喪失財物而未嘗取為自己所持，即與該罪之成立要件不符（18上177）。並未說明行為人不法所有意圖發生錯誤時，究竟是阻卻故意，還是構成要件不該當。

【結論】

按竊盜罪之本質為目的犯，即主觀上須具有不法所有意圖。而通說認為「使用竊盜」無「不法所有意圖」，欠缺排除權利者之意思。申言之，行

為人如對所取得之物無占為己有以及在一段時間內排斥原所有或持有者之使用或支配之意思，即無所有意圖。本題之甲倘若在主觀上僅是對於乙之機車暫時性無償之使用意思，欠缺「使自己所有之意思」，自不成立刑法第三二○條第一項竊盜罪。

【參考法條】

刑法第三二○條第一、二項

意圖為自己或第三人不法之所有，而竊取他人之動產者，為竊盜罪，處五年以下有期徒刑、拘役或五百元以下罰金。

意圖為自己或第三人不法之利益，而竊佔他人之不動產者，依前項之規定處斷。

刑法第三二五條第一項

意圖為自己或第三人不法之所有，而搶奪他人之動產者，處六月以上五年以下有期徒刑。

刑法第三二八條第一項

意圖為自己或第三人不法之所有，以強暴、脅迫、藥劑、催眠術或他法，至使不能抗拒，而取他人之物或使其交付者，為強盜罪，處五年以上有期徒刑。

刑法第三三五條第一項

意圖為自己或第三人不法之所有，而侵占自己持有他人之物者，處五年以下有期徒刑、拘役或科或併科一千元以下罰金。

刑法第三三七條

意圖為自己或第三人不法之所有，而侵占遺失物、漂流物或其他離本人所持有之物者，處五百元以下罰金。

刑法第三三九條第一項

意圖為自己或第三人不法之所有，以詐術使人將本人或第三人之物交付者，處五年以下有期徒刑、拘役或科或併科一千元以下罰金。

刑法第三三九條之一第一項

意圖為自己或第三人不法之所有，以不正方法由收費設備取得他人之物者，處一年以下有期徒刑、拘役或三千元以下罰金。

刑法第三三九條之二第一項

意圖為自己或第三人不法之所有，以不正方法由自動付款設備取得他人之物者，

處三年以下有期徒刑、拘役或一萬元以下罰金。

刑法第三三九條之三第一項

意圖為自己或第三人不法之所有，以不正方法將虛偽資料或不正指令輸入電腦或其相關設備，製作財產權之得喪、變更紀錄，而取得他人財產者，處七年以下有期徒刑。

刑法第三四一條

意圖為自己或第三人不法之所有，乘未滿十八歲人之知慮淺薄，或乘人精神障礙、心智缺陷而致其辨識能力顯有不足或其他相類之情形，使之將本人或第三人之物交付者，處五年以下有期徒刑、拘役或科或併科五十萬元以下罰金。

以前項方法得財產上不法之利益，或使第三人得之者，亦同。

前二項之未遂犯罰之。

刑法第三四六條第一項

意圖為自己或第三人不法之所有，以恐嚇使人將本人或第三人之物交付者，處六月以上五年以下有期徒刑，得併科一千元以下罰金。

【練習題】

一、甲嫉妒乙成績比他好，於期末考前將乙之筆記偷偷藏起來，使乙無法準備，至考完後才神不知鬼不覺地將筆記置於乙之抽屜內。請問甲之行為是否成立犯罪？

二、丙至丁家作客，發現丁有一清朝花瓶與家中收藏之花瓶一模一樣，心想如果可成雙收藏，價值一定不斐，遂趁丁不注意時帶走。丙返家後發現該花瓶乃自家收藏者，因妻子請丁鑑定年代，故暫放丁處。請問丙之行為是否成立犯罪？

問題十六
財產犯罪之加重條件

> 甲以行竊之意思，於夜間持利剪剪斷乙宅後陽臺之花格鋁，剛跳下後陽臺即被恰好返家之乙逮個正著。請問甲之行為是否成立犯罪？

【問題點】

一、加重竊盜罪之法律性質
二、加重竊盜罪著手之認定及其既、未遂
三、加重竊盜之條件類型
四、罪數之認定

【解析】

一、加重竊盜罪之法律性質

　　按我國學說及實務長期以來均將刑法第三二一條各款稱之為財產犯罪之加重條件，此立法設計除加重竊盜罪（刑法第三二一條）外，尚包括加重搶奪罪（刑法第三二六條第一項）及加重強盜罪（刑法第三三〇條第一項）。觀外國立法例，德國刑法亦有類此之規定，惟加重之情事不一；而日本刑法闕如，故在解讀上我國學說見解分歧，至今並無定論。因針對財產犯罪加重情事之法律性質定位不同，在認定該罪之著手標準亦有差異，爰逐一分析如後：

㈠學　說

1.單純加重條件說

　　雖然學說、實務習以加重條件稱之，但理由為何，除學者陳煥生曾謂：「加重條件犯因犯罪行為具有加重之要素，法律明定加重其刑罰，如……，所謂加重條件，係對刑法基礎犯罪行為加重之條件，須附麗於該基礎犯罪行為之上，始有其適用。」❶外，尚未見相關說明。由前開見解可知，依本

---

❶　陳煥生，〈加重條件犯與結合犯〉，《刑事法雜誌》，36 卷 5 期，頁 1，臺北（1992

說加重條件在適用上須以普通竊盜罪、普通搶奪罪或普通強盜罪之成立為其前提要件，惟有問題的是，此究竟是犯罪之加重條件？或是處罰之加重條件？不無疑義。

2.加重構成要件說

本說認為我國「加重竊盜」之規定，是以刑法第三二〇條第一項之「普通竊盜罪」作為基本構成要件 (Grundtatbestand)，再考慮現實生活上，竊盜行為有可能產生之各種具有不同程度不法或罪責之重要情事，將其特徵類型化，轉變為構成要件要素之一部分，而形成另一個具有獨自性之犯罪構成要件❷。就其不法或罪責內涵之高低，與基本構成要件相比較之結果，又可再區分為加重構成要件 (qualifizierter Tatbestand) 與減輕構成要件 (privilegierter Tatbestand)。如將刑法第三二一條第一項各款視為「加重構成要件」時，該規定即成為一種獨立且強制性之加重犯罪類型，關於故意、著手、共犯、競合等問題，依刑法總則一般概念加以適用即可。按構成要件事實乃是刑法分則上所定各罪客觀之行為事實，刑事立法藉此釐定各種犯罪之違法類型，以為刑罰之基準。其中，客觀之構成要件要素乃描述行為之外在形象之構成要素，通常係用以架構行為人之客觀行為，以及自客觀上觀察之行為結果等外在構成要素。此包括描述行為主體、行為客體、行為（含違犯方式、手段、時間地點、實施方法）、行為時之特別情狀、行為結果等。因此，如以構成要件要素之觀念來理解刑法第三二一條各款之情形，不會有解釋上之困難；況且，刑法分則之處罰條文，除法律效果外，原則上應該都是由構成要件要素所架構之內容，刑法第三二一條第一項之規定，應回歸對於刑法分則規定解釋之原則，將加重事由認為是構成要件，此其一；將刑法第三二一條第一項各款解釋為加重構成要件中之構成要件要素，如單純構成多款之事由，並非法律競合、犯罪競合，與現行實務之解釋並不抵觸，亦可合理解釋為什麼判例要求將實際上發生之各款情事在判決主文以及理由欄中一一敘明之正當根據，此其二❸。

年）。

❷ 林山田，《刑法通論（上冊）》，頁 117，臺北，自版（1998 年 6 版）。

3. 混合類型說

此說係將第三二一條第一項各款之性質加以分類：第一款「侵入住宅竊盜」及第二款「毀越門牆或安全設備竊盜」為「結合犯」。申言之，第一款可另外成立刑法第三〇六條侵入住宅罪，從而認為侵入住宅竊盜係第三〇六條侵入住宅罪與第三二〇條普通竊盜罪之結合犯，即侵入住宅竊盜罪是有普通竊盜罪與侵入住宅罪此二個可以獨立成罪之犯罪相結合，而為一個新的犯罪類型；而第二款毀越門牆或安全設備竊盜罪因毀壞行為可另外成立毀損罪，就越入行為亦可成立侵入住宅罪，所以，本罪為毀損罪、侵入住宅罪及普通竊盜罪之結合犯。至於第三款至第六款單純只為刑法第三二〇條之加重條件❹。此外，加重條件與結合犯之關係如何？是否成立加重條件後仍可以認為是結合犯？按結合犯既然具備構成要件形式，當無再成為加重條件之可能，加重條件與結合犯在概念上因無法相容，無同時成立之可能。

4. 量刑例示規定說

本說如同混合類型說，亦將加重竊盜罪各款分成二部分。本說引進德國刑法原則性例示規定之立法例，特別以「量刑例示規定」稱之，藉此以表示將加重竊盜罪之部分條款認為是刑罰裁量規定。此說參照德國刑法第二四三條以下之立法例，而將加重竊盜罪第一項各款分成：第一、二、五、六款為「量刑例示規定」；第三、四款為「加重構成要件」。前者僅作為法官量刑時之參考要素，而非構成要件。立法者透過法條文字之表現強調此類規定為竊盜罪之加重量刑要素而已，而且不具強制性，即法官不必受限於有符合量刑例示規定之事實發生即須適用加重刑罰，法條規定事實之發生僅具有表徵 (Indiz) 之功能，法官仍須透過對於行為情狀及行為人之整體評價後，方可決定是否成立加重竊盜罪。至於後者另外歸類為變體構成要件形式之加重構成要件，其係相對於基本構成要件之普通竊盜罪而加以提

---

❸　王乃彥、梁淑美，〈加重竊盜罪之性質與著手〉，《刑事法雜誌》，48 卷 1 期，頁 11-14，臺北（2004 年）。

❹　主張此說者為學者韓忠謨及甘添貴。

高其刑罰❺。本說何以將同一法條之各款分開為不同之歸類？又區分之標準為何？則未見進一步說明。

　　查德國刑法在一九六九年修法前，關於加重竊盜係採「加重構成要件」之立法方式，以符合罪刑法定主義之要求。但為避免罪刑法定主義易造成僵化情形，刑法改革委員會建議採「原則例示」(Regelbeispiele) 之立法方式，修正德國刑法第二四三條如下：

「犯竊盜罪而有特別嚴重情形者，處三月以上十年以下自由刑。行為人有下列情形之一者，原則上為特別嚴重情形：

一、為實施竊盜，侵入、爬越、使用偽造鑰匙或以非正當工具闖入建築物、辦公或交易場所、或其他閉鎖之場所，或者是隱藏於場所之內。

二、由閉鎖之容器，或是其他特別為防止竊盜之保險設備中竊取物品。

三、常業竊盜。

四、由教堂或是其他供宗教活動之建築或場所內，竊取供禮拜用或供宗教儀式用之物品。

五、竊取供一般大眾觀覽或是公然陳列，具有學術、藝術、歷史或技術發展上重要性之物品。

六、在他人無助、不幸事件或公共危險時實施竊盜。

七、竊取依武器法之規定方得許可持有之輕型武器、機關槍、衝鋒槍、全自動或半自動步槍，或是戰爭武器管制法上之含有炸藥成分之戰爭武器、或是炸藥。

在前項第一款至第六款之情事中，如竊取之物品屬於價值輕微者，則排除於特別嚴重情形外。」

　　第二四四條如下：

「任何人有下列情形之一者，處六月以上十年以下之自由刑：

一、自己或是其他參與者在實施竊盜時，

　　(a)攜帶武器或是具有危險性之工具。

　　(b)攜帶其他之工具或是藥劑，意圖藉由暴力施強暴或脅迫，以阻礙或壓迫他

---

❺　陳志龍，《人性尊嚴與刑法體系入門》，頁 338，臺北，自版（1998 年五版）、〈犯罪之成立與量刑——由構成要件要素與責任要素之不同論犯罪之成立及量刑的具體化〉，《律師通訊》，131 期，頁 39，臺北（1994 年）。

人之反抗。

二、加入常業竊盜或強盜之集團，並在集團份子之協助下實施竊盜。

三、為實施竊盜，侵入、爬越、使用偽造鑰匙或以非正當工具闖入住宅或是隱藏
　　於住宅之內。

未遂犯罰之。

第一項第二款之情事，適用第四三a條、第七三d條之規定。」

第二四四a條如下：

「任何人具有第二四三條第一項中之各款情形，或具有第二四四條第一項第一款
或第三款之情形，而加入常業竊盜或強盜之集團，並在集團份子之協助下實施竊盜者，
處一年以上十年以下之自由刑。

在較不嚴重之情形下，處以六月以上五年以下之自由刑。

適用第四三a條、第七三d條之規定。」

由以上內容觀之，德國刑法第二四三條係採取「原則例示」之立法方
式，而第二四四條及第二四四a條則是採取「加重構成要件」之立法方式。
前者其實為「未定義之刑罰改變事由」(unbenannte Strafänderungsgründe)，
即立法者對於犯罪行為上某些較為嚴重或輕微之情事，欲對其加重或減輕
刑罰，並未予以類型化，而僅以「有特別嚴重（或輕微）之情形」等文字
一語帶過❻。

從以上說明，再與我國刑法第三二一條比對，我國之立法方式自非採
原則例示，亦無類如德國立法上「未定義之刑罰改變事由」；且「量刑例示」
不具有絕對拘束法官審判之效力，但我國刑法第三二一條各款係適用加重
刑罰之前提要件，只要符合各款規定，即必須強制性地適用加重竊盜罪之
加重刑罰範圍，其具有強制拘束法官裁量之性質。故本說尚不足採❼。本

---

❻　張天一，〈論加重竊盜之立法方式與規範目的〉，《刑事法雜誌》，46卷3期，頁
　　85-87，臺北（2002年）。

❼　有謂採本說將會有下列問題存在：(1)量刑例示規定之認定理由欠缺一致性；(2)
　　立法例關於量刑例示規定之效力不一致；(3)將加重竊盜解為量刑例示規定將削
　　弱立法原意；(4)量刑例示說將否定刑法第三二一條第二項之存在必要。王乃彥、

文以為我國刑法第三二一條之立法型態應屬於混合類型，縱使此種立法方式在解釋上不甚恰當，但觀本條各款規定，當初立法者其實僅僅是將社會現象及經驗法則中發生次數較多，且較具有不法內涵之情狀，在處罰時提高其法定刑而特別訂定，並未思考本條之立法體例究竟要採取何種方式，是以，實務上解析其為加重構成要件，此乃基於立法政策而來，其來有自。

(二)我國實務見解

依刑法學理上構成要件之分類，如要件之內容只包括單一犯罪行為者稱為單獨構成要件 (einfache Tatbestand)；包括多數可以單獨成立犯罪之行為者，稱為結合構成要件 (zusammengesetzter Tatbestand)。再依法條之文字形式或透過對條文之解釋，尚可再細分為「明示之結合構成要件」及「默示之結合構成要件」。前者稱之為「結合犯」(zusammengesetztes Verbrechen)，後者則為「實質結合犯」。此外，一不法構成要件所描述之行為數僅為單數之犯罪者，為單行為犯，而一獨立構成要件中兼含二個行為之犯罪，則為雙行為犯❽。而依我國最高法院之見解似乎認為刑法第三二一條第一項第一款、第二款之加重竊盜罪係概括竊盜罪與侵入住宅罪、毀損器物罪之實質結合犯❾。

二、加重竊盜罪著手之認定及其既、未遂

早期最高法院關於著手之認定標準係採形式客觀說，且因最高法院否定刑法第三二一條各款加重事由為構成要件，因此，實務有謂「若行為人僅著手於加重條件，而尚未著手搜取財物，應屬於竊盜之預備階段。」❿惟

梁淑美，〈加重竊盜罪之性質與著手〉，《刑事法雜誌》，48 卷 1 期，頁 6-10，臺北（2004 年）。

❽ 王乃彥、梁淑美，〈加重竊盜罪之性質與著手〉，《刑事法雜誌》，48 卷 1 期，頁 3，臺北（2004 年）。

❾ 最高法院 27 年上字第 1887 號判例、25 年上字第 6203 號判例。

❿ 例如最高法院 27 年滬上字第 54 號判例：「刑法上之未遂犯，必須已著手於犯罪行為之實行而不遂，始能成立，此在刑法第二十五條第一項規定甚明，同法第三二一條之竊盜罪，為第三二〇條之加重條文，自係以竊取他人之物為其犯罪行為之實行，至該條第一項各款所列情形，不過為犯竊盜罪之加重條件，如

前開立場以必須踐行基本構成要件行為一部之行為始為竊盜之著手，嗣後在實踐上難免不符合一般人民之期待，遂擴大著手認定之時點，變更見解為「行為人以竊盜之意思而著手於與侵犯他人財物有關之接近財物並進而物色、搜尋財物等密接行為」為竊盜罪之著手❶。茲舉重要者說明：

〈提案〉司法院(81)院臺廳二字第 16059 號函，關於本院 27 年滬上字第 54 號、28 年滬上字第 8 號有關加重竊盜未遂罪之判例見解，是否有變更之必要？

㈠按刑法第三二一條之加重竊盜罪，係以犯竊盜罪為其成立犯罪之前提要件，此觀該條條文規定「犯竊盜罪而有左列情形之一者」而自明。法文稱「左列情形」而不曰「左列行為」，係因各該情形除該條第一項第一款「於夜間侵入住宅或有人居住之建築物、船艦或隱匿其內」及第二款「毀越門扇、牆垣或其他安全設備」，有可能分別成立刑法第三〇六條侵入住宅罪及第三五四條毀損罪之「犯罪行為」外，其餘各款情形，未必皆為構成犯罪之行為 （例如攜帶非槍砲彈藥刀械管制條例所稱刀械之「兇器」、結夥三人以上、災害、在車站及埠頭等場所）。因之，本院 23 年上字第 3814 號、26 年滬上字第 18 號、27 年滬上字第 54 號、29 年上字第 424 號、33 年上字第 1504 號、62 年臺上字第 3539 號、67 年臺上字第 2848 號、69 年臺上字第 3945 號判例，均一致認為該條項所列各款情形，僅屬竊盜罪（於刑法第三三〇條則為強盜罪）之加重條件，法律上既已視為單純一罪之加重條件，各該條件自已融合於加重竊盜之罪質中（參閱本院 27 年上字第 1887

僅著手於該項加重之行為而未著手搜取財物，仍不能以本條之竊盜未遂論。上訴人在某處住宅之鐵門外探望，正擬入內行竊，即被巡捕查獲，是被獲時尚未著手於竊盜之犯罪行為，自難謂係竊盜未遂。至其在門外探望，原係竊盜之預備行為，刑法對於預備竊盜並無處罰明文，亦難令負何種罪責。」其他如最高法院 28 年滬上字第 8 號判例、42 年臺上字第 40 號判例、48 年臺上字第 1006 號判例、72 年臺上字第 392 號判決、74 年臺上字第 5623 號判決、78 年臺上字第 5112 號判決、83 年臺上字第 2072 判決亦採同見解。

❶ 例如最高法院 82 年第 2 次刑庭會議決議、最高法院 84 年臺上字第 4341 號判決、85 年臺非字第 116 號判決。

號判例），其本質上仍屬竊盜罪，並非與竊盜罪相結合之另一犯罪行為。該條第一項第一款，非為同法第三二〇條第一項竊盜罪與第三〇六條侵入住宅罪兩罪相結合之結合犯，第三二一條第一項第二款，亦非第三二〇條竊盜罪與第三五四條毀損罪之結合犯。故須以已經著手於竊盜犯罪行為之實施而既遂或未遂，且具有刑法第三二一條第一項所列各款情形，始符合條文所稱「犯竊盜罪而有左列各款情形之一」而成立加重竊盜既遂或未遂罪名。如僅具該條項所列各款情形而未著手於竊盜行為之實施，加重竊盜罪即無由成立，除該情形符合刑法第三〇六條及第三五四條之各該犯罪構成要件，應另依各該罪名追訴處罰外，即難繩以本罪。

㈡進入他人住宅之原因甚多，諸如：⑴為強姦女子而侵入他人住宅。⑵為殺人而侵入他人住宅。⑶為竊盜而侵入他人住宅。⑷治安人員為依法執行搜索任務而進入他人住宅。因之，進入他人住宅未必皆應成立犯罪，即令係無故侵入他人住宅，亦僅成立刑法第三〇六條之侵入住宅罪。刑法第三二一條第一項第一款之加重竊盜罪，在未著手於竊盜行為之前，一因侵入他人住宅除為竊盜外，尚有如前述其他各種原因，自不能認為侵入他人住宅即係加重竊盜未遂；二因如認侵入他人住宅即應成立加重竊盜未遂，則行為人如侵入他人住宅尚未著手強姦或殺人，是否亦應認為成立強姦未遂或殺人未遂？若謂竊賊於夜間侵入他人住宅尚未著手行竊，即應成立加重竊盜未遂罪，而侵入他人住宅尚未著手強姦或殺人行為，則僅論以無故侵入他人住宅罪，不成立強姦未遂或殺人未遂罪，豈非雙重標準？如此豈能為大眾所認同。故如變更本院 27 年滬上字第 54 號及 28 年滬上字第 8 號兩則判例，改為「只要著手於刑法第三二一條第一項所列各款情形之一，縱未著手於竊盜行為之實施，亦應成立加重竊盜未遂罪」，則陰謀或預備竊盜而有刑法第三二一條第一項所列各款情形之一者，均應一律繩以加重竊盜未遂罪名，殊與刑法不處罰陰謀、預備竊盜之罪刑法定主義相違背，並陷人民於進退失據。

㈢學者固有主張刑法第三二一條第一項第一款之加重竊盜罪，為同法第三二〇條第一項竊盜罪與第三〇六條侵入住宅罪兩罪之結合犯；第三二

一條第一項第二款之毀損門扇、牆垣或其他安全設備竊盜，亦為同法第三二○條第一項竊盜罪與第三五四條毀損罪之結合犯，其所持理由無非認為各該條款已將兩罪相結合為實質上之加重竊盜一罪故也。惟查刑法第三二一條第一項第一款所列各款情形，並非全部均能單獨成立犯罪，已如前述，在同一法條中，如認部分條款與其基礎犯之竊盜罪得成立結合犯，部分條款與基礎犯之竊盜罪則認非結合犯，理論上既難自圓其說，亦非立法者之本意。且查本條規定之立法型態為「犯竊盜罪而有下列情形之一者，處……」，亦與同法第三三二條規定「犯強盜罪而有下列行為之一者，處……」及第三三四條規定「犯海盜罪而有左列行為之一者，處……」之結合犯立法型態不同，尤難解為結合犯。抑有進者，刑法上之結合犯中，如有部分依法須告訴乃論者，該部分如未經合法告訴，仍不得追訴處罰，而應僅就他部分予以論科，司法院院字第 1954 號著有解釋。因之，如將刑法第三二一條第一項第一款及第二款解為結合犯，其與基礎犯相結合之刑法第三○六條及第三五四條之罪，依同法第三○八條第一項及第三五七條規定，須告訴乃論，如未經合法告訴，即不得處罰其加重竊盜罪，其將加重竊盜罪之成立與否，決定於被害人之是否對各該條款之告訴，不但造成司法審判實務之困擾，且與加重處罰竊盜犯罪型態之立法理由亦相違背，其非確論，理極明確。此說向為司法審判實務所不採，且不為大多數學者所贊成。退一萬步言，縱認刑法第三二一條第一項第一、二款與其基礎犯之竊盜罪係結合犯，通說認為結合犯係兩個獨立成罪之犯罪行為相結合為一個新罪。如刑法第二二六條之一、第三三二條、第三三四條規定是。若竊賊於夜間無故侵入他人住宅或僅毀越門扇、牆垣及其他安全設備，而尚未著手於竊盜行為之實施，則竊盜罪尚未成立，侵入住宅或毀損罪已無從與其基礎犯相結合，仍難成立刑法第三二一條第二項、第一項第一款或第二款之加重竊盜未遂罪名。

㈣綜上所述，本院 27 年滬上字第 54 號及 28 年滬上字第 8 號判例意旨，咸認「如僅著手於刑法第三二一條第一項所列各款之加重條件行為，而未著手於客觀上可認為竊盜行為之實行，縱其目的係在行竊，仍難論以

加重竊盜未遂之罪」，即明白揭示尚未著手於竊盜行為之實施時，加重竊盜罪即無由成立之斯旨，立論至為正確。按此兩則判例，乃係對於法理之探討，與社會環境變遷有無脫節無涉，殊不宜亦不必遽予變更。

㈤犯罪行為有犯罪之決意、陰謀、預備及實行等四個階段，在預備與實行之間，有一「著手」之點予以區隔，已經著手即為實行，尚未著手則為預備。一般學說上對於著手之闡述，主要者計有主觀說、客觀說及折衷說三說。實務上，本院判例對於一般犯罪之著手，認為係指犯人對於犯罪構成要件之行為（或稱構成犯罪之事實）開始實行者而言（參閱本院 21 年非字第 97 號、25 年非字第 164 號、30 年上字第 684 號判例），當係採取客觀說；對於竊盜行為之著手時點，究應從何時段開始起算，則尚無專則判例可循。今後我國在司法審判實務上，對於竊盜罪之著手時點，除應就眾多學說斟酌損益，並參酌各國之立法例及判例演變趨勢，於行為人以行竊之意思接近財物，並進而物色財物，即可認為竊盜行為之著手外，實務上似不妨從個案詳加審認，另創竊盜著手時點之新見解，以期符合現代社會環境之實際需要，始為上策。

鑑於加重竊盜罪之立法目的，既然是立法者考量具體情狀下對於財產法益之侵害有層升之高度危險性存在所為之加重規定，其仍係對財產持有之財產法益之保護，至於有無其他法益之侵害，應該不是本罪非難之重點。再者，既將刑法第三二一條第一項各款解為混合類型之加重構成要件，其本質上仍屬竊盜罪，亦即其基本構成要件行為仍為竊盜行為，並未因加重構成要件之加入使本條成為一獨立類型之犯罪行為，是故，對於加重竊盜行為之認定，仍須與獨立構成要件，亦即與竊盜行為整體觀察，以認定著手之時點。申言之，就財產犯罪保護之法益為財產法益言，刑法第三二一條第一項第一、二款加重竊盜罪之著手，須回歸財物是否受有侵害之危險來觀察，僅著手於加重構成要件之實施，雖有提高之風險，但客觀上並無法直接得出財產法益有立即受侵害之危險性，必須輔以其他行為，即當行為人侵入住宅或毀越門扇，而搜尋財產之所在，此時不僅風險提高，且可得知是竊盜罪所欲保護之法益正處於受侵害之高度危險，而可認為是著手

之時點。至於其他各款之加重竊盜罪，因非屬構成要件之「行為」，而為行為主體、地點、情狀等構成要件要素，難以直接觀察法益受侵害之危險程度，因此，其著手之認定標準，應回歸基本竊盜行為之著手始點，亦即當行為人實施足以對財產法益造成有立即受侵害危險性之行為，始為加重竊盜之著手❷。

如前所述，既然加重竊盜罪著重於財產法益之保護，則其既、未遂之標準仍應依一般財產犯罪之既、未遂標準認定之，即應以被害人之財物是否已移入行為人實力支配之下為準。

三、加重竊盜之條件類型

以下茲就刑法第三二一條第一項各款逐一說明。

㈠侵入或隱匿住宅、建築物等

本款列為加重類型之理由，有謂其對他人居住安寧亦有所侵害；有謂由於行為人之入侵行為，可能發生與屋內之人搏鬥之情形，而有可能致生更大之危險。批評者認為既然是侵害居住自由法益，則應刪除「夜間」二字，蓋白日侵入住宅亦會侵害居住自由法益，為何獨厚「夜間」。如前述「竊盜、搶奪、強盜之不同」問題中所言，此三罪最大之不同在於對被害人生命、身體安全之威脅及危險程度，竊盜罪因程度最低，故法定刑較低。而比較「夜間」及「白日」侵入住宅之態樣，因現行工商社會居住權人白日往往不在家，白日侵入住宅竊盜對被害人生命、身體安全之威脅甚小，故無納入加重竊盜罪之必要，基此，似乎可理解立法者為何獨將「夜間」侵入住宅作為財產犯罪加重事由了。惟刑法於一百年一月修正時，鑑於過去為農業社會，竊盜犯多在夜間竊盜，近來社會變遷以及生活型態改變，民眾工作時間涵蓋日夜，如只在夜間竊盜才構成加重竊盜罪，不足以保障民眾利益，遂刪除「於夜間」文字，擴大加重竊盜罪之適用。實例上對本款之解釋如：

1. 不以行竊時有人在內

---

❷　王乃彥、梁淑美，〈加重竊盜罪之性質與著手〉，《刑事法雜誌》，48卷1期，頁20，臺北（2004年）。

刑法第三二一條第一項第一款所謂有人居住之建築物，雖不以行竊時居住之人即在其內為必要，但必須通常為人所居住之處所，始足以當之（47臺上859）。

商店於夜間被竊當時雖無人看守，但平時均由某甲居住在內，即難謂非有人居住之建築物，要不得以暫時無人在內，即論以普通竊盜（64臺上3164）。

2.「建築物」之定義

刑法第三二一條第一項第一款所謂建築物，係指住宅以外上有屋面周有門壁，足蔽風雨，供人出入，且定著於土地之工作物而言，其附連圍繞之土地，不包括在內。如僅踰越圍繞之牆垣行竊，尚未侵入有人居住之建築物，自難遽以該條款之罪相繩（50臺上532）。

3.旅館房間亦為住宅

旅客對於住宿之旅館房間，各有其監督權，且既係供旅客起居之場所，即不失為住宅性質，是上訴人於夜間侵入旅館房間行竊，係犯刑法第三二一條第一項第一款於夜間侵入住宅竊盜之罪（69臺上1474）。

4.侵入公寓「樓梯間」亦構成加重竊盜罪

刑法第三二一條第一項第一款之夜間侵入住宅竊盜罪，其所謂「住宅」，乃指人類日常居住之場所而言，公寓亦屬之。至公寓樓下之「樓梯間」，雖僅供各住戶出入通行，然就公寓之整體而言，該樓梯間為該公寓之一部分，而與該公寓有密切不可分之關係，故於夜間侵入公寓樓下之樓梯間竊盜，難謂無同時妨害居住安全之情形，自應成立刑法第三二一條第一項第一款於夜間侵入住宅竊盜罪（76臺上2972）。

〈提案〉某甲於夜間侵入公寓房屋之樓梯間內竊盜，究應成立刑法第三二一條第一項第一款於夜間侵入住宅竊盜，抑或於夜間侵入有人居住之建築物竊盜罪？有左列甲、乙二說：

〈討論意見〉

甲說：住宅乃指人類日常居住之場所而言，公寓亦屬之。公寓樓梯間雖僅供住戶出入通行，然就公寓整體言，樓梯間亦為公寓之一部分，而與

公寓有密切不可分之關係。故夜間侵入公寓樓梯間竊盜，難謂無同時妨害居住安全之情形，應成立於夜間侵入住宅竊盜罪。

乙說：被害人之機車係放於公寓樓梯間，樓梯間有鐵門，鐵門外為通道，被害人住宅在公寓二樓，應成立於夜間侵入有人居住之建築物罪。

〈決議〉公寓房屋之樓梯間究應解釋為「住宅」抑應解釋為「有人居住之建築物」，並非有何實質上之意義。本院既已著有 76 年臺上字第 2972 號判例，認係住宅之一部分，似無予以變更之必要，況且整棟公寓如屬一人所有，尤屬不宜將樓梯間劃歸住宅之外（最高法院 81 年第 3 次刑事庭會議㈢）。

㈡毀越門扇等安全設備

本款使用「毀越」一詞，在解釋上有謂「毀而不越」、「越而不毀」，或者是「既毀且越」，爭議不休。本文以為仍須以本罪屬財產法益之犯罪為著眼點。蓋本罪加重處罰之立法目的應在於行為人破壞或解除他人財產保護設備之防護功能，將會升高他人財產再度受到侵害之危險性，因此有加重處罰之必要性。換言之，如果他人財產之保護設備並未喪失或減低原有之防衛功能，即與本款之立法意旨有違，是以，應以「既毀且越」之解釋較妥。故行為人單純翻牆進入他人庭園，並未使圍牆原有之防衛功能喪失或減弱，以本罪第一款處罰即可，非第二款所欲規範者。我國實務亦採類此見解，如：

〈例 1〉

被告之使用鑰匙，開啟房門入內行竊，既未毀壞，亦非踰越，顯與毀越安全設備竊盜之情形不符。被告又係白天行竊，非於夜間侵入住宅竊盜，則原判決依普通竊盜論擬，即難指為違法（63 臺上 50）。至於安全設備究為何指，實例如：刑法第三二一條第一項第二款所謂安全設備，係指依社會通常觀念足認為防盜之設備而言。如其設備僅用以防止動物之逃逸，而不足認為防盜者，與安全設備之意義不符。本件據原判決引用之第一審判決所載事實略稱，自訴人等為便利養魚，曾在其管業之鯉灣塘水口，安設石窗欄，並用竹桿排列，使水可流出而魚不能逃出，民國二十五年三月二

十四日夜一點鐘，上訴人等將水口之石窗欞及竹桿毀棄，群集水口外溝，用網撈取塘內隨水流出之魚云云。是水口之石窗欞及竹桿，係用以防止魚之逃逸，並非防人盜魚之設備。第一審判決依刑法第三二一條第一項第二款處斷，原判決予以維持，未免違誤（25 上 4168）。

〈例 2〉

刑法第三二一條第一項第二款所謂安全設備，係指依社會通常觀念足認為防盜之設備而言。原判決既認上訴人係乘修繕房屋機會，將被害人房內木櫃打開，將櫃內珠寶箱鑿壞，取去美鈔等物，顯與毀壞安全設備竊盜情形不同，乃竟改論以上開條款之罪，自有違誤（55 臺上 547）。

竹籬在住宅之外，其效用為防閑住宅之安全設備，苟僅於夜間侵入竹籬行竊，尚未進入住宅，要難謂為於夜間侵入住宅竊盜（48 臺上 1367）。

籬笆本係因防閑而設，自屬安全設備之一種，究與牆垣係用土磚作成之性質有間。原判決竟以安全設備之籬笆為牆垣，依毀越牆垣論罪，自有未合（45 臺上 210）。

〈例 3〉

本條（按指刑法第三二一條）第二款毀越門扇之「越」字，係指越入者而言，如係走入不得謂之「越」（最高法院 24 年總會決議(57)）。

〈例 4〉

〈法律問題〉某甲破壞裝置鐵捲門開關之盒子並按開關使鐵捲門打開後，侵入某乙之住宅竊盜，其行為應如何論擬？（臺灣高等法院暨所屬法院 87 年法律座談會刑事類提案第 17 號）

〈討論意見〉

甲說：應論以刑法第三二一條第一項第二款之毀壞門扇竊盜（視該盒子為鐵捲門之一部分）。

乙說：應論以刑法第三二一條第一項第二款之毀壞安全設備竊盜（視該盒子如門上之鎖）。

丙說：應論以刑法第三二〇條第一項竊盜罪及同法第三五四條毀損罪（如毀損部分有提出告訴）之牽連犯（即該盒子既非門扇之一部分亦非安

全設備)。

〈研討結果〉採乙說。惟乙說末「(視該盒子如門上之鎖)」，應予刪除。

〈提案〉被告於白天毀壞門鎖入室而竊盜，關於竊盜部分，應論以何罪? 有下列兩說:

〈討論意見〉

甲說: 按門鎖為安全設備之一種，被告毀壞門鎖行竊，自應論以刑法第三二一條第一項第二款之毀壞安全設備竊盜罪。

乙說: 查門扇之本身即為防閑而設，故附於門上之扣鎖等物，為門之附屬物，並非安全設備，被告毀壞門鎖竊盜，應論以刑法第三二〇條第一項之普通竊盜罪。

〈決議〉按門鎖為安全設備之一種，被告毀壞門鎖行竊，自應論以刑法第三二一條第一項第二款之毀壞安全設備竊盜罪。惟此處所謂門鎖，係指附加於門上之鎖而言，至毀壞構成門之一部之鎖 (如司畢靈鎖)，則應認為毀壞門扇 (同甲說) (最高法院 64 年第 4 次刑庭庭推總會議決議 ㈠)。

〈例 5〉

被告於夜間以手伸入其鄰居住宅前方之窗門，從窗內竊取衣服多件，其竊盜之手段，雖已越進窗門，使他人窗門安全之設備，失其防閑之效用，但其身體既未侵入住宅，自僅合於刑法第三二一條第一項第二款所定之加重情形，而非夜間侵入住宅竊盜。原判決論以同條項第一款之罪，尚有未洽 (33 上 1504)。

㈢**攜帶兇器**

本款加重處罰之理由在於行為人攜帶兇器行竊，會提升被害人或追捕者生命或身體受到侵害之危險性，此與前述區分竊盜、搶奪、強盜行為之不同有異曲同工之處。此為法益保護前置化之立法設計。有疑問的是，何謂「兇器」? 目前實務見解傾向於以客觀上一般社會觀念為兇器之判斷，只要足以對人之生命、身體安全構成危險者，均可認為屬於兇器之範疇，擴張兇器之概念。實例如:

〈例 1〉

按刑法第三二一條第一項第三款之攜帶兇器竊盜罪，係以行為人攜帶兇器竊盜為其加重條件，此所謂兇器，其種類並無限制，凡客觀上足對人之生命、身體、安全構成威脅，具有危險性之兇器均屬之，且祇須行竊時攜帶此種具有危險性之兇器為已足，並不以攜帶之初有行兇之意圖為必要。螺絲起子為足以殺傷人生命、身體之器械，顯為具有危險性之兇器（79 臺上 5253）。

〈例 2〉

〈提案〉院長交議：攜帶起子、鉗子行竊，應否論以刑法第三二一條第一項第三款之加重竊盜罪，有甲、乙二說：

〈討論意見〉

甲說：起子、鉗子為一般家庭日常用品，其本身既非兇器，竊盜攜帶，只為備供行竊之工具，自難謂係攜帶兇器竊盜。

乙說：刑法第三二一條第一項第三款之攜帶兇器，乃指行為人攜帶兇器有行兇之可能，客觀上具有危險性，至其主觀上有無持以行兇或反抗之意思，尚非所問，竊盜攜帶起子、鉗子，雖係供行竊之工具，然如客觀上足對人之身體、生命構成威脅，仍應成立攜帶兇器竊盜罪。

〈決議〉刑法第三二一條第一項第三款之攜帶兇器，乃指行為人攜帶兇器有行兇之可能，客觀上具有危險性，至其主觀上有無持以行兇或反抗之意思，尚非所問。竊盜攜帶起子、鉗子，雖係供行竊之工具，然如客觀上足對人之身體、生命構成威脅，仍應成立攜帶兇器竊盜罪（同乙說）（最高法院 74 年第 3 次刑事庭會議決議）。

〈例 3〉

二人以上共同竊盜，內有一人攜帶兇器，其加重不得及於不知情之共同被告（最高法院 24 年總會決議(58)）。

〈例 4〉

〈法律問題〉某甲徒手侵入住宅竊盜，打開桌子抽屜時發現一把菜刀，乃以之撬開同桌子另一抽屜而竊得財物，其行為應否成立刑法第三二一條第一項第三款攜帶兇器之加重竊盜罪名？（臺灣高等法院暨所屬法院 74 年

法律座談會）

〈討論意見〉

甲說：不成立。攜帶兇器竊盜應加重處罰之立法理由乃因兇器具有危險性，行為人將之帶在身上行竊，極易造成對事主或旁人之傷害，之所以應對行為人加重處罰者，乃其具有「攜帶兇器」之主觀意思與客觀事實，茲該兇器並非行為人主觀意思所攜帶，其因一時方便用以行竊，自不成立攜帶兇器竊盜罪名。

乙說：成立。按攜帶兇器竊盜，只須行竊時，攜帶具有危險性之兇器為已足，本件被告持以行竊之菜刀，雖為行竊現場之被害人所有，並非被告所攜往，然被告既於行竊之際攜之為工具，在客觀上已足對他人之生命身體構成威脅，具有危險性，自應成立刑法第三二一條第一項第三款之攜帶兇器竊盜罪。

〈研討結果〉

⑴法律問題第一句修正為：「某甲徒手於晝間侵入住宅竊盜，」

⑵採乙說。最高法院 74 年第 3 次刑事庭會議亦認為行為客觀上具有危險性，至其主觀上有無持以行兇或反抗之意思，尚非所問。

〈例 5〉

〈法律問題〉某甲意圖為自己不法之所有，打開某乙自用轎車車門欲竊音響，見車內置有起子一把，乃持以竊卸音響，問某甲該當何罪？

〈討論意見〉

甲說：按起子在客觀上足以威脅人之生命身體安全，屬兇器之一。某甲臨至行竊現場，始持非其所有之起子行竊，如被發現，可能以之為脫免逮捕工具，依通常社會觀念，足使人生命身體安全發生危險，故應從廣義解釋論某甲以攜帶兇器竊盜罪。

乙說：按攜帶兇器竊盜罪所稱「攜帶」，係指由甲地帶至乙地之意，苟係於竊盜現場持獲，自與攜帶之要件不合。起子固屬兇器，惟某甲係在竊盜案現場持獲起子，並以之為行竊工具，核與攜帶兇器竊盜罪之構成要件不合，應論以普通竊盜罪。

〈司法院第二廳研究意見〉司法院第二廳 75 年 7 月 1 日(75)廳刑一字第 548 號函復：刑法第三二一條第一項第三款之罪，以行竊之時攜帶具有危險性之物為已足 （參考最高法院 62 年臺上字第 2489 號判例），並不以將該兇器自他地攜往行竊地為必要。本件某甲行竊時所攜之起子，苟客觀上已足對他人之生命身體構成威脅，具有危險性，即應繩以該條款之罪。採甲說。

〈例 6〉

〈法律問題〉某甲使用車主原即放於車上或車庫之起子（兇器）拆卸汽車音響而竊取之，應否以攜帶兇器竊盜論罪？（臺灣臺北地方法院板橋分院 75 年夏季法律座談會）

〈討論意見〉

甲說：該起子原即放於車上或車庫為車主所有，並非某甲自始於未行竊前即攜帶持有，尚與「攜帶兇器」竊盜之情形有間，不能以攜帶兇器竊盜論罪。

乙說：某甲持以竊取音響之工具起子，在客觀上足以供作兇器使用，且具有危險性，為保護他人身體免受攻擊之危險，不論該起子係某甲於未行竊前即攜帶持有或在竊盜現場臨時持以行竊，均應以攜帶兇器竊盜論罪。

〈結論〉使用車主原即放於車上之起子就地竊取汽車音響，因無「攜帶兇器」之事實，應採甲說。若該起子係從車庫攜至停放之車輛行竊，已有「攜帶兇器」之事實，應採乙說。

〈司法院第二廳研究意見〉起子雖係行竊之工具，但客觀上足對人之身體、生命構成威脅仍屬兇器，某甲使用車主原即放於車上或車庫之起子拆卸汽車音響自應成立攜帶兇器竊盜罪（最高法院 74 年 3 月 19 日刑事會議決議參照）（75 年 11 月 25 日(75)廳刑一字第 995 號函復臺灣高等法院）。

〈例 7〉

〈法律問題〉被告某甲於白天潛入乙家行竊（無故侵入住宅部分未經合法告訴），為撬開臥室內上鎖之衣櫥抽屜，而在廚房內取到菜刀一把，將抽屜撬開竊取財物得手，某甲之行為係犯刑法第三二〇條第一項普通竊盜

罪，抑係犯刑法第三二一條第一項第三款攜帶兇器竊盜罪？

〈討論意見〉

甲說：被告某甲為撬開乙家臥室內上鎖之衣櫥抽屜，而在廚房內取到菜刀一把，將抽屜撬開後竊取財物；因被告於潛入乙家之時，並未攜帶任何兇器，其在乙家廚房內取到菜刀一把，只係一時供撬開抽屜之工具，係犯刑法第三二○條第一項普通竊盜罪。

乙說：被告甲為撬開乙家臥室上鎖之衣櫥抽屜，而在廚房內取到菜刀一把，將抽屜撬開後竊取財物時，若被某乙撞見，某甲有以該菜刀行兇之可能，且客觀上具有危險性，至其主觀上有無持以行兇或反抗之意思，尚非所問，應係犯刑法第三二一條第一項第三款攜帶兇器竊盜罪。

〈司法院第二廳研究意見〉攜帶兇器竊盜，只須行竊時攜帶具有危險性之兇器為已足，不以該兇器屬其本人所有為必要，某甲既意圖為自己不法之所有，於行竊時持有某乙廚房之凶器，即犯攜帶兇器竊盜罪。採乙說（80 年 5 月 16 日⑻廳刑一字第 562 號函復臺灣高等法院）。

前揭解釋就本罪加重處罰之立場言似無不妥，但財產犯罪行為人如單純持某些竊盜工具（主觀上係供財產犯罪使用而已），而該工具之性質亦有侵害他人生命、身體之危險者，則一律以本罪相繩，似乎有違責任主義，故學者大都認為須限縮兇器之適用範圍❸，甚至有建議在本款中增列「意圖阻礙或壓迫他人反抗」之主觀要件者，以防止本款過度擴張適用範圍❹。

㈣結夥三人以上

本款加重處罰之理由有謂結夥行竊提高行為之危險性；有謂結夥行竊易減低被害人之自衛能力，使犯罪易於實行；有謂結夥行竊人數較多，分工合作之下，使得竊盜犯行易於實現。本文以為前揭理由或多或少均屬之，

---

❸　甘添貴，《體系刑法各論第二卷》，頁 73–74，臺北，自版（2000 年）；林東茂，《加重竊盜，一個知識論上的刑法學思考》，頁 283–284，臺北，自版（2001 年 2 版）。

❹　張天一，〈論加重竊盜之立法方式與規範目的〉，《刑事法雜誌》，46 卷 3 期，頁 99，臺北（2002 年）。

蓋刑法第二十八條既已就共同正犯加以規定，故行為人二人以上共同行竊只要引用該條規定即足矣，如規定為三人以上，不論是對被害人生命、身體之威脅程度均有提升之可能，而且亦同時降低財物持有人防護財物之可能性，爰特為規定。基此，成立本款加重竊盜罪無再引用刑法第二十八條之餘地。至於結夥之「三人」是否均須為有責任能力人？早期實務見解認為無責任能力人不應算入結夥三人之總人數中❶，主要是基於「無責任能力人共同參與行竊，不但成事不足，反而敗事有餘」之思考模式；其實無責任能力人參加與否，與對於財物持有者之反抗能力之壓制性強弱間，並無必然之關連性，甚至於無責任能力人年輕力盛，有助於實現竊盜犯行業也說不定，故前揭見解近年來已受到極大質疑。此外，實務見解又認「共同正犯」之概念與「結夥」之概念頗有差異，共謀共同正犯不應計入結夥三人之總人數之中。如「刑法分則或刑法特別法中規定之結夥二人或三人以上之犯罪，應以在場共同實施或在場參與分擔實施犯罪之人為限，不包括同謀共同正犯在內。司法院大法官會議釋字第一○九號解釋「以自己共同犯罪之意思，事先同謀，而由其中一部分之人實施犯罪之行為者，均為共同正犯」之意旨，雖明示將『同謀共同正犯』與『實施共同正犯』併包括於刑法總則第二十八條之『正犯』之中，但此與規定於刑法分則或刑法特別法中之結夥犯罪，其態樣並非一致。」(76 臺上 7210) 是以，結夥三人中其中一人如為無責任能力人或共謀共同正犯，則另二人成立刑法第三二○條普通竊盜罪之共同正犯 (刑法第二十八條)，無加重竊盜罪之適用。此外，實例尚有：

〈例 1〉

---

❶ 例如：刑法第三二一條第一項第四款所稱結夥三人，係以結夥犯全體俱有責任能力為構成要件，若其中一人缺乏責任能力，則雖有加入實施之行為，仍不能算入結夥三人之內(37 上 2454)。刑法第三二一條第一項第四款所稱結夥三人，係以結夥犯全體俱有責任能力及有犯意之人為構成要件，若其中一人係缺乏責任能力或責任要件之人，則雖有加入實施之行為，仍不得算入結夥三人之內(30 上 1240)。

　　刑法第三二一條第一項第四款所稱之結夥三人，係以結夥犯之全體俱有犯意之人為構成要件，若其中一人缺乏犯意，則雖加入實施之行為，仍不能算入結夥三人之內。上訴人等二人脅迫另一人同往行竊，如其脅迫行為已足令該另一人喪失自由意思，則其隨同行竊，即非本意，上訴人亦難成立結夥三人以上之竊盜罪（46 臺上 366）。

　　〈例 2〉

　　刑法第三二一條第一項第四款所謂結夥犯，係指實施竊盜之共犯確有三人以上，始能成立，若二人共同竊盜完成之後，為掩護或處分贓物計，與另一人聯絡，則該一人自不能算入結夥三人之內（46 臺上 531）。

　　〈例 3〉

　　刑法上所謂結夥三人以上，須有共同犯罪之故意，而結為一夥，始能成立。若他人不知正犯犯罪之情，因而幫同實施者，不能算入結夥數內（24 上 4339）。

　　〈例 4〉

　　刑法第三三八條第一項第四款所稱結夥三人，係指實施中之共犯確有三人者而言，若其中一人僅為教唆犯，即不能算入結夥三人之內（23 上 2752）。

㈤乘災害之際

　　本款之立法理由有謂係基於「社會道德」之考量，因遭遇災害之人本來已經陷入困頓，有待他人給予援助。如行為人乘他人蹇運遭逢之時，竊取他人之財物，無疑是雪上加霜，落井下石之舉。故對於此等行為給予加重處罰，以責難行為人之惡念[16]；換言之，係著眼於行為人具有較高之罪責內涵，因此必須給予刑罰加重之效果。亦有謂遭遇災害之人對於財物之支配能力產生鬆弛之現象，自然無法周全地保護財物，故行為人利用此等機會竊取財物，應給予加重之處罰[17]。此外，本款所謂乘災害之際而犯竊

---

[16]　甘添貴，《體系刑法各論第二卷》，頁 78，臺北，自版（2000 年）；林東茂，《加重竊盜，一個知識論上的刑法學思考》，頁 291–292，臺北，自版（2001 年 2 版）。

盜罪者，係指於災害發生時，利用其機會行竊者而言，若災害尚未到來，或已經過去時犯之者，均不包括該條款之內（31 上 1022）。即指當時在客觀上確有災害事實之發生而言。乘他人主觀上之危懼，事先逃避之際，竊取其所存財物，而其時在客觀上災害既尚未發生，自難謂為與該條款之規定相符（31 上 1372）。

㈥在車站、埠頭、航空站或其他供水、陸、空公眾運輸之交通工具內

　　本款之立法理由有謂在車站、埠頭等地，人潮來往頻繁，旅客又往往對所攜帶財物之安全，未能加以注意，即「對財物之支配能力產生鬆弛」，故予以加重處罰❶；有謂從本條制定當時之社會環境觀之，交通工具及設施並未有如現代之便捷，相關之金融及通訊服務亦未如今日之發達，當時之民眾在車站、埠頭等地準備前往外地或返鄉，一旦財物遭竊，往往陷於進退不得或是飢寒交迫之困境，而對在此等場所竊盜之行為，給予加重處罰❶。後者之理由時至今日因社會環境之發展已經不能同日而語，在車站或埠頭遭竊雖然會造成一定程度之不便，但對於被竊者而言，不可能遭致更重大之危險。誠如本文前述謂本條各款加重事由似乎是立法者綜合社會上最常見之竊盜型態，因而學者後來揣測添加其立法目的自無法自圓其說。

　　由於近來航空交通發達，航空站出入人潮不亞於車站或埠頭，同時這些場所也都如車站或埠頭，旅客上下車時往往非常擁擠，經常出現旅客進退維谷的情形，因此，有擴大加重竊盜罪適用範圍之考量。一百年一月刑法修正時於本條第六款增訂「航空站」、「其他供水、陸、空公眾運輸之舟、車、航空機」，解決舊法由於罪刑法定主義之解釋界限，而無法處理案件類型實質等同於車站、埠頭竊盜的航空站問題，並且將行為人在大眾運輸工具「內」進行竊盜之行為亦納入本款之規範範圍。

---

❶　游明得，〈加重竊盜罪之研究〉，輔仁大學法律研究所碩士論文，頁 178-179（1997 年）。

❶　甘添貴，《體系刑法各論第二卷》，頁 81，臺北，自版（2000 年）。

❶　林東茂，《加重竊盜，一個知識論上的刑法學思考》，頁 285，臺北，自版（2001 年 2 版）。

實例如：

〈例 1〉

刑法第三二一條第一項第六款之加重竊盜罪，係因犯罪場所而設之加重處罰規定，車站或埠頭為供旅客上下或聚集之地，當以車船停靠旅客上落停留及必經之地為限，而非泛指整個車站或埠頭地區而言（62 臺上3539）。

〈例 2〉

被告於火車站，當車停下之際，在車廂門口之車梯上扒竊正當上車旅客衣袋內之錢款，則其並非在火車車廂內行竊，而係於車靠月臺乘旅客上下之際，實施竊盜甚明，自難謂非在車站竊盜（49 臺上 170）。

〈例 3〉

〈提案〉刑一庭提案：查刑法第三二一條第一項第六款所謂車站，是否僅指車行者上下場所之月臺而言？抑可包括候車室、售票處、行李房及其他處所一併在內？尚無明確之解釋判例可資依據，究應如何確定其範圍，以作辦案之標準？

〈決議〉刑法第三二一條第一項第六款所謂車站，凡旅客上落停留及其必須經過之場所均屬之（最高法院 42 年民、刑庭總會議決議㈠）。

四、罪數之認定

目前實務通說認為刑法第三二一條第一項所列各款為竊盜之加重條件，如犯竊盜罪兼具數款加重情形時，因竊盜行為只有一個，仍只成立一罪，不能認為法律競合或犯罪競合，但判決主文應將各種加重情形順序揭明，理由並應引用各款，俾相適應（69 臺上 3945）。

【結論】

一、甲不成立刑法第三二一條第一項第一、三款加重竊盜罪之未遂犯。

早期實務見解謂行為人僅著手於加重條件，而尚未著手搜取財物，應屬於竊盜之預備階段。按加重竊盜罪之本質仍屬財產犯罪，其著手之認定標準應回歸基本竊盜行為之著手始點。申言之，行為人須以竊盜之意思，

而著手於與侵犯他人財物有關之接近財物並進而物色、搜尋財物等密接行為，始為其著手。故本題中之甲剪斷花格鋁，跳進後陽臺，尚未有物色、搜尋財物等密接行為，因並無著手竊盜之情形，不發生成立加重竊盜罪未遂犯之問題。

二、依題示，甲毀壞乙宅後陽臺之花格鋁，且無正當理由進入乙宅，甲成立刑法第三五四條毀損器物罪及刑法第三〇六條侵入住宅罪，依刑法第五十五條後段牽連犯之規定，從一重處斷。

三、若甲之行為係發生於民國九十五年七月一日之後，因刑法第五十五條後段牽連犯之規定已刪除，則甲所成立之上述二罪應依同法第五十條數罪併罰。

【參考法條】

刑法第三二一條

犯竊盜罪而有下列情形之一者，處六月以上五年以下有期徒刑，得併科新臺幣十萬元以下罰金：

一　侵入住宅或有人居住之建築物、船艦或隱匿其內而犯之者。

二　毀越門扇、牆垣或其他安全設備而犯之者。

三　攜帶兇器而犯之者。

四　結夥三人以上而犯之者。

五　乘火災、水災或其他災害之際而犯之者。

六　在車站、埠頭、航空站或其他供水、陸、空公眾運輸之舟、車、航空機內而犯之者。

前項之未遂犯罰之。

刑法第三二六條

犯前條第一項之罪，而有第三百二十一條第一項各款情形之一者，處一年以上七年以下有期徒刑。

前項之未遂犯罰之。

刑法第三三〇條

犯強盜罪而有第三百二十一條第一項各款情形之一者，處七年以上有期徒刑。

前項之未遂犯罰之。

【練習題】

一、甲、乙及十六歲之丙相邀於週末潛入某辦公大樓竊盜。請問如何適用法律？

二、丁攜帶鋤頭至戊之菜園偷挖竹筍，請問丁成立何種犯罪？

問題十七
準強盜罪之諸問題

甲進入某停車場偷車，當開啟乙之車門時恰巧乙要來開車，甲慌張逃走，乙緊追在後。當甲思索如何擺脫乙時，忽見友人丙，迅速求助丙幫忙。丙知悉後與甲聯手擊退乙，致乙無法再追擊，使得甲、丙順利離開現場。請問在此情形甲、丙成立何罪？

【問題點】

一、強盜罪強暴、脅迫之程度
二、準強盜罪之構成要件
三、準強盜罪是身分犯？結合犯？
四、準強盜罪之既遂與未遂
五、準強盜罪共犯與身分之關係
六、準強盜罪是否有成立預備犯之可能？

【解析】

一、強盜罪強暴、脅迫之程度

按所謂「強盜」之行為，是指對被害人施以強暴、脅迫、藥劑、催眠術或他法，至使不能抗拒，而取其物或使其交付者。強盜行為之所以異於竊盜、搶奪行為者，乃在於行為人所施物理力對被害人之心理或身體有一定之壓制程度。換言之，其行為對被害人之生命、身體必有一定程度之威脅，甚至於有高度之危險性。因此，關於強盜罪強暴、脅迫程度之問題，應將被害人置於一般人之立場為基準，依具體情事判斷，以社會通念上一般人遇此情事壓抑之程度、是否得以反抗，為客觀性之判斷。判斷之基礎應綜合考量行為人及被害人之人數、年齡、性別、性格、犯罪行為發生之時間、場所、強暴脅迫之態樣，特別是有無使用兇器等具體之情形❶。有問題的是，當判斷行為人或被害人之性格時，是否可將認識被害人生病或

❶　川崎一夫，《刑法各論》（青林書院，初版，2000年），177頁。

膽子特別大之情事作為判斷強暴脅迫程度之基礎？有學者認為將實行行為之性質依附於行為人認識之有無非屬正當❷。反對論者認為以被害人方面之情事為基礎，原則上只能限定於被害人之年齡、性別、體格等客觀上之情事，而不及於被害人性格等之主觀上之情事，蓋不得以行為人曾考慮被害人之性格，然後採取壓抑被害人反抗必要程度之強暴脅迫，始得認定為強盜罪之實行行為❸。此外，只要是能壓抑被害人反抗之強暴脅迫行為即已足，至於在現實上被害人之精神、身體自由是否因此完全受到壓制，則非所問❹。

強盜罪之強暴、脅迫行為應為有形力之行使，但沒有必要一定須直接對人之身體為之，即使是對物加諸有形力而壓抑被害人之反抗亦足矣。又強暴脅迫之行為毋需對財物之所有人、占有人為之，只要該行為可使財物之所有人或占有人無法抗拒下任人奪取財物即該當之。例如被害人因孩子被捉住哭叫不停，無法抗拒只好交付財物即是。申言之，必須「強暴、脅迫等行為→壓抑相對人之反抗→強取財物」間均存有因果關係，始該當於強盜罪之構成要件。是以，倘若被害人係出於憐憫而交出財物，因行為人之強暴、脅迫等行為與財物之交付間欠缺因果關係，構成要件自不該當❺。

至於準強盜罪強暴、脅迫行為之程度是否應與強盜罪之強暴、脅迫程度一樣，達到「至使不能抗拒」？關此，在大法官會議六三〇號解釋前，實務見解大多採否定說，例如「刑法第三百二十九條準強盜罪之所謂施強暴或脅迫，只須有此行為即足，並不以致使被害人不能抗拒為必要。此與強盜罪係以強暴、脅迫等手段，致使被害人不能抗拒為構成要件者不同。」（91臺上3746判決）「按刑法準強盜罪，係以竊盜或搶奪為前提，在脫免逮捕之情形，其竊盜或搶奪既遂者，即以強盜既遂論，如竊盜或搶奪為未遂，即以強盜未遂論，但竊盜或搶奪不成立時，雖有脫免逮捕而當場施以強暴、

---

❷ 此為日本學者大谷實之見解。亦為日本之通說。

❸ 此為日本學者大塚仁之見解。

❹ 最判昭和 24.2.8 刑集 3 卷 2 號 75 頁。

❺ 川崎一夫，《刑法各論》（青林書院，初版，2000 年），178 頁。

脅迫之情形，除可能成立他罪外，不能以準強盜罪論。又按侵入竊盜究以何時為著手起算時點，依一般社會觀念，咸認行為人以竊盜為目的，而侵入他人住宅，搜尋財物時，即應認與竊盜之著手行為相當，縱其所欲物色之財物尚未將之移入自己支配管領之下，惟從客觀上已足認其行為係與侵犯他人財物之行為有關，且屬具有一貫接連性之密接行為，顯然已著手於竊盜行為之實行，自應成立刑法第三百二十一條第二項、第一項第一款於夜間侵入住宅竊盜罪之未遂犯。再按刑法第三百二十九條準強盜罪，係以盜竊或搶奪，因防護贓物、脫免逮捕或湮滅罪證，而當場施以強暴、脅迫者，為其犯罪構成要件，既未如刑法第三百二十八條第一項強盜罪，明文規定以強暴、脅迫等至使不能抗拒為構成要件，則該條條文規定之『強暴脅迫』，自不以達於使人不能抗拒之程度為必要。」（89 訴 1120 判決）

而大法官釋字第六三〇號解釋則採肯定說，其謂「刑法第三百二十九條之規定旨在以刑罰之手段，保障人民之身體自由、人身安全及財產權，免受他人非法之侵害，以實現憲法第八條、第二十二條及第十五條規定之意旨。立法者就竊盜或搶奪而當場施以強暴、脅迫者，僅列舉防護贓物、脫免逮捕或湮滅罪證三種經常導致強暴、脅迫行為之具體事由，係選擇對身體自由與人身安全較為危險之情形，視為與強盜行為相同，而予以重罰。至於僅將上開情形之竊盜罪與搶奪罪擬制為強盜罪，乃因其他財產犯罪，其取財行為與強暴、脅迫行為間鮮有時空之緊密連接關係，故上開規定尚未逾越立法者合理之自由形成範圍，難謂係就相同事物為不合理之差別對待。經該規定擬制為強盜罪之強暴、脅迫構成要件行為，乃指達於使人難以抗拒之程度者而言，是與強盜罪同其法定刑，尚未違背罪刑相當原則，與憲法第二十三條比例原則之意旨並無不符。」蓋「人民之身體自由、人身安全及財產權，受憲法第八條、第二十二條及第十五條規定之保障，刑法第三百二十九條規定『竊盜或搶奪，因防護贓物、脫免逮捕或湮滅罪證，而當場施以強暴、脅迫者，以強盜論。』旨在以刑罰之手段，保障人民之身體自由、人身及財產安全，免受他人非法之侵害，以實現上開憲法意旨。上開刑法規定所列舉之防護贓物、脫免逮捕或湮滅罪證三種客觀具體事由，

屬於竊盜及搶奪行為事發之際，經常促使行為人對被害人或第三人施強暴、脅迫之原因，故立法者選擇該等事由所造成實施強暴、脅迫之情形，論以強盜罪，俾能有效保護被害人或第三人之身體自由、人身及財產安全不受非法侵害；其他財產犯罪行為人，雖亦可能為防護贓物、脫免逮捕或湮滅罪證而施強暴、脅迫之行為，然其取財行為與強暴、脅迫行為間鮮有時空之緊密連接關係，故上開規定尚未逾越立法者合理之自由形成範圍，難謂係就相同事物為不合理之差別對待。查刑法第三百二十九條準強盜罪之規定，將竊盜或搶奪之行為人為防護贓物、脫免逮捕或湮滅罪證而當場施強暴、脅迫之行為，視為施強暴、脅迫使人不能抗拒而取走財物之強盜行為，乃因準強盜罪之取財行為與施強暴、脅迫行為之因果順序，雖與強盜罪相反，卻有時空之緊密連接關係，以致竊盜或搶奪故意與施強暴、脅迫之故意，並非截然可分，而得以視為一複合之單一故意，亦即可認為此等行為人之主觀不法與強盜行為人之主觀不法幾無差異；復因取財行為與強暴、脅迫行為之因果順序縱使倒置，客觀上對於被害人或第三人所造成財產法益與人身法益之損害卻無二致，而具有得予以相同評價之客觀不法。故擬制為強盜行為之準強盜罪構成要件行為，雖未如刑法第三百二十八條強盜罪之規定，將實施強暴、脅迫所導致被害人或第三人不能抗拒之要件予以明文規定，惟必於竊盜或搶奪之際，當場實施之強暴、脅迫行為，已達使人難以抗拒之程度，其行為之客觀不法，方與強盜行為之客觀不法相當，而得與強盜罪同其法定刑。據此以觀，刑法第三百二十九條之規定，並未有擴大適用於竊盜或搶奪之際，僅屬當場虛張聲勢或與被害人或第三人有短暫輕微肢體衝突之情形，因此並未以強盜罪之重罰，適用於侵害人身法益之程度甚為懸殊之竊盜或搶奪犯行，尚無犯行輕微而論以重罰之情形，與罪刑相當原則即無不符，並未違背憲法第二十三條比例原則之意旨。」按前開解釋創造準強盜罪法律條文上未明文之要件，從準強盜罪與強盜罪二者罪刑均衡來看，似乎有據；惟大法官會議解釋造法之舉，變更準強盜罪適用之範圍（可罰性之範圍），自不如修正刑法第三二九條規定，明定其法定刑，而非「以強盜論」，或增訂「至使不能抗拒」之要件，以立法之方式

解決，在立論上較為正當。

　　至於前開解釋所稱「已達使人難以抗拒之程度」要如何認定？依實務見解，在此所謂「難以抗拒」，僅須行為人所施之強暴或脅迫行為，客觀上足使被害人當下發生畏怖而壓抑或排除其抗拒作用為已足，並不以被害人完全喪失抗拒能力為必要。是行為人所為已達足使被害人難以抗拒之程度，縱因被害人閃避得宜而未受傷害，仍不失為施以強暴之行為，構成準強盜罪之強暴行為（最高法院 105 年臺上字第 1197 號刑事判決）。申言之，司法院釋字第六三〇號解釋，須以行為人於竊盜或搶奪之際，當場實施之強暴、脅迫行為，已達使人難以抗拒之程度，為其犯罪構成要件。所謂難以抗拒，自以行為人所施之強暴、脅迫，足以壓抑或排除其為防護贓物、脫免逮捕或湮滅罪證所遭致之外力干涉或障礙而言。是以，原判決以行為人行竊時，經他人追捕、攔下後，持刀積極反抗，致他人心生畏懼，足見行為人當時所為，在客觀上已使人難以抗拒，並導致他人因此難以有效壓制行為人，使行為人終能脫逃，他人亦因行為人之行為，害怕而暫停追捕行動，據以判斷行為人所施之強暴行為，已足以壓抑一般人及他人逮捕其之自由意志及攔阻其逃逸之抗拒作為，自與準強盜罪之構成要件相符（最高法院 101 年臺上字第 6358 號刑事判決）。所謂強暴、脅迫仍須以一定形式之暴力行為為必要，倘僅係消極逃離、迴避之行為，並無積極攻擊行為，尚不得率以準強盜罪論處；再者，所謂當場，固不以實施竊盜或搶奪者尚未離去現場為限，即已離盜所而尚在他人跟蹤追躡中者，仍不失為當場。惟於竊盜或搶奪者離去盜所後，行至中途始被撞遇，則該中途，不得謂為當場，此時如因彼此爭執，犯人予以抵抗，實施強暴或脅迫，除可另成其他罪名外，不生以強盜論之問題（臺灣新竹地方法院 101 年訴字第 301 號刑事判決）。

二、準強盜罪之構成要件

㈠準強盜罪以強盜論之立法意旨

　　依刑法第三二九條規定：「竊盜或搶奪，因防護贓物、脫免逮捕或湮滅罪證，而當場施以強暴脅迫者，以強盜論。」此為準強盜罪之規定，因其基

本行為仍為竊盜或搶奪，乃原為竊盜或搶奪行為後之另一強制行為，故又稱為「事後強盜罪」。本條之所以明定「以強盜論」，不外乎下列二理由：⑴竊盜或搶奪之犯罪行為人在逃亡時，為保有贓物或防止自己被逮捕，一般均會對追躡者採取強暴或脅迫之手段，在刑事法學上從人身保護之觀點言，自應將此情形與強盜行為同視；⑵竊盜或搶奪之犯罪行為人在奪取財物後，為確保財物仍為其持有而使用強暴或脅迫之手段，實質上如同以強暴、脅迫之方法，至使被害人不能抗拒而取得財物，與強盜罪之犯罪構成要件行為有相同之評價，自應為相同之處斷。據此，準強盜罪「以強盜論」解釋上應指準用刑法第三二八條之規定❻，得分別成立「普通準強盜罪」、「準強盜致死、致重傷罪」，並可處罰準強盜罪之未遂犯及預備犯。又如：刑法第三二九條所謂當場，固不以實施竊盜或搶奪者尚未離去現場為限，即已離盜所而尚在他人跟蹤追躡中者，仍不失為當場。惟於竊盜或搶奪者離去盜所後，行至中途始被撞遇，則該中途，不得謂為當場，此時如因彼此爭執，犯人予以抵抗，實施強暴或脅迫，除可另成其他罪名外，不生以強盜論之問題（28 上 1984）。

㈡**準強盜罪之主觀構成要件要素**

按準強盜罪之基本行為為竊盜或搶奪行為，於竊盜或搶奪後為了防護贓物、脫免逮捕或湮滅罪證之目的，又另為強制行為，故除了須具備前者之「意圖為自己或第三人不法之所有」及「竊盜或搶奪之故意」外，尚需具備「準強盜故意」，即行為人必須對其因防護贓物、脫免逮捕或湮滅罪證而當場實行強制行為有所認識，並且進而決意當場施以強暴脅迫之主觀心態，始具成立本罪之主觀構成要件要素。

㈢**準強盜罪為目的犯❼**

---

❻　25 上 6626。

❼　我國學者褚劍鴻、林山田將此稱為「施強暴、脅迫之原因」；褚劍鴻，《刑法分則釋論(下冊)》，頁 1184，臺北，臺灣商務印書館股份有限公司 (2001 年 3 版)；林山田，《刑法各罪論（上冊）》，頁 347、348，臺北，自版 (2000 年 2 版)。而學者甘添貴稱此為「主觀構成要件要素之目的」；甘添貴，《體系刑法各論第

　　成立準強盜罪另一重要之要件是行為人當場施以強暴、脅迫時須出於下列三項目的：(1)防護贓物；(2)脫免逮捕；(3)湮滅罪證。有其一即可成立，如果有二個以上目的，仍只成立一個準強盜罪。通說以為以前揭(1)防護贓物之目的施強暴、脅迫，其前提行為——竊盜、搶奪必須是既遂，蓋竊盜或搶奪之動產既已置於自己實力支配之下，始有以強制手段防護之可能；而以(2)及(3)之目的施強暴、脅迫，其基本之竊盜或搶奪行為解釋上則可為既遂或未遂。

㈣本罪所稱前提行為——「竊盜」，實務上認為包括「加重竊盜」行為

　　〈法律問題〉甲賊逾越安全設備侵入乙婦住宅行竊，取得金飾財物，乙婦發現之，懼而進入臥室裝睡。其後誤認甲賊已離去，乃起床欲報警，為甲賊瞥見，乙婦懼，復退回房內，驚呼「救命」、「小偷」。甲賊即持刀及電線對乙婦欲予綑綁，經乙婦反抗掙扎，甲賊始行離去。問甲賊所犯是否屬刑法第三二九條之準強盜罪、或犯第三二一條第一項第二款之竊盜罪外另犯三○二條之妨害自由罪。

　　〈討論意見〉

　　甲說：甲賊侵入住宅偷竊財物未離現場，為乙婦發覺高呼「救命」及「小偷」，甲賊持刀及電線對乙婦施暴欲綑綁乙婦，應成立刑法第三二九條之準強盜罪。

　　乙說：乙婦於認甲賊已離現場後，始起床欲報警，初無逮捕甲賊及取回贓物之意思及行為，甲賊於被發現為制止乙婦聲張，欲對之綑綁，除犯刑法第三二一條第一項第二款加重竊盜罪外，另犯刑法第三○二條之妨害自由罪。

　　〈法務部檢察司研究意見〉題示甲賊之所為，係加重竊盜而有刑法第三二九條所定以強盜論之情形，參照最高法院 25 年上字第 6626 號判例意旨，應論以同法第三三○條之加重強盜罪（法務部⑻法檢㈡字第 130 號）。

三、準強盜罪是身分犯？結合犯？

　　二卷》，頁 161，臺北，自版（2000 年）。本文同意後者之見解，甚至進一步指出準強盜罪為目的犯。

(一)身分犯說

依目前學者通說，準強盜罪之行為主體應為犯竊盜罪或搶奪罪之行為人，為身分犯之一種❽（如下圖）。惟其為純正身分犯？抑是不純正身分犯？❾則未見明言。按如果從人身保護之觀點出發，具有侵害人身保護之虞之強暴、脅迫行為即屬「加重類型」，自應解為不純正身分犯。換言之，具有「竊盜」或「搶奪」行為身分之基本犯罪行為人，如於竊盜或搶奪後又為另一強制（強暴、脅迫）行為者，對基本之強制罪言，其即屬加重類型之犯罪。

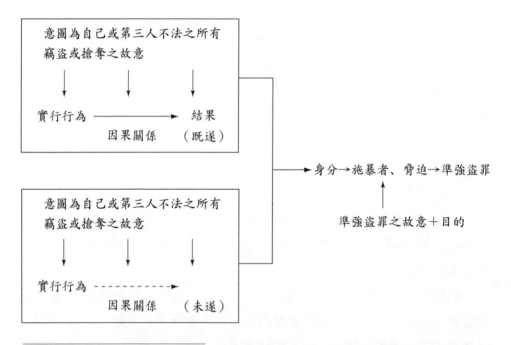

---

❽ 褚劍鴻，《刑法分則釋論（下冊）》，頁 1183，臺北，臺灣商務印書館股份有限公司（2001 年 3 版）；林山田，《刑法各罪論（上冊）》，頁 346，臺北，自版（2000 年 2 版）；甘添貴，《體系刑法各論第二卷》，頁 160，臺北，自版（2000 年）。

❾ 純正身分犯係以構成身分為構成要件要素，無身分者參與有身分者所實施之身分犯罪，無身分者亦應成立身分犯；而不純正身分犯係以加減身分為其構成要件要素，無身分者參與有身分者所實施之不純正身分犯罪，該無身分者雖亦可成立共犯關係，惟對其適用之罪名為普通犯罪，而非因身分致刑加重減輕之犯罪。蔡墩銘，《刑法精義》，頁 356-357、360，臺北，自版（2002 年）。

相對地，如認準強盜罪之所以以強盜論，乃是其犯罪構成要件行為與強盜罪之犯罪構成要件行為已有相等之評價，自屬純正身分犯。

㈡結合犯說

所謂結合犯，係指其構成要件包括多數可以單獨成立犯罪之行為而被結合成為一罪者而言。其目的在使多數犯罪受包括之評價。學者有謂準強盜罪非為身分犯，而是結合犯，結合竊盜罪與強制罪或結合搶奪罪與強制罪二獨立之犯罪形成另一個獨立之犯罪類型。一般而言，以實現結合犯全部事實之意思，著手基礎行為──竊盜或搶奪時，即視為全體犯罪行為之著手。是以，即使尚未著手實行強暴脅迫之行為，亦應認為準強盜罪已經著手，僅僅是其究為既遂或未遂之問題而已。換言之，竊盜或搶奪之行為與準強盜罪之關係本為潛在之實行行為，由於犯罪行為人著手實行強暴、脅迫，溯及地將竊盜或搶奪行為轉化為顯在之實行行為，故亦可認為準強盜罪是「結果之結合犯」❿（如下圖）。

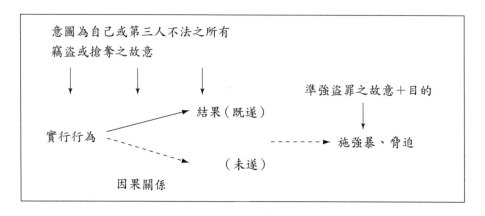

我國實務如：

〈提案〉刑法第三二九條之準強盜罪，是否為結合犯？有下列兩說：

〈討論意見〉

甲說：刑法第三二九條之準強盜罪，亦稱臨時強盜罪，竊盜或搶奪，

---

❿　伊東研祐，〈事後強盜の共犯〉，西田典之、山口厚編，《法律學の爭點シリーズ 1──刑法の爭點》（有斐閣，3 版，2000 年），170–171 頁。

如有施強暴脅迫之情形，本應於竊盜或搶奪罪外，另構成強制罪，然刑法以其施強制之目的，既在防護贓物，脫免逮捕或湮滅罪證，則與強盜之情節相當，允宜準用強盜之例，從嚴論科，此本條之所由設也。本條既結合竊盜（或搶奪）與強制兩個可獨立構成犯罪之行為，另成準強盜一罪，自屬結合犯之一種。

乙說：刑法第三二九條係規定：「竊盜或搶奪，因防護贓物，脫免逮捕或湮滅罪證而當場施以強暴、脅迫者，以強盜論」；如具備本條特別構成要件者，即應以強盜論罪，不能更論以竊盜或搶奪之罪。其因防護贓物，脫免逮捕或湮滅罪證而當場施強暴脅迫之行為，不獨立構成犯罪。是本條之罪，應屬單純之一罪，非屬結合二個以上獨立可以致罪之行為而成一體之結合犯。

〈決議〉採乙說（最高法院 63 年第 2 次刑庭庭推總會議決議㈠）。

四、準強盜罪之既遂與未遂

關於準強盜罪既遂、未遂之判斷標準共計有四說[11]：

㈠以竊盜、搶奪行為之既、未遂決定準強盜罪之既、未遂。基此，以防護贓物之目的實行強暴、脅迫者，因行為人已將被害人之財物移入自己實力支配下，以強暴、脅迫之手段拒絕返還，不論強暴、脅迫之結果如何，均不影響準強盜罪之既遂。至於以脫免逮捕或湮滅罪證之目的施強暴、脅迫者，則行為人如已將財物移至自己實力支配下，其後因脫免逮捕或湮滅罪證而施強暴、脅迫者，自應成立準強盜罪之既遂犯；如已著手竊盜或搶奪之行為，但尚未將財物移入自己實力支配下，其後因脫免逮捕或湮滅罪證而施強暴、脅迫者，僅成立準強盜罪之未遂犯。

㈡以「防護贓物、脫免逮捕或湮滅罪證」此三項目的實行強暴、脅迫，結果是否取得財物決定準強盜罪之既、未遂。本說以為從準強盜罪行為全體觀察，在犯罪行為過程中暫時性地取得財物之占有，不是討論本罪既遂之重點，最重要的是，最終行為人是否取得財物。

---

[11] 植松正、川端博、曾根威彥、日高義博合著，《現代刑法論爭 II》（勁草書房，1985 年），203-204 頁。

㈢以著手強暴、脅迫之行為，是否已達本罪三項目的之一者，決定既、未遂。本說在事實上有認定之困難。

㈣準強盜罪之既遂只有在竊盜或搶奪行為既遂後，且以強暴、脅迫達到防護贓物之目的時始得成立。

以上四說，我國學者❶❷及實務❶❸見解通說採㈠說。此說在解釋上因以防護贓物為目的之準強盜罪不發生未遂之問題，則犯罪行為人在竊盜或搶奪取得財物後，因拒絕返還，以防護贓物之目的施強暴、脅迫，縱使其最終無法達成其目的，仍應論準強盜既遂罪，此不合理之論斷甚為明顯，且亦違反財產犯罪之本質。至於㈢說，雖然準強盜罪與強盜罪均使用強暴、脅迫手段攻擊被害人，但不能忽略其本質上仍屬財產犯罪。此外，本罪即使為目的犯，目的內容事實只須現實上有實現之可能性即已足，沒有非達成不可之必要性，由此可見，㈣說亦不合理。綜上所述，自以㈡說較為正當❶❹。蓋強盜罪之既、未遂既是以財物是否已移入自己實力支配下為既、未遂之標準，則準強盜罪既然是「以強盜論」，自應採取與強盜罪既、未遂

---

❶❷　褚劍鴻，《刑法分則釋論（下冊）》，頁 1186，臺北，臺灣商務印書館股份有限公司（2001 年 3 版）；林山田，《刑法各罪論（上冊）》，頁 351，臺北，自版（2000 年 2 版）。

❶❸　例如：刑法準強盜罪，係以竊盜或搶奪為前提，在脫免逮捕之情形，其竊盜或搶奪既遂者，即以強盜既遂論，如竊盜或搶奪為未遂，即以強盜未遂論，但竊盜或搶奪不成立時，雖有脫免逮捕而當場施以強暴、脅迫之情形，除可能成立他罪外，不能以準強盜罪論（68 臺上 2772）。刑法第三二九條所定之竊盜以強盜論，係指已著手搜取財物行為，足構成竊盜罪名，為湮滅罪證，當場施以強暴、脅迫者而言，若尚未著手於竊盜行為之實行，則根本不能成立竊盜罪名，從而其為湮滅罪證，實施強暴殺人，亦即難以準強盜殺人罪論擬（57 臺上 1017）。

❶❹　學者甘添貴亦採此見解。其謂所謂犯竊盜罪或搶奪罪乃本罪行為主體之身分要素，並非構成要件行為之一部，行為人之前所犯之竊盜罪或搶奪罪之既、未遂，應與準強盜罪既、未遂之判斷無涉。因此，準強盜罪之既、未遂之區別，應以行為人開始實施足以抑壓反抗程度之強脅行為後，有否遂行其護贓等結果為準。甘添貴，《體系刑法各論第二卷》，頁 168，臺北，自版（2000 年）。

相同之標準。有問題的是，如行為人在犯罪行為過程中一旦已取得財物，依竊盜罪、搶奪罪既、未遂之認定，評價上本應認其已成立既遂。然而，從準強盜罪全體犯罪歷程觀察，財產犯罪強調的是財物之得喪變更，行為過程中一時之財物取得並不重要，毋寧從行為之結果，即最終是否取得財物，作為評價準強盜罪既、未遂之標準。

五、準強盜罪共犯與身分之關係

竊盜因防護贓物、脫免逮捕或湮滅罪證，而當場實施強暴、脅迫，論以強盜之規定，自以實施強暴脅迫之人為限，其他竊盜共犯對於行強如無犯意之聯絡者，不容概以強盜論擬（23上2316）。

前揭探討準強盜罪究為身分犯或結合犯之實益，主要在於區別未參與竊盜或搶奪行為者，僅參加其後之強暴、脅迫行為之實施，是否成立共同正犯之問題。以下仍分別就身分犯說及結合犯說分別論述之：

㈠採身分犯說有刑法第三十一條共犯與身分關係規定之適用。按準強盜罪如為純正身分犯，則著手實行竊盜或搶奪之行為人（如本設例中之甲）與未實行竊盜或搶奪者（如本設例中之丙），依本條第一項規定：「因身分或其他特定關係成立之罪，其共同實行、教唆或幫助者，雖無特定關係，仍以正犯或共犯論。但得減輕其刑。」甲、丙成立準強盜罪之共同正犯。如準強盜罪係屬不純正身分犯，則依本條第二項規定：「因身分或其他特定關係致刑有重輕或免除者，其無特定關係之人，科以通常之刑。」換言之，本設例中之甲成立準強盜罪，而丙成立刑法第三○四條之強制罪。基於前述準強盜罪應屬強制罪之「加重犯罪類型」的說明，自以不純正身分犯論較妥。

㈡採結合犯說者認為本設例中之甲在遂行犯罪構成要件行為過程中，透過與丙犯意之連絡，已成立承繼共同正犯。所謂承繼共同正犯，係指先行行為人在為一部分實行行為後，尚未終了前，他行為人（即後行行為人）知其情事介入其犯罪行為之實行，共同實現後來之犯罪行為而言。有疑問的是，後行行為人是否應負先行行為人已實行部分之罪責？關此問題有三說[15]：

1.積極說

後行行為人在介入準強盜罪之強暴、脅迫行為前，如已充分瞭解先行行為人所實行之事實，利用先行行為人已實行之事實遂行其犯罪行為，對先行為即負有罪責。

2.消極說

後行行為人對介入先行行為人所實行之行為導致之結果無因果性，故對先行為無罪責。

3.折衷說

基本上仍以消極說為基礎，且不將準強盜罪解為竊盜罪或搶奪罪與強制罪之結合犯，認為只有共同竊取或搶奪財物者始得成立準強盜罪之共同正犯。

按共同正犯即使各人僅實行一部分之行為，解釋上之所以認為應對其他共同正犯行為人行為所產生之結果負起全部責任，其立論在於共同正犯彼此之間本有相互利用、補充之關係，即共同行為人相互利用他人之行為，且以自己之行為補充他人之行為，就全體觀之，自應負全部責任，此其一；共同行為人透過意思之連絡，對其他共同行為人為主觀上之影響，換言之，經由主觀面對他共同行為人所產生之結果具有因果性，此其二。由於承繼共同正犯與他共同正犯之意思連絡係形成於一部實行行為之後，如採消極說，認為承繼共同正犯與他共同正犯在共同實行意思成立以前之先行為結果並無因果性，自毋庸對先行為負共同正犯之罪責；反之，如採積極說，因承繼共同正犯與他共同正犯在客觀上具有相互利用、補充關係，後行行為人利用先行為之效果繼續中，以自己之行為介入先行行為人之行為，此種相互利用、補充關係即應成立共同正犯。我國實務❶❻見解亦認倘承繼共同正犯就先行為有利用既成事實以遂行其後行為之犯罪意思，並於此心態下形成共同犯意者，則就該未參加實施之前行為亦須負共同正犯之責。從

---

❶❺　杉山博亮，〈事後強盜罪の共同正犯（論文式問題研究）〉，《現代刑事法》，第5卷4號（2003年），117頁。

❶❻　28上2397。

以上說明可知，不論是採積極說或消極說，因本設例中丙之行為對甲竊盜先行為之結果——財物之得喪變更無因果性，且未利用甲之先行為，自毋庸對甲之竊盜行為負共同正犯之責。

六、準強盜罪是否有成立預備犯之可能？

按刑法第三二八條第五項有處罰強盜預備犯之規定；又刑法第三二九條規定：「……以強盜論。」基此，倘若行為人於企圖竊盜之初，即構想如被發現要如何脫免逮捕，遂準備小刀預備作為脫免逮捕之用，則前開情形是否成立準強盜預備罪？換言之，刑法第三二八條第五項之強盜預備罪是否包括準強盜行為在內？不無疑義。以下茲分別就肯定、否定二見解說明之[17]。

㈠肯定說[18]

基於下列理由，認為可成立準強盜預備罪

1.依刑法立法設計條文之排列方式可知，刑法第三二八條為強盜行為之基本犯罪類型，而準強盜罪為其特別類型，因此，後者無特別規定時，應有前者之適用。

2.準強盜罪之犯罪行為人在著手竊盜前（即在取得準強盜罪竊盜犯罪行為人之身分前）在觀念上有可能為準強盜行為之準備行為。

3.行為人攜帶之犯罪工具如果自始即非為供竊盜使用，而是準備供脫免逮捕、防護贓物時施強暴、脅迫之用，自非屬竊盜罪之預備行為，而是準強盜罪之預備行為。

4.即使在預備之階段，無法明確劃分竊盜罪、強盜罪之預備行為及準強盜罪之預備行為，但此非謂準強盜之預備行為不具可罰性。

㈡否定說

日本學者通說認為不成立準強盜預備罪，其理由如下：

1.依條文位置來看，強盜預備罪係規定於準強盜罪之條文前，置於在後之準強盜罪應無強盜罪處罰預備犯之適用。

---

[17] 杉山博亮，〈事後強盜罪と予備〉，《現代刑事法》，第 44 期（2002 年），12–13 頁。

[18] 日本實務大都支持本見解，如最決昭和 54.11.19 刑集 33 卷 7 號 710 頁。

　2.即使是在著手前，準強盜罪行為人主觀上之意圖、故意與強盜罪之意圖、故意自有所差異。後者之強盜目的未必涵括前者之目的在內。

　3.準強盜罪之行為主體為身分犯——即竊盜或搶奪之犯罪行為人，在著手實行竊盜或搶奪之犯罪構成要件行為前，因行為人尚未具準強盜罪之身分，無成立準強盜罪預備犯之餘地。

　4.現行刑法並不處罰竊盜罪、搶奪罪之預備犯，由此可見，竊盜及搶奪之預備行為乃屬不可罰之行為，因此，如處罰準強盜罪之預備犯，則實質上相當於處罰竊盜罪、搶奪罪之預備行為，其不當顯而易見。

　5.準強盜罪之預備行為較之於強盜罪之預備行為可罰性之程度為低。本文贊成前揭否定說之理由。

【結論】

一、因甲終究並未將財物移入自己之實力支配下，甲成立刑法第三二九條準強盜罪之未遂犯。

二、依不純正身分犯說，未參與竊盜行為之丙，雖與甲有共犯關係，依刑法第三十一條第二項規定，僅成立刑法第三〇四條強制罪（以強暴、脅迫妨害乙行使權利）。依結合犯說，因丙對甲竊盜前行為之結果無因果性，且未利用甲之先行為，丙亦毋庸對甲先前之竊盜行為負共同正犯之責。

【參考法條】

刑法第三二八條

意圖為自己或第三人不法之所有，以強暴、脅迫、藥劑、催眠術或他法，至使不能抗拒，而取他人之物或使其交付者，為強盜罪，處五年以上有期徒刑。

以前項方法得財產上不法之利益或使第三人得之者，亦同。

犯強盜罪因而致人於死者，處死刑、無期徒刑或十年以上有期徒刑；致重傷者，處無期徒刑或七年以上有期徒刑。

第一項及第二項之未遂犯罰之。

預備犯強盜罪者，處一年以下有期徒刑、拘役或三千元以下罰金。

刑法第三二九條

窃盜或搶奪，因防護贓物、脫免逮捕或湮滅罪證，而當場施以強暴脅迫者，以強盜論。

【練習題】

一、甲於夜間潛入乙宅偷竊，不料被正好返家之乙撞見，甲將拿在手上之乙的音響擲向乙，且將竊得之財物丟棄，迅速逃離。請問甲之行為是否成立犯罪？

二、丙預藏美工刀一支，至大賣場行竊，心想如果被發現了，就將刀拿出來阻擋店員之追捕，不料，丙於大賣場中伺機下手前即被店員覺得其鬼鬼祟祟而扭送警局。請問丙之行為是否成立犯罪？

問題十八

在網路遊戲中盜取「寶物」或「天幣」之研究

> 甲、乙是朋友，常相約至網咖上網玩天堂遊戲，某日甲窺見乙之帳號、密碼，趁乙外出用餐時，輸入乙之帳號、密碼，將乙在天堂遊戲中全部之天幣、寶物全部轉給自己之角色。請問甲是否成立犯罪？又成立何罪？

【問題點】

一、網路遊戲之介紹
二、網路遊戲中「寶物」或「天幣」之性質
三、於網路遊戲盜取「寶物」或「天幣」行為之類型
四、九十二年刑法增訂妨害電腦使用罪章前之實務見解
五、九十二年刑法增訂妨害電腦使用罪章後之法律適用

【解析】

一、網路遊戲之介紹

伴隨著寬頻網路之盛行，線上遊戲 (On Line Game) 被視為電腦遊戲市場之未來趨勢，線上遊戲是透過 Internet 進行的網路遊戲，玩家取得遊戲程式後，須連結至遊戲廠商所建置之遊戲伺服器始得進行遊戲。目前網路上流行之線上遊戲，可以區分為「線上角色扮演遊戲」及「線上即時戰略遊戲」兩種。線上角色扮演遊戲 (On Line RPG)，指的是在網際網路上與各地之不同使用者，在數個特定之「遊戲伺服器」(Game Server) 中一起進行同樣之「遊戲劇情」與「遊戲過程」之「角色扮演」(RPG, ROLE Player Game) 的遊戲。例如「天堂」、「仙境傳說」、「石器時代」等。線上即時戰略遊戲，指的是以「玩家自行開關遊戲單元」，玩家並且可以在不同之遊戲單元中，以「回合制」之方式進行遊戲，讓玩家可以自行選擇遊戲內容，並在短時間內決定雙方勝負。例如「魔獸爭霸」、「將軍」等。

　　茲以「天堂」網路線上遊戲為例，玩家必須先向遊戲橘子公司註冊個人資料、自行設定帳號及密碼後，再購買點數卡或以手機、信用卡於線上進行儲值（目前天堂之計費有以時計費及包月二種）；進入遊戲時，玩家須輸入自行設定之帳號及密碼，經過系統核對無誤後即可進入遊戲。玩家進入遊戲後，可以在王族、法師、妖精以及騎士這四種身分中選擇一種，並可跨越身分，組成不同之團隊攻城掠地，各建王國，在不斷之戰鬥過程中，戰勝者可得到包括「木甲」、「手套」、「長靴」等寶物，至於「天幣」就是在「天堂」遊戲中，藉由打敗怪獸而獲得之虛擬貨幣，利用這些「天幣」就可以購買線上販賣之武器、裝備、寶物，藉以提升自己之等級。玩家扮演之王子或是法師等角色，都必須從最低等級開始，透過四處旅行修行、打怪物練功等方式，以累積所扮演角色之生命強度，以及財富、功力、魔法等，並一步步提升裝備等級，增強戰力。此外，玩家也可以相約朋友一起玩，或是在遊戲中尋找盟友，大家可以團結打怪物，也可以組成一支「血盟」隊伍，彼此歃血為盟，以盟號為旗，主要目的是合作攻下一座也是由其他玩家所主持之城堡，成為城主，後續發展就是坐收玩家源源不絕供應之交易稅金，累積財富，並等待下一次之攻城戰。如果想要攻城，無論是玩家或是盟友，最好將功力練到較高等級，以求在侵略之攻城戰中克敵制勝，並在下一次之攻城戰中擊退其他侵略者。

二、網路遊戲中「寶物」或「天幣」之性質

　　網際網路之盛行除了對現實社會產生極大之衝擊外，虛擬世界中匿名性及非現實性之特色亦引發不少法律問題，其中最有名的即是「天堂盜寶案」。天堂遊戲中所創設之各項「寶物」及「天幣」為玩家們爭先恐後爭取之對象，如果說其屬虛擬之物，不具交易價值，與民法上所稱「物」或「財產」之性質顯然不同，那可就大大地低估其地位了，在現實社會中有玩家可是以高價購買所謂虛擬遊戲中之「寶物」，甚至有玩家更是因寶物或天幣被奪，而在現實世界中大打出手。因此，本文首先將釐清虛擬遊戲世界中之「天幣」及「寶物」究竟是否為電磁紀錄？又是否得以動產論？以下茲提出司法實務曾研提之問題。

〈法律問題〉線上遊戲中之虛擬物品是否為財產法益所保護之客體？
(臺灣高等法院檢察署 91 年第 1 次電腦犯罪防制中心諮詢協調委員會議法
律問題提案)

㈠**肯定說**

1.實定法層面之探討

按刑法第三二三條業於八十六年十月八日修正，增列「電磁紀錄」關
於竊盜罪章之罪，以動產論；同法第三五二條亦增列第二項干擾他人電磁
紀錄處理罪；是電磁紀錄雖為無體物，仍為竊盜罪及毀損罪之客體，合先
敘明。次按竊盜罪中所謂竊取，係指破壞原持有人對於財物之持有支配關
係而建立新的持有支配關係。行為人竊取之虛擬物品，係一種電磁紀錄，
恆須利用遊戲伺服器所虛擬之空間，方能支配使用，無法經由單機再行複
製，亦即一旦將之轉移至自己之虛擬角色內，則原持有人即立失其持有支
配關係，無從再行持有，且行為人係經由線上遊戲伺服器，同時破壞他人
等所持有虛擬物品等電磁紀錄之支配關係，並進而建立自己之持有支配關
係，此部分應成立竊盜罪；又如行為人係利用特殊之電腦程式，使電腦將
使用者曾經輸入該線上遊戲之帳號及密碼，非依其原應有之處理方式，進
而傳輸至行為人自己之電子郵件信箱或帳戶之中，以供行為人蒐集使用，
致使對他人電腦主機內對電磁紀錄之處理產生干擾，並足以生損害於其所
竊取之人及曾經使用電腦之不特定人，則成立毀損罪；再被告又輸入其所
蒐集之他人帳號及密碼登入該線上遊戲伺服主機，進而消耗彼等以金錢所
購買之遊戲時數（點數），免除其原應支付予該線上遊戲之對價，亦有為自
己不法利益之意圖甚明，即應成立詐欺罪。

2.處罰此種行為所保護之法益之探討

⑴舉例（問題意識）

一捲空白錄音帶可以用來錄音，一捲歌星的歌唱帶可以用來聽歌，此
為上開物品之一般的客觀功能（實質上，乃多數的「主觀」所形成之「客
觀」）；而一捲錄下自己親人或朋友「聲音」的錄音帶，其內容對一般人而
言並無意義，亦即並沒有所謂的「客觀功能」，但是否即無保護之必要，亦

即無侵害任何法益可言？惟對於錄音帶的所有人而言，這些「聲音」正是這一捲錄音帶的功能之所在，而這種物的主觀上的功能在一般客觀具有理性之人的理解上，亦應可以被肯定（請注意，是理解上可以肯定，而非因為對我們實質上有用處才肯定）。以下就處罰此種行為可能產生之諸問題逐次說明。

(2)竊盜罪是否限於對實體物之侵害？

就上述之例而言，「聲音」亦為無體物，並且並沒有所謂一般性、普遍性的價值，然於刑法修正後，第三二三條已明揭其文，肯定其具有保護之價值。立法者肯定之理由，應在於要保護電磁紀錄所內涵的抽象意識內容。亦即此種物品向來並無一定之客觀價值，而係隨時代之演進而賦予不同之價值，並且此種價值主觀性十分強烈（一方面亦在於其屬於資訊時代之產物，大部分的價值都未有定論），而此抽象意識內容最重要者即智慧財產權。

(3)虛擬物品是否非財產犯罪所保護法益之涵攝範圍？

虛擬物品係智慧財產權（再強調其也是主觀所肯認的客觀價值，向來皆無所謂智慧財產權之概念）以外的主觀上財產價值，是否應為刑法所保護的財產法益？學說通說認為，財產犯罪保護者有三，其一為個別財產（指某一個特定財產）之保護，其二為整體財產（指某人整體財產的狀態）之保護，其三為其他特殊的財產價值（例如債權）之保護，竊盜罪所保護者為個別財產的法益，亦為通說，亦即，只要被害人就特定物本身的所有權利益受損，行為人便構成犯罪，雖然其整體財產不一定也會受損。為何竊盜罪保護之法益為被害人之個別財產？從物的兩大功能觀之，除了「物」的交易價值外，而更重要是在於持有者持有它可以「使用」它的功能，而此種功能是主觀價值，並強調應具有所謂一般的、普遍性的價值，否則，錄音帶裡自己親人的聲音即無保護之必要，而可以任意侵害。因此，竊取他人之虛擬物品，讓他人無法使用，就是對他人形成損害，不論他人的整體總財產是否有減少。因此，所謂竊盜罪所保護之價值理應包括客觀價值及主觀價值，若同時無上開二價值，則非刑法保護的客體無疑，但若有一該當，則應係刑法所保護之客體（再強調的是，人類世界中並無所謂「絕

對」的客觀價值，人與人之間、人與社會之間、社會與社會之間僅存有的是主觀價值，今日的主觀價值也許會成為客觀價值，今日的客觀價值可能明日就成為明日黃花），否則，無法解釋為什麼要求他人要忍受其主觀價值受被告侵害的行為？為什麼刑法偏要在這裡展現它的謙抑性(見下文討論)？並且，如以數量的多寡來決定刑法所應保護的客體，不但顯失科學性（不知道要多少才能達到門檻），並且有可能犧牲少數人之權利。

(4)刑法在上開犯罪中應展現其謙抑性（最高手段性）之必要性？

姑不論刑法是否已有規定電磁紀錄的相關處罰，刑法的基本原則之一，在價值判斷上，如果這樣的侵害在網路以外的世界是要處罰的，依據平等原則，同樣的行為在網路以內的世界如果不處罰，則一定要有十分堅強的理由，否則即應屬可罰的行為。反之，如刑法在網路外的世界有需展現其謙抑性之處，則在網路內的世界亦應有謙抑性的必要。一般的財產犯罪，不論是對個別財產的侵害還是整體財產的侵害（如詐欺），事實上，大部分都可以民事救濟即可彌補被害人的損失，所以應予以討論的是，這樣的彌補，能有效的防制不法的行為？以及預防更多、更嚴重的不法行為產生？再回頭觀之，不得未經他人同意即破壞他人與物之持有關係，其實才是整個財產犯罪的中心思想，亦即，這是我們社會普遍的「遊戲規則」，如果破壞這個遊戲規則，就應當受到處罰，刑法如此的規定。因此，在網路外的世界，竊取他人主觀上或客觀上有價值之物要被處罰，如在網路內的世界，就要由另一套「遊戲規則」（如果有的話，現在似乎也沒有所謂違反天堂遊戲處罰準則）來處罰，依據平等原則，似無合理之依據。並且，這樣依循另一套遊戲規則能否有效阻止犯罪的發生？甚至預防網咖店藏污納垢的青少年及成人犯罪？我們有必要就此袖手旁觀嗎？當然，檢察官不應是追訴狂，但如果現在並沒有人可以阻止這樣不正當行為的逐漸產生，理應交由司法機關為最後的判斷，認定其有罪抑或無罪，認定其應負擔之責任到什麼程度，即便要處分，也應是認定其構成要件均該當的職權處分。

(5)是否為毀損罪所保護之客體？

毀損罪所保護之法益，應在於維護物的功能，不為他人之故意毀損行

為所毀損，即對於物之保全利益。按所謂物的功能，所指並不僅為一般客觀的功能，也應包括合理的個人主觀上的功能，已如前述，則透過任何方式去破壞他人原有的程式或資料（例如以特殊之程式藉由網路移轉），雖然被破壞後的磁碟在外觀上還可以當作空白磁碟來用，他人的帳戶及密碼在線上遊戲仍可繼續進行，但由於磁碟上的程式或遊戲上資料的喪失，等同於特定磁碟及遊戲的某些具體功能已喪失，故其行為仍應屬於刑法上干擾他人電磁紀錄所保護的法益範圍，始能達到毀損罪所保護法益之功能。

3. 自然法與實定法概念之探討（略）

㈡否定說

1. 由法條文義觀之，「竊盜」、「詐欺」、「毀損」等罪章似乎均勉強找得出可供套用之法條，用以規範此類網路行為。然在刑法思維上，無論何一罪章、何一法條，行為人之行為是否構成犯罪，均須探索該法條後面的法規範所保護法益是否已遭侵害，而非僅非常「概念法學」地由文字上堆砌。換言之，若沒有財產法益受侵害，即無上開罪名成立之可能。

2. 刑法「竊盜」、「詐欺」、「毀損」等罪章，毫無疑問其後法規範所保護之法益係「財產法益」；然而關鍵爭點就在何謂「財產法益」？什麼樣的財產法益才是刑法有介入保護必要者？刑法保護之財產法益應是普世價值，具有一般性、客觀性經濟價值的財物，而非「特定群眾中主觀上認為具有之財產價值」。具體言之，刑法所保護之財產法益是否包括「天堂」軟體玩家族群中，部分會用天幣來兌換現金之少數人，其主觀上認為有價值之客體（天幣）？實不無疑問。

3. 再由刑法謙抑性之觀點言之，刑法是否有必要介入特定網路軟體玩家間之遊戲違規行為？換言之，此種「偷天幣」的行為，究竟應逕予評價為「犯罪行為」？或僅應評價為一種遊戲違規行為？以刑法如此強大的國家權力介入玩家的遊戲規則，其荒謬之程度，正如以國家公權力介入國小一年一班班長的選舉察查一般。

4. 收集「天幣」對網路玩家而言，是用以獲取遊戲晉級過程中之快感與滿足，其「天幣」遭竊，是否應認僅止於精神上之痛苦（非財產上之損

害），而無財產上之損失；至於所謂「天幣」可供販售，是否僅限玩家間本於主觀感受才能夠想像，非把玩該軟體之人是難以想像的。

5.實定法之主要任務，無非在摸索自然法的真相，當自然法上對此種網路上行為之普世評價尚未確立前，逕將此種類型之網路遊戲違規行為加諸刑事處罰，雖不敢說一定不對，但難免有一種太前衛的感覺。此類遊戲違規行為，宜透過軟體業者在網路上之「他律」方法及玩家間之「自律」解決，不應由現實世界的執法者跳進虛擬世界去維持玩家間之遊戲秩序。無論由妥適性或司法資源運用之經濟性而言，均屬極不恰當之現象。

6.當然，未來的「量變」或許會造成某程度之「質變」。也就是說如果臺灣地區「天堂」軟體玩家大增，且大部分都會用天幣來換現時，不排除此種玩家間對「天幣」的「主觀價值」會轉變為民眾「一般性、客觀性之價值」，而明確成為刑法保護之財產法益。

7.更進一步與法律極力取締之賭博電玩對照說明。「天堂」遊戲軟體本身並未設計有兌換現實世界金錢之內容，玩家間兌換現金行為純係檯面下的行為。同樣是以「打電玩的積分」兌換現金（只不過一般賭博電玩是向店家換，天堂遊戲是玩家之間兌換），同樣是檯面下的行為，為什麼前者法律要強加取締，而後者法律卻強要保護？其不同價值取捨之標準何在？

8.舉一極端的例子突顯其荒謬性：大富翁之遊戲規則舉世皆知，設若玩家間為滿足遊戲過程中之成就感，對「房屋」有私下現金買賣行為，紅色房屋一幢一千元、綠色房屋一幢二百元。此時若甲玩家私下將乙玩家在所購「中華路」土地上蓋的一幢房屋偷偷移到甲玩家所購之「延平北路」土地上，經乙發現乃向分局報警並對甲提出竊盜（竊佔？）告訴，此時警察回以荒唐、胡鬧，某乙則警告該員警，此類房屋在玩家間私下有換現的行為，具財產價值，你若敢不受理報案，我就告你失職。

〈臺灣高等法院檢察署研究意見〉多數採肯定說。

〈法務部檢察司研究意見〉採修正之肯定說。按刑法第三二三條規定，電磁紀錄關於竊盜罪章之罪，以動產論；同法第三三八條、第三四三條則分別對侵占罪及詐欺罪定有準用之條文；另同法第三五二條亦增列第二項

干擾他人電磁紀錄處理罪；是電磁紀錄雖為無體物，依現行規定，仍為竊盜罪、侵占罪、詐欺罪及毀損罪之客體。查線上遊戲之虛擬物品係以電磁紀錄之方式儲存於遊戲伺服器，遊戲帳號所有人對於該虛擬物品擁有持有支配關係。又所謂「虛擬物品」，係對新興事物所自創之名詞，其於現實世界中仍有其一定之財產價值，與現實世界之財物並無不同，不因其名為「虛擬物品」即謂該物不存在，僅其呈現之方式與實物不同，是以，認定虛擬物品為竊盜罪、侵占罪、詐欺罪及毀損罪所保護之客體，應無不當。至其他財產法益之犯罪，因目前法條尚無準用之規定，尚不能相提併論（法務部(91)法檢字第 0920800696 號）。

刑法九十二年修正時，已將第三二三條有關「……電磁紀錄，關於本章之罪，以動產論。」之規定予以刪除，申言之，修法後電磁紀錄──「天幣」、「寶物」已非屬財產犯罪之行為客體，究竟是其性質在認定上前後有所不同？抑是法律見解之變更？詳見後述四。

三、於網路遊戲盜取「寶物」或「天幣」行為之類型 ❶

在天堂遊戲中玩家為了練功求高等級，因而衍生出許多求勝手法，最快之方法是以新臺幣買天幣，因此願意以新臺幣來換取遊戲中虛擬貨幣或寶物、稀少裝備等之玩家日益增多，逐漸形成了一個交易市場。雖然遊戲橘子公司在遊戲規則中規定不得以新臺幣換取「天幣」，但是玩家為了早日提升等級，顧不了這些規定，目前黑市「匯率」大約是以一比八百至一千不等，然後再利用買來的天幣去買天堂裡的虛擬武器、防具、魔法書等裝備，繼續在遊戲中攻略城池，克敵制勝，即便遊戲管理員 (GM) 在線上會以禁言、踢下線之方式禁止這種交易，但玩家相約在外交易，想要禁也禁不了。

由於線上遊戲中之虛擬道具在玩家間可以兌換成現金，虛擬道具黑市價碼水漲船高，遂引起不肖份子覬覦，企圖利用各種犯行偷竊、盜取遊戲帳號及虛擬道具販賣牟利，目前已發生之網路詐欺及竊盜之案例有一大部

---

❶ 黎翠蓮，〈線上遊戲虛擬竊案之探索──以天堂遊戲盜寶案為例〉，http://www.moj.gov.tw，2002/12/3。

分即屬這種天堂盜寶案件，此類犯罪案例，其實從線上遊戲開始被國內玩家廣為接受後就層出不窮。依據警察機關針對受理的個案分析，歸納線上網路遊戲常見之犯罪類型主要有四類：

(一)**同儕間竊盜——朋友、同學間大家彼此互相知道對方之帳號、密碼，進而盜取對方之寶物、天幣。**

　　關於盜取帳號密碼之可能管道❷，依據遊戲橘子公司的統計，最常見之盜取帳號密碼原因包括：

　　1.密碼過於簡單或與帳號相同。

　　2.與他人共用同一帳號。

　　3.自行洩漏帳號密碼給第三者或被假冒 GM 者騙取。

　　4.聽信他人誇張不實之言論而洩漏帳號密碼。

　　5.將帳號密碼寫在遊戲中之信紙上又在遊戲中掉落遭他人撿走。

　　6.與多人共用同一部電腦。

　　7.經交易取得非自己基本資料之帳號密碼。

　　8. WEB 瀏覽器中之「自動完成」功能未關閉。

　　9.於公共場所中離開電腦未跳離遊戲。

　　10.電腦中被安裝特洛伊木馬程式（後門程式）或記錄程式。

　　11.安裝外掛程式中被植入特洛伊木馬程式（後門程式）。

　　依據以上統計，實務上有許多情況是可以預先防患的，例如獨自使用個人帳號密碼、帳號及密碼設定嚴謹、拒絕使用非自己基本資料之帳號密碼及離開電腦前關閉遊戲及電腦等，均是玩家順手可及之方法，雖然大部

---

❷　針對帳號盜用問題，遊戲橘子公司雖欲管理，但對於用戶之申訴基於該公司非司法單位，無法就個案取得一個人人皆認同之公正裁決，且帳號盜用涉及若干刑事、民事責任之原則，公司基於企業經營者之角色定位亦不能過度干涉遊戲歷程，故自 2001 年 7 月起，遊戲橘子公司不再受理帳號盜用問題之申訴，只能請玩家善盡遊戲規則中之帳號保管義務。然仔細深究其原因，發現遊戲業者針對登入相同帳號、密碼之情形，實在無法僅由抽象之紀錄判斷紀錄背後之使用者是盜用者或是玩家？因此面對玩家之申訴，也只能建議由司法介入調查。而警方面對此類全新型態之犯罪也常感大傷腦筋，對偵辦機關形成一大挑戰。

分帳號密碼被竊均可歸因於玩家本身之疏失或責任，但目前最令網路遊戲公司及警方煩惱的卻是透過特洛伊木馬程式（後門程式）所造成之帳號密碼竊取問題。

㈡「惡意型竊盜」，在網咖電腦植入「木馬程式」或利用外掛程式包裝「木馬程式」引誘玩家安裝之方式，取得他人網路遊戲中之帳號、密碼，再伺機竊取實物、天幣。

所謂木馬程式，或稱之為「特洛伊木馬型」或「特洛伊型」病毒，是指那些會將自己偽裝成某種應用程式，來吸引使用者下載或執行，並進而破壞使用者電腦資料、造成使用者不便或竊取重要訊息之程式，常見之特洛伊木馬工具有 Back Orifice (bo), Netbus, SubSeven 等。木馬程式之運作，以 Back Orifice 為例，通常駭客會想盡方法，把 Back Orifice 特洛伊程式存放到欲進行監控之電腦上，最常用之方式是 E-mail 附帶檔案使使用者誤執行了 Back Orifice 特洛伊程式，接下來只要使用者執行了 Back Orifice 特洛伊程式，自身檔案複製一份 .EXE（檔名為空格）檔到 Windows 之 SYSTEM 目錄下，並將自身檔案從所在目錄中殺掉，也會寫入 Windows 之登錄資料。如此一來，每次開機就會先執行 Back Orifice 特洛伊程式，使用者再連上 Internet，駭客族即可以使用遠端存取之方式，對你的硬碟之資料動手腳，查看、刪除、移動、上傳、下載、執行任何檔案，並且可以取得使用者之按鍵狀況，取得如帳號密碼等有用之資訊。

在此類線上遊戲虛擬物品竊盜案最常見之作案手法，是不肖玩家在網咖電腦內植入一種鍵盤記憶的「木馬程式」，即可從遠方電腦遙控該電腦之暫存檔。換言之，只要玩家上網咖玩線上遊戲，並在植有木馬程式之電腦內輸入遊戲帳號、密碼後，嫌犯就能由其他電腦讀取玩家個人資料，進而盜用被害人之帳號、密碼，將虛擬貨幣、實物全部洗劫一空。

另外一種透過木馬程式偷取帳號密碼資料之作案手法，就是在玩家熱衷之外掛程式中下手，由於玩家升級心切，經常藉助外掛程式在線上遊戲增強功力，迅速累積寶物、怪物、功力、魔法、點數及不斷進階，例如最常見之加速程式，也早已成為一半以上玩家經常使用之「主流作弊程式」。

在各種私人網頁、地下遊戲網站經常可見五花八門之線上遊戲外掛、作弊程式，公然供玩家們下載修改，加上搶裝備、洗錢、無敵、丟封包等常見、罕見之外掛程式全員出籠，使得線上遊戲犯罪集團有機可乘，製作附有木馬程式之外掛程式供玩家下載後，直接從中攔截玩家封包竊取密碼與帳號。

　　對於「天堂」遊戲所發生之此類密碼帳號竊案，因為遊戲橘子公司在遊戲規則中明定不得使用作弊程式，且玩家早在同意書中同意「使用不正當方式進行遊戲（例如使用外掛作弊程式進行遊戲）」及「現實交易」皆是違反遊戲規則之行為，所以遊戲橘子公司對因「現實交易」被害之玩家只能採取「不介入」之原則與立場。但是對於玩家使用不正當方式進行遊戲（例如使用外掛作弊程式進行遊戲）或利用 bug 進行遊戲，的確會嚴重影響遊戲之公平性及系統之穩定性。為維護遊戲品質及廣大玩家之權益，遊戲橘子公司對初次使用不正當方式進行遊戲（例如使用外掛作弊程式進行遊戲）者採取暫停遊戲服務（鎖定遊戲帳號）之處罰，但七日後會重新開啟該帳號；如玩家再次使用上述不正當方式進行遊戲，遊戲橘子公司將直接刪除該帳號，以維護系統穩定及保障多數玩家之權利。此外遊戲橘子公司特別澄清，該公司代理之「天堂」網路遊戲控管嚴密，僅能在遊戲中使用加速之作弊程式，其餘例如修改封包、無敵、洗錢等均無法在「天堂」中執行。

㈢結合現實世界中之現金詐欺，假意要賣出寶物、天幣，誘騙被害人交付現金後，卻不給付東西。

㈣虛擬詐欺，偽冒遊戲公司之遊戲管理員 (GM) 或同盟之盟友，誘使網友借用角色、裝備、寶物等，不予歸還，此種詐騙方式較少見，但近來已增多。

　　依警方受理案件之統計，以第一、二種被盜用帳號密碼，使得玩家長期辛苦努力掙得之寶物天幣一夕之間化為烏有之案件數量最多；迄今帳號密碼盜用問題仍然猖獗，已成為網路犯罪最常見之類型。

四、九十二年刑法增訂妨害電腦使用罪章前之實務見解

　　〈法律問題〉甲作家於電腦上撰寫完成短篇小說一篇，乙意圖為自己

不法所有，未經甲同意，趁甲不注意時，擅自複製甲之短篇小說電子檔於磁片上，並帶回家觀賞，請問乙之行為應如何處斷？（乙並未刪除甲電腦中之小說電子檔）（臺灣高等法院檢察署89年第2次電腦犯罪防制中心諮詢協調委員會議提案第6號）

〈說明〉乙之行為如何處斷，學界共有下列三說：

甲說：竊盜罪。

刑法第三二三條規定，關於竊盜罪章之罪，電磁紀錄以動產論。故乙複製甲電子檔之行為，可能構成刑法第三二〇條第一項之竊盜罪。又甲之小說亦受到著作權法保護，乙擅自以重製方法侵害甲之著作財產權，可能亦該當於著作權法九十一條第一項之罪。惟竊盜罪處罰較重，依重行為吸收輕行為之法理，應論以竊盜罪。

乙說：著作權法擅自重製罪。

理由同上，惟著作權法應為刑法之特別法，依特別法優於普通法之原則，應論以著作權法擅自重製罪。

丙說：著作權法擅自重製罪。

刑法之竊盜行為包含破壞他人對動產之持有支配關係，以及建立一個新的持有支配關係，乙既未刪除甲之電子檔，則甲對電磁紀錄之持有支配關係並未遭到破壞，故乙之行為尚不該當於竊盜罪，只能以著作權法論處。

〈臺灣高等法院檢察署研究意見〉多數採丙說。

〈法務部研究意見〉採丙說（法檢決字第0890001193號）。

〈法律問題〉在遊戲橘子公司「天堂遊戲」中，玩家間相互「竊取」「寶物」或「天幣」之行為，是否構成刑法竊盜罪？（臺灣臺南地方法院檢察署法律座談會議提案㈠）

〈說明〉

1.肯定說

(1)實定法層面之探討——虛擬物品在實定法上是可以操作的。

法條之文義解釋：按刑法第三二三條業於八十六年十月八日修正，增列「電磁紀錄」關於竊盜罪章之罪，以動產論，立法理由只有四個字「以

應需要」，所以這是我們無法逃避的問題，是電磁紀錄雖為無體物，仍為竊盜罪之客體，合先敘明。次按竊盜罪中所謂竊取，係指破壞原持有人對於財物之持有支配關係而建立新的持有支配關係。行為人竊取之虛擬物品，係一種電磁紀錄，恆須利用遊戲伺服器所虛擬之空間，方能支配使用，無法經由單機再行複製，亦即一旦將之轉移至自己之虛擬角色內，則原持有人即立失其持有支配關係，無從再行持有，且行為人係經由線上遊戲伺服器，同時破壞他人等所持有虛擬物品等電磁紀錄之支配關係，並進而建立自己之持有支配關係，此部分應成立竊盜罪。

動產之再詮釋：動產是指不動產以外之所有物品（民法第六十七條），但衡諸其實質，何者是動產所涵攝之客體？拙見以為，應係具通用貨幣價值或以通用貨幣可交換之物。虛擬物品（包括天幣）除該當上開法條之電磁紀錄外，玩家須以一定之新臺幣向線上遊戲公司申請進入方得把玩使用，因之，虛擬物品仍為動產無訛。

⑵保護法益層面之探討——虛擬物品所代表者，係財產法益之一種：（略）（同檢字第 0920800696 號肯定說中 2.處罰此一種行為所保護之法益的探討）。

⑶自然法與實定法概念之探討：（略）。

⑷現行實務的觀察——有五個法院表示見解，五個都是有罪判決。

任何學理上之討論，不能自外於實務上之運作，以及實務上亟待解決之問題，亦即，我們不能對已經發生之問題視而不見，或是現在並未有一個「規則」或「遊戲規則」（刑法就是一種遊戲規則）而空泛的想像一個規則來解決問題，目前已有多處地院發表其見解（統計資料至 91 年 8 月 23 日止），例如臺北地院 91 簡 2391（簡易判決）、臺中地院 91 易 1394（通常判決）、臺南地院 91 南簡 370（簡易判決）、高雄地院 91 易 805（通常判決）及桃園地院 90 簡 21（簡易判決）。

⑸法律經濟分析——以刑罰處罰移轉虛擬裝備的行為符合經濟效率。

以法律經濟分析之動機：

所謂刑法謙抑性原則或比例原則，都存在有經濟分析之影子，在人民

間之基本權利發生衝突時，我們有時所考慮的，可能就在於成本與效益之衡量，國家權力介入須要多少成本及獲致多少利益，便是在法定原則之前提下，另外一面之省思方式。

虛擬裝備是否適合作為一種私有財產？

私有財產制不是一種先驗之命題，而應該是一種實現之需要。私有財產制之主要目的，依經濟學之角度來看，主要有二，其一為私有財產制讓最有價值的人獲得所要之東西（需求），其二是提供誘因給生產者從事生產（供給）。在「天堂」線上遊戲中，生產之一方是軟體設計公司（即遊戲橘子公司），生產之物品是軟體及其遊戲之內容（包括帳號、密碼、角色及其裝備，因為有了這些才可能進行遊戲），就現實之角度觀察，玩家與業者確實存在一種供給需求的關係，為達到一定利益與成本的交換，將虛擬裝備視為一種私有財產，讓玩家擁有所有權，才符合經濟效率（如果大家都能共有虛擬裝備，遊戲就無法進行，或是進行的十分困難）。

侵害私有財產之懲罰原則分配概述：

人類是根據法律建立之誘因結構，以及因應這些誘因而改變行為之結果，來判斷法律。經濟分析有二大主軸，其一為理性，其二為效率。在假設每個人的行為都是出自於理性之前提下，於是我們著重對於效率之評估，經濟效率在評估法律對人產生之影響時，考慮之價值是人的行動所表現出的價值。也就是說，在決定是否對某一個個人之行為處罰時，法律之經濟分析重點即在於，該法律或其規制之方法是否可用來創造符合經濟效率結果之工具。在法律經濟學之領域，有兩種衡量之法則，其一為「財產法則」（Property Rule，如偷車要坐牢），另外一種則為「補償法則」（Liability Rule，如撞壞車要賠錢），二者適用情況不同在於：如果透過市場交易來分配權利之成本很低時，「財產法則」富有吸引力，因為懲罰之設計不是針對被害人所受之損害，而是確保加害人不會未經許可就使用他人之財產；如果透過民事訴訟來分配權利之成本很低時，「補償法則」富有吸引力。一般而言，使加害人入監服刑確實較賠償被害人損失不符經濟效率，因為除了逮捕及定罪須要花費一定之成本外，執行時所須之成本變成了除了補償被害人損

失外之額外負擔（負成本）。但為什麼故意之犯行（亦即有意識的反抗國家法秩序的行為）須由國家起訴的理由在於，第一，因為故意之犯行比較可能被加害人所隱匿，較難實施偵查作為，因此比較有可能是負價格之犯行。第二，故意之行為和偶發之行為相比，較有可能有市場替代物，所以符合經濟效率之可能性較低，而且也許更能嚇阻。第三，故意之犯行比較不可能是針對不特定人之犯行，而一定有特定之受害者，所以比較容易把嚇阻效益變成私有財（亦即被告對受害者及國家均負有賠償的成本）來嚇阻。第四，執行刑罰之效果可對被告造成前科之污名，對被告構成成本，產生之利益則歸起訴者以外的其他人（即包括社會大眾），這是私領域之制裁所無法達成之目的。

　　虛擬裝備適用之懲罰原則：

　　因此，移轉虛擬裝備是一種故意之行為，經過前面之分析，理應採取財產原則來保護較符合經濟效率，再者，移轉虛擬裝備並不是如同一般假性財產犯罪，在假性財產犯罪中，因為我們認為被害人與被告之間有一定之信賴關係（或許是徵信、或許是談判、或是長期合作），所以認為一旦有侵權行為產生，被害人方面應負有一定預防之責任，如果一切都課以刑事責任，就會減低被害人承受之淨損害（包括尋找及逮捕被告、證明被告之犯行、進行訴訟程序的勞力、時間、費用），因此降低他預防犯行之誘因，所以我們應採取補償原則而非財產原則，讓當事人在私領域內解決問題。但在移轉虛擬裝備此種故意之行為並非如此，被告相對被害人而言是陌生的，如果逕採取補償原則，如此的結果是造成提高被害人預防犯行之誘因，以及增加加害人犯行之誘因，試問：被害人如何找尋被告？如何證明被告確係移轉虛擬裝備者（在民事訴訟的舉證責任分配中，被害人應舉證證明被告之故意侵權行為）？又損害賠償金額如何計算之？進行訴訟程序之勞力、時間及費用的成本由誰來負擔？這樣一來，可能降低被害人線上遊戲之意願，除非我們認為線上遊戲是一種不應被允許之行為，應該讓它自生自滅，否則，為什麼被害人要承擔這些負成本？

　　⑹結論：因為世界上有太多新奇之事物產生，尤其是在電腦資訊時代，

所以有很多事物是我們以前沒有預料到的，因此就我們現有之詞彙，沒辦法概括這些新興之事物，必須另外創立新的名詞，或新的解釋及新的方法，以因應這些新事物之產生及隨之而來之問題。其次，因為我們必須隨時用手指或其他方法來敘述這些新興之事物，所以，在我們自創名詞之同時，是否能夠完全的涵攝該事物之真正含意，即非無擬。精確而言，線上遊戲上所謂之「裝備」，是否就如同我們所言之「虛擬」？亦即像空氣一樣的飄渺？只是我們用文字將之界限起來？不是的，虛擬裝備是一種程式碼之呈現，也就是電磁紀錄所呈現出來之表徵，強調「虛擬」，只是一種語意學之弔詭而已。

　　⑺附論：將來可能遇到的問題。

　　要求線上遊戲公司提供玩家之遊戲歷程及登錄之資料，如線上遊戲公司不允許，應如何為之？縱使線上遊戲公司允許，而如玩家不允許，又是否涉及侵犯人民隱私權之問題？蓋上開資料不同於個人身分、交易及徵信資料，在行政機關本就因應管理需要而有記錄之合法性。

　　電磁紀錄之搜索與扣押的問題？

　　在肯認虛擬裝備係財產法益保護客體之前提下，本件是否應係構成刑法第三三九條之三之問題？

　　在線上遊戲公司如果真的訂定了所謂的「遊戲規則」，國家此時是否應介入？又以何種方式介入？其合憲性及合法性何在？

　2.否定說

　　⑴刑法第三二三條之立法背景與精神

　　背景及解讀：

　　為因應實際需要，當有財產法益因取走電磁紀錄而受侵害時，始將電磁紀錄擬制為動產（「物」的一種）。並非所有欠缺財產價值之電磁紀錄均一律視為「物」加以保護。此由立法者未在民法第六十七條直接加上「電磁紀錄」即明顯可知。

　　擬制之要件：

　　①被竊者原處於持有支配某電磁紀錄之狀態。

②行為人「竊取」該電磁紀錄，建立自己對電磁紀錄之持有支配。

③刑法所要保護之財產法益受侵害（亦即保護對象係有財產價值之電磁紀錄）。

(2)由法律構成要件而論

「被竊」玩家果真取得電磁紀錄之支配權？

玩家都是跑到橘子公司的伺服器內去玩，如何玩？寶物和天幣什麼時候可以取得？累積多少天幣、寶物可做什麼事？玩家間如何移轉寶物、天幣？等等，都是橘子公司持有支配伺服器內電腦程式所內建之遊戲規則所掌控。玩家在玩遊戲之過程中，只能選擇「玩」或「不玩」，只能選擇寶物掉下來之時要不要撿。乍看之下，玩家在遊戲過程中，可以移轉、拋棄、運用寶物、天幣等虛擬物，似乎擁有某種程度之支配權，但探究其實質，玩家移轉、拋棄、運用寶物、天幣等虛擬物之行為，都只是遵循橘子公司伺服器內建之遊戲規則「玩」遊戲而已，實際上除前揭進行遊戲所必要之「玩遊戲」行為外，玩家根本無法對電磁紀錄擁有任何持有支配權。眾多玩家電磁紀錄之持有支配及管理，事實上仍掌控在橘子公司之手中，玩家在玩樂中獲得積分，並非表示就是取得電磁紀錄之持有支配權。正如多位玩家跑到某人家玩大富翁遊戲，或許在遊戲中蓋了「房屋」可以自由支配，但整個遊戲盤之持有支配均仍在主人手中，甲玩家偷偷將乙玩家之房屋移到自己之「土地」上，或許遊戲違規了，但跳出遊戲盤來觀察，未必可以評價甲之行為是所謂之「竊盜」行為；主人若將遊戲盤中之「房屋」取走，同樣也不至於會被評價為「竊盜」。若如肯定說將之解釋為「持有支配掌控在玩家手中」，設若橘子公司有一天不再經營此種網路遊戲，使眾多玩家所儲存的「寶物」、「天幣」消滅，難道法院也要將橘子公司評價為破壞他人持有支配之竊盜行為嗎？

「行竊」玩家果真取得電磁紀錄之支配權？

同前說明，行竊玩家固然嚴重違反遊戲規則，但眾多玩家之玩樂進度及所有電磁紀錄之支配管理仍在橘子公司手中。行竊玩家以他人之密碼進入遊戲局，去運用他人之寶物、天幣等積分之行為，事實上仍是依循在橘

子公司伺服器設定之電腦程式與遊戲規則中，行竊玩家並未取得任何電磁紀錄之持有支配。正如大富翁玩家甲偷偷將玩家某乙之「房屋」移到自己之「土地」上，在遊戲上是嚴重之違規行為，乍看之下，似乎某甲有竊盜行為，但跳出遊戲盤之外，應不致在現實世界被評價為破壞他人持有支配而建立自己之持有支配。

刑法所要保護之「財產法益」是否受到侵害？天幣、寶物等電磁紀錄有財產價值嗎？

①財產法益並未遭受侵害

單就法條文義強行堆砌，刑法「竊盜」、「詐欺」、「毀損」等罪章，似乎均能勉強找出可供套用之法條，用以規範此類網路行為。然刑法之任務無非就是避免法益遭侵害及規範遭違反。由方法論之刑法思維而言，無論任何罪章、任何法條，在判斷行為人之行為是否構成犯罪時，均須探索該法條所宣示保護之法益是否已遭侵害，而非僅相當「概念法學」地由文字上堆砌。換言之，若沒有財產法益受侵害，即無上開罪名成立之可能。「天堂」遊戲玩家向遊戲橘子公司包月購買遊戲點數，並申請遊戲帳號加入網路遊戲玩樂，其向遊戲橘子給付一定金錢之對價，所要買的就只是有權在一定期限內「玩天堂遊戲」本身。遊戲過程中贏得之「天幣」、各種「寶物」，充其量也只是玩樂過程中，兼具「射倖性」、「技術性」取得積分性質之成就感及樂趣。所謂玩家間的「偷天幣」、「偷寶物」行為，充其量僅能評價為「干擾他人遊戲之遊戲違規行為」而已。

②「天幣」、「遊戲寶物」並無客觀上之財產價值

刑法「竊盜」、「詐欺」、「毀損」等罪章，毫無疑問其法規範所保護的是「財產法益」；然而關鍵爭點就在何謂「財產法益」？什麼樣的財產法益才是刑法應介入保護者？按刑法保護之「財產法益」應是普世價值中，具有一般性、客觀性經濟價值之財物，而非「特定群眾中主觀上之好惡價值」。具體言之，在國內僅有少部分人接觸天堂遊戲，而此少部分人中，又僅有一部分玩家從事「天幣」、「寶物」之檯面下買賣，「天幣」、各種「寶物」又因個別玩家之需求程度，價格亦可能不一。收集「天幣」、「寶物」對網

路玩家而言，是用以獲取遊戲晉級過程中之快感與滿足，其「天幣」、「寶物」遭竊，是否應認僅止於精神上之痛苦（非財產上之損害），而無財產上之損害；「天堂」遊戲本身並不容許玩家私下以天幣、寶物等積分換現，至於所謂「天幣」、「寶物」可供販售，是否僅限玩家中之少部分人，本於主觀感受才能夠理解，非參與該軟體遊戲之人是難以想像的。刑法所保護之「財產法益」是否包括「天堂」軟體玩家中，一小部分會以「天幣」、「寶物」兌換現金之少數人主觀上認為有價值之客體（天幣、寶物）？確實不無疑問。或許未來的「量變」會造成某程度之「質變」。換言之，若國內「天堂」遊戲玩家大增，佔據國內人口相當高比例，且大部分均會以「天幣」、「寶物」來換現時，不排除此種玩家間對「天幣」、「寶物」的「主觀價值」會轉變為民眾「一般性、客觀性之價值」，而明確成為刑法保護之財產法益。既然「天幣」、「寶物」現階之客觀財產價值是否存在尚有疑義，本於罪疑惟輕及法安定性之原則，即不宜率然認定其係刑法竊盜罪所保護之客體，並以之充作對被告科處刑罰之客觀構成要件。

⑶由刑事政策面而論

刑法介入遊戲違規行為破壞刑法謙抑性。刑法在法律體系中，係對人民最為嚴厲之懲罰方法，正因其最為嚴厲，所以原則上僅在人類社會其他規範難以規制時，才以最後手段之姿態介入。國家強大之刑罰權是否適合介入特定網路軟體玩家間之遊戲違規行為？換言之，此種「偷天幣」、「偷寶物」之手段，不應率予認定為「犯罪行為」，僅應謙抑評價為一種「遊戲違規行為」。輕率動用強大之國家刑法權力介入玩家之遊戲規則，進而用刑法去維持玩家間之遊戲秩序，其荒謬之程度，將不亞於以國家公權力介入某國小某班班長之賄選察查。實定法之任務，無非在摸索自然法之真相。當自然法上對此類網路行為之普世評價尚未確立前，逕將此種類型之網路遊戲違規行為加諸刑事處罰，極可能破壞憲法層次之「法明確性原則」。此類遊戲違規行為，宜透過軟體業者在網路上修改程式之「他律」及玩家間「純休閒、不賭博」之「自律」方法解決，不應動輒要求現實世界之執法者跳進虛擬世界去維持玩家間之遊戲秩序。無論由法妥當性、法安定性或

司法資源運用之經濟性而言，均屬極不恰當之現象。

〈法務部研究意見〉採肯定說。按竊盜罪之保護客體，我國多數學者多主張為物之現實持有狀態，即對物之支配關係，線上遊戲之虛擬物品係以電磁紀錄之方式儲存於遊戲伺服器，且遊戲帳號所有人對於該虛擬物品擁有持有支配關係。又所謂「虛擬物品」，係對新興事物所自創之名詞，其於現實世界仍有其一定之財產價值，與現實世界之財物並無不同，不因其名為「虛擬物品」即謂該物不存在，僅其呈現之方式與實物不同，是以，認定虛擬物品為竊盜罪所保護之客體，應無不當。

按被告利用網際網路進入並竄改他人在網站登錄使用之密碼，致使他人以原網路密碼無法進入相關網站，顯係干擾他人電磁紀錄之處理，足以影響電腦正常之運作，核其所為，係犯刑法第三五二條第二項干擾他人電磁紀錄之處理罪（91 易 800）。

五、九十二年刑法增訂妨害電腦使用罪章後之法律適用

九十二年刑法針對狹義之電腦犯罪，即專指以電腦或網路為攻擊對象之犯罪，鑑於電腦使用安全已成為目前刑法上應予保障之重要法益，社會上發生妨害他人電腦使用案件日益頻繁，造成個人生活上之損失益趨擴大，實有妥善立法之必要，爰新增一章以茲適用。此外，亦配合本章刪除數條文，使狹義電腦犯罪在適用上更形單純❸。以下茲就九十二年刑法修法後天堂盜寶案法律適用問題逐一說明。

㈠已不成立竊取電磁紀錄罪

八十六年十月八日修正刑法時，為規範部分電腦犯罪，於第三二三條增列電磁紀錄以動產論之規定，使電磁紀錄亦成為竊盜罪之行為客體。惟學界及實務界向認為：刑法上所稱之竊盜，須符合破壞他人持有、建立自

---

❸　按電腦犯罪向有廣義、狹義之分別。廣義之電腦犯罪，指凡犯罪之工具或過程牽涉到電腦或網路之犯罪而言，由於我國刑法對廣義之電腦犯罪係以相關既存規定處罰，毋庸重覆規定，故新增妨害電腦使用罪章之目的是在專門規範狹義之電腦犯罪。因此種電腦犯罪所規範之行為及保護之對象，與現行刑法分則各罪章均有不同，有獨立設章之必要。請參考立法理由說明二。

己持有之要件，而電磁紀錄具有可複製性，此與電能、熱能或其他能量經使用後即消耗殆盡之特性不同；且行為人於建立自己持有時，未必會同時破壞他人對該電磁紀錄之持有（例如：以複製之方式取得他人電磁紀錄）。因此，將電磁紀錄竊盜納入竊盜罪章規範，與刑法傳統之竊盜罪構成要件有所扞格。為因應電磁紀錄之可複製性，並期使電腦及網路犯罪規範體系更為完整，九十二年刑法修正時即將前開條文中有關電磁紀錄以動產論之規定部分刪除，並將竊取電磁紀錄之行為改納入新增之妨害電腦使用罪章中規範。是以，目前刑法中已無所謂「竊取電磁紀錄罪」。

㈡成立無故入侵他人電腦罪

　　九十二年刑法新增第三五八條規定，無故輸入他人帳號密碼、破解使用電腦之保護措施或利用電腦系統之漏洞，而入侵他人之電腦或其相關設備者，成立無故入侵他人電腦罪。

　　1.本罪之行為客體為他人之電腦或其相關設備。所謂「他人之電腦或其相關設備」，係指「他人『使用』之電腦或其相關設備」而言。而「他人」係指有合法使用電腦權限之人，不論該電腦為何人所有。倘非行為人所有惟行為人具有合法使用權限者，即屬行為人「自己使用」，非屬「他人使用」之電腦；若電腦為行為人所有，惟行為人不具合法使用權限，另有其他具有合法使用權限之人，則仍屬「他人之電腦」。蓋本罪之立法理由說明謂：「因電腦系統之所有人與使用人可能不同，是本條構成要件中先後二次出現之『他人』，此二『他人』可能為同一人，亦可能為不同人，故如：乙為丙所有之電腦之合法使用者，乙並擁有獨立之使用帳號及密碼，甲無故輸入乙之密碼而入侵丙之電腦或其相關設備，亦可能構成本罪。」至於所謂「其相關設備」，乃指雖非電腦之主要結構裝置，惟得透過連線而將資料輸入或輸出電腦之輔助設備而言，例如數據機。

　　2.本罪之犯罪構成要件行為為入侵他人電腦或其相關設備之行為，亦即未經使用人之同意而使用他人獨立之個人電腦，或是網路連線中之伺服器。按本罪之立法理由謂：「國外立法例有對凡是未經授權使用他人電腦者（例如：美國伊利諾州刑法第十六條 D-3），均科以刑事處罰者，惟如採此

種立法例，可能導致無故借用他人電腦，但並未造成他人任何損害者，亦受到刑事處罰，未免失之過苛，亦未必符合社會通念及國民法律感情。故本條僅針對情節較重大之無故入侵行為，即以盜用他人帳號密碼或破解相類似保護措施或利用電腦系統漏洞之方法入侵電腦系統之行為處罰。」

3.本罪為故意犯。行為人主觀上須認識他人所使用之電腦或其相關設備自己並無使用權限，且未經有使用權限之人同意，而以盜用他人帳號密碼或破解相類似保護措施或利用電腦系統漏洞之方法使用他人之電腦系統，並有意使其發生。

4.所謂「無故」，係指無正當理由，亦即行為人不具任何阻卻違法事由。

5.本罪之性質屬舉動犯，因本罪並無處罰未遂犯之規定，如行為人未完成入侵他人電腦或其他相關設備之行為，則不予論罪。

㈢成立無故取得、刪除或變更電磁紀錄罪

九十二年刑法新增第三五九條規定，無故取得、刪除或變更他人電腦或其相關設備之電磁紀錄，致生損害於公眾或他人者，成立無故取得、刪除或變更電磁紀錄罪。析其構成要件如下：

1.本罪之行為客體為他人之電腦或其相關設備之電磁紀錄。所謂電磁紀錄，乃指以電子、磁性或其他無法以人之知覺直接認識之方式所製成之紀錄，而供電腦處理之用者（刑法第十條第六項）。不論是保存在電腦系統儲存裝置中之電磁紀錄，或者是從電腦系統下載於磁碟片或光碟中之電磁紀錄，均得作為本罪之客體。

2.本罪之犯罪構成要件行為採列舉式，換言之，僅限於「取得」、「刪除」及「變更」三種。

3.本罪為故意犯。即行為人主觀上須具有更改他人電腦或其相關設備之電磁紀錄內容的意思，且認識其更改他人電磁紀錄內容之行為可能造成公眾或他人法律上所保護之利益受到損害。

4.「無故」之意義同第三五八條之說明。

5.本罪亦不處罰未遂犯，即未取得、刪除或變更他人電磁紀錄者，不成立犯罪；甚至於如已取得、刪除、變更他人電磁紀錄，但尚未造成公眾

或他人之損害時，亦不論罪。

㈣不成立電腦詐欺罪

刑法第三三九條之三規定，意圖為自己或第三人不法之所有，以不正方法將虛偽資料或不正指令輸入電腦或其相關設備，製作財產權之得喪、變更紀錄，而取得他人財產者；或以前項方法得財產上不法之利益或使第三人得之者，成立電腦詐欺罪。天堂盜寶案是否成立電腦詐欺罪，須檢視下列二問題：

1.本罪之保護法益主要為個人財產之安全，惟電磁紀錄亦屬文書之一種，本罪之犯罪行為亦具有偽造、變造文書之性質，因此，保護法益亦同時兼顧社會之公共信用。

2.本罪之犯罪構成要件行為係以不正方法將虛偽資料或不正指令輸入電腦或其相關設備，製作財產權之得喪、變更紀錄，而取得他人之財產。所謂財產權之得喪、變更紀錄，係指對於物權、債權等財產權得喪、變更之事實本身，或使發生得喪、變更之原因事實等紀錄。學者認為財產權除物權、債權外，亦包含智慧財產權等無體財產權。虛擬世界中之財產，日後或有可能納入財產權之範疇，惟目前虛擬世界中之財產，例如網路遊戲世界之錢幣及寶物、武器等，既尚不被承認為財產，對此種虛擬世界之財物，自無從承認其為財產權，縱以不正方法將虛偽資料或不正指令輸入電腦或其相關設備，製作此種虛擬世界財產權之得喪、變更紀錄，亦無從成立本罪❹。

㈤成立變更準文書罪

按在網路遊戲中，各個玩家所扮演之角色、其所具備之各種能力、特質，以及所取得之錢幣、寶物及武器等之種類、數量，均係由網路公司之電腦系統以各種電子檔案模式予以記錄、儲存及管理。由此可知，虛擬遊戲中之錢幣、寶物及武器等物品，乃是一定之電磁紀錄藉電腦之處理所顯示之影像。而依刑法第二二〇條第二項之規定，此為準文書之一種。因此，

---

❹ 甘添貴，〈虛擬遊戲與盜取寶物〉，《台灣本土法學》，50 期，頁 183，臺北（2003年）。

如果行為人有將虛擬遊戲中電磁紀錄之內容予以變更之意思，明知並有意使其發生，即具有變造準文書之故意。其次，行為人未經電腦使用人之同意，擅自輸入其帳號、密碼，並使其電磁紀錄之內容發生變更，即屬變造準文書之犯罪構成要件行為，且該行為足以生損害於使用人。縱上所述，行為人自成立刑法第二一〇條變造準文書罪。

㈥新舊法適用問題

有關刑法九十二年修正新增妨害電腦使用罪章後，新舊法適用問題，實務見解認為宜以行為時法對被告較為有利：「雖被告行為後，刑法第三二三條有關電磁記錄之規定業於九十二年六月二十五日刪除公布並自同年月二十七日生效，納入新增之妨害電腦使用罪章中規範，而依新修正之刑法第三五九條規定：『無故取得、刪除或變更他人電腦或其相關設備之電磁紀錄，致生損害於公眾或他人者，處五年以下有期徒刑、拘役或科或併科二十萬元以下罰金。』並在同法第三六三條限定前開罪行須告訴乃論。本件被害人業於警詢時提出告訴，經比較新舊法之結果，自以行為時之竊盜罪規定較有利於被告。核被告所為，係犯刑法第三三九條第二項之詐欺得利罪，及行為時刑法第三二三條、第三二〇條第一項之竊盜電磁紀錄罪。被告所犯上開二罪間，有方法結果之牽連關係，依刑法第五十五條規定，應從一重之詐欺得利罪處斷。」(92 簡 3842)

㈦罪數問題❺

1.入侵電腦罪與變更電磁紀錄罪之保護法益有同一性，均屬電腦使用安全，成立法條競合。在構成要件之關係上，前者對法益之侵害屬抽象危險犯，後者屬實害犯，二者具有補充關係，前者為補充規定，後者為基本規定，故優先適用變更電磁紀錄罪。

2.變更電磁紀錄罪與變造準文書罪保護之法益亦有同一性，即公共信用之安全，為法條競合，應屬補充關係。因後者法定刑為五年以下有期徒刑，較前者為重，故優先適用變造準文書罪。

---

❺ 甘添貴，〈虛擬遊戲與盜取實物〉，《台灣本土法學》，50 期，頁 187，臺北 (2003 年)。

【結論】

　　甲成立入侵電腦罪（刑法第三五八條）、變更電磁紀錄罪（刑法第三五九條）及變造準文書罪（刑法第二一○條）。因入侵電腦罪與變更電磁紀錄罪所侵害者皆屬電腦使用之安全，而前者性質上係屬抽象危險犯，後者性質上係屬實害犯，二者侵害法益具有同一性，自屬法條競合，因變更電磁紀錄罪為基本規定，入侵電腦罪為補充規定，故優先適用變更電磁紀錄罪。又變更電磁紀錄罪與變造準文書罪二者在性質上均包含對公共信用安全之侵害，因侵害之法益具有同一性，且以一行為為之，亦成立法條競合，優先適用法定刑較重之變造準文書罪。

【參考法條】

刑法第十條第六項

　　稱電磁紀錄者，謂以電子、磁性、光學或其他相類之方式所製成，而供電腦處理之紀錄。

刑法第二一○條

　　偽造、變造私文書，足以生損害於公眾或他人者，處五年以下有期徒刑。

刑法第二二○條

　　在紙上或物品上之文字、符號、圖畫、照像，依習慣或特約，足以為表示其用意之證明者，關於本章及本章以外各罪，以文書論。

　　錄音、錄影或電磁紀錄，藉機器或電腦之處理所顯示之聲音、影像或符號，足以為表示其用意之證明者，亦同。

刑法第三二○條第一項

　　意圖為自己或第三人不法之所有，而竊取他人之動產者，為竊盜罪，處五年以下有期徒刑、拘役或五百元以下罰金。

刑法第三三九條之三

　　意圖為自己或第三人不法之所有，以不正方法將虛偽資料或不正指令輸入電腦或其相關設備，製作財產權之得喪、變更紀錄，而取得他人財產者，處七年以下有期徒刑。

以前項方法得財產上不法之利益或使第三人得之者，亦同。

刑法第三五八條

無故輸入他人帳號密碼、破解使用電腦之保護措施或利用電腦系統之漏洞，而入侵他人之電腦或其相關設備者，處三年以下有期徒刑、拘役或科或併科十萬元以下罰金。

刑法第三五九條

無故取得、刪除或變更他人電腦或其相關設備之電磁紀錄，致生損害於公眾或他人者，處五年以下有期徒刑、拘役或科或併科二十萬元以下罰金。

【練習題】

一、甲上網玩網路遊戲，因等級低求勝心切，遂利用外掛程式迅速增強功力，累積點數、魔法等，請問甲之行為是否成立犯罪？

二、乙在甲安裝外掛程式中植入特洛伊木馬程式，伺機取得甲在網路遊戲中之帳號、密碼，再進而竊取甲在網路遊戲中之寶物、天幣。請問乙之行為是否成立犯罪？

問題十九
強盜罪之結合犯

甲戴安全帽搶劫某超商，因緊張過度，帽子掉落，為店員乙認出甲乃為附近住戶。甲怕事跡敗露。勒緊乙脖子，欲置之於死地。正好巡邏警員經過，乙獲救。請問甲之行為成立何種犯罪？

【問題點】

一、強盜結合犯之態樣
二、本罪故意之存在時期
三、本罪之著手及既、未遂
四、罪數之認定

【解析】

一、強盜結合犯之態樣

　　刑法第三三二條為典型之結合犯規定。申言之，乃是結合二個本來可以獨立成立犯罪之罪名，另定一新罪名，提高其法定刑，以加重其處罰。雖然行為人之行為有數個，且可分別成立二個罪名，但因結合犯之特別規定，使得在此情形下，其本質上僅屬實質上一罪。分析本罪，基本上係由一個基礎犯罪行為，再加上一個相結合之犯罪行為所構成，如下圖：

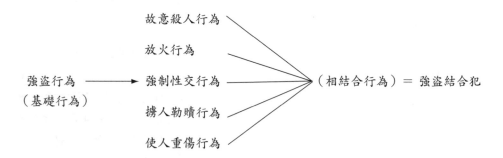

　　本罪雖然規定在財產犯罪章內，但其保護法益除了財產法益外，尚兼

及社會公共安全、個人性決定自由、個人意思行動自由及個人生命安全法益之保障。

㈠本罪共計有五種型態：⑴強盜殺人罪、⑵強盜放火罪、⑶強盜強制性交罪、⑷強盜擄人勒贖罪、⑸強盜使人重傷罪。

㈡本條第一項所謂故意殺人，是指刑法第二七一條普通殺人罪及同法第二七二條殺直系血親尊親屬罪。第二項第一款既稱為「放火」，換言之，係指故意放火之行為，不包括失火之情形，例如行為人強盜賣場時不小心推翻燭火，致起火燃燒，店員躲避不及被燒死，自不成立本罪，而是將強盜行為與失火行為分別依其具體個案情節，成立想像競合犯（刑法第五十五條）或數罪併罰（刑法第五十條）。第二項第二款所謂強制性交，係指普通強制性交罪而言。至於第二項第四款，因本罪使用之文字為「使人受重傷」，故解釋上仍以故意行為為限；即指刑法第二七八條第一項故意重傷罪，蓋本罪為結合犯，故行為人之行為須本來可以獨立成立二獨立罪名，而在刑事政策考量上將二者結合，加重其刑，而「致重傷」，例如刑法第二七七條第二項後段、第二八四條等係屬加重結果犯之規定，其性質則與結合犯有異❶。

㈢實務見解認為殺人、放火等相結合行為須於盜所為之（24.7刑庭總會決議），但並未指出強盜與殺人、放火等行為之次序。是以，不管是一面強盜、一面為故意殺人、放火等行為，或先強盜後故意殺人、放火等行為，或者是先故意殺人、放火等行為再為強盜之行為，均不影響本罪之成立。例如：強盜殺人罪，祇須行為人一面強盜，一面復故意殺人，即行構成，

---

❶ 「加重結果犯」係指以犯某一輕罪之意思，因其行為之結果，而發生能預見之超逾原罪之刑的犯罪，另行構成一加重其刑之罪名。分析其成立要件有四：⑴須法律有加重其刑之特別規定；⑵行為人就該基本行為須有故意；⑶行為人於所生之加重結果須無故意，但有預見之可能，因過失致無預見；⑷基礎行為與所生加重之結果間須有因果聯絡關係。而「結合犯」係結合二個故意犯罪，二者間只要在時間或場所上具有密接關聯性即可。特別對結合犯加重處罰之理由有三：⑴行為人惡性重大；⑵法益受害程度過鉅；⑶維持與加重結果犯間之刑罰衡平。

至其殺人之動機是否為便利行劫，抑係恐其他日報復，原非所問（27 上 2480）。又如：原判決既認上訴人有強劫錢財之概括犯意，則其將陳女誘往旅社房間內，顯非單純意圖強姦，而係強盜而強姦，為刑法上之結合犯，亦不因上訴人之先強姦，再強盜而有異（70 臺上 959）。申言之，強盜行為與故意殺人、放火等行為之發生在時間上須有銜接性，在地點上須具有關連性（86 臺上 3640 判決）。有問題的是，除了在盜所對被害人為強制性交當然成立本罪外，如強盜行為後，將被害人押離現場強制性交者，是否亦成立本罪？觀我國學者意見，似採肯定說❷。

前開有關殺人、放火等相結合行為須於盜所為之的實務見解，業經最高法院 91 年第 13 次刑事庭會議決議不再供參考。最高法院此變更見解是否即認為刑法第三三二條強盜結合犯之規定，從此後基礎行為與相結合行為在發生上毋需在時間上須有銜接性，在地點上須具有關連性？本文以為變更見解後僅是使實務界不再嚴守場所限制之要件，尤其是現行犯罪手段多樣性，自不以在盜所為之者為限，但前揭時間銜接性及場所之關連性乃是區別結合犯之成立及數罪併罰之關鍵，仍未偏廢。

二、本罪故意之存在時期

早期我實例一向認為強盜結合犯之成立，以強盜行為與殺人、放火等行為二者之間有犯意聯絡關係為其成立要件，若犯意各別，則為數種不相關連之犯罪行為，即不得以結合犯論（30 上 2559）。因此，於強盜行為完畢後，因事主揚言報復，另行起意殺人，以圖滅口，應予併合處罰（28 上 2706）；當初僅有殺人之故意，而於殺人行為完成後，始起意強盜，應各別論罪（29 上 452）❸。惟八十五年實務提案變更見解如下：

❷　林山田，《刑法各罪論（上冊）》，頁 360，臺北，自版（2000 年 2 版）；甘添貴，《體系刑法各論第二卷》，頁 194，臺北，自版（2000 年）。

❸　上訴人偵知被害人身懷多金，誘至某處綑縛後搜取財物，越日俵分使用，嗣以被害人不甘，聲言與其相識終有以報，上訴人恐事敗露，復用木棍石塊將被害人擊斃，是上訴人於強盜行為完畢後，因事主揚言報復，另行起意殺人以圖滅口，應予併合處罰，原審乃論以刑法第三三二條第四款強盜殺人之結合犯，於法殊有未合（28 上 2706）。上訴人之殺人及強盜，如出於預定之計劃，則不論

　　〈變更判例提案〉強盜殺人罪，並不以出於預定之計畫為必要，祇須行為人以殺人為實施強盜之方法，或在行劫之際故意殺人，亦即凡係利用實施強盜之時機，而故意殺人，兩者有所關聯者，即應依本罪處罰。至於兩者之間是否有犯意聯絡關係，並非所問。本院 30 年上字第 2559 號判例應予變更。

　　〈理由〉

　　㈠刑法第三三二條規定，犯強盜罪而有故意殺人之行為者，處死刑或無期徒刑。懲治盜罪條例第二條第一項第八款亦規定強劫而故意殺人者，處死刑。立法原意，顯係認為行為人利用強劫之犯罪時機，而故意殺人者，因該兩個行為互有關連，對社會之危害極大，故將該兩個犯罪行為，結合成為一個獨立之強盜故意殺人罪，處以重刑。至於行為人於實施該兩個行為時，其前後行為之間是否有犯意聯絡關係，法律條文既未有所規定，自難認係該罪之構成要件。

　　㈡本院 30 年上字第 2559 號判例，認強盜殺人罪，須以強盜與殺人兩者之間有犯意聯絡關係為其成立要件，既與法律條文之規定不合，又缺乏學理上之依據，無採用之價值。

　　㈢被殺之人已死，在死無對證之情況下，行為人為規避其強盜殺人之重刑，對其殺人之動機，必提出種種飾卸之詞，法院欲證明行為人於實施強盜及殺人行為時，其兩者之間有犯意聯絡關係，至為困難。採用上述判例，將使甚多強盜殺人之結合犯無法成立，致使上述法律條文之規定，難以發揮防衛社會之功能。

　　㈣本院 27 年上字第 2480 號判例明示：「強盜殺人罪，祇須行為人一面強盜，一面復故意殺人，即行構成，至其殺人之動機是否為便利行劫，抑係恐其他日報復，原非所問。」符合法條原意，向為實務上所採取。30 年上字第 2559 號判例與上述判例要旨相反，徒生適用上之困難，宜予變更。

　　殺人是否別有原因，均應成立刑法第三三二條第四款犯強盜罪而故意殺人罪
　　名。如當初僅有殺人之故意，而於殺人行為完成後，始起意強盜，則應各別論
　　罪（29 上 452）。

〈決議〉

㈠本院 30 年上字第 2559 號判例意旨在說明結合犯之成立要件，須以強盜與殺人或放火兩者之間有犯意聯絡關係。所稱「聯絡」，本旨與「關聯」、「關連」、「牽連」用詞相仿，乃指所犯兩罪間之關係，與刑法第二十八條二人以上共犯之犯意聯絡有間。此觀判例要旨後段曰：「若犯意各別，則為數種不相關連之犯罪行為，即不得以結合犯論」，自無疑義。

㈡關於強盜殺人罪結合犯之型態，本院尚有 26 年渝上字第 1744 號、27 年上字第 2480 號、29 年上字第 452 號、28 年上字第 2174 號、35 年特覆字第 114 號等判例可資參酌。至本院 23 年非字第 45 號判例業於 79 年 2 月 6 日、79 年第 1 次刑事庭會議決議不再援用。

㈢本院 30 年上字第 2559 號判例立論並無不當，只以「犯意聯絡」一詞被誤會曲解，究竟有無變更必要，乃請求本院判例選編及變更實施要點由刑事庭會議公決。

〈決議〉本院 30 年上字第 2559 號判例不再援用（最高法院 85 年第 2 次刑事庭會議）。

三、本罪之著手及既、未遂

關於結合犯之著手，有謂著手結合犯之一部行為，即為結合犯全體之著手；有謂以實施結合行為之意思而開始於基礎行為實施之際，一般即被認為係結合犯之著手。如前所述，結合犯之成立不以基礎行為實施在前，相結合行為實施在後為必要，因此，以前者之說法為宜。換言之，只要行為人實施第一個行為——不論是基礎行為或相結合行為，均認為是本罪之著手時期。

至於結合犯既遂與未遂之認定，因強盜結合犯並無處罰未遂犯之規定，則是否須基礎行為與相結合行為同屬既遂，強盜結合犯始為既遂？或者是其中一行為既遂（以重罪或輕罪為標準或以基礎行為或相結合行為為標準），即成立強盜結合犯既遂罪？依司法院 20 年院字 593 號解釋，應以重罪為準。換言之，重罪既遂，本罪既遂；重罪未遂，本罪未遂。又通說及實例就未遂之情形，認為應就所犯之強盜罪與相結合行為所成立之未遂犯，

依牽連犯或數罪併罰處斷（74 臺上 4841、79 臺上 199、83 臺上 3924）（牽連犯廢除後，則依數罪併罰處斷）❹。為充分說明本罪既、未遂之適用情形，爰用下表排列之：

基礎行為——強盜行為	相結合行為——殺人、放火等行為	強盜結合犯	
既遂	既遂	既遂	
未遂	既遂	既遂	
既遂	未遂	未遂	強盜罪既遂＋殺人、放火等罪未遂犯→數罪併罰
未遂	未遂	未遂	強盜罪未遂＋殺人、放火等罪未遂犯→數罪併罰

四、罪數之認定

㈠同時有第一項、第二項之行為或同時有第二項數款之行為

本罪之保護法益除財產法益外，尚兼及生命法益、社會法益、自由法益等，雖然因本罪規定於強盜罪之後，遂稱強盜行為為基礎行為，而其他法益之犯罪則稱之為相結合犯罪，然而，因前後二行為均可獨立成罪，且實施時間上亦無孰先孰後之區分，故二行為其實並無主、從之分。但實務上常發生成立一個基礎行為，又同時成立數個相結合行為之犯罪，則在此情形下，應如何論罪？不無疑義。解釋上有下列三種態樣：

基礎行為	相結合行為	罪 數
一個	一個	一個強盜結合罪
二個	二個以上	二個以上強盜結合罪
一個	二個以上	一個強盜結合罪及其他獨立之相結合行為罪名（蓋一個基礎行為只能與一個相結合行為結合成立一個結合罪，基礎之強盜行為在犯罪評價上已成立結合犯，自不發生再與他罪結合之問題，否則即屬重複評價及處罰，有違二重處罰原則）。

有問題的是，強盜行為究竟應先與何個相結合行為結合成立強盜結合

❹ 甘添貴，《體系刑法各論第二卷》，頁 198，臺北，自版（2000 年）。

罪？實務見解認為：強劫之基礎行為祇有一個，僅能就殺人或強姦行為情節較重者擇一成立結合犯，再與餘罪併合處罰。不能就一個強劫行為同時與他行為成立二個結合罪名（78年第4次刑庭會議決議）。另有謂「應就強盜行為與最先實施之他行為，成立結合犯，其後接續實施之他行為，則應獨立論罪。」❺又數個相同之相結合行為，例如甲於強盜時殺害三人，則甲成立三個普通殺人罪？成立三個強盜殺人罪？成立一個強盜殺人罪？或一個強盜殺人罪再加上二個普通殺人罪？實務見解認為：既係於同時同地殺害某等三人，而又不能證明其分別起意，依刑法第七十四條之規定，應依一個殺人罪處斷（20上字60）。同時地殺害二人，既非各別起意，自係一個行為，……（21非字75）。而依第五十五條「想像競合」規定，從一重普通殺人罪處斷。惟有認為：原判決事實中既認定上訴人係起意劫財，先將張婦、姜女母女依次勒死、滅口之後，始行搜劫財物，則該上訴人之此項連殺二人之行為，顯係為劫取財物而基於概括之犯意，反覆為之，而觸犯同一殺人之罪名，自應依連續犯，以殺人一罪論，而後再與強劫（盜）罪結合，成為「強劫而故意殺人」一罪（70臺上2769）。而僅成立一個強盜殺人罪，即先連續後結合。

　　從下列我國實務見解可知，關此問題意見分歧：

　　〈法律問題〉某男子犯強盜強姦罪，同時故意殺人，應如何處斷？

　　〈討論意見〉

　　1.所殺害之對象，即為被強盜強姦之婦女者

　　甲說：某男子僅犯一個強盜罪，對之不能有二次之評價。因之，強盜罪與強姦殺人罪，應係想像競合之關係，依刑法第五十五條從一重處斷。

　　乙說：刑法第二二三條，對強姦殺人罪，已有特別規定，因之，強盜部分與強姦殺人部分，無從結合，本件應係法條競合關係，從而強盜、強姦殺人二罪，應依同法第五十條併合處罰。

　　丙說：強盜行為與其他特定行為所成立之結合犯，自理論上而言，同一強盜行為只能與其他行為一次結合而成罪，在實行強盜之際，縱又發生

❺　甘添貴，《體系刑法各論第二卷》，頁204，臺北，自版（2000年）。

其他數種行為，亦無分別結合而論以數個強盜結合犯之餘地，本件強姦罪與殺害被害人罪之關係較為接近，應成立刑法第二二三條強姦殺人罪，從而，強盜行為即無由與之再度結合，理應就強盜與強姦殺人二罪，分別按數罪或牽連犯論罪。

丁說：本題應屬強盜強姦罪之結合犯與強姦殺人罪之結合犯，二者具有方法結果之牽連關係，依刑法第五十五條從一重處斷。

2.所殺害之對象，非為被強姦之婦女者

甲說：本罪之性質，本屬強盜罪之加重規定，其體例與刑法第三二一條第一項各款加重竊盜罪情形類似，而成立同法第三三二條第二、四款之罪，然其強盜之基本行為只有一個，其結合之加重行為二個，故於判決內，應將該加重情形並舉，論以強盜強姦、強盜殺人等罪。

乙說：認強盜罪只有一個基本行為，對之不能有二次以上之評價，本題應為強盜與強姦殺人之想像競合犯。

丙說：殺人及強姦二者均為強盜之加重規定，係一行為觸犯數罪之想像競合犯，應以強盜強姦、強盜殺人罪從一重處斷。

〈座談會研究結果〉本案不問殺害之對象是否同為被強姦之婦女，強盜殺人、強盜強姦係兩個單一犯罪行為，仍應依刑法第五十條併合處罰之。

〈法務部檢察司研究意見〉同意座談會研究結果（法務部(75)法檢(二)字第 1013 號）。

㈡強盜結合罪與強盜致死、傷罪

例如行為人在實施強盜行為時，見被害人姿色頗佳，遂為強制性交，被害人不從，行為人用力掩住其口鼻，致被害人死亡。按強盜結合罪並無加重結果犯之規定，因此，如犯強盜結合罪，因而致被害人死亡或重傷者，究應如何處斷？有謂應就本罪與各該罪之加重結果犯，成立法規競合，擇一重罪處斷。如前例，強盜殺人罪之保護法益與強盜致死罪之保護法益相同，在構成要件之關係上，具有補充關係，強盜殺人為基本規定，強盜致死為補充規定，優先適用強盜殺人罪。有謂加重結果包括在結合罪之概念中，不另論罪❻。前者固非無據，但因所舉之例乃屬同一保護法益，固無

疑義；倘若是強制性交致死罪、擄人勒贖致死罪，因保護法益不具同一性，在犯罪評價上，似乎無成立法規競合之可能，在解釋上自有偏頗。而如探究結合犯立法之目的，則因結合犯惡性較大、犯罪情節較重，後者將加重結果犯涵括至結合犯內，在立論上不無理由，本文從之。

(三)準強盜罪與強盜殺人罪

竊盜後當場施強暴之行為，即使是殺人行為，仍應成立刑法第三三二條第一項強盜殺人罪，而非成立刑法第三二九條準強盜罪。實例如：

〈例 1〉

被告於行竊時因被事主發覺，遂用刀亂刺，使其不能抗拒，迨將事主殺死後，始取財圖逃，顯於財物未經入手之時，變更竊盜之犯意，而為強盜行為，自應構成強盜而故意殺人之罪，與竊盜於財物入手後，因脫免逮捕，而當場行強殺人之情形不同（33 上 1376）。

〈例 2〉

竊盜因脫免逮捕而當場施以強暴，依刑法第三二九條，應以強盜論，又其當場所施之強暴，即係殺人行為，應成立犯強盜罪而故意殺人之結合犯，不得謂以強盜論之行為，即為殺人罪之本身行為，係一行為而觸犯殺人與強盜之數罪名，原判決依刑法第五十五條從一重之殺人罪處斷，於法殊有未合（30 上 2011）。

〈例 3〉

〈提案〉某甲侵入住宅行竊，為事主某乙發覺而逃，某乙之子某丙及某乙先後下樓追捕，某甲為脫免逮捕，持刀先將某丙殺死，某乙繼之追到，亦被殺未死，某甲所犯數罪間之法律關係，有下列諸說：

〈討論意見〉

甲說：某甲侵入住宅行竊，為事主某乙發覺而逃，某乙之子某丙先下樓追捕，某甲為脫免逮捕，持刀將某丙殺死，係犯準強盜罪（刑法第三二九條）而有殺人既遂之行為，應成立刑法第三三二條第四款強盜殺人之結合犯，其嗣後持刀殺追捕之某乙未死，另成立殺人未遂罪，與前之強盜殺

---

❻　甘添貴，《體系刑法各論第二卷》，頁 201，臺北，自版（2000 年）。

人結合犯併合處罰。

　　乙說：某甲因竊盜為脫免逮捕而殺死某丙部分，應論以強盜殺人罪，固無疑問。但某甲嗣後持刀殺追捕之某乙未死，亦係因竊盜，為脫免逮捕而實施強暴之結果，與單純殺人未遂之情形不同，其殺人未遂部分應與所犯準強盜罪依牽連犯規定，從一重之殺人未遂罪處斷，並與在先所犯強盜殺人罪，併合處罰。

　　丙說：某甲侵入住宅行竊，為事主某乙發覺而逃，某乙之子某丙先下樓追捕，某乙繼之追捕，某甲為脫免逮捕，當場持刀對相繼追捕之某丙及某乙實施強暴，係犯一個準強盜罪，而其當場實施強暴時，將某丙殺死，某乙則被殺未死，又屬一行為而觸犯殺人既遂及殺人未遂二罪名，應從一重之殺人既遂處斷，其殺人既遂之行為因與所犯準強盜有結合犯關係，應適用刑法第三三二條第四款，以犯強盜罪而故意殺人論科。

　　〈決議〉採丙說（最高法院 68 年第 2 次刑事庭庭推總會議決議）。

【結論】

　　視甲強盜行為既、未遂而與殺人未遂，依刑法第五十條數罪併罰之規定，併合處罰。

一、按刑法第三三二條第一項強盜殺人罪結合犯之成立，僅須行為人以殺人為實施強盜之方法，或在行劫之際故意殺人，實施強盜與故意殺人二者有所關聯者，即應依本罪處罰。至於二者之間是否有犯意聯絡關係，並非所問。依題示，甲係利用強盜行為時故意殺人，自成立強盜殺人罪。

二、又結合犯既、未遂之認定，須基礎行為——強盜與相結合行為——殺人，同屬既遂，或者是殺人行為既遂，強盜殺人罪始為既遂。依題示，甲殺人之行為未遂，因刑法第三三二條第一項強盜殺人罪無處罰未遂犯之規定，因此，因甲見被乙認出，始起意殺人，故視甲強盜行為既遂或未遂，與殺人未遂，基於犯意各別、行為各別，數罪併罰。

【參考法條】

刑法第二二六條第一項

犯第二百二十一條、第二百二十二條、第二百二十四條、第二百二十四條之一或第二百二十五條之罪，因而致被害人於死者，處無期徒刑或十年以上有期徒刑；致重傷者，處十年以上有期徒刑。

刑法第三二八條第三項

犯強盜罪因而致人於死者，處死刑、無期徒刑或十年以上有期徒刑；致重傷者，處無期徒刑或七年以上有期徒刑。

刑法第三四七條第二項

因而致人於死者，處死刑、無期徒刑或十二年以上有期徒刑；致重傷者，處死刑、無期徒刑或十年以上有期徒刑。

刑法第三三二條

犯強盜罪而故意殺人者，處死刑或無期徒刑。

犯強盜罪而有下列行為之一者，處死刑、無期徒刑或十年以上有期徒刑：

一　放火者。

二　強制性交者。

三　擄人勒贖者。

四　使人受重傷者。

【練習題】

一、計程車司機甲強制性交乘客乙，且將乙身上金融卡、信用卡、現金搜刮一空。因乙大聲呼救，甲將乙勒死滅口。請問甲之行為成立何種犯罪？

二、計程車司機丙見丁乘客一人可欺，遂駛至暗巷強制性交，後來強取丁身上金飾、現金，丁極力抵抗，丙掩其口鼻，致丁窒息死亡。請問丙之行為成立何種犯罪？

問題二十
侵占罪之主體與客體

> 甲將自己之不動產,以二千萬之價金賣予乙,二人簽定買賣契約。乙於交付二千萬元後,甲不但未完成所有權移轉登記,反而將同一不動產以二千五百萬之價金賣予不知情之丙,並辦妥所有權移轉登記。請問甲之行為是否成立犯罪? 又如果丙知情,丙是否亦成立犯罪?

【問題點】

一、侵占罪之保護法益及類型

二、侵占罪之行為主體為身分犯

三、侵占罪之行為客體

四、侵占罪之目的──不法所有意圖

五、「侵占」之意義

六、其他問題

【解析】

一、侵占罪之保護法益及類型

　　侵占罪之保護法益異於前開竊盜、搶奪、強盜等罪之保護法益,僅指他人對財物之所有權及其他本權。此外,公務、公益及業務上之侵占罪之保護法益,則為財物之保管安全[1]。至於侵占脫離物罪所保護之法益,則為原持有人回復持有該物之財產利益;亦即為原持有人對財物之持有利益[2]。

　　由刑法第三三五條至第三三七條規定可歸納出侵占罪共計有五種類型:(1)普通侵占罪、(2)公務侵占罪、(3)公益侵占罪、(4)業務侵占罪、(5)侵占脫離物罪。茲以下表比較其異同:

---

[1] 大谷實,《刑法各論》(成文堂,2 版,2002 年),177 頁;川崎一夫,《刑法各論》,(青林書院,初版,2000 年),216 頁。

[2] 甘添貴,《體系刑法各論第二卷》,頁 260,臺北,自版 (2000 年)。

	普通侵占罪	公務侵占罪	公益侵占罪	業務侵占罪	侵占脫離物罪
行為主體	持有他人之物者	持有公務上之物者	持有公益上之物者	持有業務上之物者	一般人
行為客體	他人之物	公務上持有之物	公益上持有之物	業務上持有之物	遺失物、漂流物或其他離本人持有之物
主觀構成要件要素	不法所有意圖及侵占故意	同	同	同	同
客觀構成要件行為	侵占	同	同	同	同

二、侵占罪之行為主體為身分犯

　　侵占罪（除侵占脫離物罪外）之行為主體須限於自己持有他人之物者、或持有公務上、公益上、業務上之物者（刑法第三三五條第一項、第三三六條第一、二項），屬純正身分犯。因此，未具身分者與有身分者共同實施侵占之行為者，有刑法第三十一條第一項之適用。例如甲與服務於會計師事務所之助理乙共同計畫，將顧客寄放於事務所、由乙負責保管之股票賣出後，捲款逃亡。雖該股票係屬乙業務上持有之物，甲不具業務侵占罪行為主體資格，但依刑法第三十一條第一項規定：「因身分或其他特定關係成立之罪，其共同實行、教唆或幫助者，雖無特定關係，仍以正犯或共犯論。但得減輕其刑。」甲乙成立業務侵占罪之共同正犯。我國實例如：甲女與乙男姘居，嗣後乙男因犯罪入監受刑，將其衣物交與甲女管理，甲女即與丙男將乙男衣物一同捲逃，丙男雖非持有人，但與持有人甲女一同捲逃，依刑法第三十一條第一項應成立同法第三三五條第一項之共同正犯（院字2288）。侵占罪之持有關係為特定關係之一種，如持有人與非持有人共同實施侵占他人之物，依刑法第三十一條第一項、第二十八條，均應論以同法第三三五條之罪。至無業務上持有關係之人，對於他人之業務上持有物根本上既未持有，即無由觸犯同法第三三五條之罪，若與該他人共同實施或教唆幫助侵占者，依同法第三十一條第一項之規定，應成立第三三六條第二項之共犯（院字2353）。

三、侵占罪之行為客體

侵占罪依其態樣，行為客體顯有不同，但原則上侵占罪既屬財產犯罪之一環，行為客體自屬財物，且該財物必為他人所有（只不過在行為人持有中），此外，侵占脫離物罪之行為客體較為特殊，以下茲分項敘述之。

㈠財　物

所謂財物，包括動產及不動產在內。又因財產上利益之取得在侵占之模式下殊難想像，不是本罪之行為客體。刑法上之侵占罪，係以侵占自己持有他人之物為要件，所謂他人之物，乃指有形之動產、不動產而言，並不包括無形之權利在內，單純之權利不得為侵占之客體（71 臺上 2304）。刑法第三三五條第一項所謂他人之物，固不以動產為限，不動產亦屬之，但財產上不法之利益無與焉（51 臺上 190）。此外，金錢或其他種類、品質、數量相同之其他財物的代替物亦屬之。如以自己或第三人不法所有之意思而侵占自己持有他人之物，不論其物體是否代替物，均應成立刑法第三三五條第一項之侵占罪（院解字 3742）。至於電氣或其他能量之準動產是否可作為本罪之行為客體，學說上雖然有肯否之爭，但依刑法第三三八條準用第三二三條之規定，自無疑義。

1. 在自己持有下

本罪之行為客體必須屬於在自己「持有」下之他人之物。倘若是取得在他人持有之下的財物，應構成竊盜罪，而非侵占罪。所謂「持有」係指對該財物有事實上或法律上支配力之狀態。竊盜罪之持有係對物有事實上之支配力，侵占罪係對物在法律上支配「占有」中，二者占有之內容大異其趣。竊盜罪係以侵害他人之占有為特徵，而侵占罪重要的是對物有排他性之支配力。申言之，侵占罪之成立，其前提是行為人自己居於在法律上很容易地處分他人之物的狀態(處分可能性)，處罰其濫用處分權之情形❸。

2. 基於委託信任關係之持有

尤應注意的是，刑法上所謂侵占罪，以被侵占之物先有法律或契約上之原因在其持有中者為限，否則不能成立侵占罪（52 臺上 1418）。換言之，

---

❸　大谷實，《刑法各論》（成文堂，2 版，2002 年），178 頁。

本罪之「持有」係以信任關係為基礎。「信任關係」不以借貸契約（使用借貸）、寄託契約、僱傭契約、委任契約等所發生之關係為限，除由法律一般原則所發生之場合外，還包括事實上或習慣上所發生之信任關係。是以，委任契約、寄託契約一旦解除，在尚未返還受委任保管或寄託之物者，非謂已無信任關係，仍得成立本罪。再者，信任關係不一定是因適法目的所形成，如後述不法原因給付之情形亦有可能成立侵占罪❹。申言之，只要在交易上基於誠實信用原則，對物之持有有信任關係，得有效地處分他人之物的狀態即已足。例如信賴買賣契約成立後對方會依約交付買賣標的物，而依約支付價金，而賣方在未交付標的物時，負有保管之責任，即是基於信任關係之持有狀態❺。

3. 物之他人性

本罪行為客體不但須是基於信任關係持有之物，且該物須具他人性。即除了是在公務上、公益上或業務上持有者外，此財物應屬「他人」之物。所謂他人之物，係指除行為人以外，屬於自然人或法人所有之物。該物是否屬於他人所有，應以民法上之所有權為基礎，從刑法之立場，依法律的、經濟的觀點考慮其是否有保護之必要。基此，共有物之占有人，排除其他共有權利人而侵占共有物者，當然構成侵占罪，而不問該共有物是公同共有或分別共有，就共有物之全部成立侵占罪。我實務亦為相同解釋，如刑法上所稱之他人，涵義並不一致，如第一八九條第一項之他人，係專以自然人為限，而第二十三條、第一七四條第一項之他人，則係兼指自然人及法人而言，此類情形，自應依各法條規定之性質分別決之，至同法所稱之第三人，均包含自然人及法人在內（院解字 2977）。自己所持共有物，詐稱自己獨有，以之抵押於人，應成立侵占罪（最高法院 25 年決議㈡）。又如：

---

❹ 川崎一夫，《刑法各論》（青林書院，初版，2000 年），218 頁。這種特別關係是否存在，通常多係基於法律規定或委任、信託、寄託、使用借貸等等事實為基礎，但是並不以民法上之法律關係為限，在日常生活上，以誠實信用原則為基礎之情形，如無因管理或拾得他人遺失物等情形，亦不能置於法律保護之外。

❺ 大谷實，《刑法各論》（成文堂，2 版，2002 年），179 頁。

〈法律問題〉告發人檢舉已辦理寺廟登記，但未辦理財團法人或社團法人登記之某寺廟住持侵占廟款，則該寺廟之廟款，是否為刑法侵占罪所稱之「他人」之物？（臺灣屏東地方法院檢察署90年2月份法律問題座談會會議提案）

〈說明〉

甲說（肯定說）：

理由：

凡有僧道住持之宗教上建築物，不論用何名稱，均為寺廟；寺廟財產及法物，應向該管地方官署呈請登記；寺廟財產及法物為寺廟所有，由住持管理；寺廟之不動產及法物，非經所屬教會之決議，並呈請該管官署許可，不得處分或變更，監督寺廟條例第一、五、六、八條定有明文。可見已向主管機關辦畢寺廟登記之寺廟非無權利能力（最高法院85年臺上字第2964號民事裁判參照）。

上訴人對於廟產據為己有，私自標賣，雖房屋未賣出，而侵占行為已不能謂非達於既遂之程度，原審認為未遂，自屬未當（最高法院20年上字第828號判例參照）；因此，侵占之廟產，無論是否已辦妥財團法人或社團法人登記，均足為侵占之客體。

寺廟財產及法物為寺廟所有，由住持管理之。監督寺廟條例（民國十八年十二月七日公布）第六條定有明文，因此，寺廟可為獨立之財產所有權之主體。

結論：本件被告曾任該寺廟之住持，負責管理該寺廟財產，既有侵占廟款情事，自應負刑法侵占罪責。

乙說（否定說）：

理由：

刑事訴訟法所稱犯罪之「被害人」及告訴人，指「自然人」及「法人」，亦即民法上之權利能力者,因告訴旨在向有偵查權之人陳報犯罪嫌疑事實，故告訴人並須具有意思能力，告訴之代理人自亦必須具有權利能力及意思能力。又代理告訴如以書狀為之，須列有告訴權之人為告訴人，並列受告

訴人委任之人為代理人，始符代理之法理及告訴行為之程式（最高法院 86 年臺上字第 4411 號刑事裁判參照）。因此，非法人團體，無為刑事上被害人之資格。

法人為被害人時，固應由其代表人提起自訴。但非法人團體無所謂行為能力，該團體縱設有董事等代表或管理之人，亦不得由其以「該團體」之名義提起自訴（最高法院 83 年臺上字第 4778 號刑事（侵占）裁判參照），因此，該團體自亦無被害人之資格。

查寺廟經向政府機關辦理寺廟登記有案，惟未依民法、民法總則施行法等有關規定成立法人並為法人之登記，自不具法律上之人格；至其管理人或管理委員會就廟產之爭執，依刑事訴訟法第二三二條之規定並無告訴權，惟寺廟係民事訴訟法第四十條第三項所稱之非法人之團體，並無礙其於民事訴訟得為確定私權之請求，及得為相對人之能力。又依監督寺廟條例第六條規定寺廟財產及法物為寺廟所有，由住持管理之，本部 71 年 3 月 8 日臺內地字第 70191 號函釋自得繼續適用（內政部 77 年 3 月 8 日(77)臺內民字第 566031 號令解釋參照）。因此，無法律人格之寺廟，可為民事案件之主體，但不得為刑事案件之主體。

人民向寺廟捐贈財產，其產權已隨贈與行為而移轉，對於該寺廟財產無權過問。如不屬於監督寺廟條例第三條各款所稱之寺廟，應依照監督寺廟條例辦理，毋庸另組管理機構（內政部 42 年 22183 字第 420000 號解釋參照）。因此，人民捐贈予非法人團體之寺廟之財產，即喪失該財產所有權，縱寺廟支用不當，捐贈人亦非財產上之被害人。

寺廟財產及法物為寺廟所有，由住持管理之。監督寺廟條例（民國十八年十二月七日公布）第六條固定有明文，但依民國十八年五月十四日國民政府公布施行之「法規制定標準法」之規定，監督寺廟條例係命令性質之規定，因此，行政機關不得以法規命令創設人格權及財產權之主體。

刑法第三四二條之背信罪，其主體係以為他人處理事務者為限，而此所稱之「他人」，包括自然人及法人；至所謂「為他人」，則指受他人之委任而為其處理事務之意，亦即其與「他人」間之內部關係，乃具有一定之

任務,而負擔處理該他人之事務之謂。最高法院 17 年民刑事庭會議決議,及最高法院 73 年臺上字第 847 號刑事裁判均曾說明在案。因此,參酌上述決議及裁判意旨,如解釋背信罪之「他人」包括不具人格之非法人團體在內,則非法人團體如何產生內部之委任關係?從而侵占罪所稱之侵占「他人」財產之他人,是否應為同一解釋。

　　結論:本件既無具體被害之「他人」,該寺廟住持縱然有侵占廟款之行為,也與侵占罪之構成要件不符,難以侵占罪相繩。

　　丙說:

　　理由:本件屬於積極信託,信託住持內容為管理廟產,進行宗教事務。寺產雖登記寺廟為所有權人,住持實係受所有捐贈者之信託管理該廟產,即屬公益信託上之宗教上信託,此項信託縱成立於信託法實施之前,即屬事實上信託,參諸最高法院承認事實上委任,事實上信託,基於同一法理,亦應許之。捐贈者既已移轉所有權予寺廟,此時住持雖違背受任事務,侵占廟款,以侵占性質上係背信之特別規定,仍應以侵占罪論處。

　　〈法務部研究意見〉採甲說:依監督寺廟條例,寺廟可為獨立之財產所有權之主體,故寺廟住持侵占廟款,自應負侵占罪責。參照最高法院 20 年上字第 828 號判例意旨,無論寺廟是否已辦理法人登記,其廟產均得為侵占罪之客體(法檢字第 0910800673 號)。

㈡買賣之標的物

　　買賣動產或不動產,於訂立買賣契約後,賣方有義務移轉買賣標的物之所有權予買方(民法第三四八條第一項)。基此,在訂立買賣契約後,尚未移轉買賣標的物之所有權或尚未為所有權移轉登記前,該買賣標的物尚在賣方之持(占)有中,仍屬他人之物。

㈢他人之金錢

　　金錢或其他代替物,因消費借貸契約由當事人之一方移轉所有權於他方者,他方雖負有以種類、品質、數量相同之物返還之義務,但非代所有權人保管原物,其事後延不返還,自係民事上違約問題,與侵占罪之要件並不相符(23 上 1830)。

㈣處分贓物之價金

強盜將搶得之財物分別當賣，係犯強盜罪後處分贓物之行為，自不能再論以侵占之罪（22上4389）。然而，前開情形指的是財產犯罪行為人除構成財產犯罪外，處分贓物之行為係屬不可罰之後行為，不發生成立侵占罪之問題。惟倘若行為人受竊盜罪犯罪行為人之委託持有竊盜贓物，為其處分贓物，則在此情形下，該竊盜犯罪所得之物不論是「贓物」或者是業經處分後所換得之金錢，仍屬「他人之物」，如意圖為自己或第三人不法之所有，將持有轉換成所有，對財產犯罪之被害人言，固然成立贓物罪，對竊盜罪犯罪行為人言，則成立侵占罪，前後二罪為法規競合。又受託人於受託時不知受託之物為贓物，後來知道了，將該贓物賣給不知情之第三人，取得價金之情形，受託人是否成立犯罪？關此問題，計有(1)成立侵占罪；(2)成立贓物罪；(3)成立侵占遺失物罪三說相對立。如前所述，侵占罪之前提在於行為人與被害人間有特別之信任關係，為了保護此份信任關係，行為人（前揭所稱受託人）既然知悉該物為贓物仍然予以賣出，自成立贓物罪；同時，行為人將買賣贓物所得價金據為己有，亦成立侵占罪，二者成立法規競合❻。

㈤公務機關命其保管之物

即使是自己之物，如經公務機關查封後命其保管，亦屬本罪之客體。蓋經公務機關查封後命當事人保管之情形，在此時屬公務員占有（間接占有），違反信任關係，意圖為自己或第三人不法之所有，實施侵占之行為，除違反查封命令外，亦有本罪之適用。

㈥公務上持有之物

即指基於公務上之原因而持有之物。例如公務員基於職務關係所保管之財物，或公務員因執行職務所扣押之物等是。不以公有物為限，即使是私人物品，如果是公務員因公務上原因而持有者，例如民眾交至警察局之拾獲物品、交通警察之扣車、證件等，亦屬之。我國實例如：

1.刑法第三三六條第一項之侵占公務上持有物罪，以具有公務員之身

---

❻ 大判昭和13.9.1刑集17號648頁；大判大正6.10.23刑錄23號1091頁。

分，以及侵占之物屬於其公務上所持有為構成要件（51 臺上 1616）。

2.刑法第三三六條第一項之侵占公務上持有物罪，以具有公務員之身分，且本其職務關係而持有為成立要件（49 臺上 589）。

3.設定擔保物權原為所有權人之處分行為，不屬於持有人之權限，如以公務上所持有之公有有價證券，擅自向銀行質押借款以供己用，其性質即係設定權利質權，屬於持有人處分持有他人所有物之行為，亦即變更持有為不法所有之意，與公務員侵占公用財物罪之構成要件相符（63 臺上 3091）。

4.刑法第三三六條第一項所謂侵占公務上所持有之物，必須其物因公務上之原因歸其持有，從而侵占之，方與該罪構成要件相合。如原無公務上持有關係，其持有乃由其詐欺之結果，則根本上無侵占之可言，自難以公務侵占罪論擬（53 臺上 2910）。

(七)公益上持有之物

刑法第三三六條第一項所謂侵占因公益所持有之物，必須其物因公益上之原因而持有，從而侵占之，始得構成。若其物雖有關公益，而行為者初非本處理公益事務之身分，或未受處理公益事務者之委託，因公益上之原因而持有，縱有侵占行為，要難以本罪論擬（31 上 1129）。例如：慶豐社區理事會係依臺灣省社區發展十年計劃第九項第二款之規定設立，並非公務機關，而係舉辦公益為目的之民眾團體，亦非受公務機關委託承辦公務。上訴人以理事長身分持有該社區財物，乃因公益而持有。其將因公益而持有之押標金侵占花用，應成立刑法上之侵占公益上持有物罪（70 臺上 954）。惟若因執行公務或業務而持有，縱其物有關公益，仍屬公務上或業務上持有物，例如：刑法第三三六條第一項所謂侵占公益上所持有之物，必須其物因公益上原因而持有，從而侵占之，始得構成。上訴人受糧食事務所委託保管穀物，純係基於業務上之原因，並非因辦理公益而持有，自難依侵占公益上持有物之規定論科（46 臺上 1164）。

(八)業務上持有之物

即指從事一定業務之人，因執行業務，而持有他人之物者。換言之，

信任關係須與其所執行之業務具有密切關係，有基於包括之委託信任關係者，例如農會職員因業務保管之農會的財物（44 臺上 740）；亦有基於個別之委託信任關係者，例如貨車司機受託載運鋼筋（65 臺上 1072）。否則，只能論以普通侵占罪（23 上 1620）。

此所稱業務，必須基於社會生活上之地位，反反覆覆繼續從事受委託持有或保管他人之物之事務，至於業務之根據究係依法令、契約或依習慣，則非所問。典型之例子如倉庫業者、運送業者、修繕業者、代人保管業者、洗衣業者等。其他如在公司、團體負責保管金錢之職員、護士專門負責收取保證金或押金者。又即使是受特定人委託持有或保管其物者，只要是繼續、反反覆覆地從事該事務，亦屬業務。再者，此業務除本業外，還包括兼業在內，是否取得執業之證照，或其業務之執行在程序上是否合法，甚至於業務本身是否違法，均非所問。即使是在喪失業務上之地位後，仍未免除該業務上之保管責任者，亦為本罪之行為主體❼。

我國實例如：

〈例 1〉

上訴人受僱為某公司駕駛散裝水泥車，公司交付其所載運之水泥，即屬其業務上所持有之物，對於殘留車櫃中之水泥，不依公司作業之規定處理，而私自在外清理，據為己有，自屬業務上之侵占（68 臺上 36）。

〈例 2〉

縣屬林場福利社出納員侵占保管之福利金，因福利社之業務與該機關本身之公務有別，僅應成立業務上之侵占罪（47 臺上 1227）。

〈例 3〉

〈提案〉刑二庭提案：茲有農會職員侵占職務上保管之財物，究係犯刑法第三三六條第一項之因公益持有物侵占罪，抑係犯同條第二項之業務上侵占罪？如下之二說：

〈討論意見〉

甲說：院解字第 3710 號解釋，以農會法第四條所定，應指導農民協助

---

❼ 大谷實，《刑法各論》（成文堂，2 版，2002 年），186–187 頁。

政府進行之事項，均係有關社會之公益，因認農會職員係辦理社會公益事務之人，雖該號解釋係為懲治貪污條例第一條第二項（已失效）所謂「辦理社會公益事務以公務論其財物，以公有財物論」而發，其旨在重視農會之財物起見，但概以當時農會法第四條為立論根據，而現在臺灣施行之農會法第四條關於農會之任務，仍不過以扶植農民協助政府進行各種法定事項為主，依前項解釋，要亦不失為辦理社會公益事務之人，則其侵占職務上保管之財物，自係犯因公益持有物之侵占罪，而非業務上之侵占罪。

　　乙說：准照糧食局查復本院公函，農會辦理生產貸款及稻穀肥料豆類等貸放事務，均係基於契約關係，是故難謂為辦理社會公益事務，即就現行農會法第四條所定而論，既多為扶助某一地域業農人之利益，而非扶助某一地域一般人之利益，則農會職員為業農人辦理之事務，其性質應屬業務上之事務，而非公益上之事務，如侵占其職務上保管之財產，應非犯因公益持有物之侵占罪，而為犯業務上侵占罪，否則，恐牽涉其他如工會商會職員侵占，亦須論以公益上侵占罪，尤顯無法律上之根據。

　　〈決議〉農會職員侵占職務上保管之財物，除其侵占之財物係屬公益者外，以業務侵占論（最高法院 44 年民、刑庭總會議決議㈡）。

　　〈例 4〉

　　〈法律問題〉甲係某公立國民中學校長，該校員生消費合作社係登記有案之合作社法人。於民國八十七年間該校為辦理端午節慶祝活動，由該校員生消費合作社於理事會中決議，由該社公益金提撥新臺幣（下同）十萬元辦理慶祝活動。校長甲雖非兼任該員生消費合作社之理、監事，然依「臺灣省各級學校員生消費合作社改進要點」第九點規定：「員生社各項法定會議，應邀請校長列席指導。其決議事項並應經校長核定後報請主管機關備查。其對外行文均應先簽陳校長閱後辦理。」是以甲仍依前述規定列席該校員生消費合作理事會議，並對於會議通過提撥十萬元辦理慶祝活動之決議，做出同意辦理之指示。惟於端午節時，該校並無舉辦任何慶祝活動，是項活動經費十萬元遭校長占入已花用殆盡。問甲犯何罪。

　　〈討論意見〉

子說：依「臺灣省各級學校員生消費合作社改進要點」第八點規定：「學校教職員兼任理事主席及經理以下之實務人員，應視此項工作為學校公務之一部分，校長得視實際情形減輕其行政工作。」故公立國民中學員生消費合作社之業務亦屬學校公務之一環。員生消費合作社之公益金亦屬公有財物。校長甲將辦理端午節慶祝活動之公益金侵占入已花用殆盡，係犯貪污治罪條例第四條第一項第一款之侵占公有財物罪。

丑說：最高法院 59 年臺上字 96 號判決意旨謂：「機關福利社之業務與該機關本身之公務不同。」而公立學校員生消費合作社之性質與機關福利社之性質相同。雖「臺灣省各級學校員生消費合作社改進要點」第八點規定：「學校教職員兼任理事主席及經理以下之實務人員，應視此項工作為學校公務之一部分，校長得視實際情形減輕其行政工作。」惟此係為了減輕兼任員生消費合作社業務之教職員之行政工作而為身分上問題之規定，並非謂員生消費合作社之業務即係學校之公務。又依「臺灣省各級學校員生消費合作社改進要點」第四點規定：「各級學校應輔導其現任教職員及在學學生全部參加員生社為社員……。」第十四點前段規定：「員生社物品應由學生自由購買……。」可知公立國民中學員生消費合作社係屬私法人，其賣予學生物品之行為係屬私經濟行為，為私法行為，而非學校公務行為（司法行政部刑事司臺 65 刑二字第 075 號函復臺高院亦認：員生消費合作社非屬公立國民小學之公務範圍），因而員生消費合作社之公益金乃私有財物，並非公有財物，故校長侵占公益金花用殆盡，係犯刑法第三三六條第二項之業務侵占罪。

〈法務部研究意見〉以丑說為當（法務部(89)法檢字第 000805 號）。

㈨遺失物、漂流物或其他離本人持有之物

所謂遺失物，未基於占有人之意思而脫離其占有，現在尚不屬於任何人占有之物。所謂漂流物，即指在水中之遺失物。所謂其他離本人所持有之物，乃指遺失物、漂流物以外，其他非基於本人之意思，而脫離其持有之物。例如郵差送錯之信件、在公車、捷運上被人留下來的物件、走失之家畜、晾曬之衣物隨風飄走、養殖業者之魚蝦因颱風而流至河川等等。應

注意的是，此物之所有權人為何人須無法判斷。但某些財產價值較高者，或者是否為文化財產關係不明之古塚中的古物，不得即認為其是無主物，蓋其雖已有數千數百年歷史，因仍屬埋葬者及其子孫依繼承關係之權利，仍該當本罪之行為客體❽。

我國實例如：

〈例1〉

〈法律問題〉甲明知停放於活動中心甚久掛有未報廢車牌之機車為竊賊棄置之贓車，竟趁人不知，將之牽回住處停放移歸自己持有使用。問甲應成立何罪責？

〈討論意見〉

甲說：成立刑法第三二〇條第一項竊盜罪。

理由：按刑法上之竊盜罪，不以竊取他人所有之動產為限，即屬他人支配持有之動產，亦足為竊盜罪之客體。本件甲明知該機車為贓車，係屬他人（竊賊）支配持有之動產，竟擅自牽回住處移歸自己持有使用，其顯有為自己不法所有之意圖甚明，又趁人不知擅取，已構成刑法第三二〇條第一項之竊盜罪。

乙說：成立侵占脫離本人持有之物罪。

理由：竊盜罪固不以竊取他人所有之動產為限，即屬他人支配持有之動產，亦足為竊盜罪之客體。然本件機車為贓車並停放活動中心良久，顯係竊賊所遺棄，甲明知其為贓車，仍牽回住處停放移歸自己持有使用，顯有意圖為自己不法之所有，侵占脫離本人即機車之所有人持有物之行為，應成立刑法第三三七條之罪（77年6月刑事確定裁判指正第4輯第127頁參看）。

丙說：成立收受贓物罪。

理由：按收受贓物為贓物罪之概括規定，凡與贓物罪有關，不合於搬運、寄藏、故買、牙保贓物之取得持有，均成立收受贓物罪，並不以無償

---

❽　大判大正6.10.15刑錄23號1113頁；大判大正15.11.2刑集5號491頁；最決昭和56.2.20刑集35卷1號15頁；最判昭和25.6.27刑集4卷6號1090頁。

移轉所有權為必要。本件某甲明知機車係贓車，竟擅自將上開機車牽回住處移歸自己持有使用，自屬收受贓物，應成立刑法第三四九條第一項之罪（司法院⑺廳刑一字第 836 號函復臺灣高等法院）。

〈司法院第二廳研究意見〉本題案內有「牽回」二字，均改為「取回」。採乙說（司法院⑺廳刑一字第 309 號）。

〈例 2〉

〈法律問題〉某甲於賽鴿飛行中途山野，架設尼龍網，捕捉他人所有飛過之賽鴿，究應負刑法第三二〇條第一項之竊盜罪責，抑應負刑法第三三七條之侵占離本人持有之物罪責？

〈討論意見〉

甲說：賽鴿係他人所有飼養之飛禽，乃屬動產之一種，雖在比賽中飛翔，然隨時可以飛回，難謂係離本人所持有之物，如某甲意圖為自己不法之所有，架網加以捕捉，應構成刑法第三二〇條第一項之竊盜罪。

乙說：賽鴿在比賽飛行中，已脫離原所有人實力支配範圍，即係離本人所持有之物，某甲意圖為自己不法之所有，予以網捕，侵占入己，應構成刑法第三三七條之侵占離本人持有之物之罪。

丙說：某甲意圖為自己不法之所有，網捕他人所有之飛行中賽鴿，固應構成刑法第三二〇條第一項之竊盜罪；惟若該飛鴿係他人飛失之鴿子，例如被害人家住高雄市，將其所有之鴿子攜至臺中市放飛回高雄市，但該鴿子竟往北飛，而某甲在新竹市予以網捕，該鴿係迷失方向，已屬於離本人所持有之物；又或該鴿飛回高雄市之一般飛程僅需時一日，而某甲於被害人放飛後數日，始在嘉義市予以網捕，該鴿應認係飛失之鴿子；或被害人在家中鴿舍放飛鴿子，數日未飛回鴿舍，某甲在高雄市予以網捕，均係構成刑法第三三七條之侵占脫離本人持有之物之罪。

〈司法院第二廳研究意見〉採丙說（司法院⑺廳刑一字第 1669 號）。

四、侵占罪之目的——不法所有意圖

侵占罪之成立亦以不法所有意圖為其主觀構成要件要素。侵占罪之成立，以擅自處分自己持有之他人所有物，或變易持有之意為所有之意，而

逕為所有人之行為，為其構成要件，雖行為之外形各有不同，要必具有不法所有之意思，方與本罪構成之要件相符（19 上 1052）。公務上侵占罪之成立，以對於公務上所持有之物變更其持有意思，圖為自己或第三人之不法所有為構成要件。此項構成犯罪之意思要件，必須於判決內明確認定，詳細記載，始足為論處罪刑之根據（52 臺上 2601）。然通說認為其不法所有意圖與竊盜罪、搶奪罪、強盜罪等奪取罪之不法所有意圖顯有差異。按本文前曾將竊盜罪之不法所有意圖定義為：「排除權利人行使所有權內容之意思，使他人之物成為自己之所有，依其經濟上之用法加以利用或處分之意思。」而侵占罪無占有移轉之事實，故侵占罪之行為人在主觀上欠缺「排除權利人行使所有權內容之意思」，只存有「使他人之物成為自己之所有，依其經濟上之用法加以利用或處分之意思。」據此，行為人如果僅具有毀棄、隱匿之意思或暫時使用之意思，則是否可構成侵占罪？換言之，是否有所謂「使用侵占」？依肯定說——越權行為說之立場，如果行為人以毀棄、隱匿之意思「違背委託之任務，對受託物無任何權限，而以所有人處分之意思」，則行為人在主觀之態度上已有排除權利人之意思，如著眼於逾越受託人權限之事實，無疑地，自可成立侵占罪。申言之，如將不法所有意圖解釋為社會生活上「已超越所有權人容許之程度而具有實質利用之意思」者，從主觀面來看，即屬違反正當占有人委託旨趣之「越權行為」。反對成立侵占罪者認為，只要占有人對委託物仍得為財產之處分者，因不法所有意圖之內涵強調的是「依經濟上之用法處分之意思」，單純毀棄、隱匿意思之行為，欠缺不法所有意圖——此主觀構成要件要素，故不成立侵占罪。此外，關於金錢及不特定物，例如消費寄託金錢之保管，假設未遲滯填補之意思及有資力之場合，尚不構成侵占罪；但如果不容許暫時流用，基至於雖可暫時流用，在此段時間內如與所有人有相同之意思，則仍認為有不法所有意圖❾。例如銀行櫃臺人員因暫時欠缺百元鈔票，而先暫時借用保管之百元鈔票，或者如百貨公司衣服專櫃人員將為顧客保管之某套裝先穿去參加

---

❾　佐久間修，〈橫領罪における不法領得の意思〉，西田典之、山口厚編，《法律學の爭點シリーズ 1——刑法の爭點》（有斐閣，3 版，2000 年）196 頁。

喜宴，然後再寄送給顧客，均尚不構成侵占罪。

我國實例亦認為成立侵占罪仍以具備不法所有意圖為不可或缺之構成要件之一。刑法上之侵占罪，須持有人變易其原來之持有意思而為不法所有之意思，始能成立，如僅將持有物延不交還或有其他原因致一時未能交還，既缺乏主觀要件，即難遽以該罪相繩（68臺上3146）。侵占罪之主觀要件，須持有人變易其原來之持有意思而為不法所有之意思，如僅將持有物延不交還，不能遽論以該罪（23上1915）。刑法上之侵占罪，以持有人就其持有中之他人所有物，表現其變為所有之意思而成立，不以實際上得財為必要條件。上訴人向警員表示，為某甲所保管之衣服不存在，願賠償臺幣一百二十元之時，如已有變更持有為所有之意圖，其犯罪行為既達侵占罪之既遂階段，嗣後交還侵占物於原所有人，於侵占罪之成立不生影響（44臺上546）。刑法上之侵占罪，以意圖為自己或第三人不法之所有，而擅自處分自己持有之他人所有物，即變更持有之意為不法所有之意，為其構成要件。若以自己或他人名義向人借貸，不能如數清償，自係民事上違背履行契約問題，與侵占罪之要件不合（41臺非57）。又侵占罪係即成犯，凡對自己持有之他人所有物，有變易持有為所有之意思時，即應構成犯罪，縱事後將侵占之物設法歸還，亦無解於罪名之成立（43臺上675）。刑法上之侵占罪，以侵占自己持有他人之物為構成要件。合夥人之出資，為合夥人全體之公同共有，合夥人退夥時，其公同共有權即行喪失。縱退夥人與他合夥人間結算後尚有出資償還請求權，而在未償還以前仍屬於他合夥人之公同共有，並非於退夥時當然變為退夥人之物。他合夥人不履行償還義務，並非將其持有他人之物易為不法所有，自不生侵占問題（28上2376）。

五、「侵占」之意義

依越權行為說，侵占係指違背委託信任關係，行為人將委託持有之他人之物，在違反委託之意旨下據為己有，如此逾越權限之行為，即逸脫權限之行為屬之。依領得行為說，侵占是指不法領得自己持有之他人之物，意指實現不法所有意圖之行為也❿。按刑法上之侵占罪，以持有他人之物

❿ 大谷實，《刑法各論》（成文堂，2版，2002年），183–184頁。如從成立財產

而實行不法領得之意思為構成條件，自必須所侵占之物，於不法領得以前，即已在其實力支配之下，始與持有之要素相符（20上1573）。因此，所謂侵占，應指易持有為所有之行為也。且侵占之行為包括作為及不作為在內。例如警察在職務上所保管之他人之物須經報繳手續，其不將該物送至警局報繳，反而據為己有，即是以不作為之方式，違反作為義務，此實現其不法所有意圖之行為即為侵占行為。

六、其他問題

是否成立侵占罪常常會與現行一般民事問題相交錯，此外，各財產犯罪彼此之間因保護法益相同，在認定上自有重疊現象，以下列舉數個實務常見問題，進一步探討其與本罪之關係。

㈠雙重買賣與侵占罪

按物之買賣後，動產須移轉其所有權（交付），不動產則須辦理所有權移轉登記，前者通常將買賣價金之交付與動產所有權移轉同時為之，故基本上無雙重買賣之問題。而後者因價金較高，辦理貸款、抵押及登記手續之時間較長，因此，在交付買賣價金後，辦妥過戶前，不動產所有人仍有保管該不動產之義務，此時如將該不動產再轉賣給第三人，此即所謂雙重買賣之情形，是否有侵占罪之適用？例如A將自己所有之不動產賣給B，B在所有權移轉登記尚未完妥前，A再將同一不動產賣給C，且C比B先辦妥移轉登記。則A是否成立侵占罪？關此，必須考慮下列四項問題❶：

1. A在將同一不動產賣給C前，因已將該不動產所有權移轉給B，則該不動產是否為「他人之物」？

此涉及所有權移轉時點之問題。按不動產之物權變動係採登記生效要

犯罪不可缺少主觀上構成要件要素——不法所有意圖來看，領得行為說自有其立論。又如從行為人與被害人間有某種信任關係來看，本罪保障之法益即在於懲罰行為人違反了委託之任務，行為人逾越所有權人或本權人授與權限之範圍，此權限逸脫行為自為犯罪構成要件行為，由此立場，越權行為說非無理由。

❶ 園田壽，〈二重賣買と橫領〉，西田典之、山口厚編，《法律學の爭點シリーズ1──刑法の爭點》（有斐閣，3版，2000年），192-193頁。

件主義，應以登記完畢之時點為所有權移轉之時點者，因前例 B 尚未辦妥不動產移轉登記，該不動產仍屬 A 之所有物，而非「他人之物」，故 A 無成立侵占罪之可能。有謂前開解釋對 B 欠缺保護，主張應以契約成立時作為所有權移轉之時點（採徹底之意思主義），換言之，A、B 之買賣契約成立後，因 A 已向 B 為所有權移轉之意思表示，應解釋為登記簿上所有權人——出賣人為該不動產之占有人，雙重買賣可成立侵占罪❷。前開見解僅以契約雙方當事人意思表示合致認為已發生所有權移轉之效果，顯已與民法物權變動主義相違，遂有認為尚應視 B 是否已支付價金為斷，例如有學者❸即謂如 B 尚未支付價金，A、B 間之委託信任關係微弱，現實上不會發生財產上之損害，侵占罪欠缺可罰性。亦有學者❹認為如雙方當事人於契約中明文約定「於支付價金前即移轉所有權」，契約締約當時該不動產即為刑法上所稱「他人之物」。

2. 該不動產是否在 A 之「持有」中？

所謂「持有」，一般係指對物「事實上之支配」而言；惟侵占罪之特徵在於行為人逾越權限濫用其支配力而領得該物，故本罪所稱「持有」除事實上支配外，尚包括「法律上支配」。按在不動產登記簿上只有為該不動產所有權名義人始得有效為法律上之處分行為，即使所有權名義人非真正所有人，但基於有效之登記，所有權名義人仍對第三人取得有效處分該不動產之地位。據此，A 雖然已將不動產出賣且移轉給 B，登記簿上之名義人仍為 A，A 仍然「持有」該不動產。

3. 該不動產如是在 A 之持有中，則是否係基於 B 之「委託」？

按成立侵占罪之前提要件——行為人與被害人間須有委託信任關係，無具體委任之必要，只要依契約之效力，當事人一方對他方負有法律上之義務者即屬之。本例中 A 基於與 B 之買賣契約，對 B 負有移轉登記之義務；換言之，A 負有保障 B 辦妥所有權移轉登記之協力義務，此即為基於

---

❷ 最判昭和 30.1226 刑集 9 卷 14 號 3053 頁。

❸ 此為日本學者大谷實之見解。

❹ 此為日本學者道垣內弘人、佐伯仁志之見解。

委託信任關係而來。

4. A 之行為是否為「侵占行為」？

A 將不動產再轉賣給 C 之行為，不論係依越權行為說或領得行為說均該當於侵占行為（C 是否辦妥登記僅是影響本罪既、未遂之問題）。

從以上論述可知，學理上從多方面欲跳開民法有關物權主義之立論而思考如何保障買受人，在刑法謙抑思想下，似乎無此必要，惟從日本相關實例及學者見解來看，當民事與刑事問題相交錯時，法益之保障自不應拘泥於民法之解釋。查我國實例，相關者如下：

〈提案〉刑二庭提案：甲將買自他人之違章建築物磚造平房一棟連同租地權，出立不動產買賣契約書及杜賣證書，售賣與乙，旋又出立租賃契約，向乙租賃該房繼續居住，在租賃期間，甲又將該房出立不動產買賣契約書及杜賣證書，出賣與丙，經乙查知，訴甲侵占，應否構成侵占罪行？

〈討論意見〉

子說：不動產物權，依法律行為而取得、喪失及變更者，非經登記不生效力，民法第七五八條定有明文，更參以最高法院 40 年臺上字第 127 號判例，雖該不動產所有人已將該不動產出賣於人，但在未為所有權移轉登記之前，又將該不動產另行出賣他人，除負民事上責任及有詐欺故意應成立詐欺罪外，要無成立侵占罪之餘地，蓋在未為所有權移轉登記之前，其前所出立之買賣契約及杜賣證書，僅發生債權關係，不發生物權移轉效力，原出賣人之所有權仍屬存在，其後又將該不動產出賣他人，除有詐欺故意之證明外，尚難成立犯罪。

丑說：不動產物權，依法律行為而取得、喪失、變更者，依民法第七五八條之規定，固非經登記不生物權移轉之效力，及參照最高法院 40 年臺上字第 127 號判例，出賣人未為物權移轉登記於他人之前，買受人僅取得債權契約時，出賣人之物權固尚未消滅，然並無該不動產尚非他人之物，而不成立侵占罪之成例，出賣人既將該房出立不動產買賣契約，及杜賣證書，出賣於人，縱未為所有權之移轉登記，買受人未取得物權上之所有權，然買受已因該買賣契約書之訂立，而依民法第七六〇條不動產物權之移轉

或設定應以書面為之之規定，有設定及移轉不動產物權之事實，依同法第九四〇條，對於物有事實上管領之力者，為占有人之規定，買受人事實上已取得物之管領力，有物權占有人之資格，則該房已為他人之物，自屬當然，而刑法上之侵占罪以自己持有他人之物為構成之要件，所謂他人之物，僅別於自己之物而言，實概括他人所有物，及其他有管領力之物在內，並非僅以所有物為限，觀於刑法上公務或業務上侵占之物及侵占遺失物、漂流物或其他離本人所持有之物，可以推知，買受人既已取得占有物權為占有人，出賣人又因租賃關係而持有該房，在其持有期間，又出立賣約出賣於第三人，其有意圖為自己不法之所有而侵占自己持有他人之物，殊堪認定，否則即不足以保護交易之安全，易啟狡黠者以詐取之機會，又出賣人取得該房，本為違章建築，無法為所有權移轉之登記，亦僅取得占有物權，其出賣於買受人時，亦不過僅將其占有物權移轉與買受人，根本即無合法所有權之保障，縱出賣人出賣與買受人時，亦未為所有權之移轉登記，而出賣人又有何所有權之可言，其應負侵占罪責，應無疑議。

〈決議〉甲將買自他人之違章建築物平房一棟，連同租地權，出立不動產買賣契約書，及杜賣證書，售賣與乙，旋又出立租賃契約，向乙租賃該房繼續居住，在租賃期間，甲又將該房出立不動產買賣契約書及杜賣證書出賣與丙，甲除負民事上責任及有詐欺故意，應成立詐欺罪外，要無成立侵占罪之餘地（同子說）（最高法院 51 年第 5 次民、刑庭總會會議決議㈡）。

此外，拍賣後拍定人尚未完成移轉登記前，所有權人於法院點交前對不動產之處分行為是否成立侵占罪？還是另構成其他犯罪？實例如：

〈案由〉A 所有之房屋，經債權人聲請法院民事執行處拍賣，嗣由 B 得標後，經該法院發給權利移轉證明書，B 尚未至地政機關完成移轉所有權登記，A 竟於法院點交該房屋予 B 前，擅自將該房屋鋁製門窗全部拆除變賣，則 A 之行為該當於何罪名？（臺灣嘉義地方法院檢察署檢察官法律座談會議提案）

〈說明〉

甲說：成立刑法第三五六條之毀損債權罪。

理由：按不動產與動產之所有權移轉變動，前者係以所有權完成登記時；後者則以交付時生效力。本件B既未完成不動產之移轉登記，亦未經法院點交程序，B尚未取得該房屋所有權，A仍是該房屋形式上所有權人，其將房屋門窗拆除變賣之毀損行為，應構成於強制執行程序尚未終結，意圖損害債權人之債權，該當於毀損債權罪。

乙說：成立竊盜罪。

理由：A之房屋既經法院拍賣拍定由B買受，並領得權利移轉證明書，B應視為該房屋所有權人，A意圖為自己不法之所有，而拆走門窗之行為，應該當刑法第三二〇條之竊盜罪。

丙說：成立刑法第三五三條第一項或第三五四條之毀損罪。

理由：B既取得法院核發權利移轉證明書，B應該視為該房屋所有權人，A擅自拆除該房屋門窗之行為，已足以減損該房屋遮風雨功能或破壞門窗之效用，故應成立刑法毀損罪。

丁說：成立刑法第三三五條第一項之侵占罪。

理由：A之房屋既經法院拍定，由得標人B取得權利移轉證書，B已取得房屋之所有權，但因該房屋尚未點交，仍在A實力所支配下占有中，乃房屋所有權與占有狀態不一致，A將房屋門窗拆除之行為應構成刑法第三三五條第一項之侵占罪。

戊說：無罪說。

理由：A所有之房屋，雖經法院拍賣拍定由B買受，惟強制執行之拍賣本質，乃屬民事買賣之一種，出賣人將門窗拆走，應屬給付不完全之民事法律關係。再者，A於法院點交前，上開房屋仍在其實力監督範圍內，縱使其將門窗拆走，尚與竊盜罪之構成要件不符。且AB間亦無委任關係存在，亦與侵占之構成要件不合，是以A之行為不構成犯罪。

己說：違反查封效力，A應負刑法第一三九條之罪責。

〈法務部研究意見〉採丁說。按基於強制執行取得不動產物權者，屬於民法第七五九條規定之範圍，一經法院發給所有權利移轉證書，即發生

取得不動產物權之效力，倘非更予處分，則不以登記為生效要件（最高法院 56 年臺上字第 1898 號判例參照）。是本件既經法院發給所有權權利移轉證書，B 雖尚未完成移轉所有權登記，但已取得房屋之所有權。又依題意，本件房屋須經點交之程序，則在該屋未點交前，該屋仍為 A 之實力所支配，A 擅自將該房屋鋁製門窗全部拆除變賣，應構成刑法第三三五條第一項之侵占罪（法檢字第 0930801415 號）。

㈡不法原因給付得否成立侵占罪

民法第一七九條規定，無法律上之原因而受利益，致他人受損害者，得行使不當得利返還請求權。例如 D、E 為男女朋友，於分手後 E 取走同居期間 D 購買之音響，D 自可向 E 請求返還之。此外，其他不法原因之給付例如賭博或買賣人口等違反公序良俗無效契約所為之給付、寄託契約期限屆滿或寄託人請求返還而受寄人不返還者，因欠缺法律上之原因，是否有侵占罪之適用？有肯否二見解相對立。肯定說認為寄託人既然有民法上之返還請求權，在此情形下，很明顯地受寄人持有「他人之物」，違背委託信任關係；而否定說認為應區分不法原因給付物與不法原因寄託物處理，謂前者不成立侵占罪，主要之理由在於此時行為人與被害人間並無委託信任關係存在，欠缺保護法益。本文贊成後說。

㈢本罪與竊盜罪之區別

例如店員意圖為自己不法之所有，趁老闆不注意時，取走店內販售電腦辭典一臺。該店員究竟是構成刑法第三二〇條第一項普通竊盜罪？或是刑法第三三六條第二項業務侵占罪？按竊盜罪係以破壞他人對特定物之管領狀態，而「竊取」他人之物為犯罪行為之態樣；而侵占罪之行為人則是以利用自己持有他人之物的情況之下，客觀上並無奪取之侵害行為對象，但是仍有「以所有權人之地位自居」的客觀事實。詳言之，侵占罪之主體雖是一般人，但須係對他人之物居於持有之地位者，亦即以行為人對物具有特定關係為犯罪成立之要素，屬於「身分犯」之一種。且在犯罪行為態樣上，所謂「以所有權人自居」係一種以客觀表現其侵占意思，將「持有」之意思變成「所有」意志之事實實行過程。因此，對他人之物是否具有「持

有」關係，是判斷該不法領取行為是否該當侵占罪或構成「竊取」之關鍵所在。前揭例子中之店員對店內之貨品是否基於「持有」之地位，為「單獨管領」? 或僅係與老闆共同參與管領支配? 則視具體個案情形而定。申言之，倘若為前者之情形，排除竊盜罪之成立，而後者則有成立竊盜罪之可能❶。

此外，因本罪本質上亦屬違背委託信任關係，與背信罪之適用發生競合，將留待背信罪專題時再討論。

【結論】

受到民法物權變動主義之拘束，不動產物權之變動係採登記生效要件主義，即以完成不動產登記之時點為所有權移轉之時點。本例中甲、乙尚未辦妥所有權移轉登記，該不動產仍屬甲所有，嗣後甲再為雙重買賣，此僅生民法債務不履行之問題，因甲處分的是「自己之物」，與侵占罪之構成要件不該當。反對論者認為如果買受人已支付價金，買賣雙方間有委託信任關係，不宜再拘泥於民法物權變動之解釋，而應以締約時點為所有權移轉之時點，有成立侵占罪之可能。

【參考法條】

刑法第三三五條

意圖為自己或第三人不法之所有，而侵占自己持有他人之物者，處五年以下有期徒刑、拘役或科或併科一千元以下罰金。

前項之未遂犯罰之。

刑法第三三六條

對於公務上或因公益所持有之物，犯前條第一項之罪者，處一年以上七年以下有期徒刑，得併科五千元以下罰金。

對於業務上所持有之物，犯前條第一項之罪者，處六月以上五年以下有期徒刑，

---

❶　蘇俊雄，〈論竊盜罪與侵占罪之區別，兼論其社會事實同一性之問題——評台灣高等法院八十八年度上易字第三六二四號判決〉，《月旦法學雜誌》，60 期，頁 166-167，臺北（2000 年）。

得併科三千元以下罰金。

前二項之未遂犯罰之。

刑法第三三七條

意圖為自己或第三人不法之所有，而侵占遺失物、漂流物或其他離本人所持有之物者，處五百元以下罰金。

刑法第三三八條

第三百二十三條及第三百二十四條之規定，於本章之罪準用之。

【練習題】

一、甲為某基金會會計部門主管，因職務之便，將某次賑災捐款占為己有，甲之行為成立何種犯罪？

二、乙將偷來之贓車寄放於友人丙處，丙知其為贓車後，賣給知情之丁，騙乙該車被竊。請問丙、丁之行為是否成立犯罪？

問題二一
詐欺罪之構成要件

> 甲在網站上刊登廣告拍賣名牌皮包，吸引無數網友下單。乙在競價期間屆滿，以最高價得標，甲通知乙先付款再將貨物掛號郵遞，乙依約轉帳付款後，遲遲未收到貨物，再上網查看，網站已關閉。請問甲之行為成立何種犯罪？

【問題點】

一、本罪之保護法益
二、詐欺罪之構成要件
三、財產上之損害
四、其他問題

【解析】

一、本罪之保護法益

　　詐欺罪之保護法益為個人財產，因大多數場合詐欺罪均在經濟交易時以欺罔相對人為犯罪行為，逸脫交易上信義誠實義務，故亦有認為本罪之保護法益包含交易安全社會法益之保障❶。有疑問的是，對國家、地方公共團體等國家利益為詐欺之行為，是否構成本罪？否定說認為詐欺行為之對象如屬國家法益，即與詐欺罪之本質有違，而肯定說以為以詐欺之方法取得國家所核發之各項證明書或登記證，有成立本罪之可能。然而，由於前開所指各項證明書、登記證欠缺財產上利益，無財物性，更何況刑法第二一四條已有使公務員登載不實一罪，是故，應以否定說為宜。

二、詐欺罪之構成要件

　　分析刑法第三三九條（包括第一、二項）詐欺罪之構造，以下列圖表

---

❶　川崎一夫，《刑法各論》（青林書院，初版，2000年），193頁；大谷實，《刑法各論》（成文堂，2版，2002年），157頁。

示之：

　　申言之，本罪之成立須在各過程中有因果關係之連鎖，即被害人之所以陷於錯誤，乃是行為人詐欺行為之結果；被害人或第三人之所以交付財物，抑行為人或第三人之所以得財產上之利益（概稱被害人之處分行為），乃是被害人陷於錯誤所致。二者缺一不可。以下茲分別就詐欺行為、處分（交付）行為及對價關係詳細論述。

㈠詐欺行為

　1.詐欺之意義

　　按刑法第三三九條第一項詐欺罪之成立，以意圖為自己或第三人不法所有，以詐術使人將本人或第三人之物交付為要件。所謂以詐術使人交付，必須被詐欺人因其詐術而陷於錯誤，若其所用方法，不能認為詐術，亦不致使人陷於錯誤，即不構成該罪（46 臺上 260）。刑法第三三九條第一項所謂之詐術，並不以欺罔為限，即利用人之錯誤而使其為財物之交付，亦不得謂非詐欺（24 上 4515）。本罪之客觀犯罪構成要件行為為「詐欺行為」。首先，必須有「欺罔」之行為；其次，須「詐欺他人」，即向交付財物或提供利益者施用詐術致其陷於錯誤之行為。不論係以言語，動作，直接或間接，過去或現在之事實，甚至是以將來之事實詐欺他人，均非所問。

　2.詐欺行為之性質

　　必須使一般人於處分財物或財產上利益時陷於錯誤所為處分之行為。即使是一般人不容易受騙上當，而被害人特別容易受騙之情形，亦屬詐欺行為。又因被害人之過失致受詐欺陷於錯誤，甚至於行為人所施用之詐欺

手法相當誇張不實、扭曲現實，或者是使用討價還價之策略，通常只要是被害人係因該詐欺行為導致錯誤判斷，基於該錯誤因而為處分行為者，即認屬本罪所稱詐欺行為。因此，現代社會常見之詐欺事件，傳播媒體常報導之被害人中不乏學歷高或者是社會經驗豐富之社會人士，尤其是政府一再政令宣導，或銀行也在提款機、櫃臺以醒目標語提醒詐騙集團技倆，受騙上當交付財物者仍未曾減少。在此相關案例中，本罪之成立與否仍應以行為人之詐欺行為→被害人陷於錯誤→財物交付或提供財產上利益間因果關係之連鎖為判斷標準，而被害人之智識、年齡、經驗等則非審究之要件。

3.不作為詐欺

詐欺行為是否有以不作為方式為之的可能？所謂不作為詐欺，係指一方面知道對方陷於錯誤，另一方面，卻故意不告知真實之內容。例如認識對方在找錢時多給，故意不告知事實，仍然受領之情形。按倘若告知事實即無法取得多餘之金錢者，在誠實信用上，有告知「多找錢」事實之義務，怠於為此告知義務受領多餘金錢，即是利用對方之錯誤取得財物。而告知義務乃是依法令、契約、習慣、法理而來。僅有告知義務尚不足矣，依據成立不純正不作為犯之一般原則，尚須具備告知之保證人地位。尤其是不作為詐欺是利用對方錯覺隱匿真實，在經驗法則上須與一般詐欺財物之性質相同❷。本文以為依交易上之誠實信用原則，交易相對人在多找錢之場合有法律上之作為義務告知交易相對人，不予告知而仍繼續維持對方之錯誤，以達不法取得該多餘金錢之目的，自可成立詐欺取財罪。反對論者認為行為人並無任何行為使對方陷於錯誤，只有默默地受領多餘金錢不應構成詐欺取財罪。更何況即使對多找錢之情形有認識，未將多餘金錢返還，僅構成刑法第三三七條侵占脫離物罪；再者，在受領多餘金錢當時雖無認識，嗣後儘管認識為多餘金錢，不為返還者，同樣地，充其量只不過構成刑法第三三七條侵占脫離物罪❸。

4.詐欺行為之對方

---

❷　大谷實，《刑法各論》（成文堂，2 版，2002 年），159 頁。

❸　川崎一夫，《刑法各論》（青林書院，初版，2000 年），196 頁

詐欺行為必須利用對方之錯誤而為財產上之處分行為,始得構成本罪,因此,詐欺行為之對方,即被詐欺人,應在事實上或法律上對財產有處分之權限或地位(處分權人)。換言之,本罪詐欺行為之對方通常是與財產處分權人為同一人,至於財產處分權人究竟為該財物之占有人或所有人,則非所問。又被詐欺人,即財產處分權人及本罪之被害人在某些場合通常為同一人,但亦有非同一人之情形。

5. 錯　誤

所謂錯誤,係指產生財產處分行為之動機與真實觀念相違背。換言之,如果對方知道真實,將不為財物之交付。例如民法詐欺得撤銷之行為(民法第九十二條),自始即無還債之意,而佯裝期滿將返還本金及利息而向被害人借錢等。如詐財罪之成立,要以加害者有不法而取得財物之意思,實施詐欺行為,被害者因此行為,致表意有所錯誤,而其結果為財產上之處分,受其損害。若取得之財物,不由於被害者交付之決意,不得認為本罪之完成(19 上 1699)。刑法第三三九條第一項詐欺罪之成立,須行為人主觀上有為自己或第三人不法所有之意圖,客觀上施用詐術使人將本人或第三人之物交付為其構成要件。此所謂以詐術使人交付財物,必須被詐欺人因其詐術而陷於錯誤,若其所用方法,不能認為詐術,亦不致使人陷於錯誤,即與該罪之要件有間。至於民事債務當事人間,未依債務本旨履行給付,若非出於自始無意給付之詐欺行徑時,自不該當刑法第三三九條第一項詐欺罪之構成要件。而刑事被告不負自證無罪之義務,在無積極證據之情形下,自難以被告單純債務不履行狀態,推定自始即有不法所有之意圖而施行詐術。因經濟行為本身原寓有不同程度之不確定性或交易風險,交易雙方本應自行估量主、客觀情事及搜集相關資訊,以作為其判斷之參考。除有詐欺罪之具體情事外,非謂當事人之一方有未依約履行之情形,即應成立詐欺罪(91 上易 3094 判決)。也就是因為詐欺行為須使對方陷於錯誤為要件,故學者通說均認為對自動設備無成立詐欺罪之問題,蓋機械裝置是死的,不像人類具有思考模式,完全依內部設計之指令操作,無所謂錯誤或不錯誤之問題,故另增設自動設備詐欺罪以茲因應。然而,增訂之條

文仍置放於詐欺罪章內，顯然認為其亦屬詐欺罪性質，且多數學者於解讀刑法第三三九條之一至之三所謂「不正方法」時，謂須限縮與使用詐術相同之方法，則如何自圓其說，不無疑義。

6.著手及既、未遂

詐欺罪之著手是以行為人有詐欺之故意，開始為詐欺行為時為基準。而既、未遂之標準則是以財物已否完成交付，抑行為人或第三人已否取得財產上利益為準。

㈡**處分（交付）行為**

處分（交付）行為為詐欺罪另一重要構成要件，茲詳細論述如下：

1.處分行為之意義

處分行為非以法律行為為限，亦包含事實行為在內，即只要有事實上占有之移轉即已足；又不論是作為或不作為之方式均可。刑法第三三九條第一項詐欺取財罪之處分行為須有任意移轉財物占有之「交付行為」，例如依詐欺集團指示操作櫃員機將自己戶頭的錢轉帳至他人戶頭即是。倘若財物之占有移轉非基於被害人任意之交付行為者，除可能成立刑法第三二○條第一項竊盜罪外，尚不成立本罪。例如至汽車賣場表示要購買某種廠牌之汽車，趁試車之際將車開走，此行為究竟構成詐欺取財罪？或是構成竊盜罪？又例如好意在車站幫忙提行李，竟逕自提走。前開情形似應以被害人是否有移轉占有之意思為基準，以區分詐欺取財罪與竊盜罪❹。至於刑法第三三九條第二項詐欺得利罪之處分行為有那些？例如：⑴使被害人負擔某種債務（至於其在民法上究竟是有效或無效之法律行為則非所問）；⑵同意提供其他方法作為債務履行；⑶受領一定給付作為債務之履行，例如同意受領比原來債務額度較少之償還金額；⑷免除債務；⑸同意債務延期或者是延遲請求履行等等。

2.處分行為之要件

詐欺罪與竊盜罪、強盜罪之不同在於，本罪之被害人係因為行為人之

---

❹　井田良，〈處分行為（交付行為）の意義〉，西田典之、山口厚編，《法律學の爭點シリーズ1──刑法の爭點》（有斐閣，3版，2000年），174頁。

詐欺行為陷於錯誤，再基於被害人之意思（瑕疵之意思表示），使得行為人（或第三人）取得財物或法律上之利益；而竊盜罪、強盜罪係違反被害人之意思而取得財物或法律上利益，故此二罪之成立要件中毋需有被害人之處分行為。且本罪之處分行為必須是財產上之任意提供行為，避免與刑法第三四六條恐嚇取財或得利罪相混淆。「處分行為」其實係連結「詐欺行為」、「造成被害人陷於錯誤」與「交付財物或使取得利益」間之要件。

3.交付意思

交付事實是否須基於交付之意思為必要？關此，我國實例並無明確說明，但日本學說實務均採肯定見解❺。查採交付意思不要說，將無限擴張處分行為之範圍，以致與財產犯罪其他罪名之適用產生競合問題。而交付意思之內容，一般而言，本係指「移轉物、利益之意思或認識」，申言之，被害人對處分之對象有所認識，再基於此認識，以自己之意思交付財物或提供利益，被害人認識交付之目的，內心未受到壓抑，在財產保護法益被侵害之程度上乃屬緩和。

4.無意識之處分行為

處分行為是否限於有意識之情形？無意識之處分行為是否會影響詐欺罪之成立？關此問題，有正反意見之爭❻：

(1)肯定說：本罪認為成立詐欺罪須以明確處分意思為要件，例如在無錢食宿之案例中，倘若行為人只是忘記付款，餐飲店老闆因無認識自己財物會有所損害，自然不發生因錯誤交付財物之問題。又如免除他人債務之情形，對方須因受到詐欺行為陷於錯誤始因而為免除債務之意思表示，由此可見，被害人須在有意識下為處分行為始得構成詐欺得利罪。申言之，處分行為應指有意識之處分行為，即在明確意識到處分結果始為利益處分之行為，如前述，對免除債務之意思表示會使債權消滅須有所認識，知情自己財產可能會因此受損害後始為瑕疵之意思表示，始得成立本罪。

(2)否定說：本說以為處分行為之機能在界定錯誤及損害之間的因果關

---

❺ 山口厚，〈詐欺罪における交付行為〉，《法學教室》，211 期(1998 年)，94–95 頁。

❻ 高橋則夫，〈詐欺罪の基本問題(3)〉，《現代刑事法》，45 期（2003 年），75 頁。

係，即使是無意識之處分行為亦得確認利益移轉之因果關係。本說之立論在於詐欺罪之成立與認識損害內容無直接關係，對方對於移轉客體之內容無認識之必要。尤其是刑法第三三九條第一項詐欺取財罪之處分行為僅須有任意財物占有移轉之行為，即客觀上有占有移轉事實即可，而不問是否對占有移轉有認識。本說之缺點在於無法充分說明刑法第三三九條第二項詐欺得利罪下，被害人如何無意識地使得行為人或第三人取得財產上之利益。

如前所述，詐欺罪之構成要件間有連鎖之因果關係，處分行為之前提須在有意識下始得連結錯誤之要件，故本文贊成肯定說之見解。

5.處分意思內容是否有實質化之必要

關於處分意思之內容如何，肯定說主張處分意思之內容毋需包含個別具體處分結果之認識，處分行為人只要在自由意思決定下為財產之移轉，認識此對債權之實現有危險即已足。申言之，處分行為人如果有放棄債權之意思，或者是不再實現債權之意思，即肯定有處分意思。

㈢**對價關係**

此是謂受詐欺行為之對方，其財產之處分行為，必須造成其本人或第三人之財產損失，而且此等財產上之損失，必須與行為人或第三人所得之財物或財產上之利益形成一種直接關係，亦即被害人之損失與行為人或第三人之獲利之間必須形成一種對等關係，始能構成本罪❼。換言之，對價之支付乃是受到詐欺行為所致。財物之交付固為損害本身，但使人得財產上不法利益究竟如何計算其是否與詐欺行為有對價關係，將於下列財產上之損害中論述之。

三、財產上之損害

詐欺罪為財產犯罪之一種類型，以發生財產上之損害為必要，如未發生財產上之損害，行為即無違法性。詐欺取財罪因會產生財物占有之移轉，在概念上不難理解財產上損害之情形；此外，如果行為人以詐欺行為取得財物，毋庸支付對價，就被害人全體財產狀態來看，在計算上有減少，此

❼　林山田，《刑法各罪論（上冊）》，頁 414，臺北，自版（2000 年）。

亦為財產上之損害，當然肯定成立詐欺罪。

㈠全體財產說及個別財產說❽

傳統上均以下列二學說作為認定是否有財產上之損害為基準。

1. 全體財產說

本說認為詐欺罪為對全體財產之犯罪。即被害人交付財產之價值比取得財產之價值為低時，肯定有損害存在。此為德國判例之通說，不以客觀之交換價值作比較。例如行為人欺騙被詐欺者，以低於真品市價甚多之價格販賣 LV 皮包倒店貨，被詐欺者主觀上以為自己買到了 LV 真品皮包，而其實是仿冒品，被詐欺者付出的如果不是真品之價格，但與該贗品品質相當之金額，因為仿冒品亦屬貨品，且有利用之可能性，對被害人之全體財產言，原則上無任何損害。

2. 個別財產說

本說認為詐欺罪為個別財產之犯罪。現實上不得以「差額計算」，例如被害人受詐欺買受酒精含量虛偽的酒，買受之價格與其實際品質之價格相當。依全體財產說，被詐欺者所交付之金額與該酒類財產價值相當，否定有財產上之損害。惟依個別財產說，所謂損害，不是被詐欺者「交付之金額」與「獲得之價值」相比較（此乃全體財產之比較），而是被詐欺者「獲得之價值」與實際上其應該「獲得之價值」相比較。蓋被詐欺者本欲取得某種品質之物品，卻取得品質為其所不接受之物品，如果被詐欺者知道實情，當然不願意為此交易，由此可見，以品質低下、價值較低之物品取代高品質、價值較高之物品，被害人之個別財產當然有損害。有疑問的是，執著於客觀交換價值不同會導致明確性的問題，例如行為人以 A 藥偽稱為 B 藥賣給被害人，A 藥對被害人之病狀完全沒關係，二者之品質不同，價格當然亦不同（不同類型貨品無比較性問題），在此情形，被害人是否有財產上之損害，不無疑義。按為了維持本罪為個別財產犯罪之前提，且為確保「損害」仍須具有客觀之財產性，除了交換價值外，尚應以使用價值為

---

❽ 酒井安行，〈詐欺罪における財產的損害〉，西田典之、山口厚編，《法律學の爭點シリーズ 1——刑法の爭點》（有斐閣，3 版，2000 年）182-183 頁。

財產價值之內涵。依此見解，前述案例自可成立詐欺罪。此為日本之通說，本文從之。

(二)法律的、經濟的財產說❾

此為日本最高法院平成 13.7.19 判決最新展開之學說，主張當討論是否有財產上之損害問題時，應重視當事人民法上之法律關係。申言之，行為人如具財產上之權利，且得實現其權利時，財產上之損害即不存在；如果行為人無權利，或者是未提供相當之對價者，被害法益在經濟上來看純屬輕微者，即可解為財產上之損害不存在。此一方面從法律面——民法之角度解釋損害；另一方面，再從經濟面探討被害人實質上是否有損害，似乎嘗試調和刑法與民法之交錯衝突，令人矚目。

(三)正當權利及損害額

對被害人施以詐術使其交付財物之情形，如行為人有正當受領其中一部分之權利時，受詐欺財物之全體是否均屬損害額？本文以為仍不影響詐欺罪之成立，蓋詐欺罪之罪數係以侵害個別財產法益之個數計算，就逾越正當權利之財物部分，因亦可計算其損害額度，就行為人詐欺行為全體言，亦可成立詐欺罪❿。

四、其他問題

(一)與他罪之關係

1.與竊盜之區別

如前所述，有意識處分行為之要件為區別詐欺罪、竊盜罪最重要之標準。是以，財產損害之情形如係由外力介入者，即由行為人之行為直接介入者，則視其情節——持有之鬆弛，成立竊盜罪；倘若財產損害是由被害

---

❾ 林幹人，〈詐欺罪における財產上の損害──最高裁平成 13 年 7 月 19 日判決を契機として──〉，《現代刑事法》，44 期（2002 年），50 頁。

❿ 日本實務見解認為，只要超過正當權利之部分有損害額，即視為對財物全體成立詐欺罪，大判大正 2.12.23 刑錄 19 號 1502 頁。例如在柏青哥遊戲中，僅贏得 43 個，卻以詐術使店家以為行為人贏得 700 個，而使其兌換等值物品，就全體而言，均成立詐欺罪，最判昭和 29.4.27 刑集 8 卷 4 號 546 頁。

人自己處分財產所造成，換言之，行為人藉由欺騙之行為而獲得被害人之同意，被害人仍有內在意思決定之自由，即屬成立詐欺罪之範疇。此外，詐欺罪尚有三角詐欺 (Dreiecksbetrug) 之類型，即行為人詐欺之對象與為財產處分行為者非為同一人是。例如訴訟詐欺，詐欺之對象為法院（以不實之事證致使法院陷於錯誤而為不正確之判決），而使他造為財物之交付，以達其不法詐財之目的。而竊盜罪之對象與財物之持有人通常為同一人。最後，竊盜罪不處罰得利之情形，實際上乃因竊盜得利行為無法想像，而詐欺得利罪之實例在現實社會則比比皆是。

實例上常見詐欺罪與搶奪罪適用範圍之討論者：

〈法律問題〉某甲明知自己身無分文，竟駕車至加油站加油，迨加油工將汽油注滿其油箱後，某甲即駕車逃逸，問某甲應構成何罪？

〈討論意見〉

甲說：刑法第三二五條第一項搶奪罪。

按搶奪罪之乘人不備或不及抗拒而掠奪財物者，不以直接自被害人手中奪取為限，即以和平方法取得財物後，若該財物尚在被害人之視線，即實力支配下而公然持物逃跑，以排除其實力支配時，仍不失為乘人不備或不及抗拒而掠奪財物，應成立搶奪罪（74 臺上 6032 判決）。此例類似至銀樓佯裝購買珠寶，迨店主將珠寶取出交行為人試戴挑選時，行為人乘店主不備，帶著店主交其試戴挑選之珠寶逃跑，雖係以和平方法取得，仍為搶奪。

乙說：刑法第三三九條第一項詐欺罪。

按搶奪罪之所謂掠取，乃對現實持有狀態即對物之支配關係所加之不法侵害，因此，被侵害之客體其時事實上究由何人為現實之持有，行為人是否對此持有狀態係乘其不備或不及抗拒予以掠奪，乃決定搶奪罪是否成立之關鍵（74 臺上 6032 判決）。而詐欺取財罪係以意圖為自己或第三人不法之所有，以詐術使人將物交付為其成立要件。所謂交付，係指對於財物之處分而言，故詐欺罪之行為人，其取得財物，必須由於被詐欺者對於該財物之處分而來，否則被詐欺者提交財物，雖係由於行為人施用詐術所致，但其對於該財物並無處分之決意，而行為人乃係因其對於該財物之支配力，

一時鬆緩，乘機攫取，即與詐欺罪應具之條件不合（53 臺上 786 判決）。本件加油工係因誤信某甲於其將汽油注入某甲油箱後，某甲將付款，方將汽油注入某甲油箱，其將汽油注入某甲油箱時，已將汽油交付某甲，並非僅讓某甲查看觀賞，是該加入油箱之汽油，事實上已由某甲為現實之持有，類似無錢飲食者白吃白喝，應成立詐欺罪而非搶奪罪。

〈法務部檢察司研究意見〉以乙說為當（法務部(87)法檢(二)字第 001621 號）。

2.與行使偽造貨幣罪、行使偽造有價證券罪之關係

我國實例認為「按行使偽造有價證券，以取得票面價值之對價，故不另論詐欺罪，但如以偽造之有價證券供作擔保或作為新債清償而借款，則其借款之行為，為行使有價證券以外之另一行為，其有方法結果關係，應論以詐欺罪之牽連犯」（最高法院 25 年上字第 1814 號判例及 83 年臺上字第 1744 號、86 年臺上字第 718 號判決意旨參照）。前開內容未說明是否係基於法規競合之吸收關係，惟以往實務見解一向認為：「行使偽造有價證券以使人交付財物，如果所交付者即係該證券本身之價值，則其詐欺取財仍屬行使偽券之行為，不另成立詐欺罪名。」（25 上 1814、31 上 409、43 臺非 45、司法院(73)廳刑一字 740 號函復臺灣高等法院）。惟學者有謂詐欺罪之保護法益為個人財產安全，行使偽造貨幣罪、行使偽造有價證券罪之保護法益，則為社會公共之信用，二者間不具保護法益同一性，在適用上無成立法規競合之可能。因在犯罪科刑上所評價之自然行為事實為同一行為，自應成立想像競合犯❶。

3.與行使偽造文書罪之關係

我國實務一向認為行使偽造文書罪與詐欺罪間，有方法結果之牽連關係，應從一重之行使偽造文書罪處斷（19 上 1330、51 臺上 1775、54 臺上 1404、69 臺上 696、83 臺上 2960）（牽連犯刪除後，則視具體個案情形，如二罪之犯罪行為有部分重疊，因屬一行為，則論以想像競合犯；如二罪之犯罪行為個別，則論以數罪併罰）。又如目前我國常見勞保以多報少之情

---

❶ 甘添貴，《體系刑法各論第二卷》，頁 308-309，臺北，自版（2000 年）。

形，曾討論如下：

〈法律問題〉擁有員工數十名之甲公司負責人某乙，為減輕甲公司勞工保險費用之負擔，乃於向臺閩地區勞工保險局申報甲公司新進員工丙參加勞工保險時，以多報少，低報丙之月投保薪資，某乙應負何刑責？

〈研討意見〉

甲說：某乙係犯刑法第二一六條、第二一五條之行使業務登載不實文書罪、第二一四條之使公務員登載不實罪及第三三九條第二項之詐欺得利罪，應依牽連犯之規定，從較重之詐欺得利罪處斷。

理由：某乙填載不實加保申報表，並持向臺閩地區勞工保險局（下稱勞工保險局）申請就新進之某丙加保，致勞工保險局該管公務員據以登載於職務上所掌之公文書，以達減輕勞保費用負擔之目的，係犯刑法第二一六條、第二一五條之行使業務登載不實文書罪、第二一四條之使公務員登載不實罪及第三三九條第二項之詐欺得利罪，三罪間並有方法結果之牽連關係，應從較重之詐欺得利罪處斷。

乙說：某乙係犯刑法第三三九條第二項之詐欺得利罪。

理由：某乙為新進員工某丙加保填載加保申報表，係依據勞工保險條例強制保險之規定，與其業務行為無涉，縱於其上填載不實之月投保薪資額並持以行使，亦與刑法第二一六條、第二一五條之行使業務登載不實文書罪之構成要件有間；又勞工保險局對勞工之月投保薪資，負有實質審查責任，此觀勞工保險條例施行細則第三十七條投保單位申報被保險人投保薪不實者，由保險人按照同一行業相當等級之投保薪資額逕行調整通知投保單位之規定，及勞工保險條例第二十八條保險人之調查權之規定即知其然，某乙雖申報不實之月投保薪資額，並使勞工保險局該管公務員據以填載於職務上所掌之公文書，惟該局既有實質審查申報數額之責任，某乙此部分行為亦不構成刑法第二一四條之使公務員登載不實罪，惟某乙既以上開詐騙手段，減輕甲公司保險費之負擔，自構成刑法第三三九條第二項之詐欺得利罪。

丙說：某乙係犯刑法第二一四條之使公務員登載不實罪及第三三九條

第二項之詐欺得利罪，應依牽連犯之規定，從較重之詐欺得利罪處斷。

理由：

⑴有關某乙於加保申報表填載不實月投保薪資數額，並持以行使不構成行使業務登載不實文書罪部分，同意乙說見解。

⑵勞工保險條例施行細則第三十七條之規定乃行政裁量權之規定，而勞工保險條例第二十八條保險人之調查權之規定，亦非針對勞工保險局對月投保薪資額審查而設，尚難憑以認定勞工保險局對雇主申報勞工之月投保薪資額有實質審查責任，某乙以不實加保申報表向勞工保險局申報加保，致該管公務員據以登載於職務上所掌之公文書，以達減輕勞保費用負擔之目的，係犯刑法第二一四條之使公務員登載不實罪及第三三九條第二項之詐欺得利罪，二罪間有方法結果之牽連關係，應從較重之詐欺得利罪處斷。

〈司法院刑事廳研究意見〉

⑴依勞工保險條例第十條、第十一條及其施行細則第十三條規定，某乙應依式填寫各項文書交勞保局，此項文書係雇主附隨於其業務而作成屬業務上作成之文書，某乙向勞工保險局低報丙之日投保薪資，係犯刑法第二一六條、第二一五條行使業務上登載不實之文書罪（參照最高法院 71 年臺上字第 1143 號判例及 70 年 9 月 21 日 70 年 9 次刑事庭會議決議）。

⑵依勞工保險條例施行細則第十條第三項、同條例施行細則第三十七條之規定觀之，臺閩地區勞工保險局對投保之勞工薪資金額有查核之權責，參照最高法院 73 年臺上字第 1710 號判例，某乙雖申報不實，尚不構成刑法第二一四條之罪。

⑶某乙以詐騙手段，減輕甲公司保險費負擔部分，應視是否已得逞，而論以詐欺得利既遂或未遂罪（司法院⑻廳刑一字第 05727 號）。

此外，冒名申請手機門號並詐得 SIM 卡者如：核被告持其兄之身分證、健保卡冒名申請行動電話門號並詐得 SIM 卡共五張部分，係犯刑法第二一六條、第二一〇條之行使偽造私文書罪、第三三九條第一項之詐欺取財罪。又被告冒用詹前彬名義簽名、捺指印應訊部分，係犯同法第二一七條第一項之偽造署押罪（91 上訴 3451 判決）。

相同地，有學者仍謂行使偽造文書罪與詐欺罪保護法益不同，亦無成立法規競合之可能，在犯罪科刑上所評價之自然行為事實為同一行為，應成立想像競合犯**⑫**。

4.與背信罪之關係

我實務見解認為：為他人處理事務，意圖為自己或第三人不法之所有，以詐術使該他人交付財物者，縱令具備背信罪之要件，亦已包含於詐欺罪之觀念中，不得於詐欺罪外，更論背信罪（25 上 6518）。應解為二罪為法規競合關係，詐欺罪為基本規定，背信罪為補充規定，優先適用詐欺罪。

㈡**不法原因給付與詐欺罪**

學說上關此問題，一般而言，均謂被害人對不法原因之給付在民法上無返還請求權，故以詐術使人交付財物，肯定成立詐欺罪。惟否定說者認為財產之處分如在法律禁止目的下為之者，非屬法律保護之範圍。蓋如無受到法律保護之財產存在，不發生財產上損害之問題，此係以法律財產說為基礎。再者，詐欺罪與搶奪罪、強盜罪之保護法益本有所不同。後者是以對財物事實上之持有狀態為保護法益，雖然前者之成立與否，不受被害人對財物有否返還請求權影響，但不法原因給付在民事法律上既然否認被害人有返還請求權，此在民事法上無法律上利益之情形，無法自圓其說為何須受到刑事法律之保障。在白嫖之例子中，行為人施詐術使被害人誤以為其會依約交付而提供性交易之服務，就構成要件行為言，行為人施詐術使被害人陷於錯誤，再基於此錯誤使行為人取得財產上之利益，只是此利益為不法原因之給付，是否成立詐欺得利罪，有下列肯否見解之爭**⑬**：

1.肯定說

本說以為民事契約是否無效與刑法上責任之有無本質上互異，處罰詐欺罪之理由不僅僅是財產權之保護，尚包括其使用違法手段之行為有擾亂社會秩序之危險性。基此，作為詐欺罪保護法益之財產，毋需為民法上保護之對象，於白嫖之例子，因提供性交易之服務已使被害人有財產上之損

---

⑫ 甘添貴，《體系刑法各論第二卷》，頁 309–310，臺北，自版（2000 年）。

⑬ 曾根威彥，《刑法の重要問題〔各論〕》（成文堂，補訂版，1996 年），211–212 頁。

害（應增加而未增加），自肯定成立詐欺得利罪。本說之缺點在於為什麼在民法上非屬正當之權利，以詐欺之手法得之在刑法上具有可罰之違法性？

2.否定說

本說以為賣淫之行為是違反善良風俗之行為，契約無效，無對待給付之問題，白嫖不成立詐欺得利罪。此不法原因給付非在行為人施用詐術後始產生，換言之，即使行為人不施用詐術，因賣淫行為在民法上無對價請求權，行為人本可不給付，無效之債權無財產上之損害，刑法上對此無保護之必要。本文贊成本說之見解，蓋白嫖之行為人事後是否成立其他妨害風化罪，係屬另一問題。

【結論】

按甲如果在網站上刊登虛偽廣告(即甲原本即無拍賣名牌皮包之意思，卻佯裝拍賣)，目的在為其自己不法所有意圖，致乙信其廣告陷於錯誤而下單，嗣後更因得標，而交付財物——轉帳付款。因甲之詐欺行為→乙陷於錯誤→乙交付財物，各過程因果關係連鎖，甲之行為該當於刑法第三三九條第一項詐欺取財罪。

【參考法條】

刑法第三三九條

意圖為自己或第三人不法之所有，以詐術使人將本人或第三人之物交付者，處五年以下有期徒刑、拘役或科或併科五十萬元以下罰金。

以前項方法得財產上不法之利益或使第三人得之者，亦同。

前二項之未遂犯罰之。

【練習題】

一、甲女向網友乙男宣稱，其母欠地下錢莊一百萬元，逼債上門，希望乙能先借錢給她，將來一定加倍奉還。事實上甲已經故技重施騙了許多人上當，乙懷疑甲說謊，但因希望搏得甲之好感，進一步交往，遂借

甲一百萬元，甲拿到錢後即避不見面。請問甲之行為是否成立犯罪？

二、丙向丁、戊宣稱，只要其二人陪他玩 3P，丙將給每人十萬元紅包，丁、戊心喜答應，不料事後丙拒絕給付。請問丙之行為是否成立犯罪？

問題二二
五花八門之詐財犯罪

> 甲打電話給乙，謊稱乙之小孩被其綁架，要求乙儘速將贖金五十萬元轉帳至某戶頭，乙擔心小孩安危，依約轉帳，後來才發現小孩根本沒被綁架。請問甲之行為成立何種犯罪？

【問題點】

一、「金光黨」詐欺集團

二、宗教詐欺

三、信用卡詐欺

四、合會詐欺

五、無錢飲食、住宿

六、免費乘車

七、訴訟詐欺

八、臺灣近期常見詐欺犯罪形態

九、一百零三年新增加重詐欺罪

【解析】

一、「金光黨」詐欺集團

通常俗稱之「金光黨」詐欺集團成員會有三、四人，並以單獨一人或二人、三人、四人為一組，連續多次在各地，利用人性貪念，以老人、老榮民、低收入戶為對象。其對於低收入戶則詭稱：欲調查低收入戶以申請補助為由，騙取印鑑、存摺及取款條之方式騙取救濟金；或由其中一人分任傻女、傻子，而由其他集團成員，或以藉故問路、找醫生、或帶同傻女或傻子去跳舞、找帥哥之方式，與被害人搭訕，並佯稱可騙取傻女或傻子之金錢以濟貧行善，使被害人陷於錯誤，前往被害人住處、銀行或郵局提領現金或取出金飾等物，並藉口須以上開金錢或金飾取信傻女或傻子之機會，將被害人所交付之財物，掉包為石頭、巧克力、麵條、餅乾、飲料、

絲巾、白報紙、書本等物，俟被害人離去後，打開包裹，始知受騙。於民國九十五年刑法修正前實務上對此大都以刑法第三四○條常業詐欺罪（配合連續犯刪除，已刪除本罪）相繩。亦有論以刑法第三二○條第一項竊盜罪者，惟刑法上之詐欺罪與竊盜罪，雖同係意圖為自己或第三人不法之所有而取得他人之財物，但詐欺罪以施行詐術使人將物交付為其成立要件，而竊盜罪則無使人交付財物之必要，所謂交付，係指對於財物之處分而言，故詐欺罪之行為人，其取得財物，必須由於被詐欺人對於該財物之處分而來，否則被詐欺人提交財物，雖係由於行為人施用詐術之所致，但其提交既非處分之行為，則行為人因其對於該財物之支配力一時弛緩，乘機取得，即與詐欺罪應具之條件不符，自應論以竊盜罪（86 臺上 487 判決）。對照金光黨慣用技倆，因財物之交付均係基於被害人之處分行為而來，自以成立常業詐欺罪為宜。此外，亦有被害人宣稱金光黨使用迷幻藥，致其在迷迷糊糊下不知如何財物即被奪走、掉包。按使用藥劑致被害人不能抗拒而取走財物者，係屬刑法第三二八條第一項強盜取財罪之範疇，經查實際上金光黨並未使用迷幻藥，而是被害人為避免被家人責怪之矯詞罷了。

二、宗教詐欺

關於此問題，實務爭議非常大。蓋被害人數甚夥，有些人非常堅持受詐術始交付財物，而某些人則是認為純屬其對宗教信仰之真誠而奉獻，無錯誤之問題。尤其是目前很多在夜市手持缽供人樂捐之出家人、捧著神佛雕像挨家挨戶請求捐獻者，因交付財物者主觀上係屬贈與之處分行為，在成立詐欺罪之因果連鎖關係上，並不符合「基於錯誤為處分財物之行為」的要件，自無法以詐欺取財罪相繩。實例上著名者如：

〈例 1〉系爭之所謂分身、發光照片，所呈現之影像表徵，是否可認為係宋七力之神功，或係單純之合成照片？應加諸「信仰」之主觀因素考量，俗話「心誠則靈」，即指此而言，如信仰者認同人有分身或發光之超能力，則嗣其見及所謂分身、發光照片時，自會相信該照片所顯現之分身、發光之現象為真實，並深信照片中人具有此超能力，偶見該分身、發光之照片，即深信該人具有此能力，甚或將其神格化，加以膜拜、禮讚。證諸

現實社會，有些人對一顆奇石供奉為「石頭公」，或對一棵老榕樹供奉為「榕樹公」，加以膜拜，即係將石頭、榕樹予以人格化、神格化，甚至認其具有超能力，可與人類溝通互動，因而以之供為祈求之對象，加以供奉膜拜；反之，無神論者即不可能將石頭、榕樹予以人格化、神格化，其對有人供奉膜拜「石頭公」、「榕樹公」，乃至廟宇內之「神像」，通常會斥為無稽或迷信，上開物品，對其而言僅係一顆石頭、一棵榕樹或一具木雕品，從而對於有人朝一顆石頭、一棵榕樹或一具木雕品膜拜，自然視為荒謬，甚或嗤之為迷信，是對於物或人之靈性或超能力之觀感，實繫乎於人之信仰，而信者恒信。法力、神蹟之產生有其時空背景及因緣，尚難令自認或被認有超能力之人，證明超能力之存在，對於許多人所相信宗教上之超自然現象，無從驗證，他人亦無強求其證明之權利。本案被告等人及證人均信誓旦旦地堅稱見到宋七力分身無數次，證人並稱渠等供養宋七力均係出自真心，並非因見分身照片始供養等情，是以系爭所謂分身、發光照片，所呈現之影像之真實性，實無深究之必要。次，「舍利」在宗教上，係因依附在信徒對修行有成之大師的景仰心態下，被廣泛地崇敬著，甚或有認為舍利會無中生有、會無性生殖、具有靈性、可超度亡魂、具有色彩會發光等現象，臺灣近年來復有高僧圓寂火化後得舍利，如民國四十六年之章嘉大師，七十四年之廣欽老和尚，甚或有全身舍利，如四十八年之慈航法師，七十二年之瀛妙和尚，其形成之原因則眾說紛云，無從以科學實證，亦繫乎「信」與「不信」，信者崇敬之，不信者視為骨灰，公訴人以被告等人撿拾處理舍利過程草率、違背常理，而認舍利並非真實，係被告用以欺罔信徒，尚乏依據。憲法第十三條規定：「人民有信仰宗教之自由。」係指人民有信仰與不信仰任何宗教之自由，以及參與或不參與宗教活動之自由（大法官會議釋字第四九〇號解釋）。被告宋七力等人為了宣揚宋七力天人合一思想觀念，而由宋七力吸收被告等人組成天人合一協會或成立分會，出版專書，製作攝影合成照片販售，此乃為推展其等所主張之思想觀念採行之方法，尚符社會常情，而被告等就其信仰之宋七力天人合一思想之理念，以製作攝影合成照片或出版專書推展，基於信仰或認人有分身，或會發光，或有

舍利之存在等，客觀上無從檢驗其真與假，基於憲法保障宗教之信仰自由，司法對於人民真誠信仰之教義或內容，不容加以干預，或檢驗其真偽，自難認被告等人本於宗教活動所為，係在共同施行詐術騙取財物。至該照片、專書之售價，是否與實質價值相當，亦應考量購買者主觀信仰因素及對物品價值之評價，信者認為價值不凡，不信者或認為一文不值，是不能單以購買者於購買時對該物之主觀價值判斷，認其係受詐欺而交付財物。此外並查無其他積極證據足資證明被告等人有常業詐欺罪之犯行，不能證明被告等人犯罪（87 上訴 2431 判決）。

〈例 2〉被告是以「神明附體」之託詞達到其詐取財物之目的，以購買「神珠」即能得道成仙等無稽之言語蠱惑告訴人、利用告訴人急於趨吉避凶之心態，詐取金錢及車輛，可見其於行為時，有不法所有之意圖及詐欺之故意，此與正當宗教之傳播在於提昇信仰者之心靈層次或淨化其思想等，顯然有所不同，尚難據此以係宗教行為，而認其無詐欺故意或不法所有之意圖。核被告所為，係犯刑法第三三九條第一項之詐欺取財罪（91 上易 439 判決）。

三、信用卡詐欺

本例不勝枚舉。

〈例 1〉假消費，真刷卡

〈法律問題〉某甲經濟狀況嚴重惡化，急需現金五萬元，乃向其開設服飾店之朋友某乙商借，某乙如數借予，但已知某甲最近經濟狀況不佳，恐其無法清償，乃要求某甲在其服飾店以「假消費，真刷卡」之方式，使用某甲合法領用之台新銀行信用卡，以購買服飾為由，刷卡五萬二千元，俾其向發卡銀行申請給付（多出兩千元為銀行應扣取之手續費，及某乙所得之少許利潤），兩人並言明，某甲應於銀行通知繳款時，按時繳款，不得拖欠。惟待繳款期屆至，某甲經濟狀況仍未好轉，不得已，乃違約未繳。問甲、乙二人是否應負詐欺罪責？如某甲屆期已依約繳款，其結論有無不同？（臺灣高等法院暨所屬法院 90 年法律座談會刑事類提案第 9 號）

〈討論意見〉

甲說：甲、乙二人雖以不正當原因而刷卡，然其於刷卡時，及某乙向銀行申請給付時，原均無不法所有之意圖，只因某甲經濟狀況持續不好，才違約未繳款，應不構成詐欺罪。如某甲屆期已依約繳款，更不能令負詐欺罪責。

乙說：甲、乙二人均明知某甲經濟狀況不佳，某乙更係恐怕某甲無法清償欠款，才建議共同以「假消費，真刷卡」之方式，謊稱某甲有向某乙購買服飾五萬二千元，而向發卡銀行請款，顯然二人均有屆期恐無法繳款之認知與不確定故意，自應共負詐欺取財罪責。惟如某甲屆期已依約繳款，足證其確無不法所有之意圖，則應不構成詐欺罪。

丙說：本件甲、乙二人共同以不正當手段向發卡銀行申請給付，考其用意，原非欲據為不法之所有，而是共同使某甲獲得暫時週轉之方便，亦即使之得到不正當的貸款利益，其犯罪行為迄銀行付款給某乙時，已達既遂之程度，不因某甲嗣後有無依約向銀行繳款而受影響。因此，甲、乙二人均應共負詐欺得利既遂之罪責。

丁說：信用卡發卡銀行如果知有「假消費、真刷卡」情形，會拒絕付款給特約商店。故甲、乙二人共謀，由甲使用合法領用之信用卡，在乙開設之服飾店以「假消費、真刷卡」方式刷卡五萬二千元，並已取得款項。二人自係共同意圖為自己不法之所有，共同施用詐術，使發卡銀行被詐欺而付款，二人乃刑法第三三九條第一項之罪之共同正犯。

〈研討結果〉採丁說。

〈例2〉以信用卡虛偽消費

〈法律問題〉某甲明知無付款能力，竟與加盟商店之某乙，共謀虛偽買賣，持銀行信用卡在乙之商店刷卡虛偽消費，嗣甲未依約向發卡銀行繳付消費款項，問甲有無刑責？（臺灣臺南地方法院檢察署提報）

〈討論意見〉

甲說：甲、乙二人有詐欺取財刑責。

理由：刑法第三三九條第一項所謂之詐術，並不以有施以欺罔行為為限，即利用人之錯誤，而使其為財物之交付，亦不得謂非詐欺（最高法院

24 年上字第 4515 號判例參照），故甲乙共謀虛偽買賣，由甲持銀行信用卡在乙之商店虛偽消費，意在利用發卡銀行之不知虛偽消費，達詐取財物之目的，自與施用詐術無殊，而有詐欺取財刑責。

乙說：甲、乙二人無詐欺刑責。

理由：所謂以詐術使人交付財物，必須行為人有施用詐術之事實，被詐欺人因而陷於錯誤，而交付財物，始足構成犯罪。故倘所使用之方法不能認為詐術，即不構成詐欺刑責。發卡銀行繳付刷卡消費款項，係依據持卡人甲與發卡銀行間之契約而付款予乙之商店，屬民事契約之履行，縱因甲乙間有虛偽買賣，亦僅係是否違反契約而如何善後之問題。

〈法務部檢察司研究意見〉以甲說為當（法務部(86)法檢(二)字第 003563號）。

〈例 3〉無償債能力仍申請並使用信用卡

〈法律問題〉甲明知自己陷於週轉困難，無償債能力，竟向 A 銀行申請信用卡使用，嗣經 A 銀行核發授信額度為新臺幣（下同）五萬元之信用卡後，甲於連續五日內至信用卡各特約商店簽帳消費達三十萬元，則甲應成立刑法第三三九條第一項詐欺取財或第三三九條第二項詐欺得利之罪責？

〈討論意見〉

甲說：甲使 A 銀行陷於錯誤而交付三十萬元予甲所消費之特約商店，故甲詐取 A 銀行之財物，應成立詐欺取財罪。

乙說：甲使 A 銀行陷於錯誤而交付三十萬元予甲所消費之特約商店，免除甲至特約商店消費後所欠三十萬元之債務，甲取得財產上之不法利益，故甲應成立詐欺得利罪。

〈法務部檢察司研究意見〉以甲說為當（法務部(86)法檢(二)字第 1814 號）。

〈例 4〉無支付消費帳款之意思與能力仍使用信用卡

〈法律問題〉關於無支付簽帳消費帳款之意思與能力之人領取信用卡使用，是否成立犯罪？

〈研討意見〉

甲說（無罪說）：此說認為特約商店只要確認信用卡之有效性及簽名之

同一性，即有義務允許持卡人簽帳消費，而無須考慮持卡人日後有無支付帳款與發卡人之意思與能力。且特約商店只要確認有效信用卡之持卡人記帳消費之簽名為真正，則商品之價金可憑持卡人之簽帳單由發卡銀行經由聯合處理中心給付，故特約商店並不發生任何損害，自無因詐術陷於錯誤而交付財物可言，故不構成詐欺罪。

乙說（詐欺取財罪說）：此說認為在信用卡交易，基本上持卡人對於特約商店直接負有給付價金義務，於聯合處理中心不依契約履行給付持卡人消費帳款時，例如聯合處理中心不履行給付持卡人消費帳款時，或特約商店不依約定期日將帳單送交聯合處理中心，以致聯合處理中心依其與特約商店所訂契約規定為負責時，持卡人對於特約商店仍有履行給付價金義務，從而信用卡交易與通常之買賣，並無差異。僅在價金給付後由發卡銀行經由聯合處理中心代為付帳，而發卡銀行經由聯合處理中心給付特約商店價金時，則就事後權利關係發生變動，亦即由持卡人對於發卡銀行負擔給付價金債務（債權讓與關係），或求償債務（墊付關係）而已。故如將最後階段之發卡銀行、聯合處理中心與持卡人之法律關係加以分離切斷，而忽視存在於前階段之持卡人對於特約商店所負第一次應付價金債務，認為特約商店對持卡人本身無須考慮其有無支付價金之意思與能力，殊嫌率斷。從而持卡人與特約商店間之買賣，乃係以信任關係為基礎的繼續的信用販賣契約，而信用卡交易所定價金清償程序僅為貢獻信用販賣之工具而已。故在信用卡交易，特約商店對於持卡人有無支付價金之意思與能力，具有利害關係，自有注意之必要，以備萬一聯合處理中心不能給付價金時，可確保對持卡人請求履行給付價金。且如明知持卡人無給付價金之意思與能力而將商品售與持卡人，殊有違背誠信原則，且屬權利濫用。從而特約商店拒絕無支付價金意思與能力之持卡人簽帳消費，並不違反其與聯合處理中心之約定條款。蓋其與聯合處理中心之約定條款，係在保護有合法交易意思之持卡人為目的，而對於違法交易之持卡人並無保護必要。從而持卡人並無支付價金之意思與能力，向特約商店提示信用卡，係屬對特約商店店員施行詐欺，使店員陷於錯誤而交付財物，自應成立刑法第三三九條第一

項之詐欺罪。

丙說（詐欺得利罪說）：此說認為在信用卡交易，特約商店因有確認信用卡之有效性與簽名之同一性義務，故對於持卡人之有無支付能力並無調查義務，況縱使持卡人無支付能力，仍得由發卡銀行經由聯合處理中心受領價金，亦即持卡人欠缺支付能力之危險負擔均由聯合處理中心與發卡銀行負擔，故特約商店並非受騙人或受害人。惟發卡銀行對於特約商店經由聯合處理中心送來之簽帳單，誤信為日後持卡人一定依約償還，因而代持卡人墊付價款與特約商店，乃係因受詐欺陷於錯誤而為金錢之支付處分行為，持卡人於使發卡銀行代墊價款與特約商店，因而得有不法利益，成立刑法第三三九條第二項之詐欺得利罪。

〈司法院刑事廳研究意見〉本件領取信用卡使用之持卡人，似與發卡銀行間成立一定金額之消費授信契約關係，其主觀上所萌生不法所有意圖之行詐對象，究係特約商店或發卡銀行？依題旨所載有欠明瞭，是否成立犯罪？應由審理法院依具體個案認定，殊難遽作法律上之判斷（司法院(83)廳刑一字第 14605 號）。

〈例 5〉無支付能力仍使用信用卡，事後亦未依限清償價金

〈法律問題〉某甲明知其無支付能力，竟意圖不法，持乙銀行核發予其本人使用之信用卡至丙特約商店刷卡購物，先由乙支付買賣價金予丙，嗣乙寄發帳單後，甲未依限清償買賣價金，甲所為係犯何罪？

〈研討意見〉

甲說：甲犯刑法第三三九條第一項之詐欺取財罪。

理由：按詐欺罪並不以被詐欺者與處分行為人同一為必要，只須被詐欺者處於有處分其財產之地位，而處分行為人有服從命令之義務，而為財產之處分，亦即財物之交付，仍受被詐欺者之意思支配；本件發卡銀行乙與特約商店丙間訂有契約，丙須依契約負有持乙銀行所發之信用卡之甲刷卡購物時，須交付財物之義務，亦即丙須依乙之指示而交付財物，丙亦可依契約向乙請領價款，嗣甲雖未依約於限期內清償買賣價金，乙雖係被害人，惟甲所詐得者仍係財物，並非利益，爰認甲所為係犯刑法第三三九條

第一項詐欺取財罪。

　　乙說：甲犯刑法第三三九條第二項詐欺得利罪。

　　理由：按行為人持信用卡購物，就特約商店而言，無庸注意行為人之支付能力，只要卡號正確完成刷卡，即可向發卡銀行取得對價，是特約商店於交易過程中，並非行為人欺罔之對象，至可能陷於錯誤者，應為發卡銀行，且本件買賣價金由乙直接支付丙，犯罪之被害人為乙，況甲亦未自乙處取得現實財貨之交付，所得者係消費時由乙代償債務之利益，爰認甲所為係犯刑法第三三九條第二項之罪。

　　〈司法院刑事廳研究〉本題持卡人某甲不法之意圖係萌生於其向銀行申領信用卡之前或後？信用卡之特約商店有無注意持卡人不法意圖之義務，或僅須在發卡銀行授與之信用額度內，即有接受簽帳消費之義務？攸關被害人究為特約商店或銀行，及持卡人所詐得者究係具體財物或財產利益，皆屬事實認定之範疇，題旨對此均欠明瞭，致難為法律上之判斷（司法院⒅廳刑一字第 11798 號）。

四、合會詐欺

　　實例如：

　　〈例 1〉

　　上訴人等冒用會員名義，偽造標單，行使得標，詐取會款，彼此有犯意聯絡及行為分擔，應為共同正犯。偽造署押為偽造私文書之部分行為，不另成罪，偽造私文書而後行使，偽造之低度行為應為行使之高度行為所吸收，應依行使論擬。行使偽造私文書與詐欺二罪之間，有方法與結果牽連關係，應從行使偽造私文書一重論處。先後三次為之，時間緊接，犯意概括，構成要件亦復相同，應依連續犯例論以一罪（69 臺上 695）。

　　〈例 2〉

　　被告於民國八十五年至八十九年間，分別招攬四個民間互助會，均未使用標單，亦未記載該次得標者之姓名，僅由被告以口頭聲明由何人得標。惟自八十七年間起，被告因興建住宅，需款孔急，竟意圖為自己不法所有之概括犯意，於八十七、八十八年間，多次在開標時，趁無人參與投標之際，假

冒互助會中被害人等人之名義，向各會之會員詭稱係由上開會員得標，並使
其他活會會員陷於錯誤，仍多次按月交付會款，致生損害於上開會員及其他
活會會員，所詐得款項約數百萬元。核被告所為，係犯刑法第三三九條第一
項之詐欺取財罪、同法第三五六條之損害債權罪（91 易 14 判決）。

五、無錢飲食、住宿

實例如：

〈例 1〉

〈法律問題〉A 明知已無分文，無力購物，意圖白吃白喝，無付款之
意，仍至便利商店內，在店主注視下，逕自從置物架上拿取啤酒、香煙、
牛奶、米酒等物，嗣即直接走出店外，店主追出門外，要 A 付款，A 即告
知，無款可付等語，並即攜帶上開物品離去，店主以 A 身體魁梧，不敢制
止。問 A 所為是否構成刑法第三三九條第一項之詐欺取財罪嫌？

〈討論意見〉

否定說：按刑法第三三九條第一項詐欺取財罪之成立，以意圖為自己
或第三人不法之所有，以詐術使人將本人或第三人之物交付為要件。所謂
以詐術使人交付，必須被詐欺人因其詐術而陷於錯誤，若其所用方法，不
能認為詐術，亦不致使人陷於錯誤，即不構成該罪，最高法院著有 46 年臺
上字第 260 號判例可資參照。A 於進入便利商店，在購物架上拿取物品後，
未發一言即走出店外，而店主追出店外向 A 索款時，A 答以無款可付，即
攜帶物品離去，由 A 拿取上開物品之過程觀之，要難認有施用詐術使被害
人交付財物之行為。

肯定說：現一般經營便利商店者，均將物品陳列於展示架上，由購物
者自取物品，再至櫃檯結帳，就購物者拿取展示架上物品部分，店主含有
默示交付財物予購物者之意，今 A 身無分文，並無支付款項之能力，竟佯
裝欲購物，進入商店內拿取物品，店主所以允 A 拿取物品，無非因 A 以與
一般人相同之方式進入拿取物品，誤信 A 欲購物，且有付帳能力，因而未
加阻止，未料 A 拿取物品後，竟未付款而逕自走出店外，此與明知無支付
能力，意圖白吃白喝，至餐廳點菜，使餐廳人員誤信其有支付能力而如數

供應，應構成詐欺取財罪嫌之情形相同。是本件Ａ應構成詐欺取財罪嫌。

〈座談會研討結果〉

㈠按竊盜罪必須行為人乘人不知，竊取他人動產始足當之，亦即行為人在主觀上有不欲人知而取之意，在客觀上有乘人不知，在隱匿情況下為之之型態。而詐欺取財罪必須行為人以詐術使人陷於錯誤而交付財物直接離去，於店主要求給款時，又明白表示無錢可付，店主無從制止聽其離去。行為人主觀上並無隱匿盜取行為之意，亦無施用詐術騙取店主同意之意；而客觀上亦非便利商店之「交付」，應係於櫃檯結帳時，經店主（員）允其攜走時，視為完成交付與交易之動作，本件並無交付之情形。本件行為人係基於不法所有之意圖，利用便利商店貨品開架擺設之特性，乘店主不及防備之情形下，強行奪取財物，且於店主無從（力）制止防擋之情況下逕行離去，顯已符合刑法搶奪罪，「乘人不及防備公然奪取財物」之要件。

㈡本案應以搶奪罪論處（臺灣高等法院檢察署暨所屬各級法院檢察署84年法律座談會第14案）。

〈例2〉

〈法律問題〉某甲行經某三溫暖店門口，感覺異常疲累及饑餓，卻又身無分文，乃本詐騙之意思，即進入消費，計享受三溫暖澡浴及餐飲供應各一次，應付浴資二千元及餐飲五百元，某甲分文未付即奪門而逃，其行為究應如何論處？

〈研討意見〉

甲說：某甲騙取澡浴供應係犯刑法詐欺得利罪，而騙取一次餐飲供應則成立刑法詐欺取財罪，二罪間構成犯罪之要件不同，一為使人將本人或第三人之物交付，一為得財產上不法之利益或使第三人得之，依大法官會議釋字第一五二號解釋，應不可成立連續犯，應分論併罰。

乙說：按詐欺取財罪與詐欺得利罪具體要件雖略有異，然詐取實物與詐取財產上之利益，皆係獲得具有金錢價值之不法利益，二者基礎要件尚難謂不同，故應以其詐得較多金額之飲食或利益，論為連續犯，就本問題言，甲詐取不法利益為二千元，而詐得財物僅值五百元，應以情節較重之

詐欺得利罪論為連續犯。

丙說：某甲係以一詐騙浴澡及飲食之決意而一次隱瞞其未有能力支付之行為，進入可同時提供澡浴及餐飲之三溫暖店內消費，其行為應同時成立詐欺取財及詐欺得利罪，但究屬一個詐欺行為觸犯二罪名，應依想像競合犯從一重處斷。

〈司法院刑事廳研究意見〉甲係一行為同時觸犯詐欺取財罪及詐欺得利罪，應依想像競合犯從一重處斷，臺灣高等法院審核意見採丙說，固無不當。惟所謂從一重處斷，究應論以詐欺取財罪或詐欺得利罪，因該二罪刑罰相同，故應依犯罪情節而定其輕重。本題甲詐欺得利所得之利益價值（二千元），高於詐欺取財所得之財物價值（五百元），其詐欺得利罪之犯罪情節較重於詐欺取財罪，臺灣高等法院審核意見，認為應依詐欺取財罪論處，尚有未洽，應依詐欺得利罪處斷（司法院(83)廳刑一字第 14622 號）。

六、免費乘車

實例如：查計程車乘客拒絕付足計費器顯示之車費，若有具體事證可認乘坐之初，已存騙坐之意圖，即與刑法第三三九條第二項所定以詐術得財產上不法利益之犯罪構成要件相符。反之，乘車之初，並不具詐騙之意圖，乘車後因計程車司機繞道行駛或其他原因，對計費器所顯示之金額發生爭執，拒付車資者，則與前開犯罪構成要件，並不相符（(60)臺函刑(三)字第 7834 號）。至於我國現行火車站、捷運站等已改用自動設備讀票、驗票，如有不法所有意圖，以類似詐欺之方法，使自動收費設備提供運輸服務者，自成立刑法第三三九條之一自動收費設備詐欺罪。當然，我國目前尚有人工收費之火車站收費口，如有使用詐術使站務人員陷於錯誤而未令行為人補足票款，而提供運輸服務者，則成立刑法第三三九條第二項詐欺得利罪。

七、訴訟詐欺

所謂訴訟詐欺，乃行為人施用詐術，獲得法院之勝訴判決，因而自被害人取得財物或財產上利益之行為。此即為三角詐欺之典型事例，被詐欺者與被害人不同。例如本無債權卻提起請求訴訟，主張虛偽事實欺騙法院，再基於判決取得財物或免除債務。訴訟詐欺可否成立詐欺罪？否定說者認

為，按民事訴訟係採形式真實主義或辯論主義，不問法院是否陷於錯誤，均受當事人主張之拘束。此外，被害人因敗訴不得不服從確定裁判之內容，而提供財物，尤其是經強制執行程序交付財物時，此可否認為是被害人之處分行為，不無疑義❶。日本學說通說採肯定說，謂行為人提供偽造之證據，使法院誤信為真正而陷於錯誤，致為原告勝訴之判決，亦屬詐術之一種手段；且敗訴者雖未陷於錯誤，但其須服從法院之裁判，而交付財物，實與因錯誤而自行為交付財物行為，並無差異，自得成立詐欺罪❷。我國實務向來採肯定說，如甲未受債權人乙丙委託，而擅用乙丙名義，對債務人丁具狀起訴，並於判決確定後請求執行，若係意圖為自己或第三人不法之所有，應成立詐欺及行使偽造私文書之罪（院字 1456）。其他如 28 上 3912、29 上 990 是。

八、臺灣近期常見詐欺犯罪形態

臺灣近期之詐騙型態不勝枚舉，舉凡鄉下的阿公阿嬤，甚至是大學教授或公務員都有可能曾經受到詐騙集團五花八門的詐術，上當的人不但不在少數，且因此將一輩子的積蓄丟光了。除前述詐欺態樣外，以下茲整理了十二項目前臺灣常見之詐欺類型。

㈠手機簡訊詐欺

詐騙集團在報紙廣告版上刊登販賣廉價手機、米酒、機票廣告等，再發簡訊給被害人，被害人貪圖價格低廉，依指示將購買費用匯至人頭帳戶。匯款後詐欺集團會打電話謊稱沒有轉帳成功，指稱留置於金資中心，再告訴被害人另一線 0800 金資中心服務電話（此乃詐騙集團假冒）。被害人打 0800 電話後，假冒金資中心服務人員指示被害人至提款機匯款以完成或退回該筆款項，被害人深信不疑，依指示再將錢匯入人頭帳戶，當被害人發現拿不到手機，該款項亦無法退回或匯款二次後，才發現已遭詐騙。另外一種利用手機簡訊詐財之方式為詐騙集團將中獎通知以手機簡訊方式發送，要求被害人至提款機操作轉入獎金，或先匯入獎金稅金。雖然政府一

❶ 大谷實，《刑法各論》（成文堂，2 版，2002 年），160 頁。

❷ 甘添貴，《體系刑法各論第二卷》，頁 289，臺北，自版（2000 年）。

再宣導我國提款機之轉帳功能只能轉出不能轉進，仍然還有很多被害人受騙上當。

㈡刮刮樂、中獎詐欺

詐騙集團以掛號郵寄方式寄給被害人刮刮卡或中獎通知（例如使用VISA國際組織或律師事務所名義），甚至有的還模仿公務機關公文格式發函，上面並有律師、會計師（包括資格介紹、蓋有關防、私章或簽名之公證函），以取得被害人之信任，甚至於被害人如果在半信半疑之下打電話給這些人員，詐騙集團早就以集團成員偽裝並予保證。中獎或刮中之內容通常是現金、免費刷卡金或轎車，因此，詐騙集團接下來就會宣稱不得直接領取獎金，以加入會員、認股費、繳交中獎稅金等各種名義要求被害人先匯款。

㈢信用貸款詐欺

詐騙集團利用報紙廣告或夾報廣告，常打著所謂「國營銀行」、其他相類似知名銀行名義，或宣稱與銀行高級主管熟識，可透過管道輕易辦理信用貸款。被害人上勾後，會以先投保信用險、律師公證費等名義要求匯款，如果被害人覺得有異要求終止契約，辦理退費，詐騙集團便宣稱須支付違約金，揚言否則將請律師提出告訴，利用被害人不瞭解司法程序及畏懼惹上官司，乖乖繳錢。

㈣金融卡冒用詐欺

詐騙集團以財政部金融局或其他相類似單位名義打電話或發簡訊，通知被害人的金融卡資料遭盜用，要求速撥其所提供之電話號碼，被害人在驚慌下打電話聯絡，又受到假冒公務員指導持金融卡至提款機更改密碼，以保障安全。實際上其是誤導被害人將存款轉至人頭帳戶內。再者，亦有詐騙集團假冒是警察機關人員（例如臺北市刑事警察局，請注意，刑事警察局隸屬內政部警政署，屬中央單位，臺北市沒有刑事警察局），因破獲金融卡偽卡集團，要求確認被害人之帳戶密碼，或者是要求被害人依指示更改金融卡密碼，也有請被害人打電話至財政部（或法務部）專線查詢，再由專人指導操作變更密碼，其實是將自己帳戶金額轉至詐騙集團手裏。

伍退稅、退費詐欺

詐騙集團佯稱是國稅局人員，宣稱可退稅，或者是退稅支票被郵局退件，要求被害人儘速至提款機依其指示操作完成退稅手續。因詐騙集團利用星期假日，或以加班、退稅最後一天為由，使被害人無法查證或疏於查證，而事實上被害人是誤將存款轉帳予詐騙集團。至於退費詐欺，則是以國稅局、勞保局、中華電信公司等單位名義聯絡，聲稱有一筆款項要退費，請被害人至提款機依指示操作。查詐騙集團一般會要求被害人查詢帳戶餘額，謊稱先確認帳戶有效，再依被害人提供帳戶餘額數目，以作為「匯款密碼」。甚至聲稱退費不成功，要求被害人多次操作提款機，直到存款所剩無幾。

六付費電話詐欺

詐騙集團以打電話或手機簡訊稱好久不見，希望能聯絡等語，要求被害人回撥，而所留的電話即是高付費電話，等到被害人收到電話帳單還是搞不清楚究竟是怎麼回事。

七結怨恐嚇詐欺

詐騙集團打電話恐嚇被害人或其家屬，佯稱其得罪某黑道或幫派，抑是與人結怨，對方請其出來教訓被害人，被害人最好乖乖地將所稱款項轉至指定帳戶，如果不從，不是斷手斷腳，不然就是家人遭殃。在談話中詐騙集團還會將被害人或其家人之基本資料詳細陳述，取得被害人或其家人信任，並心生畏懼而依其指示轉帳。

八假擄人真詐財

詐騙集團打電話謊稱被害人的小孩被綁架，甚至被害人還可以聽見小孩的哭聲，要求被害人付一定贖金，否則後果不堪設想。被害人擔心小孩被撕票，不但不敢通知警方，且依約交付贖金。後來才發現小孩好好地在學校，綁票只是一場騙局。

九親友急需用錢詐欺

詐騙集團打電話謊稱被害人服役中的家人因車禍、得罪長官，急需用錢，因被害人與該家人連繫不上，或者是詐騙集團根本不給被害人時間查

證，趁被害人心慌之際順利取得轉帳或匯款。當然，被害人的家人根本平安無事。

(十)網路購物詐欺

詐騙集團於網路上刊登販賣物品訊息，當被害人匯款後，有些是貨物根本就未收到；有些是收到的貨品為廢物，例如一堆舊報紙。有的只是利用網路購物作為幌子，騙取當事人之信用卡卡號、密碼或其他金融資料，再轉賣給其他詐騙集團。

(士)求職詐欺

例如詐騙集團以應徵司機、牛郎、銷貨小姐為由刊登廣告，於被害人上門應徵時，要求須先繳納保證金、治裝費、租車費、伴遊費等，或者是須先介紹親友購買其公司相關產品，即使無親友購買，被害人本人亦須認購多少產品，以示有足夠能力充任該業務。結果被害人不但未領得薪水，且已支付相當金額後，才發現該公司已人去樓空。

(圭)仲介新娘、外勞詐欺

詐騙集團以媒介外籍新娘、勞工刊登廣告，誘使被害人誤以為可以用較少的錢娶得外籍新娘或僱用外籍勞工。通常詐騙集團會依照正常程序使被害人選擇喜歡的對象或勞工，看起來有模有樣，規模甚大。而且也會要求先付一部分款項，後來不是再無下文，不然就是有所稱新娘來臺結婚，在交付餘款後，新娘也跑掉了。實務上常見有些外籍新娘其實就是詐騙集團的一員，因此，假結婚次數多達十數次。

此外，實務上還有：

〈例1〉販買黃牛票

關於購買火車票轉售圖利，是否構成詐欺罪，要應視其實際有無以詐術使人陷於錯誤，具備詐欺罪之各種構成要件而定。如自己並不乘車，而混入旅客群中，買受車票，並以高價出售者，仍須視其實際是否即係使用詐術，使售票處因而陷于錯誤，合於詐欺罪之各種構成要件以為斷。本院院解字第2920號暨第3808號解釋據來文所稱之套購，應係意指使用詐術之購買而言。惟後一解釋，重在對於旅客之詐財；前一解釋，重在對於售

票處之詐欺得利；故應分別適用刑法第三三九條第一項及第二項之規定（釋字 143）。

　　輪船票販自己既不乘船而套購船票，高價轉售漁利，自係以詐術取得財產上不法之利益，應成立刑法第三三九條第二項之罪（院解字 2920）。

　　〈例2〉某甲與乙共商將甲所有之物質押於丙等人後，又共同以詐術將該出押物騙回而另售與他人。甲、乙兩人應否成立刑法第三三九條第一項之共同詐欺罪，有子、丑兩說：

　　〈討論意見〉

　　子說：甲、乙既共商將甲所有之物質押移轉於丙等占有，竟又共同以詐術將該出押物騙回而另售與他人，甲縱不構成刑法第三三九條第一項之共同詐欺罪，乙仍難免詐欺罪責。

　　丑說：刑法第三三九條第一項之詐欺罪，係以意圖為自己或第三人不法之所有，以詐術使人將本人或第三人之物交付為其構成要件。其犯罪客體須為「本人或第三人之物」，且在「意圖為自己不法所有」之情形下始能成立，若原為其自己所有之物，該項要件即無從具備。故甲於自己所有之物，雖經設定質權交與丙等占有，而以詐術使丙等交還，殊難謂已犯該項之詐欺罪。甲既不成立詐欺罪，則參與其事之乙，亦難謂獨有該項詐欺罪責。

　　〈決議〉某甲與乙共商將甲所有之物質押於丙等人後，又共同以詐術將該質物騙回而另售與他人，致質權人喪失其質物之占有而不能請求返還，質權歸於消滅，甲取回之原質物價值增高，即屬取得財產上不法之利益，甲係為自己得財產上不法利益，乙則係使第三人得之，應共同成立刑法第三三九條第二項之罪（最高法院 66 年第 6 次刑庭庭推總會議決議㈠）。

　　〈例3〉

　　㈠刑法上所謂「常業」，指反覆以同種類行為為目的之社會活動之職業性犯罪而言，至於犯罪所得之多寡，是否恃此犯罪為唯一之謀生職業，則非所問，縱令兼有其他職業，仍無礙於常業犯罪之成立。上訴人等長期以刊登廣告方式買賣存摺，以詐術騙取被害人將現款匯入人頭帳戶，短短數月間，共詐得近百萬元，顯係以詐欺為目的之職業性犯罪，而為常業犯無

疑慕詳。

　　㈡又共同實施犯罪行為之人，在合同意思範圍以內，各自分擔犯罪行為之一部，相互利用他人之行為，以達其犯罪之目的者，即應對於全部所發生之結果，共同負責。上訴人等負責收購郵局、銀行存摺，將之交與不詳姓名之成年人向被害人詐取存款，其與不詳姓名之成年人間，顯然在合同意思範圍以內，各自分擔犯罪行為之一部，相互利用他人之行為，以達其犯罪之目的，即應對於全部所發生之結果共同負責，原判決以共同正犯問擬，自屬正當合法。至該不詳姓名之成年人有無超越上訴人等共同謀議之範圍，利用被害人之存摺再從事其他非法行為，並不影響其常業詐欺行為之成立（91 臺上 3389 判決）。

九、一百零三年新增加重詐欺罪

　　有鑑於臺灣近年來詐欺案件頻傳，且趨於集團化、組織化，甚至結合網路、電信、通訊科技，每每造成廣大民眾受騙，此與傳統犯罪型態有別，若僅論以第三三九條詐欺罪責，實無法充分評價行為人之惡性。參酌德國、義大利、奧地利、挪威、荷蘭、瑞典、丹麥等外國立法例，均對於特殊型態之詐欺犯罪定有獨立處罰規定，爰增訂三三九條之四加重詐欺罪，並考量此等特殊詐欺型態行為之惡性、對於社會影響及刑法各罪衡平，提高其法定刑。本罪第一項各款加重事由分述即下：

㈠冒用政府機關或公務員名義犯之

　　行為人冒用政府機關或公務員名義施以詐欺行為，被害人係因出於遵守公務部門公權力之要求，及避免自身違法等守法態度而遭到侵害，則行為人不僅侵害個人財產權，更侵害公眾對公權力之信賴。是以，行為人之惡性及犯罪所生之危害均較普通詐欺為重，爰定為第一款加重事由。

㈡三人以上共同犯之

　　多人共同行使詐術手段，易使被害人陷於錯誤，其主觀惡性較單一個人行使詐術為重，有加重處罰之必要，爰仿照本法第二二二條第一項第一款之立法例，將「三人以上共同犯之」列為第二款之加重處罰事由。又本款所謂「三人以上共同犯之」，不限於實施共同正犯,尚包含同謀共同正犯。

㈢以廣播電視、電子通訊、網際網路或其他媒體等傳播工具，對公眾散布
　而犯之

　　考量現今以電信、網路等傳播方式，同時或長期對社會不特定多數之
公眾發送訊息施以詐術，往往造成廣大民眾受騙，此一不特定、多數性詐
欺行為類型，其侵害社會程度及影響層面均較普通詐欺行為嚴重，有加重
處罰之必要，爰定為第三款之加重處罰事由。

【結論】

　　本例為「假擄人，真詐財」，即實際上並無擄人勒贖之事實，甲利用被
害人乙擔心小孩安危之心理，以詐術之方法，捏造綁架之情形，使乙陷於
錯誤，再基於此錯誤為財產之處分行為，因詐術→陷於錯誤→交付財物間
有因果連鎖關係，甲成立刑法第三三九條第一項詐欺取財罪。

【參考法條】

刑法第三三九條

　意圖為自己或第三人不法之所有，以詐術使人將本人或第三人之物交付者，處五
　年以下有期徒刑、拘役或科或併科五十萬元以下罰金。
　以前項方法得財產上不法之利益或使第三人得之者，亦同。
　前二項之未遂犯罰之。

刑法第三三九條之四

　犯第三百三十九條詐欺罪而有下列情形之一者，處一年以上七年以下有期徒刑，
　得併科一百萬元以下罰金：
　一、冒用政府機關或公務員名義犯之。
　二、三人以上共同犯之。
　三、以廣播電視、電子通訊、網際網路或其他媒體等傳播工具，對公眾散布而犯
　之。
　前項之未遂犯罰之。

【練習題】

一、甲失業無力償還房貸，心生一計，將自己打扮成有眼疾、腳殘廢之乞
丐，於夜市席地行乞。過往行人見其可憐，將錢放入甲之破碗中，少
則十元，多則五百元。請問甲之行為是否成立犯罪？

二、乙佯裝召募捐款購地蓋廟，每日持佛像挨家挨戶請求捐款，所有募得
款項均作為個人生活費。請問乙之行為是否成立犯罪？

問題二三
自動設備詐欺罪

> 甲為某銀行職員，利用職務之便，將指令輸入電腦，增加自己之存款數目。請問甲之行為成立何種犯罪？

【問題點】

一、修法前法律適用問題
二、收費設備詐欺罪
三、自動付款設備詐欺罪
四、電腦或相關設備詐欺罪

【解析】

一、修法前法律適用問題

　　我國刑法在八十六年修正增訂第三三九條之一至第三三九條之三自動設備犯罪前，關於自動設備犯罪究竟如何適用法律，頗多爭議。有認為成立刑法第三三九條詐欺罪（包括取財及得利罪）。其理由謂自動設備均為設置之人的意思或手足之延伸，對其所為不正使用，已經影響到該機器所有人之意思活動，且由比較法的觀點而言，外國立法例對於此類犯罪，多規定於詐欺罪章。反對論者則認為自動設備為機器，不會陷於錯誤，因此，不法利用自動設備取得財物之行為，欠缺刑法詐欺罪之成立要件。據此，有謂在此情形下應成立刑法第三二〇條竊盜罪。其理由為自動設備縱為人的意思之延伸，亦屬意思之一部分而非全部，亦即在人所輸入之程式作用所及之範圍裏，為人的意思之延伸，超過此範圍，則機器仍屬沒有意思作用的機器。因此，此類違反其所有人或管理人之意思，於其不知時，排除其支配，將其財物移至自己的支配下，應成立竊盜罪。惟我國刑法對於竊盜得利之行為並無處罰之規定，應不成立犯罪❶，此乃本說之缺點。在罪

---

❶　曾淑瑜，《刑法分則問題研析(一)》，頁 221–222，臺北，翰蘆圖書出版有限公司

刑法定主義之下，自動設備之犯罪均無法充分滿足不論是詐欺罪或竊盜罪之法定構成要件，而在科技日新月異之今日社會，自動設備犯罪層出不窮，遂於八十六年新增三條有關自動設備之犯罪型態，以因應實務之要求。當然，此三條條文仍不脫政策性條文之性質，且因參酌日本立法例❷，故出現刑法未曾出現之用語，在適用上引發不少問題。本文茲就刑法第三三九條之一至之三，以每條為專題討論。

二、收費設備詐欺罪

㈠立法理由

按目前社會自動付款或收費設備之應用，日益普遍，如以不正方法由此種設備取得他人之物或得財產上不法利益，不但有損業者權益，而且破壞社會秩序，有加以處罰之必要。惟其犯罪情節，尚屬輕微，特增訂處罰專條，並就取得財物及財產上不法利益之情形，分為二項規定，以應社會需要。

㈡本罪之行為客體

1.收費設備

係指藉由機械或電子控制系統在功能上設置預定之對價，而由機械本身提供一定之物品或勞務之設備❸。例如公用電話、自動販賣機、自動體重機、自動按摩機、自動播放音樂機等。原則上此種自動收費設備提供物品或勞務乃是基於一定之對待給付，而行為人實施不正方法免除此對待給付。

2.「他人之物」與「財產上之利益」

解釋上此所稱「物」應僅指動產而已，不動產殊難想像。例如香煙、

(2000 年)。

❷ 日本在昭和六十二年基於電腦普及時代來臨，因應迅速處理事務，使用電磁記錄為事務處理之場合大增，遂新增第二四六條之二電腦使用詐欺罪：「除前條規定外，使用電腦處理人之事務，如輸入虛偽資料或不正指令，使財產權得喪變更或作成不實電磁記錄者；又財產權得喪變更或虛偽電磁記錄係供人處理事務，使取得財產上不法利益或使他人取得者，處十年以下有期徒刑。」（第二五〇條有處罰未遂犯之規定）

❸ 甘添貴，《體系刑法各論第二卷》，頁 317，臺北，自版（2000 年）。

飲料、郵票、報紙等等。至於準動產，即以動產論之電能、熱能及其他能量(刑法第三四三條準用第三二三條)，例如收費而為手機電池充電之設備，亦屬本罪之行為客體。至於財產上之利益，依自動收費設備之性質，應僅指提供一定之服務及勞務，例如前述之公共電話、自動按摩機即是。

㈢**本罪之犯罪構成要件行為——「不正方法」**

　　前述本文所稱自動設備犯罪創設新法律名詞致解釋上爭議不斷者即指此。蓋使用「不正方法」涵蓋本罪之犯罪構成要件行為，在客觀上欠缺嚴謹性及明確性，似有違罪刑法定主義。例如某人使用工具將自動收費設備毀壞，而將其販賣之物品取走，如無本罪之設，在解釋上成立刑法第三五四條及第三二〇條，或第三二一條第一項第二款，並無疑問。但本罪增設後，因本條之法定刑（一年以下有期徒刑）顯然低於上述各罪名，在適用上至為困難。按本罪之設既在解決長期以來自動設備適用詐欺罪或竊盜罪之齟齬問題，則增設本罪後，前開意見之爭即告一段落，而直接適用本條之規定❹。然而，學者通說仍以為宜作相當程度之限縮解釋較為妥適。如有謂以使用暴力破壞之方法，或開鎖打開收費設備而取人之物，因非屬有違收費設備之收費目的設計之不正方法，亦非屬類似行騙之不正方法，故不構成本罪，而屬竊盜罪與毀損罪所要處罰之行為。稱不正方法係指以類似行騙之方法，而違反自動設備之收費、付款設計目的，以取得他人之物、款項或財產上不法利益或使第三人得之。有謂在立法上既將其作為詐欺罪之一種犯罪類型，在解釋上，不得不將「不正方法」限縮解釋為以類似詐欺之不正當方法，亦即在正常使用自動設備之範圍內，相類似於詐欺之不正當方法，始足當之❺。

❹　曾淑瑜，《刑法分則問題研析㈠》，頁 255，臺北，翰蘆圖書出版有限公司（2000年）。

❺　林山田，《刑法各罪論（上）》，頁 425、427，臺北，自版（2000 年）；黃榮堅，《刑罰的極限》，頁 315，臺北，自版（2000 年）；甘添貴，《體系刑法各論第二卷》，頁 319、326，臺北，自版（2000 年）。此外，學者黃常仁亦認為若藉由外力破壞該自動機械裝置或破壞其自動操作系統，甚或將整座「自動販賣機」運送返家，並加以解體，此即非此處所謂之「不正方法」。換言之，本條之「不

㈣我國實例

〈法律問題〉某甲於民國九十年三月間無意中得知某乙向中華電信公司申辦之隨身碼 (099) 暨撥接密碼，竟未經某乙同意，而以其向不知情某丙借用之合法申辦行動電話、路邊公用電話亭內之公用電話及自家固網電話，連續多次盜用該隨身碼而使用某乙付費申辦之電信服務（含發話、受話、語音信箱等功能），試問某甲之行為係觸犯何種罪名？

〈討論意見〉

甲說：按「電信法第五十六條第一項之罪，以意圖為自己或第三人不法之利益，使用有線、無線或其他電磁方式，盜接或盜用他人電信設備通信者為要件。本罪之處罰詐得免繳電信通信費用之不法利益規定，乃刑法詐欺得利罪之特別法，依特別法優於普通法之原則，自毋庸再論以刑法詐欺得利罪。盜拷他人行動電話之序號、內碼等資料於自己之行動電話後，進而有使用盜打之行為，除犯行使偽造準私文書罪，亦同時觸犯本罪。然本罪構成要件所稱以有線、無線或其他電磁方式，盜接或盜用他人電信設備通信者，並不限於以盜拷他人行動電話之序號、內碼等資料於自己之手機內，為盜用之唯一方式，其他諸如：利用他人住宅內之有線電話，盜打他人電話為通信行為；或在住宅外之電話接線箱內，盜接他人之有線電話線路，以自己之電話機盜打他人電話為通信行為；或意圖為自己不法之所有，竊取他人之行動電話手機，進而為盜打通信之行為；或僅以使用竊盜之意思，擅取他人之行動電話手機為盜打通信之行為等，不一而足，皆成立本罪」，最高法院 88 年第 1 次刑事庭會議決議意見已載之甚明，故某甲盜用某乙申辦之隨身碼電信服務之行為構成電信法第五十六條第一項之意圖為自己不法之利益，以無線（某丙之行動電話）、有線（公用電話、家用固網電話）方式盜用他人電信設備通信罪。

乙說：按電信法第五十六條第一項：「意圖為自己或第三人不法之利益，

正方法」似應作相當程度之限縮解釋。黃常仁，〈「困頓新法」──論刑法第三三九條之一、第三三九條之二與第三三九條之三──〉，《台灣本土法學》，27 期，頁 6，臺北 (2001 年)。

以有線、無線或其他電磁方式，盜接或盜用他人電信設備通信者」，應係指以有線、無線或其他電磁方式盜接或知他人製造、變造電信器材或為前開盜接而為盜用者而言，其處罰目的，乃在避免使用非法器材，而維護合法使用者之權益。且電信法所稱之「電信設備」係指電信所用之機械、器具、線路及其他相關設備（第二條第二款參照），亦即指電信通訊設備及其周邊硬體設施而言。題示隨身碼係電信服務公司整合相關電信功能而提供予申辦者付費申請之電信服務，尚與電信法所稱之「他人電信設備」有間。且依電信法第六十條規定，犯第五十六條第一項之罪者，其電信器材，不問屬於犯人與否，沒收之，係採義務沒收主義，自應優先於採職權沒收主義之刑法第三十八條第一項第二款而適用。若謂某甲行為構成電信法第五十六條第一項之罪，則依法須就某乙因犯該罪使用之電信器材即包括不知情某丙合法持有之行動電話、甚至公用電話及固網家用電話等「合法電信器材」加以沒收，顯違事理之平，亦與電信法之立法目的不符，足認前揭甲說引用之最高法院刑事庭決議並無適用題示案型之餘地。是某甲意圖取得免付通訊費用之利益，而盜用某乙之隨身碼加以使用，使中華電信公司陷於錯誤而提供電信服務，應係構成刑法第三三九條第二項之詐欺得利罪。

　　丙說：某甲如題示行為不構成電信法第五十六條第一項之罪之理由均如前揭乙說所載。至某甲盜用某乙隨身碼之行為，係使電信公司之撥接系統提供服務而得免付費使用之不法利益，是其行為之對象，應係機器而非特定之相對人。在以機器為行為對象之情形，由於機器完全依據程式語言之指令，就一定程序予以處理，無所謂受欺罔致生錯誤之情形，是行為人對機器所為之類似詐欺行為，並不該當於刑法第三三九條所規範之「詐術行為」，為彌補此一漏洞，刑法乃於八十六年十月增訂第三三九條之一、第三三九條之二、第三三九條之三，規範對機器以不正行為取得不法財物、利益之行為。據此，在前開刑法增訂公布後，對於機器之不正行為，應無再適用刑法第三三九條之餘地。本件被告冒名申請行動電話，希冀取得撥打免付費用利益之行為，即難以刑法第三三九條第三項、第二項相繩。而通信服務之使用，必須付費，本質上即為「收費設備」之一種，公共場所

投幣或插卡式之公用電話，係屬「收費設備」固無疑義，私人所申請之行動電話，實際上亦係依使用時間計算之收費設備，與公用電話並無不同，二者所差異者，在費用之收取方式（私人電話按月結帳，公用電話按次結帳），而此項差異，並不影響行動電話作為收費設備之屬性。而隨身碼係申請用戶繳交月租費取得此項整合電信服務之功能，其餘通訊費用則依撥打方式而有差別，實際上均係依使用時間計費之收費設備。綜上，某甲盜用某乙隨身碼之行為，係自收費設備得到通話服務，獲有免付通話費之不法利益，應屬刑法第三三九條之一第二項以不正方法由收費設備得財產上不法利益行為。

〈研討結果〉採丙說（臺灣高等法院暨所屬法院 90 年法律座談會）。

三、自動付款設備詐欺罪

㈠立法理由

利用電腦或其相關設備犯詐欺罪，為常見之電腦犯罪型態，為適應社會發展需要，爰參酌日本現行刑法第二四六條之二立法例增列處罰專條規定。

㈡本罪之行為客體——自動付款設備

係指藉由電子控制系統設置預定之功能，而由機械本身提供一定之現金、劃撥、轉帳或通匯等之設備❻。例如自動提款機或自動櫃員機。本罪自動設備之性質非屬對待給付之問題，而是基於債權請求權，並隨時可藉由自動付款設備而實現其債權請求權之內容。查自動提款機之設置目的，只要求提款卡與密碼資料與其所設定者相同即可，至於提款人是誰，並非所問。又有問題的是，「自動兌幣機」是否為「自動付款設備」？例如某人故意持偽鈔或偽幣，從自動兌幣機換取真鈔或真幣，則行為人除涉及刑法第一九六條行使偽造貨幣罪外，是否又構成本罪？依前揭有關自動付款設備之性質係屬債權請求權之行使觀察，自動兌幣機之性質應屬單純之無償及互易之使用關係，與自動提款機之性質不同；惟從本罪之「不法內涵」觀之，自動兌幣機屬較輕不法內涵之行為客體，更適合自動付款設備之解釋，故應有本罪之適用❼。

---

❻　甘添貴，《體系刑法各論第二卷》，頁 325，臺北，自版（2000 年）。

㈢**本罪之犯罪構成要件行為──「不正方法」**

此「不正方法」之解釋同前開自動收費設備罪。但有問題的是，若有人拾獲他人之提款卡，並也知悉其密碼，而由自動付款設備提款者，是否屬「不正方法」，學者見解不一❽。本文以為冒領款項者雖係依自動提款機之正確操作下完成，但由於該行為未經提款權人之授權，亦屬濫用他人提款卡及密碼之行為，自可解釋為「不正方法」之一種。

㈣**與他罪之關係**

1.破壞自動付款設備而取得款項，依其情形分別成立刑法第三五四條毀損器物罪及刑法第三二〇條竊盜罪，數罪併罰，或刑法第三二一條第一項第二款加重竊盜罪。不發生適用本罪之問題。

2.行為人竊取、搶奪或強盜被害人之提款卡，至提款機提款者。按竊取等行為侵害的是被害人個人之財產法益，而未經授權提款之行為侵害的是金融機關之財產法益，法益不具同一性，如前所述，此亦屬自動付款設備詐欺罪中所稱「不正方法」之一種，故依刑法第五十條數罪併罰。

3.行為人拾得被害人提款卡後，至提款機提款者。該當刑法第三三七條侵占遺失物罪與本罪，相同地，因侵害二不同財產法益，依刑法第五十條數罪併罰。

㈤**我國實例**

〈例1〉

被告於民國九十一年八月二十六日,向泛亞商業銀行股份有限公司(以下簡稱泛亞商銀)辦理小額循環信用貸款，自泛亞商銀取得「魔利卡」一張，約定以新臺幣（下同）五萬元為最高借款額度，被告申請「魔利卡」之時，所申請之借款額度係十五萬元，嗣其取得「魔利卡」之際，自訴人泛亞商銀人員曾告知核准之借款金額為五萬元等情，業據被告陳述明確，並有「魔利卡」申請書影本一件附卷可稽，堪信屬實，顯然被告明知自訴

---

❼ 黃常仁，〈「困頓新法」──論刑法第三三九條之一、第三三九條之二與第三三九條之三──〉，《台灣本土法學》，27期，頁10，臺北（2001年）。

❽ 採肯定說者，如學者甘添貴、黃常仁；採否定說者如學者林山田、黃榮堅。

人對於其取得之「魔利卡」設有借款額度五萬元限制之事實，應堪認定。詎被告於九十一年十月二十五日至澳門地區旅遊，為籌集賭資，竟意圖為自己不法之所有，明知其使用「魔利卡」之借款額度僅有五萬元，且已於出國前借貸完畢，竟利用金融機構跨行自動化連線系統發生故障，無法限制借款人借款額度之機會，連續於附表所示之時間，使用該已超過借款最高額度「魔利卡」之不正方法，先後一百四十五次，自附表所示之澳門地區自動付款設備，取得如附表所示共計二百五十六萬三千七百二十八元之現金，使得泛亞商銀轉帳該等金額予各該金融機構，而受有上開金額之損害。參以被告每月僅有三萬一、二千元之收入，名下並無不動產或汽車，取款時並未考慮將來如何償還自訴人泛亞商銀等情，業據被告陳述綦詳，衡情被告明知其無力支付高額欠款，竟為籌集賭資，而多次利用「魔利卡」提領超出借貸限額，且其並無資力償還之款項，其具有不法所有之意圖，自堪認定。核被告所為，係犯刑法第三三九條之二第一項之自動付款設備詐欺罪。被告上開多次犯行，時間緊接，方法相同，觸犯構成要件同一之罪名，顯係基於概括之犯意為之，為連續犯，應依刑法第五十六條之規定論以一罪，並加重其刑（92 自 17 判決）。

〈例 2〉

被告基於意圖為自己不法所有之概括犯意，連續竊得被害人之財物。被告於竊得信用卡後，竟基於意圖為自己不法所有及行使偽造私文書之概括犯意，持竊得之信用卡刷卡購物，並在簽帳單偽簽信用卡持卡人署押後，除客戶存查聯自己留存外，將其餘複寫之簽帳單交予店員，而行使偽造私文書，致使店員陷於錯誤，誤認其為信用卡之真正持卡人，乃將其所購買之物品交付，足以生損害於信用卡持卡人、特約商店、財團法人聯合信用卡處理中心及發卡銀行。復基於意圖為自己不法所有之概括犯意，在高雄市林森路與一心路口之提款機，持被害人所有之某銀行信用卡以預借現金之方式，接續盜領現金四次，再持被害人所有之某銀行信用卡以預借現金之方式，接續盜領二次，又持被害人所有之某銀行金融卡一張，接續盜領二次。按在信用卡背面簽名欄簽名，自形式上觀察即足以表示簽名者於信

用卡有效期間內，有權使用該信用卡及供為消費時比對筆跡，以確定是否為本人之用，亦即持有該信用卡即可在特約商店消費，係私文書之一種；又簽帳單具有持卡人與特約商店之交易契約書之性質，並具有持卡人請求發卡銀行撥款之請求書或指示文件之性質，換言之，持卡人向特約商店消費後簽名於一式二聯或三聯之簽帳單上，再由特約商店交付其中第一聯客戶存查聯予持卡人收執，該第一聯由持卡人簽名係指持卡人同意依據信用卡持卡人合約條件，一經使用或訂購物品，均應按簽帳單之全部金額，付款予發卡銀行，故持卡人於該簽帳單簽名其用意與票據背書大致相同，皆係對所簽之金額負責之意，該簽帳單之性質為私文書。核被告所為，係犯竊盜罪、第三〇六條第一項侵入住宅罪、第三三九條第一項詐欺取財罪、第二一六條、第二一〇條行使偽造私文書罪、第三三九條之二第一項之利用自動付款設備詐欺罪（91 訴 203 判決）。

〈例 3〉

按變造文書，係指不變更原有文書之本質，僅就文書之內容有所更改者而言（最高法院 29 年上字第 1785 號判例意旨參照）。存款簿屬於存戶與銀行間之交易紀錄之私文書，其每一筆紀錄，都代表一筆交易，均應成立一個私文書，被告乃偽造不實之存提紀錄，並非更改之前之存提紀錄，核其所為，係犯刑法第二一〇條偽造私文書罪，公訴人誤為變造私文書，尚有未洽。被告將存款簿交付他人而行使，係犯刑法第二一六條、第二一〇條之行使偽造私文書罪。被告連續偽造文書並無還款之意願，竟多次向被害人借款，使被害人陷於錯誤，交付多筆款項，核其所為，係犯刑法第三三九條第一項之詐欺取財罪。被告利用被害人委託代領生活費之提款卡，而以不正方法於提款機領取被害人之存款，係犯刑法第三三九條之二第一項之罪。前開行使偽造私文書、詐欺取財、以不正方法由自動付款設備取他人之物罪間，犯意各別、行為互殊，應分論併罰之（90 訴 214 判決）。

〈例 4〉

意圖為自己或第三人不法之所有，以不正方法由自動付款設備取得他人之物者，或以上述方法得財產上不法之利益或使第三人得之者，處三年

以下有期徒刑、拘役或一萬元以下罰金，刑法第三三九條之二規定甚明，故以上述方法詐得財物或利益者，自不得依刑法第三三九條之普通詐欺罪論處。又刑法第三三九條之二之罪並無處罰未遂犯，故以拾得或竊得、搶得之金融卡至自動提款機提款，如未提得現金，自不得論以上述詐欺罪。原判決既認定上訴人以拾得之金融卡至郵局之自動提款機提款，因無正確密碼而未能得逞，惟竟論以刑法第三三九條第三項、第一項之詐欺未遂罪，其適用法令顯有未合（90 臺上 3704 判決）。

〈例 5〉

查被告拾獲他人所遺失之郵局提款卡（密碼黏在提款卡上）乙枚，竟意圖為自己不法之所有，予以侵占入己。復基於意圖為自己不法所有之概括犯意，連續持前揭拾獲之提款卡，將密碼輸入自動櫃員機內之不正方法，分別盜領新臺幣（下同）四萬元、二萬元。核被告所為，係犯刑法第三三七條之侵占遺失物罪、刑法第三三九條之二第一項之利用自動付款設備詐欺罪。其先後二次以自動付款設備詐取他人財物之犯行，時間緊接，罪名與構成要件相同，顯係基於概括犯意而為，應依連續犯規定論以一罪，並依法加重其刑。又其所犯上開二罪間，具有方法結果之牽連關係，應依刑法第五十五條之規定從一重之刑法第三三九條之二第一項之罪處斷（89 易 1287 判決）。

〈例 6〉

核被告所為，係犯刑法第三二〇條第一項之竊盜，同法第三三九條之二第一項之以不正方法由自動付款設備取得他人之物罪。其接續七次插卡盜領款項係因受自動提款機每次提領最高金額之限制而分次提領，乃一以不正方法由自動付款設備取得他人之物行為之接續的多次動作，祇論以不正方法由自動付款設備取得他人之物單純一罪，公訴人認其多次詐領存款犯行應成立連續犯，尚非允洽。其係以行竊金融卡之方法，俾以金融卡而由自動付款設備取得他人之物而達其盜領他人款項以供花用之目的，所犯竊盜與以不正方法由自動付款設備取得他人之物二罪間，有方法結果之牽連關係，應一重依竊盜罪處斷（89 易 842 判決）。

〈例 7〉

查被告向連輔導長借款新臺幣（下同）五千元，經其同意，而將所有之北投郵局提款卡交予被告並告知提款卡之密碼，囑其自行領提五千元，詎被告竟意圖為自己不法之所有，持該提款卡至林園郵局所設置之提款機，並按提款卡之密碼及提領之數額五萬元，以不正方法自上開金融機構所設之自動付款設備即提款機中，除領得同意借貸之五千元，多詐領四萬五千元，計五萬元。核被告所為係犯刑法第三三九條之二第一項之準詐欺罪（88 易 1089 判決）。

〈例 8〉

被告乘坐友人所駕駛之自小客車時，竟趁其放置於手煞車處之皮包掉落車上未察覺之際，將其皮包內所持有之銀行提款卡取走，得手後，並意圖為自己不法之所有，持上開金融卡及附在該提款卡上之密碼條，連續四次以不正方法輸入密碼指令，自該行自動付款櫃員機，每次取得林某帳戶內之存款新臺幣二萬元，共計八萬元。嗣被發覺後，被告坦承上開之竊盜行為並交還提款卡及密碼，並表示願意返還所竊取之款項，惟其於入伍服役後，均未返還。又被告行為後刑法已於八十六年十一月二十六日總統令修正公布，增列刑法第三三九條之二等法條，被告之犯行亦犯刑法第三三九條之二第一項之利用自動付款設備詐欺取財罪，本院比較新舊法條，以增列之新法較有利被告，依刑法第二條第一項前段，應適用該法條論處（88 易 2094 判決）。

〈例 9〉

按自動提款機係屬刑法第三三九條之二第一項之自動付款設備，提款機為辦理付款業務人員之替代，對提款機輸入密碼施用詐術，應視同對自然人為之，核被告所為，係犯刑法第三三七條之侵占遺失物罪及第三三九條之二第一項之利用自動付款設備詐欺取財罪。被告於八十七年十一月十五日八時十四分許及於同日八時十五分許，在同一自動提款機，接續詐領各二萬元，因時間及空間密接，應僅成立一個詐領行為，其與被告於前一日即同年月十四日之詐領行為，時間緊接，罪名與犯罪構成要件相同，顯

係基於概括犯意而為，應依連續犯規定論以一罪，並加重其刑。被告所犯侵占遺失物罪與利用自動付款設備詐欺取財罪間，有方法結果之牽連關係，為牽連犯，應從一重利用自動付款設備詐欺取財罪處斷（88 易 111 判決）。

〈例 10〉

按利用銀行之提款機盜領他人存款之犯行，已經八十六年十月八日修正公布之刑法增訂第三三九條之二第一項予以規範，不再論以同法第三三九條之詐欺罪，而比較此二法條之法定刑，以新法之規定較輕，且有利於被告，被告之行為雖發生在新法增訂之前，惟依刑法第二條第一項前段「從新」之規定，本案仍適用新法，被告侵占陳女之皮包，核其所為係犯刑法第三三七條之侵占離本人持有之物罪；又持皮包內之提款卡利用銀行之自動提款機盜領陳女存款六萬七千元，核其所為係犯新修正之刑法第三三九條之二第一項之罪。被告所犯二罪，有方法結果之牽連關係，為牽連犯，應從一重之刑法第三三九條之二第一項論處（87 易 304 判決）。

四、電腦或相關設備詐欺罪

㈠立法理由

以不正方法將虛偽資料或不正指令輸入電腦或其相關設備，為電腦犯罪型態，為適應社會發展需要，爰增列處罰專條。

日本於昭和六十二年所增訂之刑法第二四六條之二（又稱為電腦詐欺罪）其實與本罪之立法設計相同。當然，其亦是相應於惡性使用自動設備取得財產上不法利益之行為伴隨著自動化設備普及大增之情形，特為刑罰化之規定。蓋如使用電腦或其相關設備將他人戶頭內之金錢移入自己之戶頭內之行為，是否可成立竊盜罪？又因無人被詐欺→陷於錯誤，是否可成立詐欺取財罪？不無疑義。再者，於銀行服務之職員實際上未存入金錢，卻使用電腦或其相關設備增加自己之存款數目，在此情形，雖有背信罪之適用，但因非法操作電腦未使人被詐欺→陷於錯誤，無法成立詐欺取財罪。本罪之設即是在解決前開情形無法以竊盜罪、詐欺取財罪處罰之問題。換言之，新設之本罪其實是詐欺罪之補充類型。

㈡本罪之行為客體──電腦或其相關設備

電腦乃係一概稱，泛指可以處理資料輸入、輸出、儲存、邏輯運算等之機械裝置。至於其相關設備，則指非電腦之主要結構裝置，惟得透過連線而將指令輸入電腦之輔助設備而言，例如終端機❾。

(三)**本罪之犯罪構成要件行為**

本罪之行為類型有二：

1. 以不正方法將虛偽資料輸入電腦或其相關設備，製作財產權之得喪、變更紀錄

所謂「虛偽資料」，係指依照該電腦或其相關設備所預定之事務處理目的，違反真實內容所提供之資料❿。學者謂本罪中「不正方法」之文字實屬贅語⓫。因為行為人在意圖不法所有情況下，將虛偽資料輸入電腦，並製作他人財產上之得喪、變更紀錄，即已屬「不正方法」之具體表現，無再使用概括性用語之必要。

2. 以不正指令輸入電腦或其相關設備，製作財產權之得喪、變更紀錄

所謂「不正指令」亦是依照該電腦或其相關設備所預定之事務處理目的，對電腦或其相關設備所為之不實指令⓬。

二行為之最終目的均在於「製作財產權之得喪、變更紀錄」。

(四)**與他罪之關係**

1. 本罪第一項與第二項之關係

本罪第一項電腦詐欺取財罪與第二項電腦詐欺得利罪侵害之法益具有

---

❾ 甘添貴，《體系刑法各論第二卷》，頁 333，臺北，自版（2000 年）。

❿ 荒川雅行，〈電子計算機使用詐欺〉，西田典之、山口厚編，《法律學の爭點シリーズ 1——刑法の爭點》（有斐閣，3 版，2000 年），頁 186。

⓫ 黃常仁，〈「困頓新法」——論刑法第三三九條之一、第三三九條之二與第三三九條之三——〉，《台灣本土法學》，27 期，頁 11，臺北（2001 年）。惟學者甘添貴認為此「不正方法」，應解釋為在正常使用電腦或其相關設備之範圍內，相類似於詐欺之不正當方法。

⓬ 荒川雅行，〈電子計算機使用詐欺〉，西田典之、山口厚編，《法律學の爭點シリーズ 1——刑法の爭點》（有斐閣，3 版，2000 年）186 頁。學者黃常仁認為指令無「正」與「不正」之問題。

同一性，前者為補充規定，後者為基本規定，只有在不成立第二項電腦詐欺得利罪之情形下，始成立第一項電腦詐欺取財罪。又對同一財產在時間、場所接近之情形下，為數個電腦詐欺取財及詐欺得利之行為者，應認為是包括一罪[13]。

2. 本罪與偽造、變造文書罪之關係

例如使用他人之金融卡轉帳給自己、行為人將指令輸入電腦增加自己之存款數目等。按刑法第二二〇條第二項，將電磁記錄論以準文書，故前開行為同時該當電腦詐欺取財罪與偽造文書罪。因電腦詐欺罪之保護法益，除個人財產之安全外，兼及社會之公共信用；而偽造文書罪之保護法益亦屬社會之公共信用，二者保護法益具同一性。且電腦詐欺罪之性質本含有偽造文書，二者具吸收關係，即電腦詐欺罪吸收偽造文書罪。

3. 本罪與竊盜罪之關係

例如行為人輸入指令將他人戶頭內之存款轉帳給自己，同時該當電腦詐欺取財罪及刑法第三二〇條第一項竊盜罪。學者均認為侵害同一財產法益，應屬法規競合問題，只不過究竟為補充關係或擇一關係，則無定論[14]。

4. 本罪與侵占罪、背信罪之關係

因侵害同一財產法益，為法規競合之擇一關係問題，應優先適用法定刑較高之本罪[15]。

㈤**我國實例**

〈例 1〉

按網際網路接取服務為電信服務之一種，網際網路接取服務業者所提供之接取或上網服務，在用戶撥接時，因計費需要，須在上網之初，由業

---

[13] 荒川雅行，〈電子計算機使用詐欺〉，西田典之、山口厚編，《法律學の爭點シリーズ 1──刑法の爭點》（有斐閣，3 版，2000 年）頁 187。

[14] 荒川雅行，〈電子計算機使用詐欺〉，西田典之、山口厚編，《法律學の爭點シリーズ 1──刑法の爭點》（有斐閣，3 版，2000 年）頁 187。關於此點，我國學者甘添貴以為，本條第一項為特別規定，本條第二項為一般規定，甘添貴，《體系刑法各論第二卷》，頁 337，臺北，自版（2000 年）。

[15] 甘添貴，《體系刑法各論第二卷》，頁 338，臺北，自版（2000 年）。

者先予身分確認，且經身分確定無誤後，始提供電信服務予用戶並啟動計費。因此，擁有網際網路接取帳號及密碼之用戶，即有網際網路接取業者之電信設備使用權。故網際網路接取帳號及密碼雖非實體之電信設備，但依上開解釋，盜用他人網際網路接取帳號及密碼上網，即為盜用他人對於網際網路接取業者之電信設備使用權。按刑法第三三九條之三係規定：意圖為自己或第三人不法之所有，以不正方法將虛偽資料或不正指令輸入電腦或其相關設備，製作財產權之得喪、變更紀錄，而取得他人財產者，處七年以下有期徒刑。以前項方法得財產上不法之利益或使第三人得之者，亦同。是以，行為人除具有不法之意圖外，須有：將虛偽資料或不正指令輸入電腦或其相關設備，製作財產權之得喪、變更紀錄，進而取得他人財產者之情形，始與本罪之構成要件相當（91 訴 61 判決）。

〈例 2〉

被告將虛偽資料輸入某公司電腦設備，更改該公司關於其他公司進口貨物重量之紀錄，以減少應給付予該公司之運費，而得財產上之不法利益，核其所為係犯刑法第三三九條之三第二項之以不正方法將虛偽資料輸入電腦而得利益罪。按刑法第三三九條之三係於八十六年十月八日增訂公布，同年月十日施行，其法定刑為七年以下有期徒刑，均較刑法第二一〇條偽造變造私文書罪之五年以下有期徒刑，及同法第三三九條之詐欺罪之五年以下有期徒刑、拘役或科或併科一千元以下罰金之法定刑為重，且依增訂條文已將「以不正方法將虛偽資料或不正指令輸入電腦或其相關設備，製作財產權之得喪、變更紀錄」之偽造、變造準文書行為，列為構成要件要素，顯立法者係欲以增訂之刑法第三三九條之三詐欺罪，含括同法第三三九條之詐欺罪及第二二〇條、第二一〇條之偽造變造準私文書罪，至為明顯，被告以輸入虛偽資料或不正指令方式，而變造公司進口貨物重量之紀錄，以減少應給付予某公司之運費，雖同時有變造準私文書行為，然依全部法與一部法、特別規定與普通規定之法規競合原理，應無再論以刑法第二二〇條、第二一〇條之變造準私文書罪（91 訴 757 判決）。

【結論】

一、甲成立刑法第三三九條之三第一項電腦詐欺罪。

甲非為正當權利人，以不正指令輸入電腦，變更其個人電腦存款紀錄，意圖為自己不法之所有，自有電腦詐欺罪之適用。

二、甲成立刑法第二一○條變造文書罪。

按刑法第二二○條第二項，將電磁紀錄論以準文書，故甲變更電腦紀錄中自己存款數目，自屬變造準文書。

三、甲成立刑法第三四二條第一項背信罪。

甲為銀行職員與銀行間有委任信任關係，其基於不法所有意圖，濫用權限，違背任務，致銀行產生財產上之損害，自該當背信罪之構成要件。

甲所為變造文書罪、電腦詐欺罪、背信罪之保護法益具同一性（前二者為社會公共信用法益，後二者為財產法益），成立法規競合，電腦詐欺罪吸收變造文書罪，電腦詐欺罪與背信罪為擇一關係，優先適用電腦詐欺罪。

【參考法條】

刑法第三二○條第一項

意圖為自己或第三人不法之所有，而竊取他人之動產者，為竊盜罪，處五年以下有期徒刑、拘役或五百元以下罰金。

刑法第三二一條第一項第二款

犯竊盜罪而有左列情形之一者，處六月以上、五年以下有期徒刑：

二　毀越門扇、牆垣或其他安全設備而犯之者。

刑法第三三五條第一項

意圖為自己或第三人不法之所有，而侵占自己持有他人之物者，處五年以下有期徒刑、拘役或科或併科一千元以下罰金。

刑法第三三七條

意圖為自己或第三人不法之所有，而侵占遺失物、漂流物或其他離本人所持有之物者，處五百元以下罰金。

刑法第三三九條第一、二項

意圖為自己或第三人不法之所有，以詐術使人將本人或第三人之物交付者，處五年以下有期徒刑、拘役或科或併科五十萬元以下罰金。

以前項方法得財產上不法之利益或使第三人得之者，亦同。

刑法第三三九條之一

意圖為自己或第三人不法之所有，以不正方法由收費設備取得他人之物者，處一年以下有期徒刑、拘役或十萬元以下罰金。

以前項方法得財產上不法之利益或使第三人得之者，亦同。

刑法第三三九條之二

意圖為自己或第三人不法之所有，以不正方法由自動付款設備取得他人之物者，處三年以下有期徒刑、拘役或三十萬元以下罰金。

以前項方法得財產上不法之利益或使第三人得之者，亦同。

刑法第三三九條之三

意圖為自己或第三人不法之所有，以不正方法將虛偽資料或不正指令輸入電腦或其相關設備，製作財產權之得喪、變更紀錄，而取得他人財產者，處七年以下有期徒刑，得併科七十萬元以下罰金。

以前項方法得財產上不法之利益或使第三人得之者，亦同。

前二項之未遂犯罰之。

刑法第三四二條第一項

為他人處理事務，意圖為自己或第三人不法之利益，或損害本人之利益，而為違背其任務之行為，致生損害於本人之財產或其他利益者，處五年以下有期徒刑、拘役或科或併科五十萬元以下罰金。

刑法第三五四條

毀棄、損壞前二條以外之他人之物或致令不堪用，足以生損害於公眾或他人者，處二年以下有期徒刑、拘役或五百元以下罰金。

【練習題】

一、甲為省錢，於無站務人員之捷運站，未購買捷運卡，逕自跳過欄柵搭車，抵達目的站後再跳出站。請問甲之行為是否成立犯罪？

二、乙拾得丙之金融卡，見上寫有密碼，遂持之至提款機提款，因礙於每次提款金額有上限規定，遂分數次將戶頭內之金額提領一空。請問乙之行為成立何種犯罪？

問題二四
背信罪之本質

> 甲為某股份有限公司之總經理，見自己投資妻舅之餐廳生意不好，且正值公司擴大營業，急覓營業場所時，心生一計，捨其他價格較低之賣場，而批示購買該餐廳。請問甲之行為是否成立犯罪？

【問題點】

一、背信罪之本質

二、背信罪是身分犯

三、主觀要件——圖利、加害目的

四、財產上之損害

五、其他問題

【解析】

一、背信罪之本質

關此，有下列四項學說相對立[1]：

㈠權限濫用說

本說認為法律上有處分權限之人濫用權限，致發生財產上之損害者，即為本罪之本質。背信行為的特色係以法律代理權之存在為前提，於對外關係上，與第三人為法律行為之情形。本罪產生之背景，乃伴隨資本主義市場經濟發達，誕生新興犯罪現象而來，尤其是經濟犯罪，公司負責人濫用權限致公司發生財產上之損害，尚非其他罪名可資適用。本說之優點在於其基準明確，得限定背信罪成立之範圍。而缺點是本說認為違背信賴關係為事實行為時則不得成立背信罪，其理由安在？不無疑義。

㈡背信說

本說不以法律代理權之存在為前提，而著重於違反與本人之間的信賴

---

[1] 曾根威彥，《刑法の重要問題〔各論〕》（成文堂，補訂版，1996 年），221–224 頁。

關係、誠實義務，致侵害財產之行為。申言之，事實行為亦得為背信行為。本說之缺點在於「破壞信任關係」、「違反誠實義務」之基準並不明確；再者，背信罪之本質不單純指信賴關係（誠實義務）之違背，亦非僅限定於民法上之債務不履行的關係，會導致無限制地擴大背信罪之成立範圍。

㈢**背信之權限濫用說**

　　為了限定處罰之範圍，本說修改權限濫用說，除原先「權限濫用」之要素外，再增加違背信賴關係之要件，致侵害財產者，始成立背信罪。本說又稱為「新權限濫用說」，因其係以違背事務處理之信賴關係的權限濫用行為為重點，故稱之為「背信之權限濫用說」可突顯其特徵。因本說所稱「權限」不限於法律上之權限，包括事實上之權限在內，故「權限」之內容不明確是本說之缺點。

㈣**限定背信說**

　　本說之目的在限縮背信說，將背信解為對他人事務有特定高度信賴關係者違背該信賴關係，致生損害於本人之財產的行為。但何者為一般信賴關係，何者為高度信賴關係，其區別基準為何，不無疑義。

　　如前所述，背信罪乃是伴隨資本主義市場經濟發達下所產生之犯罪類型，蓋經濟活動大規模下，有組織地運用財產有其迫切性，在其過程中發生違反信賴關係致侵害財產之情形相應而生，自有處罰之必要。由於背信罪之前提為行為人與本人間之信任關係，且為有組織地、趁業務上之機會運用本人財產，屬內部的、實質的信任關係，就外部第三人言，因無法嚴加區分行為人之行為究屬權限濫用或仍在權限範圍內，再加上行為人對於本人事務之處理，猶如委任者之手足、頭腦之延伸，其實質上為本人管理、處分財產與本人親自處理並無不同，因對此信任關係之破壞或侵害，以自主性制約事先防止或依民事法為事後救濟有其界限，因此，刑法之保護有其必要性，背信罪之本質自以前揭背信之權限濫用說較能解析本罪之適用要件，亦能與其他財產法益之犯罪相區別。

二、背信罪是身分犯

　　背信罪之行為主體為「為他人處理事務者」，屬純正身分犯。所謂「他

人」，係指行為人以外之人，不以自然人為限，包括法人、非法人團體、國家、地方公共團體在內。此「他人」對行為人而言，係居於委託人之身分，在刑法第三四二條背信罪條文中稱之為「本人」；相對地，行為人為受託人。所謂「事務」，不論是私性質事務或公性質事務均包括在內，且不一定須屬繼續性事務。然而，因本罪仍為財產犯罪之一種，本罪之事務仍應解為財產管理上之事務為宜。「為他人處理事務者」當然處理的是「他人事務」，且是為他人之利益處理事務；反之，處理的如果是自己之事務，自無本罪之適用。又倘若本人怠於「自己之事務」，即民法中所稱「因可歸責於」本人之事由，致本人之財產發生損害者，即使有民法上債務不履行之問題，事務處理者不成立背信罪。此外，事務處理者－本罪之行為主體，與本人之間應有信任關係存在。所謂信任關係，乃指事務處理者於執行本人之事務時，有法律上之義務誠實處理本人之事務。至於信任關係發生之原因，例如法令（親權之行使、民法上之善良管理人之注意義務）、契約（委任、寄託、僱傭等契約）、事務管理（民法第一七二條無因管理）、習慣上具有繼續性質事實關係之事務（如共同租賃之室友，雖無身分關係，但習慣上、事實上有繼續性地為事務管理）。行為人基於前開之信任關係，受到事務處理者受託範圍之限制，其權利、義務不能凌駕本人之權利、義務；換言之，只能在其受託權限範圍內為事務之處理，服從有權限者之指揮、監督，而無獨立之權限❷。應注意的是，為他人處理事務之身分，於實行行為時存在即足矣，至於損害發生時是否有該當身分則非所問❸。

　　我實務上宣示背信罪以處理他人事務為前提者，例如：刑法第三四二條之背信罪，以處理他人事務為前提，如其處理事務係經他人之委任，於委任其處理期間，因發見受任人處理事務有不當，經撤銷其委任，由另人處理者，則被撤銷者，即再無為他人處理事務之權，於此而有不法行為時，除成立他罪外，要難以刑法上背信罪相繩（52 臺上 551）。刑法第三四二條之背信罪，須以為他人處理事務為前提，所謂為他人云者，係指受他人委

---

❷　川崎一夫，《刑法各論》（青林書院，初版，2000 年），234–236 頁。

❸　大判昭和 8.12.18 刑集 12 號 2360 頁。

任，而為其處理事務而言（49 臺上 1530）。刑法第三四二條之背信罪，以處理他人事務為前提。耕作地之出租人，依法固應將耕作地交與承租人使用收益，但其交地之行為，並非為承租人處理事務，則其不能交付，不問其原因如何，均與刑法上之背信罪無關（32 上 1554）。背信罪之主體限於為他人處理事務之人，如為自己之工作行為，無論圖利之情形是否正當，原與該條犯罪之要件不符。上訴人向被告定製證章，限時完成，銀貨兩交，自屬民法上之承攬契約。被告於訂約後為上訴人製作證章，仍屬於自己之工作行為，並非為他人處理事務，縱其工作瑕疵由於故意或過失所致，上訴人除得依法請求修補或解除契約或請求減少報酬，並得請求損害賠償外，要不能繩以刑法上之背信罪（29 上 674）。

又合夥組織亦得為本罪所稱「本人」，如被告等為某號執行業務之人，係為某號合夥團體處理事務，並非為上訴人個人處理事務。上訴人所稱與被告等夥設某號，由被告等任司理司庫等職，不付上訴人應得之酬金等語，縱屬實在，其受損害者，亦係上訴人個人之利益，而某號合夥團體並無損害，核與刑法背信罪之為人處理事務及損害本人財產或利益之條件，均不相符（29 上 1858）。

一物二賣，因出賣人非為他人處理事務者，故無背信罪之適用：被告未履行出賣人之義務，而將買賣標的物再出賣於他人，與為他人處理事務有間，核與刑法上背信罪以為他人處理事務為前提之構成要件不符（62 臺上 4320）。

至於公務員得否為背信罪之主體，實務見解不一，最高法院 28 年上字第 2464 號判例即採否定見解：「公務員關於職務上之行為，有時雖亦足以構成背信罪，然以不合於瀆職罪之構成要件為限，如其犯罪行為已足成立瀆職罪名，即不能以其違背職務而認為構成背信罪。」另有採肯定見解者：

〈案由〉公務員違背職務，圖利自己或他人，或造成公務機關之財產損失時，若不符合貪污治罪條例第六條第一項第四款之構成要件時，得否成立刑法第三四二條之背信罪，結合同法第一三四條公務員之加重規定論罪？（臺灣臺南地方法院檢察署 91 年 9 月份肅貪執行小組會議提案）

〈說明〉

甲說：背信罪列於個人法益篇章，刑法第三四二條之背信罪構成要件中之人的他人，應限於私人或私法人，國家、地方自治團體等公法人不應論列。又公務員基於個人主管事務職權辦理本身工作，並非為他人處理事務之人，故其違背主管或監督之事務，不合於刑法背信罪關於他人事務之構成要件（臺北地方法院90年訴字第1202號判決參照）。再者，公務員圖利罪於去年修法，限縮其適用之要件，故關於公務員是否成立背信罪，依立法政策，應從嚴解釋。

乙說：

1.圖利罪依其犯罪類型，應屬背信罪適用於公務人員之特殊樣態。最高法院28年上字第2646號判例要旨：「公務員關於職務上之行為，有時雖亦足以構成背信罪，然以不合於瀆職罪之構成要件為限，如其犯罪行為已足成立瀆職罪名，即不能以其違背職務而認為構成背信罪。」即在確定背信罪與公務員圖利罪之間法規競合的關係。

2.公務員擔任國家或地方自治團體，或是國營事業之職務，執行公務，係為國家、地方自治團體或國營事業處理事務，其意圖為自己或他人不法利益，或損害國家、地方自治團體或國營事業之利益，違背其任務，致生損害於國家、地方自治團體或國營事業之利益者，當屬合於刑法第三四二條背信罪之要件。蓋國家、地方自治團體或國營事業，或為公法人或為私法人，均合於刑法第三四二條他人之要件。雖一般刑法教科書通常將背信罪列於個人法益篇章，但此屬學術見解，刑法體例本身並無此限制。且我國背信罪依實務及國內學者之見解，犯罪主體並不排除公務員，違背之職務亦可包含公務，日立法例及學說亦有相同見解，德國甚至有公務員背信罪之規定。

3.公務員擔任公務，其所處理者係公眾之事務，並非自己事務，傳統背信罪係排除承攬型態之事務，以承攬有代價係為自己之事務，但受僱人關於自己工作上事務，則認定屬背信罪之他人事務（最高法院29年上字第1858號及29年上字第674號判例參照）。

4.公務員貪瀆罪之立法向以嚴刑重處，足見立法政策就公務員對其職務責以更高之忠誠義務，故其違背職務圖利於自己或他人，或致損害於公務機關時，若不符合圖利罪之要件，不應即排除犯罪。若有符合背信罪之要件時，仍應以背信罪結合刑法第一三四條公務員之加重規定起訴。

〈決議〉採乙說。

〈臺灣高等法院檢察署研究意見〉採修正之乙說：公務員為國家處理屬於私經濟範疇之財產事務，而非公權力範圍內之公務，如有假藉職務上之權力、機會或方法，意圖自己或第三人不法之利益或損害國家之利益，而為違背其任務之行為，致生損害於國家之財產或其他利益，於不合於瀆職之構成要件時，得成立刑法第三四二條之背信罪，並適用刑法第一三四條關於公務員犯罪加重其刑之規定。

〈法務部研究意見〉同意原提案機關決議採乙說，惟理由修正如下：

㈠按公務員亦可為刑法第三四二條背信罪之犯罪主體，所謂違背之職務，依現行實務見解，包含公務、私經濟行為在內。蓋公務員擔任國家或地方自治團體，或是國營事業，或為公法人，或為私法人，均合於刑法第三四二條所稱「他人」之要件，而公務員執行公務，係為國家、地方自治團體或國營事業處理事務時，其意圖為自己或他人不法利益，或損害國家、地方自治團體或國營事業之利益，違背其任務，致生損害於國家、地方自治團體或國營事業之利益者，應屬構成背信罪之要件。

㈡公務員擔任公務，其所處理者係公眾之事務，並非自己事務，傳統背信罪係排除承攬型態之事務，以承攬有代價係為自己之事務，但受僱人關於自己工作上事務，則認定屬背信罪之他人事務（最高法院 29 年上字第 1858 號及 29 年上字第 674 號判例參照）。

㈢公務員貪瀆罪之立法向以嚴刑重處，足見立法政策就公務員對其職務責以更高之忠誠義務，故其違背職務圖利於自己或他人，或致損害於公務機關時，若不符合圖利罪之要件，則應審視是否構成背信罪之要件，再依刑法第一三四條公務員之加重規定論處（法檢字第 0920802472 號）。

三、主觀要件——圖利、加害目的

　　按刑法第三四二條之背信罪，以有取得不法利益或損害本人利益之意圖為必要，若無此意圖，即屬缺乏意思要件，縱有違背任務之行為，並致生損害於本人之財產或其他利益，亦難律以本條之罪（30 上 1210）。故背信罪之成立，其主觀上之構成要件要素除背信故意外，尚包括「意圖為自己或第三人不法之利益」或「損害本人利益」之目的在內，此即為本罪之圖利、加害目的，以限定本罪可罰性之範圍。申言之，目的之對象有二：自己或第三人之「利益」及本人之「損害」，以說明圖利、加害目的與違背任務之間的關係。

㈠背信故意

　　指認識自己之行為違背任務及自己之行為會造成本人財產上之損害。惟如果只對忠實地執行任務有認識，而對是否違背任務無認識者，此為事實錯誤，可阻卻故意。又預見自己之行為可能違背任務及對本人之財產造成損害，仍容認其發生者，此未必故意亦為背信故意❹。又如僅因處理事務怠於注意，致其事務生不良之影響，則為處理事務之過失問題，既非故意為違背任務之行為，自不負若何罪責（22 上 3537）。

㈡是否僅限於財產上之利益及損害

　　採肯定說者認為背信罪既然是財產犯罪，當然要將本罪之「事務」限定在「財產之事務」上，因此，圖利、加害目的自不包含非財產上之利益及損害。採否定說者以為圖利包括身分上之利益及其他非財產上之利益❺。鑑於刑法第三四二條背信罪法條上係使用「致生損害於本人之財產或其他利益者」之用語，可知後者「其他利益」係指財產上利益以外之利益而言，是以，自以否定說為宜。

㈢「目的」之內容

　　所謂圖利目的，係指以圖自己或第三人之利益為目的而言，如果是圖本人之利益，不發生成立背信罪之問題。倘若圖自己或第三人之利益與圖本人之利益並存時，限於以前者之目的為主，始與本罪之圖利目的該當。

---

❹　川崎一夫，《刑法各論》（青林書院，初版，2000 年），239 頁。

❺　此為日本學說及實務之通說。

所謂加害目的，係指以損害本人之目的而言。依條文內容所示，以上二目的有其一即可成罪，無同時存在之必要。至於圖利、加害目的之內容是否與背信故意為同一解釋，則有爭議❻：

　1. 認識說：只要對圖利、加害有認識即已足。

　2. 認識容認說：至少須對圖利、加害有「未必之認識及容認」。

　3. 確定認識說：須對圖利、加害有確定之認識。

　4. 動機說：有必要確定地認識圖利、加害之動機。

　5. 意欲說：行為人須有圖利、加害之意欲。

　6. 加害意欲說：只有在加害之情形始有意欲之必要。

　從限定可罰性範圍之機能觀察，行為人主觀上圖利、加害目的之強度為確定之認識＜動機＜意欲（「＜」為「小於」之意）。

㈣與違背任務之關係

　是否有不法所有意圖或損害本人利益之目的，不得僅就該當處分財產之內容決定是否有利益或損害，須綜合判斷本人將來可能產生之損害或取得之利益及自己或第三人可能獲得之利益，與違背任務實質上會對本人產生何種不利益。

四、財產上之損害

　按行為人違背任務之行為須致本人之財產或其他利益受到損害，此為背信罪的構成要件之一。所謂財產上之損害，係指使本人全體財產之狀態惡化而言。申言之，如果該損害嗣後已填補者，即無財產上之損害。又此損害不僅包括既存財產積極地減少－積極的損害，尚包括本來得取得之利益卻未取得－消極的損害之情形。當判斷是否有財產上之損害時，其前提須對本罪所稱財產究為何指，即本罪之財產概念為何之問題先予討論。關於財產概念，依法律財產說，從法律之觀點認為是財產者，始屬於本罪財產之範圍，即法律上存有債權者，始有發生財產上損害之問題；依經濟財產說，從經濟之觀點認為是財產者，即從經濟之角度財產之價值有減少，

---

❻　田中利幸，〈背任罪における圖利加害目的の意義〉，西田典之、山口厚編，《法律學の爭點シリーズ1──刑法の爭點》（有斐閣，3版，2000年），200-201頁。

或者是應增加財產價值未增加者即屬之。原則上學者大都支持經濟財產說之觀點，但由於如果完全排除法律觀點，而純粹以經濟上之觀點來判斷財產上損害之有無，則無法律保護價值之財產，其價值減少亦可被視為本罪財產上之損害，在法律上顯不適當，因此，有必要從法秩序全體之觀點限定本罪財產，即僅限於實質上值得保護具有經濟利益之財產。此又稱為「法律的、經濟的財產說」——即法律的、經濟的財產概念。應注意的是，此所稱財產上之損害，雖應依其經濟價值計算，但損害額度之確定，或損害之賠償，尚與本罪之成立不生影響[7]。法律的、經濟的財產說符合法秩序之統一性及刑法之謙抑性，為近日最有力之學說。再者，因本罪係對本人全體財產之犯罪，即使立基於經濟財產說，不以發生財產之實害為必要，有發生實害之危險即已足[8]。

實例上受託照顧名犬，使其與他人母犬交配收費，是否致本人財產上受損害，雖然最後結論之重點不在此問題上，但此例值得深思。

〈法律問題〉某甲飼有名犬一隻，因將出國旅遊，為期一年，乃託某乙代為照料，某乙見該名犬為稀有名種，乃攜之與他人之母犬交配，以收取費用入己。乙之所為，係犯：(1)背信罪(2)不為罪（臺灣高等法院暨所屬法院 80 年法律座談會提案刑事類第 25 號）。

〈討論意見〉

甲說：背信罪。按為他人處理事務，意圖為自己或第三人不法之利益，或損害本人之利益，而為違背其任務之行為，致生損害於本人之財產或其

---

[7]　川崎一夫，《刑法各論》（青林書院，初版，2000 年），237-239 頁。學者川崎一夫更進一步提出「限定經濟財產說」——即限定的經濟財產概念，限定將違法財產排除於外。易言之，本說以為財產上之損害，從經濟觀點觀察，以發生具體實際損害為必要，所謂具體實際損害，其實解釋上除實害外，應包括對實害有具體危險之情況在內。從本說之立場，在發生抽象危險損害之階段尚未發生財產上之損害，故在此階段，成立背信未遂罪。

[8]　此為日本實務判例之通說。內田博文，〈背任罪における財產上の損害の意義〉，西田典之、山口厚編，《法律學の爭點シリーズ 1——刑法の爭點》（有斐閣，3 版，2000 年），202 頁。

他利益者，為背信罪，某乙受某甲之託，在某甲出國期間，為某甲看管該名犬，某乙卻以之與他人之同種異性名犬交配謀利，除本身獲取利益外，另因之而使該稀有品種之名犬繁衍過廣，破壞其市場之稀有性，所謂物以稀為貴，因此市場供應一多，則其價值必將減低，有損害某甲之利益。故應認某乙之行為構成背信罪。

乙說：不為罪。按事有終始，物有陰陽，該名犬與他犬交配，乃其邊際價值之一部，即該名犬之精子雖是稀品，惟若未使之有正常之疏洩，則將因自然代謝而消失，且有違物之自然性，某乙之舉，有助該名犬身心發育之平衡，至獲取利益，乃邊際效益，雖歸於乙，亦難認違法，應認不違甲之付託。故應見合社會相當性，某乙不為罪。

〈司法院第二廳研究意見〉應視委任契約的內容而定，如契約規定不得與他犬交配而違反，可從甲說，否則僅生受任人因處理委任事務所收取之金錢應交付於委任人之民事問題自不成立犯罪，結論如乙說（司法院(81)廳刑一字第 13529 號）。

五、其他問題

㈠背信罪之共犯問題

如前所述，背信罪為純正身分犯，最高法院歷年來之實務見解均明白揭示本罪有刑法第三十一條第一項「因身分或其他特定關係成立之罪，其共同實行、教唆或幫助者，雖無特定關係，仍以正犯或共犯論。但得減輕其刑。」之適用；換言之，即使未為他人處理事務，亦可透過刑法第三十一條第一項之規定，成立背信罪之共同正犯。例如：背信係因身分而成立之罪，其共同實施或教唆幫助者，雖無此項身分，依刑法第三十一條第一項規定，仍以共犯論。被告某甲受某乙委託，代為買賣煤炭，其買進與賣出均屬其事務處理之範圍，某甲因買進數不足額，於賣出時勾同某丙以少報多，自應成立背信之罪。某丙雖未受某乙委任，且係於某甲賣出煤炭時始參與某事，亦無解於背信罪之成立（28 上 3067）。應注意的是，我國有學者❾提出反對見解，認為當構成要件 (Tatbestand) 已經預先假定了構成要

❾ 林山田教授認為「純正特別犯」乃指行為主體資格係在於創設刑罰意義之特別

件所要非難之對象時，除該構成要件所預設之行為主體之外，原則上都不是刑法構成要件所要直接處罰之行為人，所以原則上不能論以正犯 (Täter)，只能論以共犯 (Teilnehme: 指狹義共犯之教唆犯和幫助犯)。事實上此見解乃是引用德國學者 Roxin 構成要件理論，認為背信罪屬於義務犯之範疇，只有具有特定義務之人始能成立背信罪之正犯，不適用犯罪支配以作為行為人成立正犯之依據 (因為義務犯不能透過功能支配來掌握其正犯性)，沒有義務存在之行為人永遠不可能成為正犯，至多只能考量有無成立背信罪之幫助犯或教唆犯之可能性而已❿。

為探討前開問題，首先，須對照德國及我國規定及學說見解。德國刑法第二六六條第一項背信罪規定：「依據法律、官署之委託或法律行為，有權處分他人財產或對他人負有義務而濫用其權利；或基於法律、官署委託、法律行為或信賴關係有義務管理他人財產利益而違反其義務，致他人之財產利益遭受損害者，處五年以下有期徒刑或罰金。」依德國通說，背信罪包含了兩種類型之構成要件，第一種是第一項前段之濫用權限構成要件 (Mis-brauchstatbestand)，第二種是第一項後段之違背信賴構成要件 (Treubruch-statbestand)。濫用權限構成要件處罰之對象限於因為法律、機關之委託、法律行為而受本人之委託，處理本人與他人財產之事務，因此行為人必然對於他人之財產享有處分權之人，違反其被授與之權限而導致本人之財產損害，在濫用權限構成要件之下，行為人必然是一個對本人與第三人間財產關係有處分權限 (Verfügungsbefugnis) 之人；相對地，違背信賴構成要件處罰之對象就不是涉及第三人之問題，它只是單純地涉及本人與行為人之

犯，此等特別犯之行為主體資格係立法者設計不法構成要件之基礎，例如……背信罪中之為他人處理財產事務之身分等等……理論上，由於純正特別犯之不法構成要件對於行為主體之資格有所限制，故不具該特定主體資格之參與者根本無法成為該罪之行為主體，亦即不具該特定主體資格之參與者，並不能成立純正特別犯之單獨正犯或共同正犯；惟卻能因其參與而成立該罪之教唆犯或幫助犯。林山田，《刑法通論 (下)》，頁 135，臺北，自版 (2001 年 7 版)。

❿ 許恒達，〈身分要素與背信罪的共同正犯──Roxin 構成要件理論的檢討 (上)(下)〉，《萬國法律》，123、124 期，頁 104、106、110，臺北 (2002 年)。

間的關係而已，即一個與本人間具有「信賴關係」(Treueverhältnis) 之行為人，違反了其與本人間因為信賴關係而發生之財產照料義務 (Vermögens-fürsorgepflicht)，才是違背信賴構成要件所處罰之主體❶。而我國刑法第三四二條背信罪之立法設計與德國類似，但該罪究竟是處罰受到本人與第三人財產處分委託之行為人？還是與本人具有財產照料信賴關係之行為人？抑是二者兼具？查實務見解並不明確，而學說見解中有謂：「背信罪所謂的為他人處理事務，應該限於為他人處理外部關係的財產上的法律事務。」❷即以「濫用權限構成要件」來限縮背信罪之成立範圍；有謂：「背信罪之罪質，既為違背信任關係之犯罪，因此，關於『為人處理事務』之解釋，此事務之處理，行為人與被害人間必須具有一定之委託信任關係存在。」❸即以「違背信賴構成要件」解釋之。本文贊成兼以二種要件來解釋背信罪之成立，較符其本質。

(二)侵占罪與背信罪之關係❹

1.事實行為及權利行為之不同

依權限濫用說，侵害特定物或特定利益之事實行為為侵占罪，濫用法律代理權之法律行為為背信罪。換言之，在逸脫權限之情形下，成立侵占罪；在濫用權限之場合，則成立背信罪。二罪其實是逸脫權限及濫用權限之對立，屬法規競合之擇一關係，一個犯罪構成要件行為不能同時滿足二罪之犯罪構成要件。本說之區別基準相當明確，惟無法充分說明為什麼違背事實行為信賴關係之情形無背信罪之適用，例如侵占罪之客體不包括財產上之利益，倘若未具法律代理權，無法成立背信罪，產生不合理之現象。由此可見，濫用權限說係以侵占罪之構成要件為基準劃定侵占罪與背信罪

❶ 許恒達，〈身分要素與背信罪的共同正犯——Roxin 構成要件理論的檢討（下）〉，《萬國法律》，124 期，頁 104–105，臺北（2002 年）。

❷ 黃榮堅，〈親愛的我把一萬元變大了〉，《月旦法學雜誌別冊——刑法法學篇1995–2002》，頁 165，臺北，元照出版有限公司（2002 年）。

❸ 甘添貴，《體系刑法各論第二卷》，頁 356，臺北，自版（2000 年）

❹ 曾根威彥，《刑法の重要問題〔各論〕》(成文堂，補訂版，1996 年)，221–230 頁。

之區別標準，而忽略了背信罪之構成要件。

　　2.財物及財產上利益之不同

　　　依背信說，侵占罪及背信罪均以破壞信任關係為其構成要件之一，二者為法規競合之特別關係——侵占罪為特別規定，背信罪為一般規定。二者之行為客體顯然有所不同。即客體為財物者，為侵占罪；客體包括其他財產上之利益者，則為背信罪。此外，侵占罪於委託物之取得，其違背信賴關係與任務無關；相對地，背信罪之違背信賴關係乃是濫用、逸脫任務之結果。本說之缺點在於侵占罪既然與背信罪為特別規定及一般規定之分，前者在適用上必然包含後者在內，但背信罪之要件比侵占罪之要件為嚴格，背信罪之信任關係比侵占罪之信任關係還要嚴格解釋，二者之信任關係既不能完全為同一解釋，則如何說明其為特別關係？不無疑義。

　　3.權限逸脫及權限濫用之不同

　　　依背信之權限濫用說（新權限濫用說），侵占行為為越權行為，即逸脫對委託物一般的、抽象的權限之處分行為也；而背信行為係為本人處理事務時，對物之處分濫用抽象權限者。二罪為法規競合之擇一關係。本說之缺點在於逸脫權限及濫用權限是否會有中間灰色地帶？或者是濫用權限在解釋上亦有可能包含逸脫權限之情形？

　　4.領得行為及背任行為之不同

　　　依限定背信說，侵占罪及背信罪可透過下列論理階段區分之：(1)客體如為財產上之利益，無法成立侵占罪，僅有可能成立背信罪。惟(2)客體如屬財物者，背信罪之成立比侵占罪須具有較高度之信賴關係，且為對內的（內部的）信任關係，行為人有處分財產之一般權限，倘若信任關係係屬對向的信任關係，或者是與任務無關者，即無成立背信罪之餘地，在此情形充其量只有可能成立侵占罪。有問題的是，(3)客體為財物，而且行為人對財物之處分有一般之權限，破壞對內之信任關係不法處分財物時，會發生二罪重疊之情形。此時對財物不法處分之態樣如為侵占（領得）行為者，成立侵占罪；如不是侵占行為者，則成立背信罪。此外，以本人之名義、為本人計算之處分行為，不得成立侵占罪；以自己之名義、為自己計算之

處分行為，不得成立背信罪。如客體為財產上之利益者，以自己之名義、為自己計算者，仍得成立背信罪。即以本人之名義、為本人計算或以自己之名義、為自己計算為區別二罪之基準，但須注意客體係屬財產上利益之場合。據上所述，還是會出現有可能均不成立二罪的情形，尚待進一步研究。

我國實例上有關此二罪如何區分之情形不少：

〈例 1〉

被告與自訴人於訂立承攬契約後，為自訴人拆除舊屋建築新屋，仍屬於自己之工作行為，並非為他人處理事務，殊與背信罪之構成要件不符。如其拆除之舊料應屬自訴人所有，而被告有竊取或侵占行為，亦應分別情形依各該罪名論處，要難以背信罪相繩（50 臺上 158）。

〈例 2〉

刑法上之背信罪為一般的違背任務之犯罪，而同法之侵占罪，則專指持有他人所有物，以不法領得之意思，變更持有為所有，侵占入己者而言。故違背任務行為，苟係將其持有之他人所有物，意圖不法領得，據為己有，自應論以侵占罪，縱令侵占時另將較廉之物予以彌縫，而於侵占罪之成立，並無影響，即不能援用背信之法條處斷（30 上 1778）。

〈例 3〉

刑法上之背信罪，係指為他人處理事務之人，以侵占以外之方法，違背任務，損害本人利益之行為而言。若侵占罪，則以侵占自己持有他人之物為其特質，至其持有之原因如何，可以不問，故就處理他人事務之持有物，以不法所有之意思，據為己有，係屬侵占罪，而非背信罪（30 上 2633）。

〈例 4〉

刑法上之背信罪，為一般的違背任務之犯罪，如果其違背任務係圖為自己不法之所有，已達於竊盜或侵占之程度，縱另有以舊抵新之彌縫行為、仍應從竊盜或侵占罪處斷，不能援用背信之法條相繩（51 臺上 58）。

〈例 5〉

刑法上之背信罪，為一般的違背任務之犯罪，而同法之侵占罪，則專指持有他人所有物以不法之意思，變更持有為所有侵占入己者而言。故違

背任務行為，苟係其持有之他人所有物，意圖不法據為己有，即應論以侵占罪，不能援用背信之法條處斷（42 臺上 402）。

〈例 6〉

為他人處理事務之人所為之侵占，為特殊之背信行為，故侵占罪成立時，雖其行為合於背信罪之構成要件，亦當論以侵占罪，而不應論以背信罪（27 滬上 72）。

〈例 7〉

〈法律問題〉臺灣汽車客運公司承租巴士以直達方式行駛高速公路，詎某司機違反公司規定，中途擅自停車載客，所得車資飽入私囊，試問構成何罪？

〈討論意見〉

甲說：業務侵占罪。臺灣汽車客運公司承租巴士之司機，中途擅自停車載客，將收取之車資侵吞，因車資係屬臺汽公司所有，符合業務上侵占自己持有他人之物要件，應成立刑法第三三六條第二項之業務侵占罪。

乙說：背信罪。司機係受臺汽公司委託處理事務，其中途擅自停車載客，違背公司規定，則屬違背任務之行為，因而致生損害於公司之利益（如信譽等），應成立背信罪無疑。蓋司機擅自攬客收取之車資，並非公司預定之營業收入，自係違背任務所取得之財務，與「侵占自己持有他人之物」情形不同。

丙說：臺灣汽車客運公司係屬公營事業，駕駛承租汽車之司機，依戡亂時期貪污治罪條例第一條後段規定：為受公務機關委託承辦公務之人，應成立同法第四條第一款之侵占公用財務罪。惟所得或所圖得財物在三千元以下，依同法第十二條第一項適用刑法規定，應成立刑法第三三六條第二項之業務侵占罪。

〈法務部檢察司研究意見〉臺汽公司與民營巴士公司所訂契約內容，倘係類似民法上承攬運送之性質，其司機意圖自己不法之利益，違背公司規定，擅自停車載客，致生損害於公司之利益，自應成立背信罪，以乙說為當（法務部(71)法檢(二)字第 1099 號）。

〈例8〉

〈法律問題〉甲與大型賣場之收銀員乙，基於共同犯意之聯絡，由甲至該賣場選取價值新臺幣（下同）二千元之貨品後，經由收銀員乙之櫃檯結帳，而由乙輸入價格僅二百元之其他低價品價格條碼後，向甲收取二百元，將該物品交予甲攜出。問甲、乙所犯何罪？（臺灣高等法院暨所屬法院89年法律座談會刑事類提案第6號）

〈討論意見〉

甲說：甲、乙共犯背信罪。

甲與大型賣場之收銀員乙共謀，約定由甲選取較多或較高價值貨品後，經由乙之收銀櫃檯結帳，乙則以多報少，將二千元貨品結帳為二百元圖利。因甲、乙共同意圖不法利益，責由受雇於大賣場之收銀員乙違背其任務之行為，致損害於大賣場之利益，自構成刑法第三四二條第一項之背信罪。至於甲雖無受委任之身分關係，因與有身分關係之乙共犯，均應成立共同正犯。

乙說：甲、乙共犯竊盜罪。

大賣場除收銀員外，尚有其他管理安全人員負責監管場內物品安全，甲、乙基於意圖為共同不法所有之犯意聯絡，乘賣場監督人員不注意之機會，竊取物品，應成立竊盜罪。而其以低價物品結帳，不過在掩飾其竊行，不影響竊盜罪責之成立。

丙說：甲、乙共犯業務侵占罪。

乙於執行收銀業務時間，亦屬賣場物品之持有人，竟以以多報少之結帳方式，圖謀財物，亦即易持有為所有，將該等物品侵吞入己，應成立刑法第三三六條第二項業務侵占罪。而甲雖無業務身分關係，與有身分關係之乙有犯意聯絡，均為共同正犯。至其結帳行為，乃為掩飾其侵占犯行之彌縫行為，不影響業務侵占罪之成立。

〈研討結果〉甲、乙共犯背信罪。收銀員乙對大賣場貨品沒有持有關係，甲與大型賣場收銀員乙共謀，約定由甲選取較多或較高價值貨品後，經由乙之收銀櫃檯結帳，乙則以多報少，將二千元貨品結帳為二百元圖利。因甲、乙共同意圖不法利益，責由受雇於大賣場之收銀員乙違背其任務之

行為，致損害於大賣場之利益，自構成刑法第三四二條第一項之背信罪，又另成立刑法第二一五條之罪，二者之間有方法結果之牽連關係。至於甲雖無受委任之身分關係，因與有身分關係之乙共犯，均應成立共同正犯。

〈例9〉

〈法律問題〉甲公司購得農地乙筆用作建廠之用，乃因格於土地法規定，無法將之登記為公司所為，遂經公司全體股東決議，依委託關係暫將該筆土地登記為公司負責人乙所有（事實上土地仍由甲公司使用）。詎乙於辭退甲公司負責人職位後，擅將該筆農地轉售丙，問乙應成立何罪？

〈討論意見〉

甲說：乙應成立背信罪。蓋乙為該筆土地之所有權人，該土地自非他人之物應屬乙所有，尚與侵占罪要件未符，惟查乙受甲公司之託為甲公司處理事務，乙對甲所負之義務（指土地之返還），初不因乙辭去甲公司職務而免除，乙雖辭職仍應將該土地登記與甲公司，今乙將土地杜賣他人，顯屬違背受託任務，自應成立背信罪。

乙說：乙應成立侵占罪。蓋乙僅名義上為該土地所有權人，事實上並沒有管領該筆土地，甲公司實為所有權人（乙雖得稱係所有權人，僅係指外部關係而言），今乙未占有該土地，而將甲公司之土地轉賣他人，乙以所有權人地位自居已屬顯然，且侵占罪為背信罪之特則，自應論以侵占罪較妥。

〈法務部檢察司研究意見〉以甲說為當，蓋刑法之侵占罪須係以「他人」之物而予侵占為構成要件之一，法文規定甚明，而該不動產（土地）既已登記為乙所有，自應以登記簿為準，認為係乙所有土地，乙自屬有權處分，無侵占可言（法務部(71)法檢(二)字第1099號）。

【結論】

甲成立刑法第三四二條背信罪。理由如下：

一、甲為公司之總經理，依公司法第二十九條規定，其與公司間為委任關係，在公司章程或契約規定授權範圍內，有為公司管理事務及簽名之權（公司法第三十一條第二項）。其執行業務除須盡善良管理人之注意

義務外（民法第五三五條），亦不得逾越規定之權限。甲具備刑法第三四二條背信罪行為主體之資格。

二、依例示，甲投資妻舅之餐廳生意不好，不論是為解決自己或其妻舅之財務問題，均有圖利（意圖為自己或第三人不法之利益）之目的，且明知其他賣場價格較低，捨棄購買，濫用其權限，批示購買價格較高之妻舅餐廳，使公司之財產受到損害（本來可省錢卻未省），即有加害目的，自與背信罪之犯罪構成要件該當。

【參考法條】

刑法第三十一條

因身分或其他特定關係成立之罪，其共同實行、教唆或幫助者，雖無特定關係，仍以正犯或共犯論。但得減輕其刑。

因身分或其他特定關係致刑有重輕或免除者，其無特定關係之人，科以通常之刑。

刑法第三三六條第二項

對於業務上所持有之物，犯前條第一項之罪者，處六月以上五年以下有期徒刑，得併科三千元以下罰金。

刑法第三四二條

為他人處理事務，意圖為自己或第三人不法之利益，或損害本人之利益，而為違背其任務之行為，致生損害於本人之財產或其他利益者，處五年以下有期徒刑、拘役或科或併科五十萬元以下罰金。

前項之未遂犯罰之。

【練習題】

一、甲為某財團法人基金會之董事長，與其妻乙商議，利用該基金會創立初期帳目未清時，將基金會所屬一筆土地以低於公告地價之價格賣與乙擔任董事長之公司。請問甲、乙之行為是否成立犯罪？

二、丙將友人丁出國期間委託其看管之房子出租予戊開設餐廳，丁返國知情後，非常生氣，請問丁可否控告丙背信罪？

問題二五
刑法上之「恐嚇」行為

> 甲躲在暗巷，見乙隻身一人經過，遂跳出揮拳毆打乙，命其將身上財物全部交出，否則要乙的命。乙害怕甲耍狠，遂將錢包交予甲。請問甲之行為成立何種犯罪？

【問題點】

一、刑法上有關「恐嚇」之犯罪
二、恐嚇取財得利罪構成要件之構造
三、與他罪之關係

【解析】

一、刑法上有關「恐嚇」之犯罪

刑法上有關「恐嚇」之犯罪共計有恐嚇公安罪（刑法第一五一條）、恐嚇危害安全罪（刑法第三〇五條）及恐嚇取財得利罪（刑法第三四六條）三種類型。雖其犯罪構成要件行為均為「恐嚇」行為，但因保護法益、客體等互異，在適用上宜加注意，爰用下表說明其異同：

	恐嚇公安罪	恐嚇危害安全罪	恐嚇取財得利罪
保護法益	國家法益	個人生命、身體法益	財產法益
行為客體	公眾	特定個人之生命、身體、自由、名譽、財產	特定個人，但不限於以生命、身體、自由、名譽、財產為對象
主觀構成要件要素	恐嚇公眾安全之故意	恐嚇危害個人（生命、身體、自由、名譽、財產）安全之故意	須有不法所有意圖及恐嚇取財或得利之故意
客觀構成要件行為	恐嚇行為	同	同

危險犯或實害犯	為具體危險犯，須致生危害於公安者	為具體危險犯，須致生危害於他人之安全者	為實害犯，以行為人是否取得財物或得利為既、未遂標準

㈠刑法第三〇五條所謂恐嚇他人，係指恐嚇特定之一人或數人而言，若其所恐嚇者係不特定人或多數人，則為刑法第一五一條所謂恐嚇公眾(27滬上65)。

㈡刑法第三〇五條之罪，僅以受惡害之通知者心生畏懼而有不安全之感覺為已足，不以發生客觀上之危害為要件（最高法院27年決議㈠）。被告因與甲欠款涉訟，竟以槍打死等詞，向甲恐嚇。甲因畏懼向法院告訴，是其生命深感不安，顯而易見，即難謂未達於危害安全之程度(26渝非15)。

㈢刑法第三〇五條之恐嚇罪，所稱以加害生命、身體、自由、名譽、財產之事，恐嚇他人者，係指以使人生畏怖心為目的，而通知將加惡害之旨於被害人而言。若僅在外揚言加害，並未對於被害人為惡害之通知，尚難構成本罪（52臺上751）。又例如：

〈法律問題〉甲在外揚言謂將殺害乙之全家人，丙聞言將之轉告乙之家人，問甲是否成立恐嚇罪？

〈討論意見〉

甲說：按恐嚇他人者，係指以使人生畏怖心為目的，而將加害之旨通知於被害人而言，若僅在外揚言加害，並未對被害人為惡害之通知，尚難構成本罪（最高法院52年臺上字第751號判例參照），本題甲雖在外揚言謂將欲殺害乙之全家人，惟並未對乙之家人為惡害之通知，而使其生畏怖心，嗣後雖由丙轉告乙之家人，然非甲之所為所致，從而應認甲之行為尚不成立恐嚇罪。

乙說：甲之行為，雖僅在外揚言，並未直接將其加害之旨通知於乙之家人，而係由丙轉告於乙之家人，然其將予施加惡害之旨已達於乙之家人，則甲之恐嚇目的已達，乙家人之生命安全亦從而受到危害，故甲之恐嚇罪行應認成立。

〈法務部檢察司研究意見〉題示甲之所為，如已使乙或其家人心生畏怖，以乙說為當（法務部⑻法檢㈡字第 1259 號）。

〈法律問題〉某甲對某乙稱：「你丈夫要注意，我要殺死你丈夫」，某乙畏懼，尚未轉告其夫丙即向警方告訴，問某甲應否負刑法第三〇五條之罪責？如某丙與某乙並非夫妻，僅係認識之普通朋友而由某甲對某乙稱：「你朋友某丙要注意，我要殺死他」，某乙心生畏懼報警偵辦，結論有無不同？

〈討論意見〉

甲說（否定說）：刑法第三〇五條之恐嚇罪所稱以加害生命、身體、自由、名譽、財產之事恐嚇他人者，係指以使人生畏怖心為目的而通知將加惡害之旨於被害人而言，若僅在外揚言加害並未對被害人為惡害之通知，尚難構成本罪（最高法院 52 年臺上字第 751 號判例參照），而我國刑法第三〇五條所定之恐嚇罪又未如日本刑法第二二二條第二項及日本改正刑法草案第三〇三條第二項定有「以對親屬之生命、身體、自由、名譽或財產加害之事脅迫人者」或「告知不法加害親屬或其他關係密切之人之事而脅迫人者」亦構成恐嚇罪之明文；是本件某甲僅對某乙稱「你丈夫要注意，我要殺死你丈夫」，某乙自非被害人，且某乙並未將某甲惡害之事轉告其夫，則某甲尚未將惡害之事通知被害人，尚難遽以恐嚇罪責相繩（臺中高分院暨所屬法院 66 年座談會，司法行政部刑事司臺⑹刑㈡函字第 184 號函復臺高院）。如某乙、某丙僅係朋友，結論自無不同。

乙說（肯定說）：按夫妻之關係，至為密切，某甲對某乙揚言將殺害其夫，而使某乙心生畏懼，就某乙言，不能謂非被害人。況某甲對某乙為惡害之通知有致乙心生畏懼之預見，顯有恐嚇之不確定故意，故某甲之行為，對於某乙之夫固難成立犯罪，但對某乙則構成刑法第三〇五條恐嚇危害安全之罪（臺南高分院 69 年司法座談會，司法行政部刑事司臺⑹刑㈡函字第 1321 號函復臺灣高等法院）。某乙如僅為某丙之朋友，雖無親屬關係，惟依刑法第三〇五條之構成要件言，某甲已對某乙為加害生命之事實施恐嚇行為，而殺人之行為，在客觀上亦足以造成「致生危害於安全」之結果，某乙難免心中生畏懼之心，況刑法第三〇五條之「加害」以下並無「本人

或他人」之字樣，應認已合於構成要件之行為，而令負刑責（最高法院27年4月17日民刑庭會議決議參照）。

〈司法院第二廳研究意見〉採甲說（司法院(76)廳刑一字第1669號）。

二、恐嚇取財得利罪構成要件之構造

通說認為恐嚇取財得利罪構成要件之構造為：

恐嚇行為→被恐嚇者心生畏怖→因而為財產之處分行為→使行為人取得財物或得財產上之利益

各個要件間有因果連鎖關係，如果欠缺因果連繫，則尚不成立本罪；又被恐嚇者雖基於畏怖為財產之處分行為或提供財產上利益，但行為人尚未取得財物或得利者，則成立本罪之未遂犯。例如：刑法第三四六條第一項之恐嚇罪，係以恐嚇使人交付財物為要件，如果僅有恐嚇行為，並無使人交付財物之表示，被害人之交付財物乃因其為公務員有職務關係之故，則應成立收受賄賂罪，要與恐嚇罪之要件不合（49臺上1636）。刑法第三四六條之恐嚇罪，係以恐嚇使人生畏怖心而交付財物為要件，故其交付財物，並非因畏怖心所致，其恐嚇尚非既遂，上訴人雖於十七日以恐嚇使被害人生畏怖心，而被害人於次日攜款前往交付，乃出於警察便利破案之授意，並非因其畏怖心所致，自應仍以恐嚇未遂論科（42臺上440）。

以下茲分別就其構成要件詳為敘述：

(一)主　體

本罪之行為主體並無任何限制。

(二)客　體

1.本罪之行為客體為「他人」、「他人或第三人之物或財產上利益」。本罪條文上雖係使用「本人」之文字，實際上應係指行為人以外之「他人」，即因恐嚇行為而其意思自由直接受到抑制之人，通常為自然人，法人及非法人團體應不包括在內。至於是否為幼童或精神病人，有否責任能力，則非所問。所謂「第三人之物」，乃指本人以外之第三人所持有之物而言。同理，所稱「第三人」亦僅指自然人。

2.他人或第三人持有財物之原因是否合法，並非所問。故不法原因之

持有，亦得為本罪之客體，例如：刑法第三四六條第一項之物，包括贓物及違禁物在內（院字 1565）。

3.該財物或財產上利益之所有權人或本權人為何人，不影響本罪之成立；又被害人與所有人不一定須為同一人。

4.本罪之客體包含「財產上之利益」，實例如：

〈例1〉

上訴人與另三人僱用小包車旅行，因無車資，乃於車行至荒僻之地，命司機停車，詭云彼等係逃犯，並將攜帶之小刀一把故意露出，聲言欲索車資隨我上山去拿，致該司機畏懼，不敢索取車資，隱忍而歸，應構成刑法第三四六條第二項共同以恐嚇方法得財產上不法之利益之罪（47 臺上80）。

〈例2〉

〈法律問題〉某甲意圖為自己不法之所有，施用恐嚇方法，使某乙簽發二十萬元本票一紙交付，某甲應成立何罪？

〈研討意見〉

甲說：本票雖非現金，但為有價證券，屬有經濟價值，應依刑法第三四六條第一項處罰。

乙說：某甲僅對被害人取得債權人之地位，應依刑法第三四六條第二項處罰。

〈司法院第二廳研究意見〉採甲說（司法院(80)廳刑一字第 1099 號）。

(三)主觀構成要件要素

本罪亦屬財產犯罪之一種，故行為人主觀上須具不法所有意圖，不待言。刑法第三四六條第一項之恐嚇罪，係以意圖為自己或第三人不法所有為構成要件之一，若僅以恐嚇方法使人交付財物，而並無不法所有之意圖者，縱令其行為或可觸犯他項罪名，要無由成立本條之恐嚇罪(24 上 3666)。

(四)「恐嚇」行為

1.所謂恐嚇，係指以足使他人心生畏怖並有支配可能之將來不利益告知他人之行為❶。換言之，刑法第三四六條第一項恐嚇取財罪之構成，以

犯人所為不法之惡害通知達到於被害人，並足使其心生畏懼而交付財物為要件（45 臺上 1450）。

2.告知惡害使人心生畏怖之方法並無限制，凡一切之言語、舉動足以使他人生畏懼心者，均包含在內（22 上 1310）。但該手段之程度須使人心生畏怖，且惡害之內容須足以使被害人為財產之處分行為，始足當之。加害之內容不限定於必須是被害人之生命、身體、自由、名譽、財產，惡害之內容亦不以違法為必要。

3.畏怖程度之判斷，原則上固應就告知之內容、方法與態樣等，依客觀之標準加以判斷；惟有時行為人或被害人之意思及其他主觀之情形，亦應綜合予以考慮。易言之，是否足以使人心生畏怖，原則上應就具體之情況，斟酌行為人以及被害人之人數、年齡、性別、性格與體格等，犯行之時間、場所、兇器之有無、種類以及使用方法等，綜合予以判斷❷。如果行為人之恫嚇只使被害人困惑、或產生嫌惡之心、不安感等，尚無法以本罪相繩。

4.行為人對恐嚇之內容須可能直接或間接支配者，始得成立本罪。例如行為人對地震、颱風、水災等自然現象並無影響力，或者是對某些厄耗、凶險之發生無支配力，則以自然現象或厄耗、凶險恐嚇他人，非屬本罪所稱「恐嚇行為」❸。又以迷信之言使被害人信以為真，交付財物，例如：被害人惑於被告所云，見其宅有三種不同色彩靈魂，斷定其家最近死了二人，可能再有一人死去之謊言，信以為真交付財物，求其禳解，是被害人之交付財物，乃不過僅基於被告之欺罔行為，陷於錯誤所致，自與恐嚇罪之要件不合（41 臺上 143）。

5.如恐嚇行為出於戲謔,依社會一般觀念予以客觀判斷其使用之方法、

---

❶ 甘添貴，〈下毒食品與恐嚇取財〉，《台灣本土法學》，22 期，頁 119，臺北（2001 年）。

❷ 甘添貴，〈下毒食品與恐嚇取財〉，《台灣本土法學》，22 期，頁 120，臺北（2001 年）。

❸ 川崎一夫，《刑法各論》（青林書院，初版，2000 年），211 頁。

態樣等，只要其尚未逾越社會相當性之範圍，欠缺實質違法性，不成立恐嚇取財罪。

6.行為人所告知者，須為將來之不利益，如僅係過去不利益行為之告知，則非恐嚇。又恐嚇行為之內容，非必為惡害，亦不限於不法之情事，縱使是合法之情事，只要足以使人心生畏怖者，亦屬之。例如行為人告知被害人將向稅捐機關檢舉逃漏稅，以藉此勒索；行為人告知被害人如不讓其使用車子，將向學校檢舉其考試作弊等是。

我國實例如：

〈例1〉

〈法律問題〉刑法第三〇五條之恐嚇罪，須否以受恐嚇人因恐嚇行為而心生畏懼為成立要件，實務與學者皆有肯定與否定兩說，請討論應適用何說，以免歧異？

〈討論意見〉

甲說：以行為人有使他人生恐懼心為目的之犯意，有恐嚇行為足生危害於受恐嚇人之安全為全部構成要件，至受恐嚇人是否因受恐嚇而心生畏懼之感則在所不問（52 臺上 751、69.3.25 第 6 次刑庭會議決議）。按該條之罪如以受恐嚇人因恐嚇而心生畏懼心為成立要件，易滋以下流弊：(1)同一恐嚇行為，其法律之適用常因受恐嚇人之性格而異。例如性格強悍者以刀加頸，毫無懼色，因知係恐嚇也、而懦弱之性格異其法律之適用，非法律講究公平之意。(2)易為狡黠者所利用。毫不生畏懼之心，因某種原因而故作畏懼之言。是犯罪是否成立操於狡黠之徒。(3)與法意不符。法文以足生危害於安全為要件，並未規定受恐嚇者因而生畏懼之心為要件，而安全之是否足生危害，似應從行為上作客觀的判斷，始與法意相符。

乙說：足生危害於安全，此所謂之安全，乃指受恐嚇者之安全，受恐嚇者既不生畏懼之心，則其安全未受危害，故以受恐嚇者心生畏懼為要件。

〈法務部檢察司研究意見〉以乙說為當（法務部(75)法檢(二)字第 1013 號）。

〈例2〉

〈法律問題〉某甲對攤販某乙恫嚇稱：如不按月繳付保護費，將帶人

搗毀其攤位，不意某乙恃其孔武有力，毫無所懼，亦未繳付保護費。問某甲是否構成犯罪。

〈討論意見〉

甲說：按刑法第三四六條之恐嚇取財罪，固以行為人對於被害人所用之手段有使其發生畏怖心為要件，惟此乃於被害人因之交代財物時，決定犯罪既遂、未遂之標準，故行為人施以恐嚇，被害人雖不畏懼，但基於其他原因交付財物時，仍成立恐嚇未遂罪。蓋行為人之犯意一經表現，雖未達成目的，惟法律既有處罰未遂犯之明文，自應加以處罰。某甲應論以刑法第三四六條第三項、第一項之罪。

乙說：按刑法之恐嚇取財罪，以行為人對於被害人所用之手段有使其發生畏懼心為其構成要件，否則即難課以何刑責，題示某乙對某甲之恐嚇既不生畏懼心，亦未交付財物，某甲自不構成犯罪。

〈法務部檢察司研究意見〉採甲說。某甲意圖為自己或第三人不法之所有，向攤販某乙恫嚇稱：「如不按月繳付保護費，將帶人搗毀攤位」，即係以將來之惡害通知某乙，雖某乙並不因其恐嚇而心生畏怖交付財物，但某甲既已著手實行恐嚇取財罪之行為，只因某乙未心生畏怖而不遂，核與刑法第三四六條第三項恐嚇取財未遂罪之構成要件相當，自應依法論科（法務部(72)法檢(二)字第744號）。

〈例3〉

〈法律問題〉甲男乙女均為有配偶之人，因通姦事發，女夫同意接受甲男之賠償金三十萬元而告和解，事後甲男悔邀乙女外出謂之云：「妳如寫一紙二十九萬元之借據給我，由我送至法院，即可無事，否則，我妻告妳妨害家庭，妳也要坐牢」，乙女懼，乃從甲言，甲指以抵償，問甲應負何刑責。

〈討論意見〉

甲說：甲施恐於乙，使之心生畏怖，而書寫不實之借條交甲，甲所犯者係刑法第三四六條恐嚇得利罪之未遂犯。

乙說：甲所施者乃詐術，使乙誤以為書寫二十九萬元借據，即免牢獄之災，並非恐嚇行為，且說明如果將來其妻告訴……等語，則見其妻是否

要告，尚在不確定狀態，不過用來堅定乙女書寫借據之決心耳，應係犯刑法第三三九條詐欺得利之未遂犯。

〈法務部檢察司研究意見〉按「以恐嚇使人將物交付，有時固亦含有詐欺性質，但與詐欺罪之區別，則在有無施用威嚇使人心生畏懼之情為斷」（最高法院 28 年上字第 1238 號判例）。甲男以其妻將控告乙女妨害家庭威嚇，使乙女心生畏懼而交付借據持以抵償，自應論以刑法第三四六條第二項恐嚇得利罪（法務部(71)法檢(二)字第 1755 號）。

〈例 4〉

〈法律問題〉某甲意圖為自己不法之所有，以「應交出新臺幣一萬元，否則即予毆打」威嚇某乙，某乙對之絲毫不感畏怖，亦未付款，問某甲是否構成恐嚇取財未遂罪。

〈討論意見〉

甲說：恐嚇取財罪，係以恐嚇使人生畏怖心而交付財物為構成要件，以已否得財，為區別既遂未遂之標準。此之恐嚇，係對特定之人為之，是其所為無論言語或舉動，如對方並不因此而生畏怖，縱依社會一般觀念，認足使他人生畏怖心，仍非已具恐嚇之意義，難認已達著手階段。雖最高法院 51 年臺上字第 746 號判例要旨謂：「……交付財物並非由畏怖心所致，而另有其他企圖者，其恐嚇尚非既遂」。惟此係指交付財物時之心理狀態，依判例全文所載，行為人實施恐嚇時，被害人已心生畏懼，此正與同院 42 年臺上字第 440 號判例要旨類似，非認未生畏怖心，均屬未遂。另如刑法第三二八條之強盜罪，亦須以被害人喪失自由意志，並達於不能抗拒之程度，否則除成立他罪名外，均不成立該罪之既遂或未遂（參照最高法院 30 年上字第 3023 號判例），是本問題某乙既未因某甲之威嚇而生畏怖心，則難認某甲已著手於恐嚇取財之犯行，尚不構成該罪之未遂犯。

乙說：凡言語、舉動足以使人生畏怖心者，即與刑法第三四六條規定之恐嚇行為相當，其言語、舉動是否足以使他人生畏怖心，應依社會一般觀念衡量，某甲對某乙威嚇之詞，依社會一般觀念，均認係惡言之通知，足以使人生畏怖心，縱被害人心理狀態特別，不因而畏怖，仍不能不認某

甲已著手實行恐嚇取財犯行，自應成立該罪之未遂犯，參諸最高法院51年臺上字第746號判例要旨，未如同院42年臺上字第440號判例要旨，將被害人先已生畏怖情節錄載，顯係有意省略，自係認縱被害人未生畏怖心，亦成立該罪之未遂犯，另韓忠謨先生著《刑法各論》及前司法行政部刑事司臺(66)刑(二)函字1227號函亦均認被害人雖未因行為人之恐嚇而心生畏怖，仍成立該罪之未遂犯。

〈司法院第二廳研究意見〉採乙說（司法院(74)廳刑一字第895號）。

(五)財產之處分行為

本罪第一項恐嚇取財罪以財物之交付為財產之處分行為。被害人心生畏怖與財物之交付之間須有因果關係之存在。如被害人交付財物並非基於畏怖者，僅成立本罪之未遂犯。再者，如行為人趁被害人受到恐嚇不知所措時，奪取其財物者，亦屬財物之交付。又被害人將財物交付予第三人者，則須視行為人與第三人之間是否有共犯之特別關係。原則上行為人恐嚇之對象與交付財物者應為同一人，惟與被害人在恐嚇之現場，聽聞恐嚇之內容，亦生畏怖心之第三人，為財產之處分行為亦成立恐嚇取財罪。由此可見，財產之處分行為人與財產上之被害人不一定必須是同一人❹。至於本罪第二項則是以使行為人取得財產上之利益為財產之處分行為，是以，此包括作為及不作為在內，例如餐廳老闆因行為人之恐嚇心生畏怖不敢向其收取飯錢即是。實例如：上訴人於吃茶後算帳時，將刀插於桌上，其係表示如欲收茶資，即將加害，是以恐嚇手段企圖白吃，不付茶資，欲免除應付之支出，至為明顯，嗣雖經人搶下尖刀，而由其友代為付清茶資，致未達成目的，仍應成立刑法第三四六條第二項、第三項以恐嚇得財產上不法之利益未遂罪名（57臺上2486）。刑法上之恐嚇取財罪，係以恐嚇使人生畏怖心而交付財物為構成要件，如交付財物並非由於畏怖心所致，而另有其他企圖者，其恐嚇尚非既遂（51臺上746）。

(六)財產上之損害

因恐嚇取財得利罪仍屬財產犯罪之性質，如無財產上之損害即無法認

---

❹ 川崎一夫，《刑法各論》（青林書院，初版，2000年），211頁。

定其行為之違法性。當然，本罪第一項恐嚇取財是以財物之移轉本身證明其損害，但不以此為限，甚至於行為人因恐嚇之行為致毋庸支付相當之對價，亦成立本罪。

三、與他罪之關係

(一)恐嚇取財得利罪與強盜罪之區別

界定恐嚇取財得利罪與強盜罪之差異需同時並綜合觀察下列構成要件因素始得釐清❺：

1. 構成要件行為分析

按恐嚇取財得利罪與強盜罪均屬「結合構成要件」類型，即分析其客觀犯罪構成要件行為，均含有二行為要素存在，前者為「恐嚇行為」及「取財」(被害人須有財產上之處分行為)；後者為「強盜行為」及「取走行為」(被害人無財產上之處分行為)。「取財」與「取走行為」極易區分，重要的是「恐嚇行為」與「強盜行為」因均具有強制性質，但並非所有強制形式均可構成強盜行為，故為區隔二行為，首先，仍須就強制概念加以釐清(通常均以強制程度之強弱來說明其行為上之差異，惟此籠統概括之說法在實際案例運用上還是無法作為明確之基準)。一般而言，學理上大都將強制概念區分為「直接強制」(visabsoluta)——指行為人直接以身體力 (körperliche Gewalt)，或是使用器械之暴力方式，直接加諸於被害人，而使其受到無法抗拒之作用；及「間接強制」(viscompusiva)——指以強暴或非強暴之行為形式，非直接加諸於被害人，對於被害人之強制，係屬轉嫁之形式，例如對物強制或對第三人強制，或是雖直接加諸於被害人，但非以暴力之方式為之者。原則上得以構成強盜罪之強制行為，係屬直接強制形式，至於間接強制者，則須視具體情況而定，其中有屬強盜行為之強制者，如刑法第三二八條強盜罪中「脅迫」之行為；亦有非屬於強盜行為之強制者，如對物強制。由此可見，區分強盜罪與恐嚇取財罪首要之基準其實是「脅迫行為」與「恐嚇行為」究有何不同？所謂「脅迫」，應係指以傳達即時可

---

❺　柯耀程，〈強盜與恐嚇取財之區分——評最高法院八十八年度台上字第二九五一號判決〉，《月旦法學雜誌》，58 期，頁 177–179，臺北（2000 年）。

感受之痛苦或惡害 (gegenwärtig epmfindliches Übelod. Schaden) 為內容之行為；而「恐嚇」則係指以傳達未來實現之惡害 (künftig vewirklichtes Übel) 為其本質之行為。

2.犯罪構成要件行為目的實現之分析

雖然有關脅迫行為及恐嚇行為之定義不同，但何種情況為「即時」？何者情形又可認定是「未來」？關此應從其行為目的實現加以觀察，即如於惡害告知後強制行為並未放棄，而是進一步貫徹目的之實現者，則似乎可視之為「即時」；反之，如惡害告知後，停止其原本之行為，而將目的實現轉嫁至被害人之意思決定之上，而將實害時點推移至被害人之意思決定（不自由之意思決定）者，應可視為「未來」。申言之，脅迫行為雖先以惡害告知被害人，但於惡害傳達後，脅迫行為並未放棄其目的實現，而係持續地控制被害人之意思決定，乃至其取得目的實現後，行為方告完成。反之，恐嚇之惡害雖已告知，但目的實現並非受恐嚇行為之控制而直接實現，而係轉嫁到被恐嚇人意思決定之後，並依照恐嚇內容行事時，目的才會實現。

3.行為客體之分析

基本上，強盜罪之行為客體必須限定在被害人身上；換言之，強盜罪之強盜行為及取走行為必須限定於同一行為客體。如行為攻擊之對象，與目的實現之對象不一致，則非屬強盜罪之規範範圍。是故，強盜罪之成立要件，就行為客體而言，必須限定在以人為行為客體之情形，且該客體在強盜罪之手段行為與目的實現行為時，必須始終維持一致。至於恐嚇取財得利罪之行為客體範圍則較為廣泛，不論是以人或以物作為行為客體，均無不可。然而，其手段行為與目的實現行為之行為客體雖有時同一，但往往也發生不一致之情形。

4.目的實現密集關係之分析

不論是強盜罪或恐嚇取財得利罪，其結合之二構成要件行為間須具有內在必然關係存在，即所謂手段－目的關係 (Mittel-Zweck-Relation)。就強盜罪而言，強制手段係指向取走行為之實現，二者間具有手段要素持續之密集關係，即強制行為所指向之目的實現，與取走行為間，必須有密集之

關係存在，如該關係並無持續，或是密集關係並不存在，則強盜罪無由成立，其所可能成立者，充其量僅為恐嚇取財得利罪而已。反之，恐嚇行為與取財行為間，雖具有手段、目的關係，但此種手段、目的關係之要求，並不如強盜罪嚴謹。換言之，雖然恐嚇行為亦指向取財目的實現，但二者間具有時空鬆動之關係存在，且為手段之恐嚇行為，對於目的之取財行為並非嚴密監控之持續關係，而係轉嫁至被恐嚇人內在心理之決定上。總而言之，從目的實現之密集關係觀察，強盜罪之成立，必須行為人所使用之強制手段，對於取走財物，或是達到被害人為財物交付之目的，具有直接且密集之關係存在，亦即在時空之關係上，強制行為須持續至取走或交付之目的實現為止；而恐嚇取財得利罪並無此種密集關係存在。

關此問題，我國實例亦嘗試列出其不同：

〈例1〉

刑法第三四六條之恐嚇取財罪之恐嚇行為，係指以將來惡害之通知恫嚇他人而言，受恐嚇人尚有自由意志，不過因此而懷有恐懼之心，故與強盜罪以目前之危害脅迫他人，致喪失自由意志不能抗拒者不同（67 臺上542）。

刑法上之恐嚇取財罪，係以將來之惡害恫嚇被害人使其交付財物為要件，若當場施以強暴脅迫達於不能抗拒程度，即係強盜行為，不能論以恐嚇罪名（65 臺上 1212）。

以威嚇方法使人交付財物之強盜罪，與恐嚇罪之區別，係以對於被害人施用威嚇程度為標準。如其程度足以抑壓被害人之意思自由，至使不能抵抗而為財物之交付者，即屬強盜罪。否則，被害人之交付財物與否，儘有自由斟酌之餘地者，即應成立恐嚇罪（30 上 668）。

恐嚇罪與強盜罪之區別，雖在程度之不同，尤應以被害人已否喪失意思自由為標準（18 上 838）。

〈例2〉

〈法律問題〉某甲需款賭博，路遇某乙，乃萌不法所有之意圖，揮拳毆打某乙胸部一拳（未成傷），並命某乙交出錢款。雖尚未達不能抗拒之程

度，惟某乙害怕，不願抗拒而拿出五百元交給某甲。問某甲究應成立何罪？

〈討論意見〉

甲說： 某甲意圖不法所有，對某乙施強暴（毆打某乙），惟尚未使某乙達於不能抗拒之程度，某乙之交付財物，尚有幾分自由之意思，不應成立強盜罪。刑法第三四六條之恐嚇，僅指以將來之惡害通知被害人，使其發生畏怖心已足。若進而對被害人施用強暴者，自非僅為恐嚇，而應構成其他相當罪名（參照最高法院48年臺上986號判例意旨）。某甲已對某乙施強暴，使某乙行無義務之事，自應成立第三〇四條之強制罪。

乙說： 某甲既有為自己不法所有之意圖，則其毆打某乙，並命交付錢款之行為，即與刑法第三〇四條之構成要件不合，不得以該罪處斷。且某甲毆打某乙，尚未使某乙達於不能抗拒之程度，某乙是否交付財物，尚有酌斟之餘地，亦不能論以強盜罪。惟恐嚇不以使用文字或語言為限，即以舉動相恐嚇，使人生畏怖之心亦屬之。某甲毆打某乙之舉動，實含有使某乙遭受不利之惡害，其情節較之將來之惡害尤有過之，某乙因而心生畏怖交付錢財，某甲自應負刑法第三四六條第一項之恐嚇取財罪責（參考刑事司64年2月4日(64)刑(二)函字第200號、64年3月24日(64)刑二函字第359號函）。

丙說： 按刑法第三四六條之恐嚇，係指以將來之惡害通知被害人，使其生畏怖心，若以目前危害或暴力相加，則為強暴、脅迫，不能以該條之罪論擬，最高法院49年臺上字第266號著有判例。本件某甲既已對某乙施強暴，自不能論以刑法第三四六條之恐嚇取財罪。又最高法院28年上字第3853號判例意旨「認以強暴、脅迫使人行無義務之事，如係使人交付財物或藉以取得不法利益，即應成立強盜罪名，不得論以刑法第三〇四條之強制罪」。是某甲對某乙施強暴使某乙交付財物，自不得論以刑法第三〇四條之罪。某甲意圖不法所有，對某乙施強暴，即已著手於強盜之行為，惟尚未達不能抗拒之程度，不問某乙拒不交付財物或有幾分自由斟酌之意思而交付財物，某甲均應成立強盜未遂。

按此類法律問題，歷年來高等法院（包括檢察處）以下之法律問題座

談會研究結果均採乙說，惟最高法院歷年之判例、判決，均認為未來惡害通知之恐嚇，與現時之強暴、脅迫，有嚴格之區分，以現時之強暴、脅迫取得財物，並不成立恐嚇取財，究應成立何罪，似有再討論之必要。

〈法務部檢察司研究意見〉以乙說為當（法務部(77)法檢(二)字第 1013 號）。

〈例 3〉

〈法律問題〉甲意圖為自己不法所有，以目前危害通知乙，使其心生畏懼而交付財物，但未達於使人不能抗拒的程度，某甲是否應負罪責？（臺灣高等法院暨所屬法院 63 年法律座談會刑事類第 41 號）

〈討論意見〉

甲說：恐嚇取財罪之恐嚇，係以將來之惡害通知被害人，使其生畏怖心之謂，若以目前危害相加則為脅迫，不能遽以該罪擬論（最高法院 49 年臺上字第 266 號判例參照），甲既以現在之惡害通知乙，即係目前危害相加，已屬脅迫行為應成立強盜罪。

乙說：強盜罪之構成，以其所實施之強暴脅迫已達於使人不能抗拒之程度為必要，倘其取物手段雖屬不法，而尚未使人至於不能抗拒者，縱觸犯他種罪名，尚難以強盜論擬（最高法院 29 年上字 3006 號判例參照），甲雖以現在之惡害通知乙，但並未使乙至於不能抗拒，自難構成強盜罪，而強盜與恐嚇取財罪之區別，係以對於被害人施用威嚇程度為標準，其程度足以抑壓被害人之意思自由，至使不能抗拒者，為強盜罪，否則，被害人交付財物與否，儘有自由斟酌餘地者，應成立恐嚇取財罪（最高法院 30 年上字第 668 號判例參照），況且，以現在之惡害通知，其情節較重於以將來之惡害通知他人，甲之犯罪情節輕於強盜罪而重於恐嚇取財罪的構成要件，依舉重明輕及舉輕明重之法理，甲既難成立強盜罪，亦以構成恐嚇取財罪較為適當。

丙說：依最高法院 29 年上字第 3006 號判例，甲不成立強盜罪，依 49 年臺上字第 266 號判例，亦與恐嚇取財罪的構成要件不符，法律對此種情形又乏處罰明文，依罪刑法定的原則，甲應屬無罪。

丁說：依丙說所舉二判例觀之，甲之行為雖與強盜與恐嚇取財罪的構

成要件不合，但甲以現在之惡害通知乙，使其心生畏懼而交付財物，而乙本無交付財物之義務，其所以交付純出甲之脅迫行為所致，甲既係以脅迫使乙行無義務之事，自應成立刑法第三○四條第一項的妨害自由罪。

〈司法行政部研究意見〉司法行政部刑事司 64 年 6 月 10 日臺 64 刑㈡函字第 765 號函復：甲以目前危害通知乙，使其心生畏懼而交付財物，即係以脅迫之方法使乙交付財物，因未達於使乙不能抗拒之程度，參照最高法院 29 年上字第 3006 號判例意旨，尚難論以強盜罪。惟脅迫行為既係以目前惡害通知，其情節猶重於將來惡害之通知之「恐嚇」，故應成立恐嚇取財罪，而不宜論以較輕之刑法第三○四條之強制罪（參照最高法院 30 年上字第 608 號判例，本司臺 64 刑㈡函字第 200 號函附表）。以乙說結論為當。

㈡權利行使與恐嚇罪

關於以恐嚇手段行使權利，究竟是否成立恐嚇取財得利罪？抑構成刑法第三○五條恐嚇危害安全罪？刑法第三○四條強制罪？學說上有肯否見解相對立❻：

1.肯定說

本說認為恐嚇之手段本身已達違反公序良俗之程度，卻假借為行使權利之方法，應成立恐嚇取財得利罪。即手段違法應視為行為全體違法，金錢財物交付之本身已侵害所有權本身，已構成財產上之損害。蓋恐嚇取財得利罪乃係著重於結果無價值，在此觀點上，因為債務人僅負擔債務，其財物、財產上之利益尚未歸屬於債權人，若因心生畏怖而交付者，則該財物、財產上之利益乃係因恐嚇之結果而導致交付，已危害該物或利益有關使用、收益、處分等財產權之事實上的機能，而認為有財產上之損害發生。我國實務見解採此說者如：

〈法律問題〉某甲在某乙開設之雜貨店內，竊取某乙之食品一包，嗣為乙發覺，遂要求甲交付該食品單價一百倍之金錢作為賠償，並聲明交款後可免送法辦。甲畏受刑事處分，如數付訖。某乙是否成立刑法第三四六

---

❻ 曾淑瑜，《刑法分則問題研析㈡》，頁 270、273–275，臺北，翰蘆圖書出版有限公司（2000 年）。

條第一項之恐嚇取財罪?

〈討論意見〉

甲說:　刑法上恐嚇取財罪,須有為自己或第三人不法所有之意圖,方能構成,某甲既有竊取食品一包之事實,乙向其要求交付該食品單價一百倍之金錢,並稱付款後可免送法辦云云。乙索賠之數額於民法上難謂相當,但其主觀上則難認有不法所有之意圖,不能繩以該項罪責(最高法院 70 年臺上字第 2823 號判決參照)。

乙說:　刑法第三四六條第一項之恐嚇,凡一切言語、舉動,係基於使人提供財物為目的,足以使他人生畏懼心者,均足當之(最高法院 22 年上字第 1310 號及 27 年滬上字第 18 號判例參照)。乙明知甲竊取食品一包,損害額僅為該包食品之價額,竟要求甲支付該食品一百倍之金錢,聲明付款後可免送法辦,顯係以將甲送法辦為由,恫嚇某甲,主觀上即有不法所有之意圖,應成立恐嚇取財罪。

〈司法院第二廳研究意見〉乙明知甲僅竊取食品一包,竟要求甲支付該食品一百倍之金錢,聲明付款後可免送法辦,顯係以將甲送法辦為由,恫嚇某甲,主觀上有不法所有之意圖,應成立恐嚇取財罪。採乙說(司法院⑻廳刑一字第 562 號)。

2.否定說

本說認為以恐嚇行為行使權利,基於正當權利取得財產上之利益者,因不存在不法所有之意思或財產上之損害,故不成立恐嚇取財得利罪,但權利濫用之情形則為例外。我國實務見解採此說者如:

〈例 1〉

〈法律問題〉某甲在乙開設之賭場賭博,欠某乙鉅額賭債,某乙為索回賭債,乃持刀以二天內不還即予殺害等詞恐嚇某甲,某乙所為應成立何罪?

〈討論意見〉

甲說:　按不法所有之意圖須行為人主觀上明知財物為其所不應得,而欲違法獲得,方足成立,如某乙誤認賭債係合法之債權,縱令法律上認為賭債非債,然就行為人主觀之意思而言,仍無不法所有之意圖可言,某乙

所為僅成立刑法三○五條之恐嚇安全罪（司法院⑺廳刑一字第 834 號函復臺高院）。

乙說：刑法上關於財產上犯罪，所定意圖為自己或第三人不法之所有之意思條件，即所稱之「不法所有之意圖」，固指欠缺適法權源，仍圖將財物移入自己實力支配管領下，得為使用、收益或處分之情形而言。然該項「不法所有」云者，除係違反法律上之強制或禁止規定者外，其移入自己實力支配管領之意圖，違背公共秩序或善良風俗，以及逾越通常一般之人得以容忍之程度者，亦包括在內。賭博行為有悖乎公序良俗，殆無疑義，若在公共場所或公眾得出入之場所賭博財物，又屬懸為厲禁之犯罪行為，刑法第二六六條第一項定有處罰明文。而賭博行為所得之賭資，在民事法上，屬於自然債務，債務人拒絕給付時，債權人若以之作為訴訟上請求給付之標的，既不得准許；其在刑事法上當亦屬不法原因而取得之所謂「債權」；而此項「權利」既非具備適法之權源，亦即不受法律之保護，如行為人為實現對該項「權利」（或財物之管領、支配）以恐嚇方法施之於對方（即因不法原因而負給付「對務」之他方），使其心生畏怖者，殊不能謂其不該當於刑法第三四六條第一、二項之恐嚇罪。

丙說：某乙所為係以強暴脅迫使人行無義務之事，成立刑法第三○四條之強制罪。

〈法務部檢察司研究意見〉某甲如無不法所有之意圖，以甲說為當。惟有無不法所有之意圖，乃事實認定之問題，應就個案具體情形認定之（法務部⒁檢⒀字第 0503 號）。

〈例 2〉

〈法律問題〉某甲賭博輸款，懷疑賭友某乙施詐乃以：如不於三日內賠償其所輸之新臺幣（下同）五十萬元，即砍斷其一腳恐嚇某乙，致某乙心生畏怖，但並未付款，某甲究犯何罪？

〈討論意見〉

甲說：某甲僅懷疑某乙施詐而已，非有具體事證足以確信某乙施詐使其輸款，故某甲對某乙並無五十萬元之損害賠償請求權，某乙自亦無賠償

之義務，而某甲竟謂：不賠款，砍斷一腳等脅迫使某乙行無義務之事未遂，某甲之行為應構成刑法第三〇四條第二項、第一項之強制未遂罪。

乙說：某甲既僅懷疑某乙施詐使其輸款，對某乙並無任何債權存在，其竟以恐嚇之方法，使某乙交付五十萬元未遂，某甲有不法所有之意圖甚明，是某甲之行為，應成立刑法第三四六條第三項、第一項之恐嚇取財未遂罪。

丙說：某甲因賭博輸款五十萬元，始懷疑參與賭博之某乙施詐，某甲主觀上即認為其對某乙具有該五十萬元之損害賠償請求權，初無不法所有之意圖，且亦認為某乙有賠償其輸款之義務，是某甲僅成立刑法第三〇五條之恐嚇危害安全罪。

〈司法院第二廳研究意見〉採丙說（即恐嚇危害安全罪），蓋第三〇四條之強制罪，須有使人行無義務之事或妨害人行使權利之認識，而第三四六條之恐嚇罪，則須具有不法所有之意思，二者皆具有目的性，而第三〇五條之恐嚇危害安全罪，則僅在使人產生畏懼感即足當之，並無原因條件之限制。茲甲疑其被乙所詐，而以斷彼一足之言相嚇，其目的在藉以索回疑被詐之巨款，從而自難認其有使人行無義務之事之認知，與意圖不法所有之意思（司法院⑺⑻廳刑一字第 1692 號）。

〈例 3〉

刑法第三四六條之恐嚇，係指以將來之害惡通知被害人，使其生畏怖心之謂，若僅以債務關係，謂如不履行債務，行將以訴求之，則與恐嚇之意義不符，不能律以該條之罪（29 上 2142）。

〈例 4〉

〈法律問題〉甲、乙共同欠丙四萬元，甲持刀命乙籌款四萬元償還丙，並揚言如不從命即加以殺害，致乙心生畏懼而償還丙四萬元。問甲係犯何罪？

〈討論意見〉

甲說：甲係犯刑法第三四六條第一項之恐嚇取財罪。甲命乙償還丙四萬元，甲應負擔之半數債務即二萬元，即可因此免於償還，是其應有為自己不法利益之意圖，雖該款非直接交付予甲，仍與恐嚇取財罪之構成要件相當。

乙說：甲係犯刑法第三〇四條第一項之強制罪。甲以脅迫手段使乙代其償還債務，應構成以脅迫使人行無義務之事之強制罪。

〈臺高檢署研討意見〉採乙說（法務部(83)檢(二)字第 2045 號）。

〈例 5〉

〈法律問題〉甲在某商號竊取陳列販售之商品，為該商號負責人乙當場發現，乙向甲表示要罰其相當於所竊財物價格十倍之金額，並揚稱如不交付，將送警究辦等語，乙之所為，是否觸犯恐嚇取財罪？

〈討論意見〉

甲說（肯定說）：乙向甲索取十倍於商品之金額，顯具自己不法所有之意圖，而恐嚇取財罪所指危害內容，不以違法之事實為限，乙縱以合法之事施恐嚇於他人，而索取不法利益，自亦應成立恐嚇取財罪。

乙說（否定說）：乙向甲索取十倍於商品之金額，雖稱之為「罰」，惟應可視為賠償額之性質，本件乙所索取之金額或已超越社會通念之賠償程度，但仍難遽認其所為，具有不法所有之意圖，而以恐嚇取財罪相繩。

〈法務部檢察司研究意見〉以否定說為當。又恐嚇乃以將來不法之惡害通知他人，某乙聲稱將甲送警究辦尚非不法惡害難認係恐嚇行為（法務部(81)法檢(二)字第 1201 號）。

〈例 6〉

〈法律問題〉甲在貼有「盜書經查獲，照原價賠償一百倍」警告牌之乙書店，竊取一本價值一百元之書籍，為乙當場查獲，乙對甲表示若賠償一萬元就不告訴，否則將報警偵辦，致甲心生畏懼，如數賠償，乙所為是否成立恐嚇取財罪？

〈討論意見〉

子說：成立。按刑法第三四六條第一項之恐嚇取財罪，旨在處罰行為人以恐嚇方法，使人心生畏怖，而為物之交付，並不以恐嚇之內容為不法之惡害為必要。是本件乙對甲雖有民事上之損害賠償請求權及刑事上之告訴權，惟其以向司法警察機關告訴犯罪為要挾，致令甲心生畏懼如數交付顯不相當之一萬元賠償金。核與恐嚇取財罪成立要件相當。

　　丑說：不成立。告訴權為被害人之合法權利，則被害人以告訴犯罪為要挾之手段，自不為罪。

　　次按「稱和解者，謂當事人約定，互相讓步，以終止爭執或防止爭執發生之契約」、「和解有使當事人所拋棄之權利消滅及使當事人取得和解契約所訂明權利之效力。」為民法第七三六條及第七三七條所明定。本件甲雖僅盜取價值一百元之書籍，惟乙事先已告示盜賣書者須照原價賠償一百倍，並據此請求甲依其所定數額賠償，乙主觀上應無不法所有之意圖；又甲係為避免送警究辦後，除須負民事責任外，更須受刑事追訴之處罰，而同意乙之和解條件賠償一萬元，甲顯係基於履行其不法行為之和解給付，乙之所為應難以恐嚇取財罪相繩。

　　〈法務部檢察司研究意見〉以丑說為當（法務部(81)法檢(二)字第 258 號）。

　　本文以為以恐嚇之手段行使權利究竟構成何罪，宜視具體個案事實認定之。但大致上似乎可歸結下列結論❼：⑴須以行為人所行使者是否為權利為前提要件，例如債權人告知債務人若不履行債務將訴請法院裁判，因行使訴權係人民合法之權利，自不成立何種罪名。如所行使者非屬權利，倘若有不法所有意圖，自構成恐嚇取財得利罪；⑵其次，再審究該權利合法與否，或者有權利濫用之情形，例如不法原因之給付本可拒絕給付，例如賭債為自然債務，如以恐嚇之手段請求，該手段已逾越社會通念上一般可容忍之程度者，如行為人具不法所有意圖，則有成立恐嚇取財得利罪之餘地。

㈢與竊盜罪之關係

　　查近日我國社會常聞擄車勒贖之案例，由於刑法只有擄人勒贖之規定（刑法第三四七條至第三四八條之一），故前開情形應屬適用竊盜罪及恐嚇取財罪之問題。實例如：

　　〈法律問題〉甲竊取乙之汽車，復以電話向乙稱若不交付新臺幣十萬元贖車，將予分解使乙心生畏怖，因而如數交付甲，試問甲所為犯何罪？

　　〈討論意見〉

---

❼　曾淑瑜，《刑法分則問題研析(二)》，頁 284–285，臺北，翰蘆圖書出版有限公司（2000 年）。

A說：甲所為依其犯意有下述二種情形：

1.若甲竊車之時並無恐嚇乙贖車之意，嗣後始另行起意者，甲恐嚇乙贖車行為為事後處置贓物之行為，係屬不罰之後行為，甲僅犯竊盜罪。

2.若甲竊車之時即有以該車向乙恐嚇取財之意，因甲僅有一不法所有之意圖，單一不法所有意圖，不得成立二罪，故竊盜行為應為不罰之前行為，甲所為僅犯刑法第三四六條第一項之恐嚇取財罪。

B說：甲所為亦依其犯意而有下列情形：

1.若甲竊車之時並無恐嚇乙贖車之意，嗣後始另行起意者，為竊盜與恐嚇取財二罪，為數罪應分論併罰。

2.若甲竊車之際，即有以該車向乙恐嚇乙贖車之意，甲乃以竊盜方法達恐嚇取財目的，為牽連犯，應依刑法第五十五條後段規定從一重之恐嚇取財罪處斷。

〈法務部檢察司研究意見〉竊盜罪所保護者為財產法益，與恐嚇取財罪所保護之法益除財產法益外兼及個人之決定自由者，尚有不同。不罰之後行為係指已合併在前行為加以處罰之後行為，甲於竊盜行為後之恐嚇取財行為，除破壞乙之財產法益另侵及乙之意思決定自由，則恐嚇取財行為難謂係不罰之後行為；不罰之前行為係指已合併在主要後行為加以處罰，若甲竊車之時，即有以該車向乙恐嚇取財之意思，則竊車行為與恐嚇取財行為有方法結果關係，應依牽連犯之規定處罰，難謂在後恐嚇取財行為之處罰已足以涵蓋在前之竊盜行為，縱依牽連犯規定亦係從一重之恐嚇取財罪處罰，惟此乃基於刑事政策之考量，難認竊盜行為乃不罰之前行為。以B說為當（法務部(85)法檢(二)字第0152號）。

〈法律問題〉某甲竊得某乙所有價值數十萬元之小客車一輛後，發現車內有乙之名片，乃去電向乙稱：「希望以新臺幣（下同）五萬元贖回，否則將該車解體或燒掉。」乙因懼其車被解體或燒燬，乃備五萬元將之贖回。問某甲除犯竊盜罪外，是否構成刑法第三四六條第一項之恐嚇取財罪。

〈討論意見〉

甲說：構成。因小客車如被解體或燒燬將無法再回復。且該車價值遠

高於贖款，故乙確實可能因此心生畏懼。

　　乙說：不構成。小客車既已失竊，對乙之損害（就車而言）已告發生，該失竊之車無論被人據用、解體或燒燬，均對某乙不構成新的危害，故乙之畏懼，不能認為符合本罪構成要件所謂之「畏懼」。

　　〈法務部檢察司研究意見〉以甲說為當（法務部⑧法檢㈡字第 385 號）。

【結論】

　　按甲主觀上對乙之財物有不法所有意圖，客觀上毆打乙，乃屬施強暴之行為，並且告知乙交付財物，否則要其性命。由此可知，甲係以身體力，直接加諸於乙身上，於惡害告知後，甲之強制行為並未放棄，而是進一步貫徹目的之實現，此與恐嚇取財罪係於惡害告知後停止其強制行為，俟被害人意思自由決定受壓制，因而交付財物，顯有不同。由於甲之強制行為與取走乙財物行為間有手段、目的關係，自該當刑法第三二八條第一項強盜取財罪，而非刑法第三四六條第一項恐嚇取財罪。

【參考法條】

刑法第一五一條

以加害生命、身體、財產之事恐嚇公眾，致生危害於公安者，處二年以下有期徒刑。

刑法第三〇五條

以加害生命、身體、自由、名譽、財產之事，恐嚇他人致生危害於安全者，處二年以下有期徒刑、拘役或三百元以下罰金。

刑法第三二八條第一、二項

意圖為自己或第三人不法之所有，以強暴、脅迫、藥劑、催眠術或他法，至使不能抗拒，而取他人之物或使其交付者，為強盜罪，處五年以上有期徒刑。

以前項方法得財產上不法之利益或使第三人得之者，亦同。

刑法第三四六條

意圖為自己或第三人不法之所有，以恐嚇使人將本人或第三人之物交付者，處六月以上五年以下有期徒刑，得併科一千元以下罰金。

以前項方法得財產上不法之利益，或使第三人得之者，亦同。

前二項之未遂犯罰之。

【練習題】

一、甲基於概括之犯意，連續幾日將某社區之轎車竊走，並打電話給車主，限其在三天內將新臺幣十萬元匯入某帳戶，否則，將解體車子。請問甲之行為成立何罪？

二、某大賣場公告「竊取賣場物品經查獲者，須賠償該物品價格二十倍之金額」，某日乙見一手機吊飾非常喜愛，但買不起，遂順手將其置入提袋中，且未將其取出結帳。經店長發覺，要求乙賠償該吊飾二十倍之價錢，否則移送警局。乙不從，反向警察控告大賣場恐嚇取財。乙之主張是否有理由？

問題二六
擄人勒贖問題之探討

> 甲知道乙為某大地主之獨子，強行闖入乙宅，將其捆綁，逼令其說出家人電話號碼，再打電話給乙之家人勒贖三千萬元。請問甲之行為成立何罪？

【問題點】

一、擄人勒贖罪之構成要件

二、擄人勒贖罪之共犯

三、既、未遂之標準

四、中止犯之特別規定

五、與強盜罪之關係

【解析】

一、擄人勒贖罪之構成要件

　　擄人勒贖罪在體例上置於財產犯罪內，又與恐嚇取財得利罪置於同一章，就此而言，似乎是將受勒贖者之財產利益或財產處分自由作為擄人勒贖之保護法益。然而，單純侵害財產法益，尚無法彰顯擄人勒贖罪之嚴重不法內涵，蓋擄人本身已屬剝奪被擄人自由之行為，因此，本罪之保護法益應兼及被擄人之人身自由在內。因本罪在性質上屬雙行為犯，故以下將重點論述其構成要件。

㈠行為客體

　　〈法律問題〉擄人勒贖罪之成立，須否被擄之人與被勒贖之人不同？

　　〈討論意見〉

　　甲說：

　　1.擄人勒贖罪無論依刑法或懲治盜匪條例，均較強盜罪為重，蓋後者之行為，僅直接侵害被強盜之人，而前者之行為，其直接侵害者，除被擄

之人外，尚及於其他之人。

2.如被勒贖與擄人為同一人，則因已包括在「意圖勒贖而擄人」之構成要件之內，不必另有強盜罪之規定。

3.依實務見解「被告將某甲拷打成傷，迫令交付錢款……要難謂與強盜罪之要件不符」（最高法院29年上字第3112號判例參照）。可見被擄人與被勒贖人為同一人時，應成立強盜罪。

乙說：擄人勒贖罪就法條文義觀之，不以被擄之人與被勒贖之人不同為限，行為人意圖勒贖而擄掠人，即成立該罪。

〈法務部檢察司研究意見〉參照最高法院37年特覆字第5041號判例「擄人勒贖罪，須預有不法得財之意思，而施強暴脅迫，將被害人擄至自己勢力範圍內，希圖其出款贖回者，始能成立」之意旨，凡基於勒贖之意圖而為擄人之行為，其已達既遂之階段者，擄人勒贖罪即屬成立。至被擄人、被勒贖人是否同屬一人，應非所問（法務部(80)法檢(二)字第1491號）。

又最高法院83年臺上字第4157號判決：「強盜罪及擄人勒贖罪，固均以取得財產上之不法利益為目的，惟強盜罪，係以強暴脅迫等手段，使人交付財物為構成要件；擄人勒贖罪，則以意圖勒贖而擄人為構成要件，後者之犯罪態樣，係將被害人置於行為人實力支配之下，予以脅迫，以便向被害人或其關係人勒索財物。」最高法院85年臺上字第3675號判決：「擄人勒贖並不以被擄人與被勒贖人不屬同一人為必要。」同樣地認為被擄人自己付贖金，亦成立擄人勒贖罪。

(二)主觀要件

依刑法第三四七條第一項規定，可知擄人勒贖罪在主觀要件上須出於「擄人之故意」及「勒贖之意圖」。按在九十一年刑法增訂第三四八條之一準擄人勒贖罪前，學者基於擄人勒贖罪係屬結合犯，即結合妨害自由罪與恐嚇取財罪二個犯罪所設，認為所結合之二罪皆屬故意犯，是以，行為人不僅須具有妨害自由之故意，另須有恐嚇取財之故意，而此兩種不同之故意必須在實施妨害自由行為之際同時出現。易言之，行為人實行妨害自由行為時除有妨害自由之故意外，另須有恐嚇取財或勒贖之故意，亦即後行

為之故意必須早已出現於先行為實施之際，而與先行為之故意合併形成擄人勒贖之故意。即擄人勒贖之故意屬於複合故意，且二故意必須緊密合在一起，不可分割。因此，如先為妨害自由之擄人行為，嗣後認為被害人家境富裕，遂產生恐嚇取財或勒贖之故意，由於此二個不同之故意並非同時產生，即使另有勒贖行為之實施，仍不應成立擄人勒贖罪，而應分別成立二罪❶。實務亦採相同見解（如 24 上 5011、65 臺上 3356、73 臺上 5149）❷。前開見解於九十一年刑法增訂第三四八條之一：「擄人後意圖勒贖者，以意圖勒贖而擄人論。」後已有修正之必要。蓋本條新增之目的是在於保護被害人之目的性考量，且其情節與意圖勒贖而擄人相若，為避免評價上之嚴重落差，故藉準擄人勒贖罪之規定，以填補第三四七條第一項之漏洞，將原本無法該當擄人勒贖罪之事後勒贖行為亦可適用擄人勒贖罪處罰。

　　此外，依擄人勒贖罪條文所示，似乎有勒贖之意圖即足矣，毋需類同其他財產犯罪均普遍規定須具「自己或第三人不法所有之意圖」。事實上擄人勒贖之行為人均係以擄人之方法取得贖款，是以，不能謂其無為自己或第三人不法所有之意圖。基此，擄人勒贖罪之構成要件中雖未見「為自己或第三人不法所有之意圖」的主觀要件，但應認為當然，我國實務亦承認（72 臺上 6771、73 臺上 5149）。

㈢客觀要件

1.擄人行為

　　被擄人（俗稱人質）應係指行為人以外之其他自然人，包括行為人之家屬在內。而「擄人」行為必須使被擄人進入行為人之實力支配之下始得既遂。何謂「實力支配」，有下列二見解相對立❸：

---

❶　蔡墩銘，〈擄人勒贖罪之犯意〉，《台灣本土法學》，8 期，頁 126，臺北（2000 年）。

❷　擄人勒贖罪，係指其擄人行為出於勒贖之目的者而言，如果架擄目的別有所在，縱令擄得以後復變計勒贖，仍不得以擄人勒贖論罪（24 上 5011）。擄人勒贖罪，須行為人自始有使被害人以財物取贖人身之意思，如使被害人交付財物，別有原因，為達其取得財物之目的，而剝奪被害人之自由者，除應成立其他財產上之犯罪或牽連犯妨害自由罪外，要無成立擄人勒贖罪之餘地（65 臺上 3356）。

❸　許澤天，〈擄人勒贖罪之構成要件與特殊中止犯──借鏡德國刑法第 239 條之

(1)擄人行為須符合剝奪行動自由之概念，且擄人行為必須使被擄人脫離其原來之所在處所，而移置於行為人實力支配下，相當於略誘行為。據此，如未改變被擄人場所狀態之擄人行為，即不構成擄人勒贖罪，此為我國學者通說之見解。我國實務如臺南高分院 89 年上重更二字第 492 號判決略謂：「區分強盜與擄人勒贖罪，並非以勒贖之對象，而係以是否將被害人擄走脫離其原在處所，使喪失行動自由，而移置於自己實力支配下為其區別標準。換言之，單純施以強暴脅迫等手段，使人交付財物，構成強盜罪；若先將被害人擄走，置於行為人實力支配之下，再予以脅迫，以便向被害人或其關係人勒索財物之行為一經實現，犯罪即屬既遂，並不以須向被害人以外之人勒索財物為必要。」即採此。

(2)依德國通說，擄人行為不必然包括剝奪行動自由之性質，只要行為人對被擄人之身體具有對物般之持有支配關係，被擄人因而陷入任由行為人宰割 (dem ungehemmten Einfluβ des Täters) 之無助處境即成立。據此，欠缺改變場所狀態之行動自由的嬰兒，亦可成為被擄人；被擄人也無須知悉業已經遭到綁架。又德國刑法明白規定略誘 (Entführen) 或挾持 (Sichbe-mächtigen) 為擄人之兩種行為方式 (§239a Abs.1,1.Alt. StGB)，不論行為人實施那一種行為方式，皆屬擄人行為。略誘與挾持之主要區別，在於略誘係在改變被擄人原來場所位置 (Ortsveränderung)；而挾持不改變被擄人之場所位置，只強調行為人對被擄人之身體支配地位。略誘可稱為挾持之前階段或方式；挾持乃略誘之後階段或結果。

無疑地，通常被擄人均被強制離去其原來所在之現場，但過於執著此觀點將會產生不合理之現象。例如行為人闖入被擄人家中，強綁被擄人，打電話要求被擄人之友人或家屬拿錢來贖人，如採前揭(1)說，則因被擄人未脫離其原來所在處所，即無法以擄人勒贖罪相繩，有悖人民感情，即失去法律保障被擄人人身自由安全之本旨，故如果從擄人勒贖罪之規範目的、保障法益、體系位置觀察，應以(2)說之解釋較為妥當。

至於擄人行為究竟應採何種方式，必須出於強暴？脅迫？詐術❹？本

1 與同條之2〉，《法學講座》，4 期，頁 47–49，臺北 (2002 年)。

文認為採何種手段與本罪之成立無涉，蓋只要被擄人已置於行為人實力支配下，且擄人行為與被擄人自由被妨害間有因果關係即足矣，例如甲與其友人乙商議，假裝甲被擄，由乙向甲父謊稱綁架以取得贖金分用，此種「虛偽人質」(Scheingeisel) 之情形，即不構成擄人勒贖罪。此外，擄人勒贖行為一經實現，犯罪即屬既遂，在被害人之自由回復以前，其犯罪行為均在繼續進行中，在犯罪行為終了前，若基於擄人勒贖之單一或概括犯意，先後向被害人或關係人不法取得之多數行為，理論上自均應吸收於擄人勒贖之犯罪中而論以擄人勒贖一罪。若行為人於擄人勒贖外，另行起意別有犯罪行為，其間苟無方法結果之關係，應併合論罪，方為適法 (91 臺上 473 判決)。即認在被擄人未被釋放前，對被擄人之親人所為之數次勒贖，不論先勒贖行為是否得手，均只論以吸收犯一罪❺。

2. 擄人及勒贖須有方法、目的關係

因擄人勒贖罪為雙行為犯，行為人主觀上必須將擄人行為所形成對被擄人實力支配情狀作為實現勒贖目的之手段，亦即擄人行為與勒贖二者之間須具有方法與目的之關係（功能關聯性），始能成罪。例如行為人搶劫銀行時挾持職員，銀行主管見狀只好打開金庫供其搜刮，以交換職員安全，因行為人擄人行為非作為勒贖目的之手段，行為人無法成立擄人勒贖罪，充其量只能論以刑法第三二八條第一項強盜罪。

從刑法第三四七條擄人勒贖罪之構成要件分析，似乎很難可歸納或推斷其包含了行為人為達到勒贖目的，有殺害被擄人或使其受傷害之意圖。但觀德國刑法擄人勒贖罪之規定 (§239a StGB)，則明定行為人乃利用他人對被擄人利益之擔憂 (um die Sorge um das Wohl des Opfers)，以達勒贖目的。所謂利益擔憂，乃畏懼被擄人因擄人行為所製造出之情狀，而蒙受身

---

❹　例如學者蔡墩銘主張可以使用強暴、脅迫或詐術方法；學者林山田認為除強暴、脅迫、詐術外，還包括其他不正方法，而學者褚劍鴻則使用概括性敘述──強制力方式涵括之。見解雖有所不同，但似乎無任何理由說明。

❺　蔡墩銘，〈擄人勒贖罪之罪數〉，《台灣本土法學》，38 期，頁 117，臺北 (2002年)。

體或精神上之不利益 (Körperliche oder seelische Unbill)❻。此規定符合現實上擄人勒贖罪被擄人家屬之心理狀態，從一般人之角度言，亦視為當然，但因我國擄人勒贖罪在文字表面上並無此種表示，是否可擴大解釋，不無疑義。本文以為為明確區分本罪與強盜罪、恐嚇取財得利罪，前揭利益擔憂之情狀要件不可或缺。

二、擄人勒贖罪之共犯

擄人勒贖罪，固以意圖勒贖而為擄人之行為時即屬成立，但勒取贖款，係該罪之目的行為，在被擄人未經釋放以前，其犯罪行為仍在繼續進行之中。實務見解認為行為人在被擄人被擄時雖未參與實施，而其出面勒贖，即係在擄人勒贖之繼續進行中參與該罪之目的行為，自應認為共同正犯(28上 2397)。似乎認為只要有實行「擄人行為」或「勒贖行為」其中之一行為即可成立擄人勒贖之共同正犯。

三、既、未遂之標準

刑法第三四七條第一項僅規定「意圖勒贖而擄人者，……」，第三四八條之一規定為「擄人後意圖勒贖者，……」，就法條結構言，客觀犯罪行為似僅有擄人行為而已，而「意圖勒贖」為本罪之主觀構成要件要素，因此，實務見解通說以為本罪係以被害人是否喪失行動自由置於行為人實力支配之下為既、未遂之標準；而勒贖意圖只是犯罪構成要件之一，而非既、未遂之認定基準。例如最高法院 83 年臺上字第 3909 號判決：「擄人勒贖罪既遂與未遂之區分，係以被擄之人已否置於行為人實力支配下為準，與是否取得贖款無關。」最高法院 72 年臺上字第 6771 號判決：「擄人勒贖罪於意圖勒贖而為擄人之行為時，即屬成立，勒取贖款是否得手，與犯罪成立不生影響。」又最高法院 81 年第 3 次刑事庭會議決議㈡亦以擄人勒贖行為一經實現，犯罪即屬既遂。就擄人之既、未遂判斷標準，則係以「擄人」行為是否完成來加以判斷，如擄人行為完成，即構成本罪之既遂。

四、中止犯之特別規定

---

❻ 許澤天，〈擄人勒贖罪之構成要件與特殊中止犯——借鏡德國刑法第 239 條之 1 與同條之 2〉，《法學講座》，4 期，頁 52，臺北 (2002 年)。

如前所述，擄人勒贖罪之既、未遂判斷是以「擄人行為」是否成功為基準，即擄人行為一經完成，本罪已達既遂階段，即無適用中止犯之可能。因此，理論上縱行為人事後釋放被擄人，並無刑法第二十七條中止犯之適用。惟立法上為顧及被擄人之安全，特別加以立法增設第三四七條第五項：「犯第一項之罪，未經取贖而釋放被害人者，減輕其刑；取贖後而釋放被害人者，得減輕其刑。」其立法理由謂：「因為擄人勒贖係屬一種非常惡劣之行為，本應從重量刑，但為顧及被害人之人身安全，同時也希望犯罪人能心存慈悲，有所悔悟，而主動釋放被害人，免生撕票的悲劇，以保護被害人之人身安全，故而只要擄人勒贖後，不論是否取贖，釋放被害人，均得減輕其刑，至於已經取贖之刑度如何減輕，則歸由法官去裁量。」申言之，擄人勒贖罪之性質亦屬繼續犯之一，若是透過立法方式鼓勵行為人犯罪既遂後主動放棄犯罪之繼續實施，將會有助於避免法益損害範圍之繼續擴大，而合乎刑事政策之考量。即完成擄人行為後，未經取贖便釋放被害人，必減；而取贖後釋放被害人，得減輕其刑。故有學者稱為「特殊中止犯」之規定❼，以茲與刑法第二十七條中止犯相區別。析論本項規定，計衍生下列二個問題❽：

㈠何謂「未經取贖」？

依德國學說見解，未經取贖應包括未得贖款，以及取得贖款後歸還大部分贖金。

㈡釋放是否須出於己意？

按成立刑法第二十七條中止犯之要件，除行為人須中止其犯罪行為或防止其結果發生，最重要的是行為人主觀上須出於己意而中止。則刑法第三四七條第五項規定在解釋上是否相同？不無疑義。有謂釋放須出於行為人自己之意思，自由決定，若因受外力強迫不得已而釋放者，如遇軍警搜捕，即非此之所謂釋放。我國實務似採此見解：（舊）刑法第三四七條第五

❼ 林東茂，《危險犯與經濟刑法》，頁57，臺北，五南圖書出版有限公司（1999年）。

❽ 許澤天，〈擄人勒贖罪之構成要件與特殊中止犯——借鏡德國刑法第239條之1與同條之2〉，《法學講座》，4期，頁58，臺北（2002年）。

項規定:「犯第一項之罪未經取贖而釋放被害人者,得減輕其刑」,其立法用意除鼓勵罪犯中止犯行外,另兼顧人質之安全,應具有自動釋放人質之心意及實際釋放人質之事實,始得寬減其刑,如已案發,迫不得已,始行釋放,或尚未釋放,即被查獲,均與上開規定不符,不得減輕其刑(80臺上3925判決)。似強調須出於己意而釋放。惟通說以為從避免「撕票」之立法考量,面臨警察追捕走投無路之綁匪,其釋放被擄人之行為,仍應有本項之適用才是,始能合乎保全人質生命之立法用意。換言之,行為人釋放被擄人之行為,不必出於「自願性」(己意)(Freiwilligkeit)。至於行為人是否須使被擄人回歸原處之問題,按釋放人質並不等於將其送回原來處所,只要使其重獲自由即可,即使被擄人獲得自由決定停留處所之能力。不過德國學說有謂若是被擄人係無自救力之幼童或老人,則必須交與可提供保護之第三人(如警察)。

與德國立法例相比,我國規定較為寬鬆,德國刑法第二三九條a第四項規定:「行為人放棄企圖達到之效果使被害人返回其生活範圍者,法院得依第四十九條第一項規定減輕其刑。縱使結果之發生與行為人的所為無關,但只要行為人為達該結果已盡真摯努力者,亦得依第四十九條第一項減輕其刑。」本項規定亦為第二三九條b第二項所準用。我國採「必減」與「得減」兩套措施,而德國僅有「得減」之規定,可見我國將被擄人人身安危之保護列為優先考量。此外,日本刑法第二二八條之二規定:「犯第二二五條之二或第二二七條第二項及第四項之罪者,在提起公訴前,將被誘人解放至安全場所者,減輕其刑。」本條之立法旨趣,強調給犯人退路,促使儘快釋放被擄人,以防止不幸事態之發生,有其政策上之目的;而所謂安全,意指至被擄人被救出為止之期間,沒有被置身於具體且實質危險之地方的可能皆屬之,如僅是抽象、模糊之危險或僅伴隨單純之不安或恐懼,仍不能稱之為欠缺安全性。而學說上亦認本條之減輕與中止未遂類似,考慮行為人對於被擄人之安全所作之努力,而予以減輕❾。就釋放之時點而言,

❾ 陳靜隆,〈擄人勒贖罪之比較研究〉,《刑事法雜誌》,47卷3期,頁25,臺北(2003年)。

日本刑法較我國規定寬鬆，甚至放寬至提起公訴前，而法律效果方面則未區分是否取贖，一律減輕其刑，更是重視被擄人安全之政策考量。

五、與強盜罪之關係

(一)重新建構強盜罪與擄人勒贖罪之界線

如前所述，我國現行實務見解拘泥及執著於刑法第三四七條條文文字結構，致在適用上與強盜罪有混淆情事，自縛手腳，無法跳脫窠臼。以下爰提供區別二罪之標準。

1.擄人勒贖罪係以剝奪被擄人行動自由為手段，強盜罪係以壓制被害人內心自由意志為方法

事實上擄人勒贖罪並非純粹之財產犯罪，乃以妨害被害人自由之手段達成取得被害人財物為目的。在犯罪行為之順序上先為妨害被害人之自由，再以此為要脅另一被害人之財物。因此，倘無事先之妨害自由，即使有要脅財物之情形，仍不成立擄人勒贖罪。相對地，強盜罪之成立並不以妨害被害人自由為要件，強盜罪所使用之強暴、脅迫、藥劑等等方法，在其手段程度上只有壓制被害人內心自由意志，致在無法自由決定下為財產之處分行為，未涉其行動自由。

2.擄人勒贖罪為三面關係，強盜罪為二面關係

雖實務見解及某些學者仍堅持擄人勒贖罪之被擄人及被勒贖人是否為同一人，不影響本罪之成立，惟為嚴格區別擄人勒贖罪與強盜罪之不同，應修正前開見解始為妥當。申言之，擄人勒贖罪之成立必須有雙被害人之存在，即擄人時被妨害自由之被害人必須異於被勒贖財物之被害人，倘無雙被害人之出現，始終只有一個被害人，則不應成立擄人勒贖罪而應成立他罪。例如妨害被害人自由後，再乘機取得被害人手中之財物，不應論以擄人勒贖罪❿。三面關係之存在為擄人勒贖罪之特徵，異於強盜罪之二面關係。按如果不涉及第三人，由被害人自行給付財物而獲釋，應為強盜行為；若被害人之獲釋，係由行動不受控制之第三人給付財物所致，此才可

---

❿　蔡墩銘，〈擄人勒贖罪之罪數〉，《台灣本土法學》，38期，頁115，臺北（2002年）。同採此見解者如學者林山田、林東茂。

能是擄人勒贖行為。擄人勒贖罪之法定刑之所以重於強盜罪，乃是因為本罪牽動被害人以外之其他人，引起更多恐慌所致。我國實務亦有採此見解者，如擄人勒贖罪應以挾持被害人，向被害人以外之人如親友等勒贖為限，如挾持被害人逼令本人交付財物，尚未達使被害人不能抗拒之程度者，應成立以非法方法剝奪人之行動自由罪及恐嚇取財罪，二罪有方法結果之牽連關係，從一重處斷。若已達使被擄人不能抗拒之程度者，即應負強盜之罪責（1989 年 10 月 7 日臺北地方法院座談會）。擄人勒贖之意係將人擄去而勒取贖款。贖字之義，依新辭典註解，指以財物換回人質或抵押品。顯係指人質以外之人，以財物換為人質。被擄之人以財物換回自己自由，乃受強暴脅迫交付財物後，換得自由，兩者顯有不同（臺灣高等法院暨所屬法院 1990 年法律座談會）。日本刑法第二二五條之二，德國刑法第二三九條，對擄人勒贖罪均明訂以向被擄人以外第三人勒贖為要件；實務自應從勒贖對象等客觀因素予以適當區別強盜與擄人勒贖。甲與丙共同對被擄人脅迫簽交支票五張，此與強盜直接對被害人脅迫劫財無殊，原審認應成立擄人勒贖罪，用法難謂審酌至當（89 臺上 1240 判決）等。

　　查日本刑法第二二五條之二規定：「利用被誘人之近親或其他人對被誘人安危之憂慮，以使之交付財物為目的而略誘或和誘他人者，處無期徒刑或三年以上有期徒刑（第一項）。略誘或和誘他人後，利用被誘人之近親或其他人對被誘人安危之憂慮，使之交付財物或要求財物者，亦同（第二項）。」由此可見，擄人勒贖罪之成立前提是，人質及付贖金之人必須為不同人。因日本刑法從法條文字可作此解釋，故在區分強盜罪與擄人勒贖罪上較無疑義⓫。

⓫　德國刑法本來亦規定勒贖對象限於被害人以外之第三人，始成立擄人勒贖罪（erpresserischer Menschenraub）。但其於一九八九年刑法修正時，變更其構成要件為被擄人自己或其他人均得交付贖金，已瓦解三面關係。學者林東茂基此認為此修正突顯立法品質下降。林東茂，〈強盜或擄人勒贖──評台南高分院八十九年度上重更二字第四九二號判決〉，《月旦法學雜誌》，76 期，頁 199，臺北（2001 年）。

3.既未遂判斷標準不同

　　如前述擄人勒贖罪並不完全屬財產犯罪，故實務見解通說認為其既、未遂應以被擄人是否已被妨害自由為標準；而強盜罪本質上為財產犯罪，其既、未遂則以被害人之財物是否已移入其實力支配下為準。

4.是否有事後減輕其刑之規定

　　擄人勒贖罪有事後減輕其刑之特別規定，即在擄人勒贖罪既遂後，刑法第三四七條第五項有特殊中止犯之規定，而其要件與刑法第二十七條中止犯之要件略有不同(詳如前述)。而強盜罪除了犯罪行為人在犯罪實行中，出於己意中止犯罪行為或防止結果發生，有刑法第二十七條中止犯規定之適用外，無犯罪既遂後減輕其刑之規定。由此更可推知，擄人勒贖罪非單純屬財產犯罪，在保障被擄人人身安全上的確有其刑事政策之考量。

㈡**擄人勒贖罪與強盜罪為法規競合或數罪併罰**

　　擄人勒贖罪與強盜罪有可能發生競合之情形，例如甲綁架乙取得贖款後，在釋放乙之際，發現乙戴有勞力士金錶，強行將其拿走——此為先擄人勒贖後再為強盜行為的情形；又如甲以尖刀強取乙身上之財物後，知道乙為某公司小開，再剝奪其自由，使乙置於其控制下，再向乙父勒贖——此為先強盜行為再為擄人勒贖的情形。如認擄人勒贖罪與強盜罪同屬財產法益，行為手段相當，行為人侵害同一法益者，應成立法規競合。然而，擄人勒贖罪其實是妨害自由罪與恐嚇取財得利罪之結合犯，且目前解釋上，不論是既、未遂之判斷標準，或者是刑事政策上以保障被擄人人身安全為第一優先考量因素，其本質非單純屬財產犯罪。是故，前開擄人勒贖及強盜罪競合之例，立論上應論以數罪併罰，始為正當。

【結論】

一、甲成立刑法第三○六條第一項侵入住宅罪。

　　依題意，甲無正當理由侵入乙之住宅，該當本罪之構成要件。

二、甲成立刑法第三四七條第一項擄人勒贖罪。

　　甲主觀上基於勒贖之目的,且有擄人之故意,客觀上為擄人之行為——

將乙移置於其實力支配之下。依我國學者及實務通說見解，如未改變被擄人之場所狀態即不構成擄人勒贖罪；然而，使被擄人脫離其原來之所在處所，雖為擄人勒贖罪通常之情況，但不應執著此要件。蓋從保障被擄人之人身安全、行為人、被擄人及受勒贖之被害人形成三面關係來看，乙既然已陷入任由甲宰割之無助處境，即使不改變被擄人之場所位置，只要甲對乙之身體有支配地位，亦屬本罪所稱「擄人行為」。

以上二罪，因甲係以侵入住宅為手段，以達到實行擄人勒贖罪之目的，有目的手段關係，成立刑法第五十五條牽連犯，從一重處斷。

若甲之行為係發生於民國九十五年七月一日之後，因刑法第五十五條後段牽連犯之規定已刪除，則甲所成立之上述二罪應依同法第五十條數罪併罰。

【參考法條】

刑法第三二八條第一、二項

意圖為自己或第三人不法之所有，以強暴、脅迫、藥劑、催眠術或他法，至使不能抗拒，而取他人之物或使其交付者，為強盜罪，處五年以上有期徒刑。

以前項方法得財產上不法之利益或使第三人得之者，亦同。

刑法第三四七條

意圖勒贖而擄人者，處死刑、無期徒刑或七年以上有期徒刑。

因而致人於死者，處死刑、無期徒刑或十二年以上有期徒刑；致重傷者，處死刑、無期徒刑或十年以上有期徒刑。

第一項之未遂犯罰之。

預備犯第一項之罪者，處二年以下有期徒刑。

犯第一項之罪，未經取贖而釋放被害人者，減輕其刑；取贖後而釋放被害人者，得減輕其刑。

刑法第三四八條

犯前條第一項之罪而故意殺人者，處死刑或無期徒刑。

犯前條第一項之罪而有下列行為之一者，處死刑、無期徒刑或十二年以上有期徒刑：

一　強制性交者。

二　使人受重傷者。

刑法第三四八條之一

擄人後意圖勒贖者，以意圖勒贖而擄人論。

【練習題】

一、甲以尖刀強取乙身上之財物後，知道乙為某公司小開，遂將其捆綁，
　　關於廢棄工寮中，再打電話向乙父勒贖。請問甲之行為成立何種犯罪？

二、丙、丁因仲介外勞與戊結下樑子，某日丙、丁趁戊搭車時將其五花大
　　綁，關於狗籠中，丙之小舅子庚知情後自告奮勇要打電話通知戊之家
　　人勒贖五百萬元，且由其取贖。請問丙、丁、庚三人成立何種犯罪？

問題二七
財產犯罪不罰之後行為——贓物罪

> 甲竊取乙新買來之數位相機（約新臺幣八萬元），乙知情相機是被甲偷走後，拜託友人丙出價五萬元向甲買下該部數位相機。請問甲、乙、丙各成立何種犯罪？

【問題點】

一、贓物罪之保護法益

二、贓物之意義

三、贓物罪之犯罪構成要件行為

四、贓物罪為財產犯罪之不罰後行為

【解析】

一、贓物罪之保護法益

關於贓物罪之保護法益涉及到其本質問題，計有五說❶：

㈠維持違法狀態說

贓物罪之行為是繼續維持他人犯罪行為所造成之違法狀態，使之難以回復原狀。故贓物罪之本質是對於違法狀態之維持或穩固。

㈡妨礙返還請求權說

贓物罪之行為是對於他人犯罪之所得，為避免受害人取回，而加以妨礙之行為。我國實務採此見解。

㈢事後從犯說（事後幫助說）

除立基於妨礙返還請求權說外，本說另提出本罪行為人就維持財產犯罪違法狀態言，實際上係屬事後幫助行為。本說又稱為折衷說。

㈣隱匿說

---

❶ 大谷實，《刑法各論》（成文堂，2 版，平成 14 年），199 頁；蔡佩芬，〈成立贓物罪不受限於前行為侵害財產法益〉，《律師雜誌》，291 期，頁 95-96，臺北（2003 年）。

贓物罪之行為是對於他人犯罪行為之隱匿行為，包括對犯罪所得之物的隱匿、犯罪所用之物的隱匿，及犯罪行為本身之隱匿。

㈤受益說（又稱參與利得說）

贓物罪之行為是對於他人犯罪所得不法利益之剝削，以享受該不法利益，故贓物罪之本質在於處罰不法利益之追求及享受。

以上五說見仁見智，各從不同角度觀察及企圖說明贓物罪處罰之目的，各有所偏。從我國贓物罪未規定其主觀構成要件要素——意圖（即目的）來看，行為人究竟是意圖為自己不法之所有，或意圖隱匿財產犯罪，使不易被發現，抑行為人是出於事後幫助之意思，不甚明確。如採㈠維持違法狀態說，贓物罪之前行為不受限於財產犯罪，則有違刑法將贓物罪置於財產犯罪體系之意義，不當擴大處罰範圍；如採㈡妨礙返還請求權說，似無民法上之返還請求權，即欠缺保護法益，顯已忽略了平穩占有之狀況；如採㈣隱匿說，因現行刑法將贓物罪及隱匿人犯罪分別規定在不同法益中，故無疊床架屋之必要，何況隱匿說與妨礙返還請求權說有重疊現象，即隱匿行為亦同樣地會造成妨害所有權人或其他本權人行使返還請求權。因此，在解讀贓物罪之保護法益時，綜合各理論說明之較為妥當。

二、贓物之意義

關於贓物之定義，依前揭各學說內容而有所不同。如妨礙返還請求權說即認為贓物是指因財產犯罪所不法取得，被害人在法律上有返還請求權之財物。而維持違法狀態說者則以為贓物乃係以侵害財產為內容之犯罪所取得之財物，不以財產犯罪為限。以下茲析論其範圍。

㈠包括動產、不動產

查刑法第三二〇條以下財產犯罪之客體包括動產及不動產在內，除某些罪名，因其犯罪構成要件行為在現實上不可能發生在不動產上，故於立法設計之始即無規定以不動產為標的物，就贓物罪之本質言，如採妨礙返還請求權說，因不動產亦屬民法上返還請求權之對象，在論理上自不得排除。

㈡須因財產犯罪所得之物

我國學說及實務通說均認為刑法第三四九條所謂贓物，指因財產上之

犯罪所取得之財物而言，至侵害他人身體自由之犯罪，該被害人之身體縱在犯人支配力之下，亦不得謂為贓物（23 非 37）。刑法上之贓物罪，原在防止因竊盜、詐欺、侵占各罪被奪取或侵占之物難於追及或回復，故其前提要件，必須犯前開各罪所得之物，始得稱為贓物（41 臺非 36）。反對者認為基於下列理由，贓物罪之前行為應不限於侵害財產法益之犯罪❷：

1. 從刑法法益觀之

觀察刑法有關法益界定各罪名之基準，其實這幾年已逐漸有打破一元論──即以侵害某一單純法益為立法設計者，甚至於在財產法益中亦具社會法益之特徵，例如妨害電腦使用罪章即屬之；而國家法益、社會法益犯罪，同時侵害個人法益者比比皆是，例如瀆職罪、誣告罪、放火罪、妨害婚姻及家庭罪章中之通姦罪、重婚罪等等。因此，侵害屬於何種法益並不是十分必要之區分，各個法益並非有絕對之界限。

2. 從贓物罪保護法益觀之

由界定贓物罪之本質的諸學說分析，可知贓物罪之前行為無限定為財產犯罪之必要：

⑴依維持違法狀態說，只要是繼續維持他人犯罪行為所造成之違法狀態，使之難以回復原狀，即該當贓物罪之構成要件，因此，前行為是否侵害財產法益事實上並不重要。

⑵依妨害返還請求權說，被害人可能是自然人或法人，後者又分為公法人及私法人，將國家列為本罪之保護對象，似乎已逾越刑法保護範圍。

⑶依事後幫助說，只要是對前行為之幫助，皆可以是贓物罪所欲規範之範圍，而不必拘泥於前行為是侵害財產法益之犯罪與否，故是否該當贓物罪與前行為是否侵害財產法益自無必然關係。

⑷依隱匿說，因現行刑法另外將對人之隱匿以藏匿人犯罪規範之，由此可知，贓物罪之隱匿是對犯罪所得之物的隱匿，及犯罪行為本身之隱匿，據此，刑法第三四九條之故買贓物及牙保贓物因不符前述之要求，無處罰

之必要。

(5)依受益說，對行為人而言，具財產價值之物當然有受益可言，但如果是非財物，不論行為人之動機為何，行為人無實質利益時，是否亦納入「受益」範圍，有本罪之適用？按贓物罪如以受益與否為本質，則與竊盜罪之行為客體不符，因不具財產價值者仍屬竊盜罪保護之對象，則二者無法銜接，有違立法本旨。

綜觀上述說明，任何一種本質學說皆無法充分解釋前行為為什麼一定是侵害財產法益之犯罪，二者事實上並無必要之關連。

3.自我國特別法觀之

查戡亂時期竊盜犯贓物犯保安處分條例中，僅立法限定竊盜犯始有贓物罪之適用，此種僅列舉一種侵害財產法益犯罪之情形後來卻衍生為贓物罪之前提行為須屬財產犯罪，實有疑義。蓋前開條例既未說明為什麼諸財產犯罪中只有竊盜罪始有贓物罪之適用？又實務僅基於此特別法之限縮立場即不當地解釋贓物罪之前提行為，其理由安在？

㈢請求返還有困難之財物

目前通說皆以前述妨害返還請求權說為贓物罪之本質，基此，則依民法之規定，請求返還有困難之財物是否仍屬本罪所稱「贓物」？尚待研究。

1.民法上之返還請求權

依妨害返還請求權說，如被害人有民事上之返還請求權者，當然即認被害客體有贓物罪之性格。相對地，被害人如對財物很明顯地欠缺返還請求權，或者是其請求權已喪失，例如民法第八○一條、第九四八條善意取得（善意受讓）之規定，則該被害財物是否即喪失其贓物性。此外，贓物如屬遺失物，或者是民法第八一四條加工物，前者因被害人依民法相關規定有請求返還之時效規定，民法第八○七條規定在拾得六個月內所有人未認領者，應將其物或拍賣所得之價金歸拾得人所有；後者對於加工物所有權之歸屬，民法第八一四條規定原則上屬材料所有人，加工所增之價值顯逾材料之價值者，其所有權則例外地歸屬於加工人。由以上說明，是否為刑法上所稱贓物，尚待依民法為認定，同一件財物既然會因時間、情狀不

同認具贓物性格、認不具贓物性格，此與刑法之適用須具安定性之本旨有違，二者之間如何調和，尚待進一步討論。

2. 不法原因給付物

被害人對不法原因給付物如具有民事上之返還請求權者，其事實上即為本罪保護之對象，例如因詐欺或恐嚇所為法律行為並非無效，依民法之規定只不過屬得撤銷之行為，被害人撤銷其意思表示（或法律行為）後，請求返還，該財物當然具有贓物之性質；惟應注意的是，實務上不一定承認不法原因給付物為財產犯罪之行為客體，既然財產犯罪尚不一定會成立，更遑論其是否屬贓物了。

3. 金錢之贓物性

按被害人請求返還者通常為財物本身，故解釋上贓物之認定沒什麼困難。但因金錢具有可代替性，並不執著以原來之金錢本身為所有權之對象，只要以相同金額、相同品質為對象即可，故即使行為人將其犯罪所取得之金錢與其自己持有之金錢相混合，之後分不出來那些是犯罪所得之金錢，那些是行為人自己之金錢，均不妨礙所有人返還請求權之行使，當然亦不失為贓物之性質。

㈣「準贓物」

依刑法第三四九條第三項規定：「因贓物變得之財物，以贓物論。」換言之，犯罪所得之物變得之財物或利益，不論是物理性之換得或化學性之取得，均屬「準贓物」之範圍。例如將竊得之金飾熔化所得之金塊、將竊得之衣服變賣取得之金錢，因金塊、金錢皆由贓物而來，追本溯源其贓物性不變。實例如：

〈法律問題〉某甲竊某乙之錄音帶千餘捲變賣得款八萬元，再以該筆款項購買小客車乙輛供為己用，該小客車是否亦屬贓物而應發還予被害人乙？

〈討論意見〉

甲說：小客車既係以贓款購，自仍屬贓物，應發還被害人方為合理。

乙說：刑法第三四九條第三項僅限於因贓物變得之財物以贓物論，則以擬制規定是否可再予以擬制不無疑義，故該車不應視為贓物。

〈法務部檢察司研究意見〉以乙說為當（法務部(76)法檢(二)字第 2207 號）。

〈法律問題〉甲自六十五年十一月間即因竊盜、脫逃等罪，為法院通緝。其自六十六年五月間起訖六十八年七月間止，與另二人共同連續於各地行竊，次數高達七十餘次，所得財物值新臺幣（下同）數百萬元，其間其自購金錶、鑽戒配戴，並於六十八年元月間以三十八萬元購二手進口轎車乙輛使用，數月後為警緝獲移送偵辦，並扣押其所上開物品。嗣其經法院判決犯常業竊盜罪確定，並移送執行，則上開扣押之金錶、鑽戒、進口車等物，可否認係屬刑法三四九條第三項之贓物論以贓物，而無庸發還。

〈討論意見〉

1.肯定說：按甲既以竊盜為業，則其用以購買金錶、鑽戒、進口車之款，顯係以竊得之贓款或變賣贓物所得款，自得認係因贓物變得之財物，依刑法第三四九條第三項，以贓物論，自無庸發還。

2.否定說：甲雖經判決以竊盜為業，惟非必係以竊得之贓款或變賣贓物所得款購買名錶、鑽戒及進口車，難逕認以贓物論，應予發還。

〈法務部檢察司研究意見〉本題某甲所自購之金錶、鑽戒、進口轎車等物，既無證據足以證明係贓款購置，似難逕以經法院判決為常業竊盜之事實推定其所自購之物即屬以贓款所購置之事實，以否定說為當（法務部(76)法檢(二)字第 867 號）。

(五)與刑法第三十八條第一項第三款「得沒收之物」如何區分

刑法第三十八條第一項第三款「得沒收之物」僅規定為「犯罪所生或所得之物」，指因實施犯罪直接所取得之客體，並且不以動產為限（按一百零五年十一月三十日已修正，第三十八條第二項規定，屬於犯罪行為人者，得沒收者包括供犯罪所用、犯罪預備之物或犯罪所生之物）。此外，因刑法第三四九條第三項有準贓物之規定，故解釋上還包括「犯罪所變得之物」，即將實施犯罪直接所取得之物加以轉換成其他形式之物。例如竊得之車輛轉賣後所取得之金錢即是此所稱「犯罪所變得之物」。此與刑法第三十八條第三款所稱「得沒收之物」在解釋上不一定涵括相同之範圍❸。惟修法後

---

❸ 有謂贓物罪之贓物係指犯罪所得之物及犯罪所變得之物，相當於刑法第三十八

之刑法第三十八條之一已可解決此問題。再者，犯罪所得之物如與非犯罪所得之物結合，是否仍屬犯罪所得之物？例如將數輛贓車解體後，其引擎、輪胎、音響分別拼裝成車子或將解下來之引擎等分別裝置在其他非屬贓車上，則其是否為「犯罪所變得之物」？為準贓物？或是「犯罪所得之物」？按民法第八一二條規定：「動產與他人之動產附合，非毀損不能分離，或分離需費過鉅者，各動產所有人，按其動產附合時之價值，共有合成物。前項附合之動產，有可視為主物者，該主物所有人，取得合成物之所有權。」動產與他人之動產混合，不能識別或識別需費過鉅者，亦準用前開規定（民法第八一三條規定）。基此，遂有學者認為附合而成之合成物，仍具有贓物性，得為贓物罪之行為客體❹。本文以為民法前揭規定，只不過是定位附合物、混合物所有權之歸屬，尚須進一步依贓物罪本質之學說，綜合妨礙返還請求權說、違法狀態維持說、事後幫助說等等，論斷其是否具有贓物性。

三、贓物罪之犯罪構成要件行為

　　依刑法第三四九條贓物罪之規定得知，其犯罪構成要件行為類型共計有五種，有其中一行為即可成罪。應注意的是如果有二種以上行為時，應如何處理，以下將分別論述之。

㈠收　受

　　乃指一切自他人手中取得或持有贓物之行為，至於其為有償或無償，則非所問。實例如：

　　〈例 1〉

　　〈法律問題〉某甲竊得女錶一個欲送其妻，其妻知為贓物而峻拒，某甲乃自為收藏，嗣某甲意外死亡，其妻始起意取出變賣得款，問某甲之妻是否觸犯收受贓物罪？（臺灣高等法院暨所屬法院 86 年法律座談會刑事類提案第 16 號）

　　條「可為沒收之物」。蔡佩芬，〈贓物與準贓物之意義範圍新釋〉，《法學叢刊》，187 期，頁 96–99，臺北（2002 年）。

❹　甘添貴，《體系刑法各論第二卷》，頁 154，臺北，自版（2000 年）。

〈討論意見〉

甲說：應成立收受贓物罪。某甲之妻雖未直接自某甲處收受贓物，惟自取贓物變賣與收受贓物變賣之法律上評價並無不同，自應成立收受贓物罪。

乙說：不成立收受贓物罪。收受贓物須有交付之一方始能成立，自取贓物並無交付之他方，二者之行為類型並不相同，為貫徹罪刑法定主義之精神，本題應不為罪。

〈研討結果〉採甲說。

〈例2〉

〈法律問題〉甲明知乙所持有之汽車一部為竊得之贓物，竟向乙有償借用數日，於借用期間為警當場查獲，問甲所犯是否構成收受贓物罪？

〈討論意見〉

甲說：按刑法第三四九條第一項收受贓物罪所稱之「收受」係指無償取得贓物之行為（參照最高法院72年臺非字第63號判決），本題某甲既係有償取得該贓車，自非收受行為。而寄藏行為本身乃為妨礙被害人回復請求權之行使，故僅有領收贓物而置於一定處所之事實即足以構成犯罪，不以再有藏匿行為為必要。本題某甲明知乙所持有之汽車為贓車而猶向其借用，已有事實上之領收行為，既非收受行為，自應構成寄藏贓物罪。

乙說：收受贓物為贓物罪之概括規定，凡非搬運、寄藏、故買、牙保之行為，其他一切之持有贓物行為，均可謂之收受行為，與有償持有或無償持有無關。本件某甲雖係有償向乙借用，然其行為既非故買，又非寄藏、搬運，自屬收受贓物之行為，應構成刑法第三四九條第一項之收受贓物罪。

〈法務部檢察司研究意見〉收受贓物，係指明知為他人犯財產上之罪，所取得之財物，而收受持有。實務上對刑法第三四九條第一項收受贓物罪係採廣義見解，凡與贓物有關，不合於搬運、寄藏、故買、牙保贓物之取得持有，其為有償或無償，均成立收受贓物罪，以乙說為當（法務部(80)法檢(二)字第0436號）。

〈例3〉

〈法律問題〉甲開設機車行，乙為受僱之技工，甲某日於外面明知不

詳姓名人所持有之機車一輛係竊取而來，仍予以購買，攜回機車行交乙為其改裝，乙明知其為贓車，仍予改裝，俾利甲出售，後甲被查獲，問乙犯何罪？

〈討論意見〉

甲說：幫助故買贓物罪。

理由：乙明知所交之機車為贓物，仍予改裝，俾利其出售，自屬對甲之故買行為，有以幫助，應成立幫助故買贓物罪。

乙說：收受贓物罪。

理由：乙之行為，與刑法第三四九條第二項之搬運、寄藏、故買、牙保之情形，均有未合，但既已由其持有，自應論以收受贓物罪。

丙說：湮滅犯罪證據罪。

理由：乙明知該機車為贓車，仍予改裝，俾利甲脫售，使其犯罪行為不致被發覺，自屬犯刑法第一六五條湮滅犯罪證據罪。

丁說：不成立犯罪。

理由：

⑴刑法不承認事後共犯，故不成立幫助故買贓物罪。

⑵收受指無償取得即受贈之意，茲乙並無受贈之情形，故不成立收受贓物罪。

⑶湮滅犯罪證據罪之成立，必須湮滅犯罪證據之行為，發生在刑事案件開始偵查以後者為限（參照最高法院 24 年 7 月民刑總會決議）。查本題乙縱有為湮滅犯罪證據之行為，但既在該故買贓物案件開始偵查以前所為，自不成立湮滅犯罪證據罪。

〈司法院第二廳研究意見〉某乙雖明知其為贓車，但乃受僱於甲，而為其改裝，因未具有收受贓物等之犯罪故意，應不成立犯罪（司法院⑺廳刑一字第 1692 號）。

〈例 4〉

〈法律問題〉甲乙係兄弟同居一戶，乙明知甲置於宅內之機車乙部係竊得之贓物，某日乙以使用之意思擅自騎乘該機車外出，為警查獲，問乙

之刑事責任為何？

〈討論意見〉

甲說：應成立刑法第三四九條第一項之收受贓物罪。

理由：

⑴收受贓物為贓物罪之概括規定，凡與贓物罪有關，不合於搬運、寄藏、故買、牙保贓物者，均成立收受贓物罪，並不以無償移轉所有權為必要，今乙將贓物移歸自己持有使用，自屬收受贓物。

⑵刑法第三四九條第一項規定，在處罰追贓困難，乙既明知贓物而仍以騎用，雖用後交還，然對追贓已構成困難，應負該條之罪責。

乙說：無罪。

理由：按刑法第三四九條第一項之收受贓物罪，以有交付或授受為要件，亦即以無償取得受贈之情形而言，本件乙既擅自騎用該機車而無授受之行為，即與贓物罪章之要件未合。

丙說：乙明知該車係贓物而予以騎用，應負搬運贓物罪。

〈臺灣高等法院審核意見〉按稱收受贓物乃指無償取得即受贈贓物之所有權之義，如贈與。既係受贈，行為人自須有領得之意思，倘其收受無此領得之意思，旋即返還，例如使用借貸，雖亦無償，但未本其所有權之作用而取得處分其物之權，仍非收受贓物。本件乙既係擅自騎用該機車並無受贈機車之所有權，即與收受贓物罪之構成要件不符。又既係「以使用意思擅自騎乘」，亦無搬運贓物之可言。本於罪刑法定之原則，似以乙說為是。

〈司法院第二廳研究意見〉收受贓物為贓物罪之概括規定，凡與贓物罪有關，不合於搬運、寄藏、故買、牙保贓物之取得持有，均成立收受贓物罪，並不以無償移轉所有權為必要。本件乙雖擅自騎乘該機車而無授受之行為，惟其明知該機車係其兄甲竊得之贓物，仍將之移歸自己持有使用，自屬收受贓物，應成立刑法第三四九條第一項之罪。故本問題應以甲說為當（司法院⒁廳刑一字第 836 號）。

㈡搬　運

指搬移運送他人所持贓物之行為。亦即明知為他人持有之贓物，而移

轉贓物之場所者。至於是否已搬運至指定地點，或是否為有償，則非所問。
實例如：

〈例 1〉

刑法第三四九條第二項之寄藏贓物，係指受寄他人之贓物，為之隱藏
者而言。若代他人將贓物持交第三人寄藏者，自屬同條項之搬運贓物，不
能謂為寄藏（30 非 57）。

〈例 2〉

〈法律問題〉A 將竊得之支票委託知情之 B 持向銀行提示，B 究犯何罪？

〈研討意見〉

甲說：成立搬運贓物罪（最高法院 72 年臺非字第 63 號判決採之）。

乙說：成立牙保贓物罪（最高法院 81 年臺非字第 87 號判決採之）。

〈司法院刑事廳研究意見〉本題如 B 未及兌現即被查獲，則採甲說，
尚無不合（最高法院 72 年臺非字第 63 號刑事判決參照）。如 B 已兌得現款，
應以乙說為當（最高法院 81 年臺非字第 87 號刑事判決參照）（司法院(83)廳
刑一字第 06616 號）。

〈例 3〉

〈法律問題〉甲明知乙持有之機車為竊得之贓物，竟借用至各處兜風，
被失主查獲，甲有無刑責？

〈討論意見〉

甲說：甲借用贓車，係領收贓物並置於一定之處所加以保管，足致被
害人追求回復困難，應構成寄藏贓物罪。

乙說：甲明知贓車收受騎乘，應負搬運贓物罪責。

丙說：稱搬運，係搬運移送之義，必移轉贓物之所在，使被害人行使
權利發生困難；今甲僅借去騎用，用畢並將返還某乙，自無搬運移送，使
被害人行使權利發生困難而言，不成立搬運贓物罪。又寄藏贓物係指受寄
他人之贓物為之隱避而言（30 非 57），某甲借用機車到處兜風，不僅未使
贓物隱避，反到處招搖，易為被害人發覺，自不構成寄藏贓物罪；且借用
贓物之情節較收受贓物為輕，若成立寄藏贓物罪，反適用重法，亦有不當；

某甲應不為罪。

丁說：收受贓物為贓物罪之概括規定，凡與贓物有關，不合於搬運、寄藏、故買、牙保贓物者，均成立收受贓物罪，並不以無償移轉所有權為必要。今某甲將贓移歸自己持有使用，自屬收受贓物。

〈司法院第二廳研究意見〉採乙說（司法院⑺廳刑一字第 376 號）。

〈例 4〉

〈法律問題〉甲將竊盜所得之電視機一臺寄藏乙家，數日後乙因恐為他人發現，欲搬往他處藏匿乃請知情之丙、丁二人共同搬運，丙、丁二人之搬運行為究應論以幫助寄藏贓物罪或搬運贓物罪？

〈討論意見〉

甲說：贓物犯之各種行為已包含有事後幫助之意，如有其一即得單獨成罪，故應論以搬運贓物罪。

乙說：丙、丁二人非為自己犯罪之意，而為搬運，係應乙之請託幫助乙得繼續藏匿贓物而為搬運，故應論幫助寄藏罪。

〈法務部檢察司研究意見〉以甲說為當（法務部⑺法檢㈡字第 1486 號）。

㈢**寄　藏**

指受寄隱藏他人所持贓物之行為。若行為人藏匿自己持有犯罪所得財物，或行為人於收受、故買贓物後，加以藏匿，並不成立寄藏贓物罪。至於寄藏贓物罪本質上為繼續犯？還是狀態犯？因寄藏贓物與竊佔罪之性質相同，於寄藏行為完畢時，其犯罪即已完成，其後之占有該贓物，乃犯罪之狀態繼續，而非行為之繼續（院解字3250），故應認為是狀態犯❺。實例如：

〈例 1〉

刑法上之寄藏贓物，係指受寄他人之贓物，為之隱藏而言，必須先有他人犯財產上之罪，而後始有受寄代藏贓物之行為，否則即難以該項罪名相繩（51 臺上 87）。

〈例 2〉

〈法律問題〉某甲竊得汽車後，以每輛五千元之代價，委請知情之乙

---

❺　甘添貴，《體系刑法各論第二卷》，頁 457，臺北，自版（2000 年）。

代為解體，並將所竊得之汽車送至乙處，乙乃再僱用丙、丁幫忙解體，丙、丁亦知上開汽車係贓物，仍一同解體，則丙、丁應負何刑責？（若乙、丙、丁解體贓車時，贓車失主僅向警察機關報汽車失竊，甲涉嫌竊盜之案件尚未進入偵查階段）（臺灣高等法院暨所屬法院 88 年法律座談會刑事類提案第 13 號）

〈討論意見〉

甲說：丙、丁將贓車解體，足以妨害被害人之追索，與檢察機關之查證，若贓車之失主均向警察機關提出報告請求偵辦，則丙、丁均應依刑法第一六五條湮滅關係他人刑事被告案件之證據罪處斷。又丙、丁僅單純為乙解體，並無提供場所寄藏贓車，且亦無與乙有共同寄藏贓物之犯意聯絡，自不構成刑法第三四九條第二項之寄藏贓物罪。

乙說：丙、丁受僱於乙，知情為乙解體贓車而予以寄藏，均應成立刑法第三四九條第二項之寄藏贓物罪，彼此間有犯意聯絡及行為分擔，均為共同正犯。

丙說：丙、丁所為係一行為同時觸犯刑法第一六五條湮滅關係他人刑事被告案件之證據罪及同法第三四九條第二項寄藏贓物罪，應依想像競合犯之規定，從一重之寄藏贓物罪處斷。

丁說：丙、丁無罪。因刑法第一六五條湮滅刑事證據罪中所謂「刑事被告案件」，指因告訴、告發、自首等情形開始偵查以後之案件（24 年 7 月總會決議）。本件車主僅向警察機關報汽車失竊，而尚未進入偵查階段，自不構成刑法第一六五條之罪。

〈研討結果〉採乙說。

〈例 3〉

〈法律問題〉甲、乙二人為至友，某日甲明知乙所寄藏之錄放影機四臺係乙行竊所得之贓物，竟允予寄藏，同時並收受乙行竊所得之另一臺錄放影機一臺作為寄藏之報酬，問甲犯何罪？應如何處斷？

〈討論意見〉

甲說：甲係犯刑法第三四九條第二項之寄藏贓物罪與同條第一項之收

受贓物罪，甲係一行為而觸犯數罪名，應從一重之寄藏贓物罪處斷。

乙說：所犯寄藏贓物與收受贓物罪，應依數罪併罰之例處斷。

丙說：所犯寄藏贓物與收受贓物罪，應依吸收關係，依寄藏罪處斷。

丁說：甲收受錄放影機一臺，係作為寄藏贓物之報酬，僅單純一個為乙處分贓物之行為，應單純成立一個寄藏贓物罪，不另成立收受贓物罪。

〈司法院第二廳研究意見〉採甲說（司法院⑺廳刑一字第 1669 號）。

〈例 4〉

〈法律問題〉甲為得以順利銷售其故買之贓車，遂委請知情之乙將車解體，由甲全部運回，問乙有無刑責？

〈討論意見〉

甲說：乙無何刑責。蓋乙雖知所解體者為贓車，然解體之行為，要非犯罪之型態，故乙不構成犯罪。

乙說：乙應負刑法第三四九條第二項寄藏贓物之刑責。蓋乙既受甲之委託，而解體之行為，又須一段相當之時間，則乙所為，即應構成寄藏贓物之罪。

丙說：乙雖不構成贓物罪，惟其既知贓物，而將車子解體，則即應負毀損之刑責。

丁說：乙將贓車解體，乃湮滅證據之刑責。

〈研究結果〉以乙說為當（法務部⑺法檢㈡字第 389 號）。

〈例 5〉

〈法律問題〉某甲係經營汽車修理（或噴漆）廠，明知某乙送請拼裝之汽車係竊取之贓物，乃收受新臺幣五千元之代價後，予以拼裝或改噴顏色，問某甲係犯何罪？

〈討論意見〉

甲說：某甲係汽車修理（或噴漆）廠，其代某乙拼裝贓車或改噴顏色，因該贓車可供某乙為刑事被告案件之證據，某甲主觀上無受寄收藏該贓車之犯意，但其為某乙拼裝贓車或改噴顏色後，使原贓車變形難於發見真正竊盜之證據，某甲應負刑法第一六五條湮滅刑事證據罪。

乙說：某甲明知某乙送修之汽車係贓物，仍予以保管拼裝或改噴顏色，自應負刑法第三四九條第二項寄藏贓物罪。

〈司法院第二廳研究意見〉如某甲主觀上有寄藏贓物之犯意，客觀上有保管或寄藏贓物之行為，自屬觸犯寄藏贓物罪，惟寄藏贓物，並非當然包括拼裝或改噴顏色，某甲拼裝汽車改噴顏色，如已具備湮滅他人刑事證據及寄藏贓物兩罪之構成要件，則有刑法第五十五條之適用（司法院(69)廳刑一字第 059 號）。

㈣故　買

指故意買受他人所持贓物之行為，亦即知為贓物，而故意有償買受之情形，包括買賣、互易、代物清償、返還債務等。至於本罪之行為人係直接向財產犯罪行為人買得，或輾轉買來（不論轉賣者是否知情其為贓物），均可成立本罪。如果行為人係以返還被害人之目的而買受者，因未侵害被害人之財產法益，不具結果反價值；且其行為亦不具行為反價值，應認為阻卻故買贓物罪之違法性，不成立本罪。但行為人於故買贓物後，始生返還之意思；或於故買後，始獲被害人之承諾者，則不影響故買贓物罪之成立。實例如：

〈例 1〉

〈法律問題〉某甲係國營事業中國石油公司油罐車編制內之司機，於某日利用該公司儲油槽管理員不注意時，竊取儲油槽內汽油五百公升裝入其駕駛油罐車內得手後，載往某乙經營貨運行停車場，將竊得汽油以較低之價格出售於某乙，某乙明知故買之，問法院對某乙之行為，應如何論罪？（臺灣高等法院暨所屬法院 85 年法律座談會刑事類提案第 15 號）

〈討論意見〉

甲說：某甲係國營事業中國石油公司油罐車編制內之司機，係依據法令從事公務之人員，其竊取該公司儲油槽內汽油五百公升係犯貪污治罪條例第四條第一項第一款之竊取公有財物罪。某乙明知某甲因犯同條例第四條第一項第一款竊取公有財物罪所得之汽油故買，法院應依貪污治罪條例第十四條之規定，論以某乙明知因犯竊取公有財物罪所得財物故買罪。

乙說：某乙係普通人民，並非貪污治罪條例第二條所規定之依據法令從事公務之人員，或受公務機關委託承辦公務之人員，亦非同條例第三條規定與以上人員共同犯罪，而貪污治罪條例第十四條之適用，並無如該條例第十條第二項及第十五條第三項之例外規定，法院對某乙之行為自應適用刑法第三四九條第二項故買贓物論罪。

〈研討結果〉採乙說。

〈例 2〉

〈法律問題〉某甲開設機車行，明知不詳姓名之人騎來修理之機車一部，並未提出來源證件、或行車執照，係來路不明之贓車，竟予以修理後，因不詳姓名之人拒付修理費新臺幣四千多元，而由該人取回車牌後，收受該部機車以抵償修理費用，某甲所為應否成立何罪？（臺灣高等法院暨所屬法院 81 年法律座談會提案刑事類第 45 號）

〈討論意見〉

甲說：某甲既對於該部機車有贓物之認識，而予以收受，應成立刑法第三四九條第一項收受贓物罪。

乙說：按收受贓物罪，所稱之「收受」，係指無償取得贓物之行為，某甲收受該部機車，以抵償修理費用，應為有償行為，蓋凡有償取得贓物之所有權者，即為故買贓物，除買賣外，包括互易、清償債務、代物清償、有利息消費借貸等皆是。該部機車已現實為贓物之移轉，由某甲有償取得其所有權，某甲應負刑法第三四九條第二項故買贓物罪責。

丙說：某甲既係以抵償修理費之意思而留下該車，且車牌已遭該不詳姓名者取回，即欠缺收受或故買贓物之犯意，其所為應不成罪。

〈司法院刑事廳研究意見〉採乙說。本件某甲收受機車抵償修理費用即係有償取得贓車，某甲應負刑法第三四九條第二項故買贓物罪（司法院 ⒇廳刑一字第 05283 號）。

〈例 3〉

〈法律問題〉某甲將其所有名牌機車一輛以新臺幣五萬元出質於某乙，在某乙占有保管中，某丙竊得該機車後，某甲以一萬元故為買受，問某甲

之行為是否成立刑法第三四九條第二項之故買贓物罪?

〈研討意見〉

甲說: 按贓物係指犯侵害他人財產法益所得之財物，如屬自己之財物，縱係不法由第三人取回，因非直接侵害他人之財產權，自不足成立財產上之犯罪，從而亦無贓物罪成立之可言，某甲將其所有名牌機車一輛出質於某乙，某丙竊得該機車後，某甲買受其所有機車，應不成立故買贓物罪。

乙說: 某丙竊得某乙占有保管中之某甲所有名牌機車一輛，則某丙既犯竊盜罪，其所竊得之某甲所有機車一輛，自係贓物，某甲故為買受，應成立故買贓物罪。

〈司法院第二廳研究意見〉某丙竊得質押權人某乙占有保管中之某甲所有機車，某丙應成立竊盜罪，某甲知情故買該贓車，亦侵害質押權人某乙之財產上權益，應成立贓物罪，本題以乙說為當（司法院(81)廳刑一字第117 號）。

〈例 4〉

〈法律問題〉甲竊取森林主產物（林木）種植香菇，乙明知該香菇，係甲盜林木所種植，而故買，乙應成立何罪?（臺灣高等法院暨所屬法院 63年法律座談會刑事類第 45 號）

〈討論意見〉

甲說: 甲盜伐之林木為贓物，其所種植之香菇，依刑法第三四九條第三項規定，因贓物變得之財物，以贓物論，乙應成立同條第二項故買贓物罪。

乙說: 所謂「因贓物變得之財物，以贓物論」，例如變賣贓物所得之金錢，或以贓物買得之動產或不動產，亦有非贓物之本體，亦非贓物變得之財物而可視為贓物者，例如代表贓物之提單、當票等是，始足當之，本問題所說之香菇，雖為盜伐林木（贓物）所種植，然種植香菇，須下香菇種，加上人工，如有收獲，與所謂因贓物變得之財物有間，乙應諭知無罪。

〈研討結果〉查在盜伐之林木上種植香菇，原贓物林木仍舊存在，並未變更，從而種植之香菇，並非因贓物變得之財物，知情故買，應不成立故買贓物罪，擬採乙說。

〈例 5〉

〈法律問題〉某甲將竊得之鵝與知情之乙交換雞，某乙應犯何罪？（臺灣高等法院暨所屬法院 55 年法律座談會刑事類第 7 號）

〈討論意見〉

甲說：某乙明知某甲之鵝，係竊盜來之物，而以雞與其交換，應犯故買贓物罪。

乙說：某乙明知某甲之鵝係竊盜而來，而以雞與其交換，應犯收受贓物罪。

〈研討結果〉採甲說。

〈例 6〉

〈法律問題〉刑法第三四九條第二項故買贓物罪之成立，以行為人具有故意為其成立要件，至於故意，是否僅限於「直接故意」，不包括「間接故意」？

〈研討結果〉採乙說。否定說。除直接故意外，並包括間接故意。（臺灣高等法院暨所屬法院 100 年法律座談會刑事類提案第 5 號）

按「行為人對於構成犯罪之事實，明知並有意使其發生者，為故意。行為人對於構成犯罪之事實，預見其發生而其發生並不違背其本意者，以故意論。」刑法第十三條第一、二項分別定有明文，前者為「直接故意」，後者為「間接故意」（不確定故意或未必故意），故刑法及其特別法關於故意犯之處罰，除直接故意外，並包括間接故意甚明。依實務見解認為除法條明文規定以「明知」為成立要件者，例如：刑法第二一三條之公文書不實登載罪、第二一四條之使公務員登載不實罪、第二一五條之業務上文書登載不實罪，商業會計法第七十一條第一款之不實填製會計憑證或記入帳冊罪，著作權法第九十一條之一第二項、第三項之侵害著作財產權罪，商標法第八十二條之販賣仿冒商標商品罪等，限於「直接故意」，不包括「間接故意」外，其餘法條未明定「明知」之要件者，均包括直接故意及間接故意。刑法第三四九條第二項之故買贓物罪，條文並未規定以「明知」為成立要件，得否解釋限於直接故意，實有疑義？刑法第三四九條第二項之

故買贓物罪，固以「知情」故買為要件，惟此所謂「知情」，係指行為人在買受之時有贓物之認識，並非指行為人於買受時「明知」係贓物，此由該條項並未規定「明知」為贓物而故買之直接故意為構成要件即明。是以，刑法上故買贓物罪之贓物認識，應包括直接故意及間接故意，即對贓物有不確定之認識仍予收買，亦應成立本罪；質言之，對於所買受之物，毋庸認識其係犯何罪所得之物，及其犯人為誰，均可成立該罪（最高法院 79 年度臺上字第 2876 號判決參照）。刑法第三四九條關於贓物罪之規定，係針對行為人「故意」收受、搬運、寄藏、故買或牙保贓物，而在事後助成他人財產犯罪目的之惡性予以處罰。從而，故買贓物之罪責成立與否，實取決於能否積極證明行為人於收受該財產標的時，對於該標的物之不明來源具有認識，並出於犯罪之故意予以買受，致使原所有權人難以追及或回復為斷。在立法技術上，立法者於該條第二項將故買贓物與搬運、寄藏、牙保贓物同列舉，各罪主觀犯意之成立要件，並未作不同規定，依立法體例，對行為人主觀犯意即應為相同解釋，初不能因法條文字為「故」買，即認限於直接故意，其餘各類型之罪則認為包括間接故意。綜上所述，刑法故買贓物罪之成立，固以行為人在買受之時有贓物之認識，始克相當，然此所謂贓物之認識，並不以明知之直接故意為限，亦不以知其詳細為限，即令對之具有概括性贓物之認識，或雖所預見，而不違背其本意者，即對贓物有不確定之認識仍予收買，亦應成立本罪。

㈤**媒　介**

　　一百零三年修正前，使用「牙保」之用語，有鑑於該用語於現社會已不習見，遂修正為「媒介」代之。此指代持有贓物之他人處分贓物之一切必要的法律行為，不以仲介處分贓物為限，即使是以自己名義為之，只要實質上本意係為他人處分贓物者，亦屬之。又實務上認為為他人處理贓物而搬運、寄藏、互易、設質或商購（院字 1965）等，亦包括在牙保行為內。又此不問有償或無償，均包括在內。實例如：

　　〈例 1〉

　　〈法律問題〉甲以自己之身分證，代竊盜犯乙典當贓物，甲究犯何罪？

〈討論意見〉

甲說：甲係犯刑法第三四九條第二項之牙保贓物罪，因甲已為贓物有償處分行為之媒介。

乙說：甲係犯刑法第三四九條第一項之收受贓物罪，甲之行為與同條第二項之犯罪類型不同，自僅係適用概括規定之收受贓物罪。

〈司法院第二廳研究意見〉採甲說（即牙保贓物罪），蓋所謂牙保即居間介紹之意，至其有償抑無償，直接或間接，皆與罪之成立無涉，故介紹典質、搬運、互易者亦屬之。茲甲知贓，而以一己之身分證代為典當，顯係以牙保之意思，為之媒介，故採甲說（司法院⑺⑻廳刑一字第 1692 號）。

〈例 2〉

〈法律問題〉某甲機車失竊後，以新臺幣三千元囑託某乙代找，經某乙輾轉尋獲，並以三千元向某丙談妥贖回，將贓車交還某甲，某乙是否犯牙保贓物罪？

〈討論意見〉

甲說：某乙係受某甲之託代找及為某甲贖回失竊機車，毫無牙保贓物犯意可言。

乙說：某乙知情為贓物，而仍予代贖，應成立牙保贓物罪。

〈司法院第二廳研究意見〉乙無牙保贓物之犯意，代贖又係為所有人追回所有物，應以甲說為當（司法院⑺⑼廳刑一字第 1096 號）。

〈例 3〉

〈法律問題〉某甲介紹某乙向某丙購買贓車乙輛，嗣乙、丙二人因價金未能達成協議，致買賣未成，問甲是否應負牙保贓物罪責？

〈討論意見〉

甲說：認為刑法第三四九條對於牙保贓物罪未設有處罰未遂犯之明文，今乙、丙二人因價金不合，致買賣不成，則甲所為之牙保行為，尚處於未遂階段，法既無處罰之明文，則甲自不為罪。

乙說：認為甲明知丙所欲出賣之車輛為贓車，更而介紹，已足助長竊盜及銷贓之風，且刑法第三四九條處罰牙保贓物之行為人，係因牙保行為

足以妨礙物之所有人所有權之行使，故衹要牙保行為人有為媒介之行為，則其行為已具有可罰性，即應論以牙保贓物罪；要不應因買賣雙方之買賣契約是否成立，而影響其罪責之有無。

〈法務部檢察司研究意見〉以甲說為當（法務部(71)法檢(二)字第 1099 號）。

四、贓物罪為財產犯罪之不罰後行為

現行學者及實務通說均認為財產犯罪行為人在事後處分贓物之行為為不罰之後行為。蓋財產犯罪與贓物罪均侵害同一財產法益，基於保護法益之同一性，處分贓物行為不再論罪，此其一；財產犯罪以保護持有狀態為基準，而非僅保護所有權或本權，依民法物權編占有章之規定，既然民法上承認占有之事實狀態亦屬法律保護之對象，且其所稱占有尚包括善意占有及惡意占有，是以，財產犯罪行為人在犯罪後持有、占有財物之狀態乃屬當然之結果，占有人處分占有物之行為不具違法性，自為不罰，此其二。實例如：

〈例 1〉

竊盜罪之成立，原以不法取得他人之財物為其要件，教唆行竊而收受所竊之贓，其受贓行為當然包括於教唆竊盜行為之中，不另成收受贓物罪名（28 上 2708）。

〈例 2〉

〈法律問題〉甲教唆乙竊取他人財物，事後甲與乙分受贓物，或向乙買受贓物。甲除成立教唆竊盜罪外，應否另論贓物罪？（臺灣高等法院臺南分院 86 年 5 月份法律座談會）

〈研討意見〉

甲說：只成立教唆竊盜罪。按教唆犯依其所教唆之罪處罰之，刑法第二十九條第二項定有明文。又竊盜罪之成立，原以不法取得他人財物為要件，教唆行竊而收受所竊之贓，其受贓行為當然包括於教唆竊盜行為之中，不另成立收受贓物罪名，最高法院著有 28 年上字第 2708 號判例可資參照。同理，教唆竊盜後，故買該竊盜犯竊得之贓物，亦不另成立故買贓物罪。

乙說：另成立故買贓物罪，不成立收受贓物罪。按事前教唆他人竊取

財物，事後分受贓物，依最高法院前引判例所示，固僅論以教唆竊盜罪，不另論收受贓物罪；惟如教唆竊盜復故買贓物，則不應為相同之認定（最高法院 85 年臺上字第 595 號判決參照）。本件甲教唆乙竊取他人財物，事後向乙買受其竊得之贓物，自應另論故買贓物罪。

丙說：應依甲教唆乙竊盜時之犯意範圍而決定如何論罪。

1.甲教唆乙竊盜之時，如已存心分受贓物，則甲係為自己不法所有之意思而參與乙竊盜之犯行，應成立竊盜罪之共謀共同正犯，其事後分受贓物，當然不另論罪。

2.甲於教唆竊盜之時，如係存心故買贓物，因甲尚非為自己不法所有之意思而加工於乙竊盜之犯行，除成立教唆竊盜罪外，應另成立故買贓物罪。因上開兩罪之犯意同時發生，且有方法結果之牽連關係，應從一重處斷。

3.甲教唆乙竊盜之時，如未存心分受贓物或故買贓物，於事後始起意分受贓物或故買贓物者，除成立教唆竊盜罪外，應另論收受贓物或故買贓物之罪，而且以上兩罪應併合處罰。

〈臺灣高等法院研究意見〉無論收受或故買贓物，均屬竊盜之處分行為，均包括於不法取得他人財物之竊盜行為之中，自不另成立收受贓物或故買贓物罪，採甲說（參照最高法院 28 年上字第 2708 號判例）。

〈例 3〉

竊盜搬運贓物，為竊盜罪之當然結果，在論處被告以竊盜罪外，不能再依贓物罪論科。對於竊盜正犯，既不另成贓物罪，則竊盜幫助犯，因從屬關係之結果，自亦不能再依贓物論罪（24 上 3283）。

〈例 4〉

贓物罪之成立，以關於他人犯罪所得之物為限，若係自己犯罪所得之物，即不另成贓物罪，被告幫助某甲侵占業務上持有物，並為之運走價賣，原判決認其另成搬運及牙保贓物之罪，與幫助侵占罪，從一重處斷，自有未合（24 上 4416）。

【結論】

一、甲成立刑法第三二〇條第一項竊盜罪，至於甲嗣後將竊得之相機賣予丙，乃不罰之後行為。

二、乙不成立犯罪。按贓物係指犯侵害他人財產法益所得之財物，如屬自己之財物，因不發生侵害他人財產權之問題，自不成立財產犯罪，亦無成立贓物罪之可能。

三、丙不成立犯罪。蓋丙雖出價買下相機（贓物），但因其無牙保贓物之犯意，且其係受乙之託，以返還被害人乙之目的而買受，未侵害被害人乙之財產法益，阻卻故買贓物罪之違法性。

【參考法條】

刑法第三四九條

收受、搬運、寄藏、故買贓物或媒介者，處五年以下有期徒刑、拘役或科或併科五十萬元以下罰金。

因贓物變得之財物，以贓物論。

【練習題】

一、甲竊取一批贓車，以每輛一萬元之代價，賣予知情之乙解體拼裝，再轉賣中國大陸。乙僱用丙、丁幫忙。請問甲、乙、丙、丁各成立何種犯罪？

二、戊教唆庚竊取同學手機，再以五萬元向其購買，請問戊、庚之行為各成立何種罪名？

問題二八
散播電腦病毒成立何罪

> 甲基於好玩及好勝之心理，製作「上流社會」病毒，並寄給數家高科技公司，造成多部電腦系統當機，檔案資料被刪除者不計其數。請問甲是否成立犯罪？又其成立何罪？

【問題點】

一、散播電腦病毒行為之特性
二、外國立法例之簡介
三、八十六年刑法修正後之法律適用
四、九十二年刑法增訂妨害電腦使用罪章後之法律適用

【解析】

一、散播電腦病毒行為之特性

　　目前社會上所稱電腦病毒，一般係指其程式具有自我複製 (Self-replicating) 或自我繁殖 (Self-propagating) 之執行功能，藉由附著於電腦系統開機區或檔案之執行檔，於使用者利用磁碟片或上網路執行程式時，將電腦病毒程式重製於未受感染之程式或檔案中，以後即依此方式次第感染❶。其特色例如具有一定之潛伏期，在特定時間才發作 (或啟動)；其發作時會破壞資料及來源程式 (Source program)，甚至嚴重者會造成螢幕燒毀或硬碟磁頭磨損，然而，大部分之電腦病毒佔用記憶體，使得使用者欲執行某一程式時出現記憶體不足之現象 (Run out of memory)，造成使用上之不便及困擾；當然亦有許多病毒透過網路自動找尋未感染電腦，迅速繁殖傳染。由於製作或散播電腦病毒之行為人大都具備電腦有關之專業知識，且大多數都是屬於從事電腦業務之人，故此種犯罪行為極具專業性及業務性。再

---

❶　蘇宏文，〈淺談電腦犯罪與電腦病毒〉，《法律與你》，140 期，頁 143，臺北 (1995年)。

者，因為電腦系統本身有安全系統之保障及軟體工程上資料型態之多元，從外部觀察無法探知內部資料上之變化，且行為人在不易為人察覺之隱密情況下從事犯罪，少有被害人發覺受害而主動要求偵查犯罪行為，事實上，即使有人報案，亦因偵查及蒐證之困難性，而使得犯罪黑數增高。此外，證據不易取得、犯罪現場、時間不明確，偵查、審判實務之窒礙難行，更是少見對此行為有起訴或判決者。

二、外國立法例之簡介

觀外國為有效嚇阻電腦病毒犯罪，亦以刑罰作為制裁之手段，不論是針對電腦犯罪特別立法，還是在刑法中增訂相關條文以茲因應，均可供我國參考。以下即以德國、美國及日本之立法例說明之❷。

1.德　國

德國於一九八七年增訂不少關於電腦犯罪之立法，其中刑法第三〇三條 a 規定，不法滅失、隱匿、變更資料或致令不堪使用者，處二年以下自由刑或併科罰金。刑法第三〇三條 b 則規定，如以(1)不法滅失、隱匿、變更資料或致令不堪使用之方法，或以(2)破壞、毀損、滅失、變更資料處理機或資料，或致令不堪使用者，干擾他人營業、企業或機關之重要資料處理者，可處五年以下自由刑或併科罰金。由此可見，德國亦明定對於設計散播電腦病毒程式，破壞他人程式及資料者，施以刑罰制裁。

2.美　國

關於電腦病毒犯罪之刑事責任向由各州之刑法予以規範。例如加州刑法規定，任何人惡意改變、刪除、損害、毀壞、或瓦解電腦系統操作、電腦網路、電腦程式或資訊者，應處三年以下有期徒刑，或併科一萬美金之罰金。佛羅里達州規定，任何人未經授權，明知有意地毀壞、取得、侵害或損害電腦、電腦系統、電腦網路內之設備或供應，或損壞、侵害、損毀任何電腦、電腦系統、電腦網路，係構成犯罪。其他各州亦大都有類似之規定。

---

❷ 張嘉彬，〈電腦犯罪及其防治方法之探討——以電腦病毒為例〉，《書府》，18、19 期，頁 73-74，臺北（1998 年）。

3. 日　本

日本亦於一九八七年修正刑法條文，大量修訂關於電腦犯罪之條文，新增第二三四條之二電子計算機損害業務妨害罪，規定：「以損壞他人業務上使用之電子計算機或供其使用之電磁紀錄，或將虛偽或不正指令輸入他人業務上使用之電子計算機，或以其他方法使電子計算機不為應符合使用目的之行為或違反其使用目的而行為，以妨害他人業務者，處五年以下有期徒刑或一百萬日幣以下之罰金。」此處之損壞包括物理性破壞、變更、滅失與塗銷電磁紀錄，即以使電子計算機無法依其目的運轉或違反其目的，達到妨害他人業務進行結果。至於電磁紀錄之定義，則在新增第七條之二規定，電磁紀錄係指以電子方式、磁氣方式或其他無法以人之知覺認識之方法所製作之紀錄，而供電子計算機處理資料之用者。另外，修正之第二五九條亦規定，毀棄關於他人之權利、義務之文書或電磁紀錄者，可處五年以下有期徒刑。

三、八十六年刑法修正後之法律適用

我國刑法在八十六年十月八日公布修正及增訂共計九個條文，及時地解決當時司法界處理電腦犯罪案例在法律適用上之困擾，對於近幾年來電腦犯罪實務之發展有重大貢獻。茲不論該次修法有何謬誤，既然我國捨棄訂定電腦犯罪專法，而將電腦犯罪之態樣納入刑法中，則難免會受囿於傳統刑法之思維。為連結高科技電腦犯罪與傳統刑法之規範，又礙於刑法既定各章及保護法益之編排，前揭九條條文自散落各章中。以下僅就有關電腦病毒部分析述之。

㈠將電磁紀錄定位為準文書之一種

首先，創設電磁紀錄之概念：「稱電磁紀錄，指以電子、磁性或其他無法以人之知覺直接認識之方法所製成之紀錄，而供電腦處理之用者（刑法第二二〇條第三項）。」再將其納入準文書之範疇：「……電磁紀錄，藉機器或電腦之處理所顯示之聲音、影像或符號，足以為表示其用意之證明者（刑法第二二〇條第二項）。」這樣子一來，電磁紀錄不但是偽造、變造文書罪之行為客體，只要是刑法條文中以「文書」為行為客體者即包含電磁紀錄

在內。

㈡成立刑法第三五二條第一項毀損文書罪

按刑法第三五二條第一項規定，毀棄、損壞他人文書，或致令不堪用，足以生損害於公眾或他人者，成立毀損文書罪。如前所述，電磁紀錄既屬廣義文書之一種，而本罪之行為客體又未排除準文書在內，則毀棄、損壞文書包括毀棄、損壞準文書——即電磁紀錄在內。且電腦病毒發明人所設計之電腦程式，藉著不斷複製該程式，而逐步佔據記憶裝置，致使最後吃掉原來電腦內所存置之檔案資料或程式，自屬於毀棄、損壞之行為。

㈢新增刑法第三五二條第二項干擾他人電磁紀錄罪

八十六年新增刑法第三五二條第二項：「干擾他人電磁紀錄之處理，足以生損害於公眾或他人者。」成立干擾他人電磁紀錄罪。所謂干擾電磁紀錄之處理，乃指一切妨害電腦系統本身正常處理電磁紀錄之行為。至其可能態樣包括❸：

1.破壞電腦系統之硬體設備，例如毀損鍵盤、處理器、螢幕、硬碟等，使人無法利用電腦處理電磁紀錄。

2.破壞電腦系統之軟體，例如以電腦病毒之方式，或利用程式透過電腦連線系統進行複製，佔據記憶體容量，干擾電腦之正常運作功能等情形。

3.雖非破壞電腦系統之軟、硬體設備，惟以其他方式，妨害電腦系統本身正常處理電磁紀錄，例如切斷供應電腦之電源系統、拔離電腦主機內之排線接頭等等，而使電腦系統無法正常作業。

就法益侵害程度而論，學者以為毀損文書罪之毀棄、損壞或致令不堪用之行為，既均已使行為客體喪失或降低其全部或一部之效用或價值，實際上業已發生損害，性質上應屬實害犯；而干擾電磁紀錄處理罪之性質應屬危險犯，乃指其干擾行為，在客觀上有使他人之電腦或其他財產、或公眾之財產發生損害之危險。因此，電腦病毒犯罪行為同時觸犯刑法第三五二條第一項及第二項二者時，因二者之保護法益具有同一性，此為法條競合關係，就構成要件關係上，干擾電磁紀錄處理罪應為毀損文書罪之補

❸ 甘添貴，《體系刑法各論第二卷》，頁492，臺北，自版（2000年初版）。

充關係，優先適用干擾電磁紀錄處理罪❹。

㈣是否成立刑法第三五四條毀損器物罪

有謂首應探究電腦病毒肆虐所生之危害，是電腦硬體或電腦軟體？若是造成電腦系統、電腦網路、週邊設備或電磁紀錄物本體等性質上屬於電腦硬體之損壞或喪失效用，電腦病毒程式設計者應有刑法第三五四條：「毀棄、損壞前二條以外之他人之物或致令不堪用，足以生損害於公眾或他人者」毀損器物罪規定之適用。若是電腦病毒損壞他人電磁紀錄物所儲存之資料檔案及程式等性質上屬於電腦軟體之部分時，始依刑法第三五二條第一項處斷❺。申言之，似以行為客體究為物或文書作為判斷適用之基準。按我國刑法傳統上均以有體物，即有形體之物，具有一定之體積，佔有一定之空間，吾人可得認識其存在之物，作為刑法上之物。至於八十六年新增電磁紀錄以動產論之規定（刑法第三二三條），只限於財產犯罪（如竊盜罪章、侵占罪準用、詐欺罪準用、搶奪及強盜罪準用）之罪名，因電腦記憶體中所儲存之資訊或程式並非具有一定形體之有體物，是以，以電腦病毒侵害程式及資訊實難論以毀損器物罪。

㈤尚可成立背信罪

假如電腦病毒設計者是受他人出資委託從事電腦程式之開發、維護，或是受僱於人但逾越僱傭契約或工作規則，意圖為自己或第三人之不法利益，或損害出資者或僱傭者之利益，設計或散布電腦病毒，而為違背其任務之行為，致生損害於出資者或僱傭者之財產或其他利益時，電腦病毒程式設計者則另觸犯刑法第三四二條背信罪。當然，電腦駭客通常是出於好玩或突顯功力之心態，並不一定有不法得利之目的，故不一定有本罪之適用。

四、九十二年刑法增訂妨害電腦使用罪章後之法律適用

九十二年刑法修正時，為簡化問題，以受攻擊客體係有體物或無體物

---

❹　甘添貴，《體系刑法各論第二卷》，頁 493–494、498，臺北，自版（2000 年初版）。

❺　蘇宏文，〈談電腦病毒設計者之法律責任〉，《網路資訊》，91 期，頁 131，臺北（1999 年）。

為區分標準而異其適用，即攻擊客體如屬有體物，例如竊取電腦、光碟，適用傳統刑法財產犯罪；如攻擊對象為無體物，例如竊取電磁紀錄、駭客入侵網站，則適用妨害電腦使用罪章處理。因此，故意製作、散布電腦病毒，於新增妨害電腦使用罪章後究竟如何適用，分述如下。

㈠成立刑法第三六二條製作惡意電腦病毒程式罪

按新增之刑法第三六二條規定：「製作專供犯本章之罪之電腦程式，而供自己或他人犯本章之罪，致生損害於公眾或他人者。」成立製作惡意電腦病毒程式罪。適用本條須注意下列事項：

1.本罪之犯罪主體僅限於電腦病毒之製作者，而不包括使用電腦病毒之人。

2.行為人所製作之電腦病毒須專供犯本章之罪者。換言之，如非專供犯本章之罪，尚不構成本罪。

3.本罪須以發生實害為要件，即須致生損害於公眾或他人始得成立本罪，不處罰未遂犯。

4.至於電腦病毒製作完成後究竟供自己或他人使用則不問。因本罪性質上屬本章其他犯罪行為之前置準備程序，雖條文中未出現「預備犯……罪」之文字，但仍不失為實質預備犯，如電腦病毒之製作人更進而為本章第三五八條至第三六一條之犯罪行為者，則由預備行為進至行使行為，基於低度行為為高度行為所吸收，或者是前行為為後行為所吸收，視犯罪情節，僅成立第三五八條至第三六一條之罪名，不再論以本罪。

㈡依情形成立刑法第三五八條至第三六一條之罪

電腦病毒製作者如使用該電腦程式，或將該電腦程式供他人使用，無故入侵他人（或公務機關）電腦或其相關設備、無故取得、刪除或變更電磁紀錄、或者是無故干擾他人電腦或其相關設備者，則分別情形，成立無故入侵電腦罪、無故取得變更刪除電磁紀錄罪、或無故干擾他人電腦罪。

㈢是否仍有毀損文書罪之適用

本文採肯定說。理由有三：

1.如前所述，電腦病毒最後會吃掉原來電腦內所存置之檔案資料或程

式，自屬於毀棄、損壞之行為，而九十二年修法時並未刪除電磁紀錄為準文書之概念，既然電磁紀錄仍不失為準文書之一種，自得成立毀損文書罪。

2.毀損罪之保護法益不論是「個人財物之利用價值與效用」，或者是指「個人對財物完整持有與利用之利益」❻，因電磁紀錄就所有人或使用者而言有其利用價值及效用，刑法應保障其可完整持有及利用電磁紀錄之利益，而不受他人侵害。

3.本罪之犯罪構成要件行為為「毀棄」、「損壞」或「致令不堪用」三種。關於前二者之定義，有下列諸說❼：

(1)效用侵害說

本說為通說。以為毀棄、損壞不限於物理上之損壞，只要是危害物之效用之一切行為皆屬之。例如撒尿在他人食器上、將養殖場之魚放流等行為即是。其中尚有主張「侵害原來效用說」（又稱為侵害一般效用說），謂：「侵害物質之全部或一部，或者是使物原來之效用無從加以使用之狀態。」

(2)物質毀損說

本說為近來最有力學說。以為毀棄、損壞係指破壞、毀損物全部或一部分之物質，使物之全部或一部分無法依原來之用法使用。如前例中，因對食器或養殖場所，甚至是魚，均無物質上之破壞行為，故依本說不成立毀損罪。

(3)有形侵害說

本說認為須以有形力加諸於物體上，致物體之價值、效用受到損害。申言之，只要致客體之價值、效用減少或毀滅者即成立毀損罪。本說被批評無限制地擴張毀損罪之構成要件，是為少數說。

依前揭(1)、(2)說，所謂毀損文書，係指毀損文書或電磁紀錄原來效用或使其無法依原來用法使用之一切行為。以文書為例，如將文書為物理性地毀壞；將其內容之一部分或全部予以塗抹、銷除；將其上之署名、印文

---

❻　甘添貴，《體系刑法各論第二卷》，頁480–482，臺北，自版（2000年初版）。

❼　成下裕二，〈損壞概念〉，西田典之、山口厚編，《法律學の爭點シリーズ1——刑法の爭點》（有斐閣，3版，2000年），208–209頁。

塗抹、銷除；將文書上所貼或裝訂之紙剝離❸等等，均屬毀損之行為。如果將文書揉成一丸丟棄，是否為毀損文書之行為？關此，則須視是否使該文書已達毀損其原來效用之程度而定。同樣地，毀損電磁紀錄，除予以物理性毀壞外，尚包括以外力將其所含資料、程式之一部分或全部予以銷除或變更其內容❾。

【結論】

一、甲成立刑法第三六二條製作惡意電腦病毒程式罪

依題示，甲故意製作「上流社會」病毒，以供自己妨害他人電腦使用安全，刪除他人電腦或其相關設備之電磁紀錄，至損害於數家高科技公司，成立製作惡意電腦病毒程式罪。

二、甲成立刑法第三五九條無故刪除電磁紀錄罪

依題示，甲無故將所製作之電腦病毒寄給數家公司，造成電腦當機，檔案資料被刪除無數，成立無故刪除電磁紀錄罪。

三、甲成立刑法第三五二條毀損文書罪

依刑法第二二〇條第二項規定，電磁紀錄為準文書之一種，傳送電腦病毒刪除他人電腦系統內所儲存之檔案資料或程式者，甲毀棄、損壞電磁紀錄原來效用或使其無法依原來用法使用，成立毀損文書罪。

四、刑法第三六二條製作惡意電腦病毒程式罪，性質上屬無故刪除電磁紀錄罪之前置預備行為，由預備行為進至行使行為，基於低度行為為高度行為所吸收，僅成立無故刪除電磁紀錄罪。

五、甲基於概括之犯意，連續數行為犯無故刪除電磁紀錄罪，依刑法第五十六條規定，成立連續犯，以一罪論。若甲數行為均於民國九十五年七月一日新法施行後，依同法第五十條數罪併罰。

六、甲一行為觸犯刑法第三五二條毀損文書罪及刑法第三五九條無故刪除

---

❸ 文書之毀損非僅指毀損文書實質之部分，亦包含毀損形式之部分，而不問其形式之部分是否影響其證明力，因此將貼紙剝離之行為亦認為是毀損行為。

❾ 川崎一夫，《刑法各論》（青林書院，初版，2000年），257頁。

電磁紀錄罪，因前者之保護法益為「個人財物之利用價值與效用」，而後者之保護法益同時兼及個人法益及社會法益安全，保護法益不同，非屬法規競合，故依刑法第五十五條想像競合犯，從一重無故刪除電磁紀錄罪處斷。

【參考法條】

刑法第十條第六項

稱電磁紀錄者，謂以電子、磁性、光學或其他相類之方式所製成，而供電腦處理之紀錄。

刑法第二二〇條

在紙上或物品上之文字、符號、圖畫、照像，依習慣或特約，足以為表示其用意之證明者，關於本章及本章以外各罪，以文書論。

錄音、錄影或電磁紀錄，藉機器或電腦之處理所顯示之聲音、影像或符號，足以為表示其用意之證明者，亦同。

刑法第三四二條

為他人處理事務，意圖為自己或第三人不法之利益，或損害本人之利益，而為違背其任務之行為，致生損害於本人之財產或其他利益者，處五年以下有期徒刑、拘役或科或併科五十萬元以下罰金。

前項之未遂犯罰之。

刑法第三五二條

毀棄、損壞他人文書或致令不堪用，足以生損害於公眾或他人者，處三年以下有期徒刑、拘役或一萬元以下罰金。

刑法第三五四條

毀棄、損壞前二條以外之他人之物或致令不堪用，足以生損害於公眾或他人者，處二年以下有期徒刑、拘役或五百元以下罰金。

刑法第三五八條

無故輸入他人帳號密碼、破解使用電腦之保護措施或利用電腦系統之漏洞，而入侵他人之電腦或其相關設備者，處三年以下有期徒刑、拘役或科或併科十萬元以下罰金。

刑法第三五九條

無故取得、刪除或變更他人電腦或其相關設備之電磁紀錄，致生損害於公眾或他人者，處五年以下有期徒刑、拘役或科或併科二十萬元以下罰金。

刑法第三六〇條

無故以電腦程式或其他電磁方式干擾他人電腦或其相關設備，致生損害於公眾或他人者，處三年以下有期徒刑、拘役或科或併科十萬元以下罰金。

刑法第三六一條

對於公務機關之電腦或其相關設備犯前三條之罪者，加重其刑至二分之一。

刑法第三六二條

製作專供犯本章之罪之電腦程式，而供自己或他人犯本章之罪，致生損害於公眾或他人者，處五年以下有期徒刑、拘役或科或併科二十萬元以下罰金。

【練習題】

一、甲之電腦硬碟曾因中毒而毀損，懷疑是同事乙所為，於上班時故意下載電腦病毒程式傳送給乙，乙在不知情下電腦中毒，硬碟毀損。請問甲成立何罪？

二、甲為報復乙，持棒球棒至乙辦公室猛擊乙之電腦，乙除電腦螢幕毀損外，硬碟亦無法再使用。請問甲成立何罪？

問題二九
毀損之概念

> 甲承租乙之房子，為擴大使用空間，僱人將前後陽臺之隔間打掉，作為客廳及廚房使用。請問甲之行為是否成立犯罪？

【問題點】

一、毀損罪之保護法益
二、毀損罪之類型
三、「毀損」之定義
四、毀損罪為具體危險犯或實害犯
五、損害債權罪

【解析】

一、毀損罪之保護法益

　　就現代社會生活現象而論，毀損罪及其他財產犯罪相同，均為侵害財產法益安全之犯罪，且此等侵害行為有可能導致被害人對於物之持有利益及所有權或其他本權因而喪失之結果。尤其是其他財產犯罪，如竊盜、強盜、詐欺等財產犯罪，因係使物之持有狀態移轉，財物本身仍然存在，且尚有物歸原主之可能；而毀損行為已使財物本身失去存在或喪失其效用或價值，甚至無法依該物原有之功能使用，就此立場言，毀損行為之可罰性自不低於其他財產犯罪。據此，可得知毀損罪之保護法益為個人之財產法益，具體言之，係指個人對財物完整持有與利用之利益。

二、毀損罪之類型

　　刑法第三十五章毀棄損壞罪共計有五種類型，本文僅就其中第三五二條至第三五四條、第三五六條規定作為研究之對象。特別是第三五二條至第三五四條，其立法設計雷同，僅僅是行為客體較為不同，茲以下表說明之。

	毀損文書罪	毀壞建築物等罪	毀損器物罪
行為客體	他人文書(包括準文書)	他人建築物、礦坑、船艦	前二罪行為客體以外之他人之物
主觀構成要件要素	只罰故意	同	同
犯罪構成要件行為	毀棄、損壞或致令不堪用	毀壞或致令不堪用	毀棄、損壞或致令不堪用
是否為具體危險犯	為具體危險犯,須足以生損害於公眾或他人	為實害犯	為具體危險犯,須足以生損害於公眾或他人
是否處罰未遂犯	不處罰未遂犯	處罰未遂犯	不處罰未遂犯
是否處罰加重結果犯	不處罰加重結果犯	處罰加重結果犯(第二項)——致死或致重傷	不處罰加重結果犯

茲將三種類型分述如後。

(一)毀損文書罪

1.本罪之行為客體為「他人文書」,即文書須具「他人性」。其他財產犯罪破壞的是被害人對財物之支配利益,而毀損罪侵害的是財物之物質及效用,鑑於民法第七六五條規定:「所有人於法令限制之範圍內,得自由使用、收益、處分其所有物,並排除他人之干涉。」故本罪之行為人須對行為客體無處分權限者,始該當之。

2.本罪所稱文書,包括私文書、公文書、特種文書(刑法第二一二條)及準文書在內(刑法第二二〇條——關於偽造文書印文罪章以外各罪,以文書論)。

3.本罪不處罰未遂犯,因此,行為人於著手實行毀損文書之行為,尚須文書發生滅失、物質破壞或其效用喪失之結果,且此結果與其行為間有因果關係者,始得成立本罪,否則,不為罪。實務見解認為刑法第三五二條毀損文書罪,係破壞他人所持文書本身或效用之犯罪,或係侵害他人對文書完整持有之價值,或係侵害他人對文書之利用價值。亦即毀損文書行為,係侵害對文書具有本權者,其對文書之持有與利用之利益。是行為人將被害人之契約撕毀,使其不能辨識內容,則對該契約而言,不僅文書之

物質性已喪失，其效用性亦不存在，縱契約不以書面為必要，仍無損行為人毀損文書罪之成立（臺灣新北地方法院 102 年易字第 1062 號刑事判決）。

實例如：

〈例 1〉

某甲繳納報名費投考某機關錄事，於入場領卷後潛行出外將試卷毀棄水中，此項試卷既經某甲領受，即非公務員職務上所掌管，該試卷本係專供某甲考試之用，其自行毀棄亦於公眾或他人無所損害，自不成立何種犯罪（院字 2852）。

〈例 2〉

支票上之背書，為法律所定對支票負擔保責任之文書。被告將別人簽發之支票背書後，持以向人調借現款，嗣因支票不獲兌現，經執票人追償，乃為免除背書責任，將其自己之背書塗去（尚有他人之背書），即屬使該背書之效用完全喪失，而該背書，既因被告人向人調借現款，連同支票，交付與人，已為他人之文書，則被告予以塗去，使之完全喪失效用，自應成立刑法第三五二條之毀損他人之文書罪。至於同支票背面另外之背書，係另外獨立之文書，既非與被告之背書合組為一個文書，則被告塗去自己之背書，亦與變更文書內容之情形不同，不能成立同法第二一〇條之罪（最高法院 66 年第 6 次刑庭庭推總會議決議㈡）。

〈例 3〉

〈法律問題〉某甲簽發遠期支票一紙與某乙後，以欲清償為由，向乙借閱支票，趁乙不注意時，在支票正面印鑑上劃×作廢後交還乙，經乙於法定期間內提示，不獲付款，依法向檢察官告訴，問甲應負何刑責？

〈討論意見〉

甲說：某甲騙得支票後劃×作廢，應負刑法第三三九條第二項、同法第三五四條之罪責，且二罪間有方法結果之牽連關係。

乙說：某甲將支票騙回，劃×作廢後交還某乙，其塗銷票面記載，依票據法第十七條規定不影響於票據上效力，依同法第十三條規定，推論某乙向某甲行使追索權時某甲亦不得以劃×之事由對抗某乙，某甲既無利可

圖難認有詐欺之犯行，又支票經劃×後，事實上即難流通使用，應構成刑法第三五四條之罪責。

丙說：某甲以不正當之方法使支票不獲支付，係違反票據法第一四一條第三項規定及犯刑法第三五四條之罪責，二罪間有競合關係，為想像競合犯，應從一重處斷。

丁說：票據係屬廣義文書之一種，某甲在支票印鑑上劃×，使支票不得流通使用，係違反票據法第一四一條第三項之規定及犯刑法第三五二條之罪，二罪間有競合關係，為想像競合犯，應從一重處斷。

〈法務部檢察司研究意見〉以丁說為當（法務部⑺法檢㈡字第 742 號）。

㈡毀壞建築物礦坑等罪

1.行為客體仍須具有「他人性」，共計有三種：

(1)他人建築物。所稱建築物，係指上有屋面，周有門壁，足以蔽風雨，而通出入，適於人之起居，且定著於土地之工作物❶。若僅係圍牆、或僅供休憩之涼亭，並無圍牆等類設備者，即與建築物之意義不合，不能論以本罪，僅能依毀損器物罪處罰（20 上 712、22 上 269、25 上 2009）。毀壞建築物罪，以行為人有毀壞他人建築物重要部分，使該建築物失其效用之故意，為成立要件，如因鬥毆氣憤而亂擲石塊，致將他人房屋之牆壁上泥土剝落一部分，既未喪失該建築物之效用，除具有刑法第三五四條毀損他人所有物之條件，得成立該罪外，要難以毀損建築物相繩（最高法院 50 年臺上字第 870 號刑事判例）。又倘若行為人毀損之對象不是建築物整體，而是其個別組成部分，例如門窗、牆壁等，則不得論以本罪，而是以毀損器物罪處罰。再者，應注意的是，對他人所有之建築物有抵押權或租賃權者，毀損該建築物，是否有本罪之適用？按抵押權人、承租人對設定抵押、租賃之建築物並無處分權，故該建築物仍具他人性，如擅自拆毀，自有本罪之適用。

(2)他人礦坑。所稱礦坑，係指為開採礦物而挖掘之坑道及其設備。同樣地，如行為人非以礦坑整體為毀壞對象，而是以其設備或部分物質為對

---

❶ 甘添貴，《體系刑法各論第二卷》，頁 505-506，臺北，自版（2000 年）。

象者，自不得論以本罪。

　(3)他人船艦。所稱船艦，係指裝有機械用以航行之船舶及軍艦，不包括人力划行、竹筏或使用小型馬達行駛者。至於該船艦係屬公有或私有，則非所問。同樣地，本罪之成立須以船艦整體為毀壞對象。

　2.本罪處罰加重結果犯，即行為人之毀壞等行為致被害人死亡或重傷，且該死亡、重傷之結果與行為人之毀壞等行為間具有因果關係。

　3.本罪處罰未遂犯，其既未遂之標準以行為人毀壞等行為是否已使他人建築物等客體發生滅失、主要結構破壞或喪失其效用等結果判斷之。

　實例如：

　〈例1〉

　牆壁既係共用，並非被告單獨所有，倘有無端毀損之行為，而影響他人房屋之安全，乃難謂非毀損他人建築物（56臺上622）。

　〈例2〉

　〈法律問題〉被告即違章建築物之原始起造人，亦為強制執行程序之債務人，今違章建築物經法院併付拍賣，並核發權利移轉證書予拍定人即告訴人，所有權人為何？若被告於拍定人收受權利移轉證書後，以該違建竊佔案外人土地為由，自行拆除，有無觸犯刑法毀損罪嫌？（臺灣士林地方法院檢察署92年12月份檢察官業務座談會法律問題提案）

　〈說明〉

　甲說：該違建之所有權人仍為被告，故被告以該違建竊佔他人土地為由自行拆除，並非毀壞「他人建築物」，與刑法第三五三條構成要件有別。

　理由：

　1.按「違章建築之讓與，雖因不能為移轉登記而不能為不動產所有權之讓與，但受讓人與讓與人間如無相反之約定，應認為讓與人已將該違章建築之事實上處分權讓與受讓人。又房屋之拆除為一種事實上之處分行為，須有事實上之處分權者，始有拆除之權限」、「強制執行法之拍賣固係執行法院行使國家強制執行權，將債務人財產實施換價之處分行為，而用以清償債權人之債權，然性質上仍屬私法買賣行為，執行法院僅為執行拍賣之

機關，買賣法律關係之出賣人仍是債務人，而拍定人則為承買人」，最高法院 86 年臺上字第 2272 號判決、臺灣高等法院臺中分院 88 年抗字第 1322 號裁定可參。又按臺灣高等法院暨所屬法院 84 年法律座談會民事執行類第 1 號法律問題有謂：「甲出售其所建築未辦理保存登記之建物給乙，並交付後，甲之債權人丙對之聲請強制執行，則執行法院所拍賣者是否為無事實上處分權之建物？」審查意見認為：「本件甲對建築物仍有所有權，執行法院所拍賣者為該建物之所有權，經拍賣取得者，當然取得法律上及事實上之處分權」。

2.綜上所述，違章建築物因不能辦理移轉登記而無法為不動產「所有權」之讓與，而強制執行法之拍賣性質上仍屬私法買賣行為，出賣人即債務人，而拍定人則為承買人，故法院拍賣違章建築物，自受上開所有權移轉限制之拘束，非可謂法院得透過拍賣程序中權利移轉證書之核發，而對本質上不得移轉所有權之違章建築物另創設一所有權移轉關係。本案系爭建物屬無法辦理保存登記之違章建築，被告既屬該違章建築之原始起造人，仍保有該物之所有權，不因執行法院核發權利移轉證書予他人而有例外，被告拆除自己所有之物自與刑法毀損罪之構成要件有別。告訴人即拍定人因該拆除行為，而損及其事實上處分權，實係民事問題，應另尋法律途徑解決。

乙說：該違建之所有權人為拍定人即告訴人，故被告未經同意自行拆除建築物，涉犯刑法第三五三條毀損罪嫌。

1.按拍賣之不動產，買受人自領得執行法院所發給權利移轉證書之日起，取得該不動產所有權，債權人承受債務人之不動產者亦同，強制執行法第九十八條第一項定有明文。復按因繼承、強制執行、公用徵收或法院之判決，於登記前已取得不動產物權者，非經登記，不得處分其物權，民法第七五九條定有明文，本件系爭房屋雖係未辦理保存登記之房屋，惟拍定人既經由法院拍賣程序而取得系爭房屋，依上開法條規定，自已取得系爭房屋之所有權。

2.司法院(83)廳民一字第 22562 號座談意見可參。

〈法務部研究意見〉採乙說，惟理由修正如下：按拍賣之不動產，買受人自領得執行法院所發給權利移轉證書之日起，取得該不動產所有權，債權人承受債務人之不動產者亦同，強制執行法第九十八條第一項定有明文。本件拍定人既經由法院拍賣程序而取得系爭房屋，依上開法條規定，自已取得系爭房屋之所有權（法檢字第 0930801414 號）。

〈例 3〉

〈法律問題〉A所有之房屋，經債權人聲請法院民事執行處拍賣，嗣由B得標後，經該法院發給權利移轉證明書，B尚未至地政機關完成移轉所有權登記，A竟於法院點交該房屋予B前，擅自將該房屋鋁製門窗全部拆除變賣，則A之行為該當於何罪名？（臺灣嘉義地方法院檢察署檢察官法律座談會議提案）

〈說明〉

甲說：成立刑法第三五六條之毀損債權罪。

理由：按不動產與動產之所有權移轉變動，前者係以所有權完成登記時；後者則以交付時生效力。本件B既未完成不動產之移轉登記，亦未經法院點交程序，B尚未取得該房屋所有權，A仍是該房屋形式上所有權人，其將房屋門窗拆除變賣之毀損行為，應構成於強制執行程序尚未終結，意圖損害債人之債權，該當於毀損債權罪。

乙說：成立竊盜罪。

理由：A之房屋既經法院拍賣拍定由B買受，並領得權利移轉證明書，B應視為該房屋所有權人，A意圖為自己不法之所有，而拆走門窗之行為，應該當刑法第三二○條之竊盜罪（參見本署 91 年偵字第 3612 號起訴書、雲林地檢 74 年 6 月份法律座談會）。

丙說：成立刑法第三五三條第一項或第三五四條之毀損罪。

理由：B既取得法院核發權利移轉證明書，B應該視為該房屋所有權人，A擅自拆除該房屋門窗之行為，已足以減損該房屋遮風雨功能或破壞門窗之效用，故應成立刑法毀損罪（參見雲林地檢 74 年 6 月法律座談會）。

丁說：成立刑法第三三五條第一項之侵占罪。

　　理由：A之房屋既經法院拍定，由得標人B取得權利移轉證書，B已取得房屋之所有權，但因該房屋尚未點交，仍在A實力所支配下占有中，乃房屋所有權與占有狀態不一致，A將房屋門窗拆除之行為應構成刑法第三三五條第一項之侵占罪。

　　戊說：無罪說。

　　理由：A所有之房屋，雖經法院拍賣拍定由B買受，惟強制執行之拍賣本質，乃屬民事買賣之一種，出賣人將門窗拆走，應屬給付不完全之民事法律關係。再者，A於法院點交前，上開房屋仍在其實力監督範圍內，縱使其將門窗拆走，尚與竊盜構成要件不符。且AB間亦無委任關係存在，亦與侵占之構成要件不合，是以A之行為不構成犯罪（參見嘉義地院90年易字第707號判決書）。

　　己說：違反查封效力，A應負刑法第一三九條之罪責。

　　〈法務部研究意見〉採丁說。按基於強制執行取得不動產物權者，屬於民法第七五九條規定之範圍，一經法院發給所有權利移轉證書，即發生取得不動產物權之效力，倘非更予處分，則不以登記為生效要件（最高法院56年臺上字第1898號判例參照）。是本件既經法院發給所有權權利移轉證書，B雖尚未完成移轉所有權登記，但已取得房屋之所有權。又依題意，本件房屋須經點交之程序，則在該屋未點交前，該屋仍為A之實力所支配，A擅自將該房屋鋁製門窗全部拆除變賣，應構成刑法第三三五條第一項之侵占罪（法檢字第30801415號）。

　　〈例4〉

　　〈法律問題〉甲、乙夫婦二人，分別向某市場各租得樓房一棟，且係毗連，為營業及居住方便計，將間隔之牆壁打一通門，是否構成刑法第三五三條第一項損壞他人建築物罪？（臺南地檢處55年7月份司法座談會）

　　〈討論意見〉

　　甲說：附著房屋之牆壁為房屋之重要部分，毀壞其一部亦屬失其一部效用，與刑法第三五三條第一項損壞他人建築物罪相合，應以該罪相繩。

　　乙說：承租人於租賃關係存續中，有使用收益，及為增加其效用而改

良租賃物權，茲將樓房間隔之牆壁打一通門，以利通行，非但不致減少其一部或全部效用，反而增加承租人之使用價值，亦即增加租賃物之效用，其所為之改良行為，顯與毀損罪之構成要件有間，應不為罪。

〈研究結果〉刑法第三五三條第一項之毀損罪，以有毀損之故意為前提。甲、乙夫婦將牆壁打一通門，既係便於營業及居住，並無毀損之故意，自不構成該罪。

〈例 5〉

〈法律問題〉甲乘乙、丙二人服役於外，盜取乙之建築材料，及竊佔丙之土地，建築住宅，甫經一月，乙丙還鄉得悉前情，同向甲要求返還建築材料及回復土地不理，遂雇工將其住宅拆下，收回所有材料及土地，乙丙是否負刑事罪責？（臺灣高等法院暨所屬法院 55 年法律座談會刑事類第29 號）

〈討論意見〉

甲說：上項情形，乙、丙不經請求司法機關依法解決，遽以自力強行拆除甲之住宅，均應負毀壞建築物之罪責。

乙說：甲建築物之構成，其來源係盜取他人建築材料及竊佔他人之土地，乙丙毀壞其住宅，一因被盜取回所有之物，一為排除侵害回復土地原狀，應均不負責。

〈研討結果〉採乙說。

〈例 6〉

沿街簷蓬，既僅敷擺設小攤之用，不能認為建築物。上訴人訴稱被告拆毀其所有之沿街簷蓬，如果屬實，該被告亦祇成立刑法第三五四條之罪（26 上 3016）。

三毀損器物罪

1.本罪之行為客體為前二條（毀損文書罪、毀壞建築物礦坑等罪）以外他人之物，其範圍非常廣泛，不問是否有經濟上之價值，亦不問其性質如何，只要得為財產權標的之一切物品均包括在內（包括違禁品）。此客體亦須具「他人性」，即行為人對該器物無事實處分權者。共有物在共有人間

相互地屬於他人之物，故毀損自己與他人共有之物者，亦屬他人之物。

2.本罪不處罰過失犯。故吾人一般日常生活中不慎摔壞、打壞、撞壞他人之物者，只能依民事責任請求損害賠償，尚不發生刑事責任之問題。

3.本罪不處罰未遂犯。因此，行為人於著手毀棄、損壞他人之物或致令不堪用之行為後，尚須客體發生滅失、物質破壞或其效用喪失之結果，且該結果與其行為間有因果關係者，始得成立本罪。

實例如：毀壞建築物罪，以行為人有毀壞他人建築物重要部分，使該建築物失其效用之故意，為成立要件，如因鬥毆氣憤而亂擲石塊，致將他人房屋之牆壁上泥土剝落一部分，既未喪失該建築物之效用，除具有刑法第三五四條毀損他人所有物之條件，得成立該罪外，要難以毀損建築物相繩（50 臺上 870）。

三、「毀損」之定義

毀損罪之犯罪構成要件行為為「毀棄」、「損壞」（毀壞）或「致令不堪用」三種。關於其定義，有(1)效用侵害說：以為毀棄、損壞不限於物理上之損壞，只要是危害物之效用之一切行為皆屬之（本說為日本通說）。(2)物質毀損說：本說為日本近來最有力學說。以為毀棄、損壞係指破壞、毀損物全部或一部分之物質，使物之全部或一部分無法依原來之用法使用。(3)有形侵害說：認為須以有形力加諸於物體上，致物體之價值、效用受到損害。申言之，只要致客體之價值、效用減少或毀滅者即成立毀損罪。本說被批評無限制地擴張毀損罪之構成要件，是為少數說。而德國學理上，則為(1)狀態改變說及(2)功能改變說二見解相對立。前者認為所有違反物之所有權人利益之狀態改變，均可視為毀損，狀態產生改變之判斷，在於是否須費事、費時或費錢（較大花費），始能回復原狀而定。至於時間之長短，原則上並非重要。此說之缺點在於對毀損之概念範圍涵蓋太過廣泛，且判斷狀態是否產生改變之標準過於游移不定，例如在他人牆壁上噴漆，如需費時、費力清洗，亦可視為毀損，與社會上一般人之觀念顯然出入甚大。後者則認為毀損應以作用於物之性質而定，雖不要求一定得使物產生物質上之減損或損害為必要，但如對物之功能的一部分產生不正常之變化，就

是毀損。故即使只是單純干擾物之作用方式，而導致使用功能喪失，亦成立毀損罪。例如將正常使用中之電源切斷也成立毀損。此種見解無異擴大毀損之範圍，且使得可罰性範圍擴張到難以控制。目前德國通說對於毀損之概念採取如下之解釋：物質上之損害，毀滅物之實體或對於物之重大破壞，使物之特定方式的可使用性滅失。前開標準係相互補充，即毀損係直接針對物之本身所產生物體不可回復之損害或損害其特定之可使用性所造成不利之改變❷。

由上述說明得知，毀損罪之犯罪構成要件行為應綜合前揭諸學說對其下定義。例如「致令不堪用」，係指以毀棄、損壞以外之方法，使物喪失其原有效用之一切行為。而毀壞建築物礦坑等罪所稱「毀壞」，則不以建築物、船艦等客體全部滅失為必要，僅須破壞建築物等之主要結構，即為已足。所謂主要結構，係指構成建築物、船艦等不可或缺之結構，例如基礎樑柱、大樑、承重樓地板之構造、船艦之龍骨等。我國實例歷年來亦認為所謂毀壞建築物，須毀壞建築物之重要部分，足致該建築物之全部或一部失其效用，始能成立。

實例如：被告所毀損之房屋，既經原審勘明其毀損部分僅屬伸出屋外之瓦簷，於該房屋並未失其效用，因認不成立刑法第三五三條第一項毀損建築物之罪，而依同法第三五四條毀損他人之物罪論科，並無不合（48 臺上 1072）。刑法第三五四條之毀損罪，以使所毀損之物，失其全部或一部之效用為構成要件。被告潛至他人豬舍，投以殺鼠毒藥，企圖毒殺之豬，既經獸醫救治，得免於死，則其效用尚無全部或一部喪失情事，而本條之罪，又無處罰未遂之規定，自應為無罪之諭知（47 臺非 34）。

四、毀損罪為具體危險犯或實害犯

刑法第三五二條毀損文書罪及第三五四條毀損器物罪條文中均有「足以生損害於公眾或他人」之明文，由此可見，行為人縱使有毀棄、損壞或致令不堪用之行為，如對公眾或他人尚未生損害，即不得以毀損罪相繩；須具備此要件，始得成罪，故學理上稱毀損文書罪及毀損器物罪之本質為

❷　張麗卿，〈毀損與背信的競合〉，《月旦法學雜誌》，63 期，頁 14，臺北（2000 年）。

具體危險犯。解釋上所謂足生損害，不以實際上已生損害為必要，即在客觀上有發生損害之危險者即足矣。惟前開解釋已明顯抵觸毀棄、損壞或致令不堪用之定義，蓋不論係採取何種學說認定本罪之犯罪構成要件行為，實際上應認已對行為客體發生損害，即已使行為客體喪失或減低其全部或一部之效用或價值，其本質應屬實害犯，而非危險犯，故「足以生損害於公眾或他人」之用語不但與毀損罪之立法本旨相違，在適用上有如畫蛇添足，毫無意義，修法時宜注意之。

五、損害債權罪

刑法第三十五章毀棄損壞罪其實不僅只有前開三種類型之犯罪，但其他罪名在立法設計上、保護法益上與前開所介紹之三種犯罪顯然差異甚大，不發生比較之問題。目前在實務運作上以損害債權罪最為常見，且在適用上較有爭議，爰將其提出來討論。

㈠保護法益

保障債權受清償之權利。

㈡行為主體

係指將受強制執行之債務人。換言之，乃債權人已依強制執行法第四條規定取得執行名義，得聲請法院執行處為強制執行之債務人。本罪為身分犯之一種。

㈢主觀構成要件要素

本罪為故意犯，即債務人須認識其損害債權時已處於將受強制執行之際，且損害債權人之債權。除此之外，本罪為目的犯，即債務人尚須有損害債權人之意圖。

㈣客觀構成要件行為

包括毀壞、處分或隱匿其財產之行為。所謂毀壞財產，係指毀棄、損壞財物之行為，與前揭毀損罪之犯罪構成要件行為概念相似，均須達使財物滅失或破壞其物質之程度。所謂處分，則僅指對財產為法律上之處分行為，而不包括事實上之處分行為（因毀壞之性質已屬事實上處分行為，毋庸贅言）。至於所謂隱匿，即指將財產隱蔽藏匿，使人不能或難以發現之行為。

㈤情狀要件

犯罪之時間須在行為人（債務人）將受強制執行之際。何謂將受強制執行之際，關此，實務見解相當多，通說是指債權人取得強制執行名義後，強制執行程序尚未終結前而言。

㈥實例如

〈例 1〉

刑法第三八四條（現行法：第三五六條）之罪，以債務人於將受強制執行之際，意圖損害債權人之債權，而毀壞、處分或隱匿其財產，為構成要件，若已執行完畢之後，發生糾葛，自與該條規定未符（33 上 3339）。

〈例 2〉

上訴人因債務案受強制執行中，與某乙通謀，將其所有某基地另立租契，交付合同，由某乙向執行處聲明異議，以便隱匿該地，避免強制執行，當某乙聲明異議之時，正值法院減價拍賣，尚在強制執行程序未終結之前，且經債權人依法告訴，自應成立債務人於將受強制執行之際，意圖損害債權人之債權而隱匿其財產之罪（24 上 5219）。

〈例 3〉

刑法第三五六條所謂將受強制執行之際，凡在強制執行終結前之查封拍賣均包括在內（最高法院 30 年刑庭庭長決議㈡）。

〈例 4〉

〈法律問題〉A 屋所有權人甲，得知其債權人乙即將對其聲請強制執行，竟意圖損害乙之債權，於乙向法院聲請強制執行前一日，將 A 屋出租予不知情之第三人丙，甲所為是否構成刑法第三五六條損害債權罪？（臺灣臺中地方法院 75 年春季法律座談會）

〈討論意見〉

甲說（肯定說）：出租行為亦屬「處分」之一種，且實務上向來均採此一見解。甲所為構成損害債權。

乙說（否定說）：民法第七六五條規定，所有人於法令限制之範圍內，得自由使用、收益、處分其所有物，並排除他人之干涉；該條所指「處分」

係指物權行為而言，至於出租行為僅具債權行為之特質，屬於使用收益權限之範圍。刑法並未就處分行為另設定義，自應參考上述民法概念，故出租行為並非刑法第三五六條所規範對象，甲並不構成該條刑責。

〈研討結果〉採甲說。

〈例 5〉

〈法律問題〉甲負債甚多，其財產僅有房屋一幢及基地，明知債權人已取得執行名義，將對其為強制執行，乃與乙共謀，先行寫立虛偽不實之租賃契約，偽作將房屋租與乙使用，並於法院執行處書記官實施查封時，提出該租約，由書記官記載於查封筆錄，嗣於拍賣公告中亦予記載乙之租賃情形，致多次拍賣均無人應買。甲、乙二人是否成立刑法第二一四條之偽造文書及第三五六條之損害債權罪？（臺灣臺中地方法院 75 年春季法律座談會）

〈討論意見〉

甲說：

⑴刑法第二一四條使公務員登載不實罪，必該管公務員就所登載之不實事項無調查之職權始能成立。而查封之標的物有無租賃情形，依強制執行法第十九條、第七十七條第一項、司法院頒辦理強制執行事件應行注意事項第四十項第㈠目規定，為執行法院應調查之事項，從而甲、乙所為應不構成該罪。

⑵刑法第三五六條之損害債權罪，以債務人有毀壞、處分或隱匿其財產者始能成立，本件情形，與該罪構成要件並不相當，甲、乙亦不為罪。

乙說：

⑴查封之標的物有無租賃情形，固為查封筆錄及拍賣公告應行記載之事項，惟租賃關係之有無屬實體事項，執行法院無權予以調查認定，且查封不動產依強制執行法第七十六條第一項規定，由執行推事命書記官督同執達員行之，書記官於查封不動產依強制執行法第七十六條第一項規定，由執行推事命書記官督同執達員行之，書記官於查封時作成查封筆錄，既未由執行推事命其調查租賃情形，即難謂書記官亦有調查之職權，從而甲、

乙以不實之租賃情形，使書記官登記於職務上所掌之查封筆錄，及嗣後之登載於拍賣公告，已足以生損害於公眾（執行程序之正確性）及他人（債權人），應成立刑法第二一四條使公務員登載不實罪之共同正犯。

⑵債務人於將受強制執行之際，意圖損害債權人之債權，而於其所有之不動產，設定租賃權與他人，係所有權之行使受限制，亦應解為係隱匿其財產，而成立刑法第三五六條之損害債權罪，縱其租賃契約為相通謀而為虛偽意思表示，惟依民法第八十七條第一項規定，亦非絕對無效，且該租賃契約實質上是否有效，屬民事實體認定問題，甲、乙二人於形式上既已有處分財產之行為，自應成立該罪之共同正犯。甲、乙共犯使公務員登載不實罪及損害債權罪，二罪間有方法結果之牽連關係，依刑法第五十五條應從一重處斷。

〈司法院第二廳研究意見〉採乙說（最高法院24年上字第5219號判例參照），但損害債權罪須經合法告訴，始具追訴條件，又乙雖非債務人，但與有特定身分之甲共同犯罪，依刑法第三十一條第一項規定，仍以共犯論，應予補充說明（75年12月9日⑺廳刑一第1013號函復臺灣高等法院）。

〈例6〉

〈法律問題〉甲持有由乙簽發之到期日八十二年七月一日，金額一百萬元之本票一紙，甲因本票到期未獲兌現，即向法院聲請本票裁定准予強制執行，並經法院於八十二年十月一日裁定准許強制執行後，甲於八十二年十一月一日復將上開本票債權讓與丙。嗣甲於八十三年四月一日仍持上開本票裁定向法院聲請對乙所有之Ａ屋強制執行，並經法院於八十三年四月十日對Ａ屋實施查封，惟乙於法院實施查封後及囑託地政機關辦理查封登記前已將Ａ屋贈與登記與丁，甲遂向法院自訴乙損害債權，試問⑴甲已將本票債權讓與丙，其提起本件自訴是否合法？⑵乙是否構成刑法第三五六條之損害債權罪？（臺灣高等法院暨所屬法院85年法律座談會刑事類提案第16號）

〈討論意見〉

(1)甲提起自訴是否合法？

甲說：按犯罪之被害人得提起自訴，刑事訴訟法第三一九條第一項定有明文。所謂犯罪之被害人，必須係因犯罪而直接被害之人為限，始得提起自訴，亦即必須從實體法上具體判斷自訴人是否為犯罪被害人，此有最高法院八十年第三次刑事庭會議決議可參。本件甲既已將上開本票債權讓與丙，就實體法而言，即無受損害之債權，自不得提起自訴。

乙說：刑法第三五六條之損害債權，應係保障執行名義債權人所為之規定，至於執行名義之債權人是否為真正債權人則不論。故本件甲提起自訴應屬合法。

(2)乙是否構成損害債權罪？

甲說：乙於法院查封後查封登記前將Ａ屋贈與登記與丁，上開贈與登記不得對抗查封效力，不影響強制執行，應不構成損害債權罪。

乙說：刑法第三五六條損害債權罪係指執行名義債務人於將受強制執行之際，意圖損害債權人之債權，而處分其財產，並不以有實質上發生損害債權結果為必要，故本件乙於將受強制執行之際，以贈與行為處分其財產，其贈與登記雖在查封之後而不得對抗查封效力，然仍應認已構成損害債權罪。

〈研討結果〉問題(1)採甲說；問題(2)採乙說。

〈例 7〉

〈法律問題〉債務人已受債權清償之催告，而於假扣押裁定後，處分其財產，是否應負刑法第三五六條毀損債權之罪責？

〈討論意見〉

甲說（肯定說）：目的犯之目的，屬於犯罪構成要件之主觀要素，行為人固無須有認識；即責任能力、刑罰、可罰性、客觀的處罰條件，亦非構成要件之事實，均無認識之必要。是以債務人既知負有債務，並已受清償之催告，仍予處分供債權人擔保之財產，自不阻卻犯罪之故意而應負刑責。

乙說（否定說）：債務人既未受假扣押裁定之送達，則其在不知情之情形下處分其財產，顯欠缺損害債權之故意，應不負刑責。

〈法務部檢察司研究意見〉依刑法第三五六條規定，債務人是否構成損害債權罪，胥視其有無損害債權人債權之意圖為斷。此所事實認定問題，應就個案具體事實認定（法務部⒁法檢㈡字第 2232 號）。

〈例 8〉

〈法律問題〉甲係Ａ公司之法定代理人，乙於七十五年四月中旬以Ａ公司訴訟代理人身份與Ｂ公司成立訴訟上和解，Ａ公司同意給付Ｂ公司新臺幣一百萬元貸款，嗣於將受強制執行之際，在同年七月間為避免執行，甲將Ａ公司之不動產虛偽設定五百萬元抵押權與乙，並已完成登記，使Ｂ公司執行無效。甲、乙除共犯刑法第二一四條之登載不實罪外，是否牽連犯有刑法第三五六條之損害債權罪？

〈討論意見〉

甲說：甲是Ａ公司之法定代理人，乙雖非Ｂ公司之債務人，然乙與甲共同虛偽設定抵押權，依刑法第三十一條第一項規定，乙仍與甲共同犯有刑法第三五六條之損害債權罪。

乙說：損害債權罪之主體限於債務人，本件債務人係Ａ公司，甲、乙均非債務人，均不得成立該罪。

丙說：甲係債務人Ａ公司之法定代理人，甲成立損害債權罪；乙非債務人，無由成立該罪。

〈司法院第二廳研究意見〉採乙說（司法院⒃廳刑一字第 784 號）。

〈例 9〉

〈法律問題〉甲自訴乙失火罪，並提附帶民訴請求損害賠償，刑事部份經地院判處乙有罪附帶民訴部份應賠償甲若干元，並准予假執行，嗣乙就刑事及附帶民訴均上訴高院，於上訴期間，乙為恐其財產受強制執行，乃將其所有之房屋過戶於不知情之某丙，某甲乃又自訴乙損害債權，該案審理中，高院就某乙上訴之失火罪改判無罪，附帶民訴部份駁回甲之請求，均告確定，此時法院對乙是否成立損害債權罪應如何判決？

〈討論意見〉

甲說：不成立損害債權罪。蓋刑法第三五六條損害債權罪，以有債權

之存在為前提，苟無債權之存在，自不生有無損害之問題，本件某甲之債權自始即不存在，某乙自無對之損害之可能。

乙說：應成立損害債權罪。按犯罪是否成立，應以行為時之行為是否符合構成要件為準，某乙於附帶民訴在地院受敗訴之判決並准予假執行，其所有之財產即顯有受強制執行之可能，則乙處分其財產自足生損害於債權人某甲，是乙於處分其財產時犯罪即已成立，且本罪不以發生損害之結果為必要，縱其後高院改判，亦無解於其刑責。

〈司法院第二廳研究意見〉按假執行裁判，為強制執行法第四條第一項第二款所定之執行名義，某乙移轉房屋之時間，既在某甲取得執行名義之後，即與刑法第三五六條所謂「債務人於將受強制執行之際」之規定相當，而乙移轉房屋之目的，又係為避免其財產受強制執行，則其有損害債權人債權之意圖甚明，自應成立損害債權罪。此項犯罪，於其處分財產時，即已成立，縱其後某甲提起之附帶民事訴訟受敗訴判決確定，亦無解於其刑責，採乙說，尚無不合（司法院(74)廳刑一字第 492 號）。

〈例 10〉

〈法律問題〉某甲之父於五年前死亡，某甲親自料理喪葬後，迄未辦繼承登記，五年後某甲經商失敗，債臺高築，債權人所提清償債務之訴，亦獲勝訴確定，某甲恐債權人強制執行其父之遺產，乃以書面拋棄繼承，偽稱於二十日前始知悉繼承之事實，地政機關據以將其父之遺產，登記為其弟所有，問甲之行為有無刑責？

〈討論意見〉

甲說：甲有偽造文書罪責。甲於五年前親自料理其父之喪葬事宜，當時即已知悉繼承之事實，其於五年後偽稱於二十日前知悉繼承之事實，顯非實在，地政機關據此不實之拋棄繼承，將遺產登記為甲之弟所有，自有刑法第二一四條、第二一六條之罪責。

乙說：甲有毀損債權之罪責。按地政機關對繼承登記所為之行為，僅將被繼承人在土地登記簿中塗銷。另登記繼承人而已，地政機關僅登記甲之弟為所有人，至於甲之拋棄繼承書及不實之知悉繼承開始時間，均不在

登記之列，因此甲之行為不合刑法第二一四條之要件。惟我國繼承不以登記為要件，而以被繼承人死亡之事實發生為繼承開始之原因，繼承開始後，遺產上之權利即為繼承人所承受，是甲於五年前即已取得其父遺產之所有權（應繼分），其於五年後又將已取得之所有權歸其弟所有，雖其方法不合法，仍不失為處分其財產之行為，又值債權人將強制執行之際所為，自有刑法第三五六條之罪責。

丙說：甲為偽造文書併毀損債權之刑責。甲有毀損債權之刑責已如前述，又刑法第二一四條以公務員不實登載係出於行為人之意思為已足，至公務員登載不實之內容，是否與行為人提供之不實內容相同，在所不問。本件甲所為不實之拋棄繼承書目的，在使地政機關將其父之遺產，全部登記為其弟所有，則地政機關所為將甲父遺產登記由其弟一人繼承之行為，自在甲製作不實拋棄繼承書意思之內。而此項登記與甲及其弟已共同繼承之事實即不相符，甲並足以損害之債權人，自應成立刑法第二一四條之偽造文書罪。是因甲偽造文書之行為而發生毀損債權之結果，應依刑法第五十五條後段從一重處斷。

丁說：甲無罪責。甲之行為不合偽造文書要件已如前述，而民法第一一四八條規定，繼承人所承受者非為財產上之權利，即義務亦同在承受之列。因此繼承權依法既得拋棄（應在繼承開始二十天內），則甲將之拋棄，不能以毀損債權論擬。

〈法務部檢察司研究意見〉採丙說。但內容補充修正為：甲父之遺產，既已登記為其弟所有，則某甲除提出內容不實之拋棄繼承外，並曾提供戶籍謄本等有關證件及以其弟名義製作之繼承登記申請書，持向地政機關辦理繼承登記。如甲之弟知情，而同意某甲以其名義辦理繼承登記，則兩人有犯意聯絡及行為分擔，應成立刑法第二一四條及第三五六條之共同正犯，依刑法第五十五條後段從一重處斷。如其弟並不知情，則某甲以其弟名義製作繼承登記申請書，持向地政機關辦理繼承登記，使該管公務員將此不實之事項，登載於其職務上所掌管之土地登記簿或建築改良物所有權登記簿，以達到毀損債權之目的，某甲應成立刑法第二一六條、第二一〇條、

第二一四條及第三五六條之罪，依刑法第五十五條後段從一重處斷（法務部(75)法檢(二)字第 1013 號）。

〈例 11〉

〈法律問題〉債務人某甲，意圖損害債權人某乙之債權，於民事訴訟中，某乙尚未取得執行名義之前，將其唯一之不動產出售或設定抵押與他人（契約成立在取得執行名義之前），但其申請地政機關登記或地政機關之完成登記，已在某乙取得執行名義之後（將受強制執行之際），如經某乙告訴，問某甲是否犯刑法第三五六條之毀損債權罪責？

〈討論意見〉

甲說：某甲應成立毀損債權罪。按不動產物權，依法律行為而取得設定，喪失及變更者，非經登記不生效力（民法第七五八條），故處分不動產，以登記為生效要件，某甲之處分不動產，自契約成立後，須經授受價金，申請登記至登記完成等履行契約行為，均為處分不動產過程中之一部分行為，故自契約成立至完成登記生效為止，整個過程就是包含於一個處分行為，既在取得執行名義後，將受強制執行之際，自應成立毀損債權罪。

乙說：某甲不成立毀損債權罪。蓋某甲處分不動產，於契約成立之時，其處分行為即已完成，其後之授受價金或完成登記等行為，僅係處分完成後之履行契約行為，不能認為處分行為之一部分，故其處分行為係在某乙取得執行名義之前，非於將受強制執行之際，核與該罪之構成要件不符，尚難令某甲負該項罪責。

〈法務部檢察司研究意見〉刑法第三五六條之所謂「處分」，與民法上之處分同其意義，凡在事實上就物體為變更消滅之行為，及在法律上就權利為移轉、拋棄或限制之行為，均屬之。而不動產物權，依法律行為而取得設定、喪失及變更者，非經登記不生效力（民法第七五八條參照）。法律上處分不動產既以登記為生效要件，則自訂立不動產買賣（或設定抵押權）契約，至出賣人（或抵押人）備齊書類證件申請地政機關為移轉所有權（或設定抵押權）登記過程中、履行契約之行為，宜認為均為處分不動產之行為。至於出賣人（或抵押人）協同買受人（或抵押權人）向地政機關申請

登記後，地政機關承辦人員簽辦完成登記之行為，係出賣人（或抵押人）處分行為所生之效果，並非處分行為本身，出賣人（或抵押人）之處分行為，於備齊書類證件向地政機關申請登記時即已完成。基此，本提案某甲是否犯刑法第三五六條之罪，應分別情形以觀，不能一概而論：

1. 若某乙取得執行名義後，某甲始備齊書類證件向地政機關申請辦理移轉（或設定）登記，嗣後並已完成登記，縱其成立不動產買賣（或抵押權設定）契約時，某乙尚未取得執行名義，某甲仍應負刑法第三五六條之罪責。

2. 倘某甲向地政機關申請辦理移轉（或設定）登記後，某乙始取得執行名義，縱然完成移轉（或設定）登記在某乙取得執行名義之後，因某甲之處分行為早已完成，自不成立刑法第三五六條之罪。

3. 如某甲在某乙取得執行名義後，始備齊書類證件向地政機關申請移轉（或設定）登記，但在完成登記以前遭法院查封，致無法完成登記，則屬毀損債權未遂，因刑法第三五六條並無處罰未遂犯之規定，應不為罪（法務部(73)法檢(二)字第 1076 號）。

〈例 12〉

〈法律問題〉積欠稅捐未繳，經稅捐稽徵機關移送法院強制執行之際，納稅義務人如有故意毀壞、處分或隱匿其財產者，是否應成立刑法第三五六條之毀損債權罪？

〈討論意見〉

甲說（肯定說）：認積欠稅款即屬積欠債務，國庫或稽徵機關即為債權人之代表機關，如納稅義務人或故意毀壞、處分或隱匿其財產，以脫免執行之行為，自應成立該毀損債權罪。

乙說（否定說）：認刑法第三五六條係指損害債權人之債權，所謂債權者，應係指當事人間依法行為所發生之權利義務關係，為一種私法行為或自然狀態所產生之民事關係，而稅捐係人民對政府，依公權力關係所產生之公法上義務，屬行政作為之範疇，故其存在，應非該罪所指之債權，國庫或稽徵機關亦非一般所指之債權人，故納稅義務人縱有故意毀損、處分、

隱匿財產，亦不成立該毀損債權罪。至於其行為如另觸犯他罪，自應另予論列。

〈法務部檢察司研究意見〉按刑法第三五六條僅規定「債務人於將受強制執行之際，意圖損害債權，而毀壞、處分或隱匿其財產者」，構成損害債權罪。債權之發生，究係基於公法上之義務抑或基於私法行為，並非所問。題示情形，以甲說為當（法務部(72)法檢(二)字第 349 號）。

〈例 13〉

〈法律問題〉債權人取得執行名義後，聲請法院查封債務人某股份有限公司之動產汽車乙輛，法院查封後，將汽車交該公司保管，經該公司董事長甲交由職員乙保管，在拍賣前該公司經理丙將該汽車售與不知情之第三人丁，問該公司甲、乙、丙之刑責如何？

〈討論意見〉

甲說：認為刑法第三五六條之規定於債務人為法人時，無適用餘地。蓋刑法乃以處罰行為人為原則，故僅以自然人為規範對象，第三五六條之債務人，亦應指自然人之債務人；公司為法人，無為犯罪行為之能力，自不構成該條犯罪。又該第三五六條規定係以債務人為犯罪主體，本題甲、乙、丙雖為公司之代表人或受僱人，然均非債務人，故不可能構成刑法第三五六條之犯罪。但公司經理丙，將已被查封之汽車出賣與他人，自屬違背查封效力之行為，應構成刑法第一三九條後段之犯罪；甲、乙二人除有犯意連絡行為分擔或為幫助行為，可構成共犯或幫助犯外，應不成立犯罪。

乙說：認為刑法第三五六條僅泛言債務人，自應包括自然人及法人，故於公司為債務人時，亦有其適用。至於應由何人負該條刑責，又可兩說：一說：認為應由公司代表人即董事長甲負責，蓋依公司法第二〇八條規定，公司對外由董事長代表之，故其一切事務均應由董事長為之、或經董事長同意後為之，否則不生效力，自無損害之可言，故本題汽車出賣，必經董事長甲同意，則甲應構成刑法第三五六條之罪，又其行為違背查封之效力，應另成立刑法第一三九條之罪，兩者為想像競合，應從一重論以刑法第三五六條之損害債權罪。乙、丙除對損害債權有犯意連絡或行為分擔或為幫

助行為，可成立共犯幫助犯外，僅可能成立刑法第一三九條之犯罪。二說：認為應由行為人負刑法第三五六條之刑責，蓋刑法乃以處罰行為人為原則，有行為始有處罰，不能以身分論其責任。本題汽車乃是公司經理丙所出售，故丙應成立刑法第三五六條之犯罪，另構成刑法第一三九條之罪，兩者依想像競合從一重論以第三五六條之損害債權罪。甲、乙二人除有犯意連絡、行為分擔或為幫助行為，應成立共犯幫助犯外，不成立犯罪。

〈司法院第二廳研究意見〉本件僅係違背查封效力，無刑法第三五六條之適用。丙如知已查封而予出售，自應成立刑法第一三九條之罪，如甲、乙有犯意之連絡自應係共犯，如丙不知已查封，甲、乙不知丙出售，則均難令負刑責（司法院(69)廳刑一字第 059 號）。

〈例 14〉

〈法律問題〉甲為公司負責人，因經營不善負債累累，該公司之債權人已取得強制執行名義，甲乃於該公司之財產將受強制執行之際，意圖損害債權人之債權，而將公司財產出售，此情形甲有無刑責？（臺灣高等法院暨所屬法院 68 年法律座談會刑事類第 25 號）

〈討論意見〉

甲說：無刑責。按刑法第三五六條之損害債權罪，係處罰債務人，本件債務人係公司，甲為另一獨立之法律上人格者，不能因其係公司負責人而令負刑責。

乙說：有刑責。甲為公司負責人，公司之意思活動，皆由其負責人為之，故應令負刑法第三五六條之損害債權罪，否則公司負責人將可為所欲為，損害公司債權人之權益甚鉅，似此即失其平。

〈司法行政部研究意見〉司法行政部刑事司 69.6.20 臺 69 刑(二)函第 1221 號函復：按刑法第三五六條之毀損債權罪，其犯罪主體應以債務人為限，而債務人為法人時，又別無處罰其代表人之規定，是公司負責人，雖於該公司財產將受強制執行之際，意圖損害債權人之債權，而出售該公司之財產，亦不得以本罪相繩（參照最高法院 61 年臺非字第 213 號判決），在工廠違反工廠法者，僅能處罰工廠，而不能處罰其負責人，因此刑法第

三五六條未經修正之前，應以甲說為當。

〈例 15〉

〈法律問題〉債權人取得命債務人為一定意思表示（如命債務人為特定不動產所有權移轉登記）之假執行宣示終局判決之執行名義後，債務人處分該財產時，是否構成刑法第三五六條之損害債權罪？（臺灣高等法院暨所屬法院 67 年法律座談會刑事類第 29 號）

〈討論意見〉

甲說：命債務人為一定意思表示之判決，因無將來不能受執行之虞，不得為假執行之宣告，縱因民事裁判法院疏忽誤為假執行宣示之判決，債權人取得之執行名義仍欠缺實質要件，不得強制執行，此與刑法第三五六條所云將受強制執行之際，係指受有確定之終局判決或受有假執行宣示之終局判決等，而該判決等之內容依法得強制執行者不同，是以債務人不得以該罪論擬。

乙說：按執行名義欠缺實質要件，僅生得否強制執行之問題而已，苟債權人已取得宣示假執行之終局判決之執行名義，且該執行名義已具備形式之合法要件，債務人即不得處分其財產以損害債權，否則應論以刑法第三五六條之罪。

〈研討結果〉採乙說。

〈例 16〉

〈法律問題〉刑法第三五六條之毀損債權罪，所謂將受強制執行之際，若被告某甲所欠告訴人某乙之債務，已受有假執行之宣告之判決，但未經法院送達判決正本前，某甲即將其全部財產轉讓與某丙，則某甲之行為，應否成立毀損債權罪？（臺灣高等法院暨所屬法院 61 年法律座談會刑事類第 51 號）

〈討論意見〉

甲說：認某乙應於收受法院判決正本後，始有可能對某甲聲請假執行可言。故雖經法院宣告假執行之判決，而判決正本尚未送達於某乙之前，某乙尚未取得執行名義，某甲之脫產行為，仍難謂係將受強制執行之際，

自無構成毀損債權之刑責。

乙說：認凡有假執行宣告之判決，一經法院將該判決宣示，即發生執行之效力，此時（某乙已取得執行名義）債權人自得從宣示之日起隨時可向法院聲請假執行，無庸俟收受判決正本後方能聲請。是以本案某甲獲悉法院宣示有假執行宣告判決之翌日而判決正本未送達債權人之前，將其所有財產移轉與某丙，致某乙遭受損害，應成立毀損債權罪。

〈研討結果〉採乙說。

〈例 17〉

〈法律問題〉被告甲於民國一百零一年間，因違反土石採取法案件，經屏東縣政府以行政處分書處以罰鍰新臺幣一百萬元，並於處分書載明：於收到處分書起三十日內繳清，逾期未繳者，移送法務部行政執行署屏東行政執行分署強制執行等語。嗣被告甲拒不繳納，且明知屏東縣政府將移送屏東行政執行分署強制執行，竟意圖損害屏東縣政府之公法上金錢給付債權，將名下之土地出賣，並移轉登記，而處分其財產。則被告甲是否成立刑法第三五六條之損害債權罪？

〈研討結果〉採甲說。不成立刑法第三五六條之損害債權罪。（臺灣高等法院暨所屬法院 102 年法律座談會刑事類提案第 15 號）

1.私人間所為之各種意思表示或法律行為，如他造不願履行其義務，除符合民法第一五一條規定之自助行為外，必須經由國家機關之公權力方可實現。換言之，私人對於債務人之財產，原則上須取得法院之確定判決，並請求法院依照民事強制執行之程序為之。惟因法院人力有限，為免因執行效率之不足，造成債務人惡意脫產，故為保障債權人之利益，乃設有刑法第三五六條之處罰。又因損害債權罪係規定在個人法益罪章，就體系解釋而言，應係保護個人法益，著眼於保護債權人之利益，即該條所謂之債權，應指私法上之債權，而依民法債編通則，債之發生有契約、代理權授與、無因管理、不當得利及侵權行為等情形，自不包含公法上之金錢給付債權。

2.行政執行與強制執行之不同，在於行政執行係行政機關自行以本身

之公權力（多為行政處分，偶有行政契約），採取強制措施以貫徹行政目的。而強制執行則係由債權人先行取得執行名義後，向法院聲請執行，由法院代表國家以第三者的地位，行使強制執行權。是行政機關無需藉助於民事法院之執行程序，即得實現行政行為之內容，此與前開私人間須強制執行程序之規定，始能實踐債權，顯有不同。

3.雖司法院釋字第十六號解釋：「行政官署依法科處之罰鍰，除依法移送法院辦理外，不得逕就抗不繳納者之財產而為強制執行」；釋字第三十五號解釋：「對人民財產為強制執行，非有強制執行法第四條所列之執行名義，不得為之。行政機關依法科處罰鍰之公文書，如法律定有送由法院強制執行或得移送法院辦理者，自得認為同法第四條第六款所規定之執行名義，否則不能逕據以為強制執行」。然前開二解釋分別於四十二年五月十五日、四十三年六月四日做成後，法律規定已有更迭。八十七年十一月十一日修正公布，並經行政院於八十九年十月十七日以 (89) 臺法字第 30098 號令發布自九十年一月一日起施行之行政執行法第四條、第四十二條第一項則規定：「行政執行，由原處分機關或該管行政機關為之。但公法上金錢給付義務逾期不履行者，移送法務部行政執行署所屬行政執行處執行之。法務部行政執行署及其所屬行政執行處之組織，另以法律定之。」、「法律有公法上金錢給付義務移送法院強制執行之規定者，自本法修正條文施行之日起，不適用之。」是有關公法上金錢給付義務（如罰鍰）原移送法院強制執行，已收回由行政部門之法務部行政執行署及其所屬行政執行分署執行，此後即與強制執行之執行機關為法院，有所不同。

4.是刑法第三五六條損害債權罪所保護者，應排除行政機關依其公權力做成下命處分後，對於不履行義務之相對人，以強制手段使其履行義務；或產生與履行義務相同事實狀態之情形。該條所稱之「強制執行」，係指強制執行法之強制執行，並不包含行政執行法之行政執行。雖公法上金錢給付義務之執行，依行政執行法第二十六條規定，準用強制執行程序，惟此僅為立法技術之一種，尚難認為公法上金錢給付義務係屬強制執行之執行名義。學者許玉秀亦認為：本罪規定所保護之債權，僅限於私法上之債權。

因私人的財產權利，需要國家公權力介入，方能獲得保障，至於公法上的債權債務關係中，國家及其機關本身是債權人，如屬逃避稅捐，本有稅捐稽徵法的逃漏稅罪，足資適用；如屬罰鍰，則因債權人本身擁有公權力，足以逼迫債務人履行公法債務，無需另行採取制裁規定，以保障國家債權之實現。

　　5.另就損害債權罪之外國立法例，日本、德國亦分別制訂逃避強制執行罪(日本刑法第九十六條之二)、阻擾強制執行罪(德國刑法第二八八條)。其中日本刑法之逃避強制執行罪，係規定在妨害公務罪章，故認為該罪保護之法益，包含保護債權人之利益、保護國家強制執行之作用。如從強調對國家法益犯罪，認為包含罰金、罰款、沒收之強制執行；如以保護債權人之利益為第一要點，則應排除。而日本最高法院判例係認為該罪「最終以著眼於保護債權人債權」，故不包含罰金、罰款、沒收之強制執行。其中德國刑法之阻擾強制執行罪，係規定在「應處罰之利己行為罪」章，體系上仍屬侵害個人法益之犯罪。依該國司法實務及學者通說，均認本罪所保護者，係債權人藉由債務人財產之擔保，而得以滿足清償之實體權利。而罰金、罰鍰、沒收之權利，則非本條所稱之請求權，因此等財產上之制裁本身即屬國家強制力，而非對於實體上權利之實現提供保障。

【結論】

　　甲不成立刑法第三五三條第一項毀壞建築物罪。

一、按刑法第三五三條第一項之行為客體須具「他人性」，承租人對承租之房屋只有使用收益權，並無處分權，故租賃之房屋仍具「他人性」。

二、刑法第三五三條第一項所謂「建築物」係指上有屋面，周有門壁，足以蔽風雨，而通出入，適於人之起居，且定著於土地之工作物。如非屬建築物之主要結構（重要部分），予以拆除，尚不致減少其一部或全部效用者，如本題甲打掉前後陽臺之隔間，尚不成立毀壞建築物罪。

三、刑法第三五三條第一項之犯罪構成要件行為為「毀壞」或「致令不堪用」，有其一即成立犯罪。依學說見解，應係指使建築物喪失其原有全

部或一部分之效用之行為。而題示中承租人甲為增加租賃物之使用價值，而打掉前後陽臺隔間，因尚未毀壞建築物，亦未使租賃物之效用全部或一部喪失，故不成立本罪。

【參考法條】

刑法第三五二條

毀棄、損壞他人文書或致令不堪用，足以生損害於公眾或他人者，處三年以下有期徒刑、拘役或一萬元以下罰金。

刑法第三五三條

毀壞他人建築物、礦坑、船艦或致令不堪用者，處六月以上五年以下有期徒刑。因而致人於死者，處無期徒刑或七年以上有期徒刑；致重傷者，處三年以上十年以下有期徒刑。

第一項之未遂犯罰之。

刑法第三五四條

毀棄、損壞前二條以外之他人之物或致令不堪用，足以生損害於公眾或他人者，處二年以下有期徒刑、拘役或五百元以下罰金。

刑法第三五六條

債務人於將受強制執行之際，意圖損害債權人之債權，而毀壞、處分或隱匿其財產者，處二年以下有期徒刑、拘役或五百元以下罰金。

【練習題】

一、甲氣憤鄰居乙之屋簷常因下雨積水而漏於其屋內，某日遂持大鐵鎚將該屋簷打壞。請問甲之行為是否成立犯罪？

二、債務人丙為避免自己不動產受到查封，於債權人丁尚未取得強制執行名義前，將該不動產售予戊，但在丁取得強制執行名義後，移轉登記始辦妥。請問丙之行為是否成立犯罪？

問題三十
妨害電腦使用罪

> 　　甲偶爾發現某政府機關網站系統上之漏洞，只要在出生年月日欄輸入＊＊＊記號，即可一覽登記者之身分證字號、地址、連絡電話等，甲基於概括之犯意逐一下載數千筆資料。請問甲是否成立犯罪？

【問題點】

一、電腦犯罪之概念
二、八十六年電腦犯罪條文基本上仍架構於傳統刑法基礎上
三、九十二年刑法增訂妨害電腦使用罪章之介紹

【解析】

一、電腦犯罪之概念

　　有關電腦犯罪很難予以一明確之定義，而不與其他犯罪相重疊者。查現行媒體、學界、司法實務界、甚至是一般社會份子，均將與電腦有關之犯罪類型歸類為電腦犯罪❶，亦有使用「網際網路犯罪」、「網路犯罪」之用語，似在與電腦犯罪作廣狹之區分，但實際上對於犯罪之認定及偵防並無一定之幫助。尤其在我國並無電腦犯罪專法，與傳統犯罪難免會混淆不清。故在九十二年刑法增訂妨害電腦使用罪章前，將無權取得、利用、故意毀損他人電腦資料、程式、系統、或其他電腦設備等等之行為，定位為一般破壞財產法益之犯罪，而以竊盜罪、毀損罪相繩，不但不能解決各界對電腦犯罪之疑義，反而有疊床架屋自縛手腳之虞。觀外國立法例，面臨電腦犯罪之威脅大都採特別立法之方式，例如德國一九七七年之聯邦資料保護法 (Bundesdatenschutzgesetz 1977)、一九八六年之第二次抗治經濟犯罪

---

❶　乃泛指所有與電腦科技或電腦系統有關之犯罪，或泛指所有與電子資料之處理有關之犯罪。申言之，即凡以電腦為犯罪工具，或以電腦為犯罪目的之所有犯罪行為，均屬電腦犯罪。請參考林山田，《刑事法論叢㊀》，頁137，臺北，自版（1997年再版）。

法案 (Zweites Gesetz zur Bekämpfung der Wirtschaftskriminalität), 均將關於電腦使用及侵害之行為納入刑法之規範。又如美國一九七四年之隱私權法 (The Privacy Act of 1974)、美國聯邦法典第十八章第一〇三〇條 (18U.S.C.7 §1030), 及英國之「濫用電腦法案 (Computer Misuse Act)」等等。相較於我國則將電腦犯罪置於刑法中❷, 雖然可免除規定於附屬刑法中「名不正言不順」之譏, 但起步過晚, 政策性條文之色彩過濃, 且有關電腦犯罪之條文散落各處, 仍有統合上之問題❸。

二、八十六年電腦犯罪條文基本上仍架構於傳統刑法基礎上

傳統刑法在訂定財產犯罪, 如竊盜、搶奪、強盜、侵占等犯罪行為時, 係以保護有體物為思考模式; 在論其法定刑時, 則以不法腕力之有無, 及其他是否可能附帶造成人身危險之因素, 例如夜間、攜帶兇器、結夥人數等, 來予以區分。而電腦犯罪具有無體性、無形力、無遠弗屆之特性, 二者本質差異甚大。然而, 八十六年刑法修正時, 為定位先進之電腦犯罪, 因未特別立法, 反而是以寥寥數條條文分別置於刑法各章中, 致難免受縛於傳統刑法之架構及既有論調。

㈠創設電磁紀錄之概念

首先, 於刑法第二二〇條第三項中增設電磁紀錄之概念:「稱電磁紀錄, 指以電子、磁性或其他無法以人之知覺直接認識之方式所製成之紀錄, 而供電腦處理之用者。」

---

❷ 其實早在一九九五年八月十一日我國已訂定電腦處理個人資料保護法, 其中亦有刑罰之規定 (該法第三十三條至第三十七條參照)。惟其著重在財產性利益之侵害, 而觀本次刑法增訂之「妨害電腦使用罪章」, 則不以侵害財產利益為要件。

❸ 刑法增訂三十六章「妨害電腦使用罪」, 主要規範之範圍及對象並非全面性之電腦犯罪類型, 而僅是以電腦或其他設備之電磁紀錄作為侵害客體之犯罪類型; 至於以電腦或其他設備作為犯罪工具或手段者在一九九七年、一九九九年刑法修正時, 已納入部分規範, 例如第三一五條第二項、第三一五條之一至三、第三一八條之一、之二、第三一九條等, 又如以電腦或其他設備作為行為客體者, 例如第三三九條之一至三。

㈡將電磁紀錄納入準文書之範圍

　　按電磁紀錄之性質並不一定具備持久性、表示一定用意之證明、或顯現於有體物之上，與一般傳統文書或準文書之概念大異其趣，但八十六年刑法修正時將準文書之範圍擴張至電磁紀錄：「錄音、錄影或電磁紀錄，藉機器或電腦之處理所顯示之聲音、影像或符號，足以為表示其用意之證明者，亦同（刑法第二二〇條第二項）。」並配合此修正，認為「干擾他人電磁紀錄之處理，足以生損害於公眾或他人者」成立毀損準文書罪（原刑法第三五二條第二項，本次修法時已將本條項刪除），顯將電磁紀錄之干擾與文書之毀損行為等同視之。因電磁紀錄之屬性與文書之屬性的概念，具有相當程度之差異，遽然準用，學者以為不但會發生概念上相容性之問題，同時也使得法定原則之明確性要求受到不當之擴張❹。因此，九十二年修法時即將對於電磁紀錄之損壞行為獨立專罪處理，重新界定行為客體為電磁紀錄之犯罪，以杜爭議；又前揭規定所稱「干擾他人電磁紀錄之處理」在釋義上無法包括現行犯罪類型，故亦調整其構成要件之設計。

㈢將電磁紀錄擬制為動產

　　原刑法第三二三條於八十六年時將電磁紀錄以動產論（本次修法時已刪除），使電磁紀錄得以藉傳統刑法之竊盜罪、侵占罪（刑法第三三八條準用）、詐欺罪（刑法第三四三條準用）、搶奪及強盜罪（刑法第三三四條之一準用）獲得保護。因傳統財產犯罪其行為客體受到侵害係指原財產支配之剝奪，不可能再生，惟電磁紀錄具有可複製性，而且是共存之複製，非耗損性財物可予比擬，電磁紀錄既然與一般財產犯罪之行為客體性質互異，卻受到相同之保護，且規範相同之犯罪行為，自然會產生齟齬。鑑於電磁紀錄之支配權及電腦系統效能已成為值得獨立保護之法益，爰增設專章規範之。申言之，本次修法後，受攻擊之客體如屬有體物，例如磁片、電腦、硬碟等，則視其行為態樣以傳統刑法評價；如受攻擊之對象為無體物——電磁紀錄，則適用妨害電腦使用罪章處理。

---

❹　柯耀程，〈刑法新增「電腦網路犯罪規範」立法評論〉，《月旦法學教室》，11 期，頁 119，臺北（2003 年）。

三、九十二年刑法增訂妨害電腦使用罪章之介紹

　　只要現代社會將電腦視為日常生活不可或缺之一環，電腦日益普及之結果，不論是以電腦作為犯罪工具，抑是以電腦之資料作為侵害客體，其犯罪態樣及數目將有增無減。故九十二年刑法新增本章之立法理由說明略謂：「本章所規範之妨害電腦使用罪乃指狹義之電腦犯罪。又按電腦使用安全，已成為目前刑法上應予保障之重要法益，社會上發生妨害他人電腦使用案件日益頻繁，造成個人生活上之損失益趨擴大，實有妥善立法之必要，因此種電腦犯罪所規範之行為及保護之對象，與現行刑法分則各罪章均有不同，應有獨立設章之必要，爰新增本章。」以下茲針對九十二年增訂之「妨害電腦使用罪章」各罪名，分別整理其保護法益、行為客體、主觀構成要件要素、客觀構成要件行為、情狀要件等，以表列示。

㈠無故入侵他人電腦罪

　　刑法第三五八條規定：「無故輸入他人帳號密碼、破解使用電腦之保護措施或利用電腦系統之漏洞，而入侵他人之電腦或其相關設備者，處三年以下有期徒刑、拘役或科或併科十萬元以下罰金。」❺

保護法益	即電腦之使用安全。例如使用人能合理期待其電腦具有高度之安全性，而該安全性卻因為他人之無故入侵行為而遭受破壞。
行為客體	他人之電腦或其相關設備。
主觀構成要件要素	只處罰故意，不罰過失。
客觀構成要件行為	以下列三種行為之一，入侵他人電腦或相關設備： 1. 無故輸入他人帳號密碼。 2. 破解使用電腦之保護措施。 3. 利用電腦系統之漏洞。

　　1.所謂「使用人能合理期待其電腦具有高度安全性」之情形有下列二種❻：

---

❺　立法理由略謂：「鑑於對無故入侵他人電腦之行為採刑事處罰已是世界立法之趨勢，且電腦系統遭惡意入侵後，系統管理者須耗費大量之時間人力檢查，始能確保電腦系統之安全性，此種行為之危害性應已達科以刑事責任之程度。」

⑴設有保護措施

使用人已為其電腦設有密碼，例如一般個人電腦系統之 BIOS 密碼、作業系統密碼或螢幕保護程式密碼等；或已安裝其他類似之保護措施，例如在高階筆記型電腦或 PDA 可見到之指紋或聲紋開機辨識系統等。上開密碼及保護措施原足以阻絕他人無故使用電腦，以確保電腦之安全性，但卻因為行為人以取得❼之密碼或破解保護措施之方法入侵，此行為縱使未生實質損害（例如行為人只把玩電腦一會兒即自行離去），因該電腦之安全性已受到破壞及挑戰，行為人自該當本罪。

⑵系統漏洞

使用人原能合理期待電腦係處於安全狀態（最常見之情形為以電腦上網），但卻因為他人無故利用系統之漏洞而遭到入侵，此種情形雖然使用人未設有保護措施，但因為在正常使用情形下他人應該無法進入並使用電腦，使用人因此得以合理期待其電腦之安全性，如因行為人利用系統漏洞而為入侵之行為，自該當本罪。

由以上說明得知，如電腦未設有密碼，或電腦雖設有密碼，但使用人輸入密碼開機後因故離開時，卻未再設任何密碼保護，因而遭到他人輕而易舉地不必使用任何密碼或破解手法即得以使用該電腦，因不符前揭「使用人能合理期待其電腦具有高度安全性」之情形，欠缺保護之必要，類此情形自不成立本罪。

2.本罪為舉動犯，侵入後是否發生毀損或是變更他人電磁紀錄之結果，並非所問。故本罪不發生處罰未遂犯之問題。

3.依條文所示，行為人所使用之方法僅限於⑴無故輸入他人帳號密碼、⑵破解使用電腦之保護措施、⑶利用電腦系統之漏洞此三種法定方式，換言之，如非使用前開三種方式其中之一，則尚無法成立本罪。學者以為此

---

❻　葉奇鑫，〈刑法新修正妨害電腦使用罪章條文簡介〉，《法務通訊》，2140 期，第 4 版，臺北（2003 年）。

❼　原著者使用「盜取」之文字，因本文以為無故取得他人密碼不僅僅指盜取之行為而已，尚包括侵占、詐欺等等，是以，修改為「取得」之用語。

種立法設計對所謂電腦高手而言，因尚有其他不同之侵入方式，反成法律漏洞，不足以涵蓋所有電腦侵入之行為類型，而認為不須限定入侵電腦之方式❽。本文以為可仿其他立法方式❾，即在此三種方法後加上概括性入侵行為，例如「其他妨害電腦使用安全之不法方法」，亦足以補足此漏洞。

4.罪數問題

如以入侵他人電腦或其他設備為手段，以達其他犯罪之目的，則產生罪數競合之問題，除可論以實質上一罪外，原則上應依具體個案情形以數罪併罰方式處理。

㈡無故取得、刪除或變更電磁紀錄罪

刑法第三五九條規定：「無故取得、刪除或變更他人電腦或其相關設備之電磁紀錄，致生損害於公眾或他人者，處五年以下有期徒刑、拘役或科或併科二十萬元以下罰金。」

保護法益	電磁紀錄之支配權。
行為客體	他人電腦或相關設備之電磁紀錄。
主觀構成要件要素	只處罰故意，不罰過失。
客觀構成要件行為	取得、刪除或變更他人電腦或相關設備之電磁紀錄之行為。
情狀要件	1.無故。 2.致生損害於公眾或他人。

所謂無故取得，係指未得到授權之情形下擅自取得屬於他人之電磁紀錄，即行為人係出於惡意。無故刪除或變更之行為客體係指電磁紀錄而言，假設某人以外力對他人之電腦硬體設備加以破壞，連帶地亦毀損電磁紀錄，因行為客體不同，充其量只能成立刑法第三五四條毀損罪。又本罪在電磁紀錄遭到變更或刪除即為成立，至於該電磁紀錄事後是否能救得回來，或是否得以修復，均與本罪之成立無涉。本罪亦無處罰未遂犯之問題。實務

---

❽ 柯耀程，〈刑法新增「電腦網路犯罪規範」立法評論〉，《月旦法學教室》，11 期，頁 127，臺北（2003 年）。

❾ 例如刑法第一八五條第一項之犯罪行為，除列示「損壞」、「壅塞」外，另以「或他法」為概括性行為之規定。

亦採相同見解:「本罪之立法係鑒於電腦之使用,已逐漸取代傳統之生活方式,而所有電腦資料皆係經由電磁紀錄之方式呈現,電磁紀錄有足以表徵一定事項之作用(諸如身分或財產紀錄),則對電磁紀錄之侵害,亦可能同時造成身分或財產上之侵害關係,嚴重影響網路電腦使用之社會信賴及民眾之日常生活。參諸對電腦及網路之侵害行為採刑事處罰已是世界立法之趨勢,乃增訂該罪,對行為人科以刑事罰。故而本罪規範應係重在維持網路電腦使用之社會安全秩序,並避免對公眾或他人產生具體之損害。不論行為人所使用之破壞方式為何,祇要無故刪除他人電腦或其相關設備之電磁紀錄,即該當於刪除之構成要件。復因電磁紀錄本身具有可複製性,又不具有損耗性,縱被複製亦不致因此而消失,而依現行之科技設備,若要回復被刪除之電磁紀錄,亦非難事,故解釋上,應認電磁紀錄遭受無故刪除時,即已產生網路電腦使用之社會安全秩序遭受破壞之危險,至於該電磁紀錄事後得否回復,均無礙於「刪除」之成立。倘其刪除行為,又已致生損害於公眾或他人,本罪即已該當。」(最高法院104年臺上字第3392號刑事判決)又無故取得、刪除電磁紀錄之行為,基於同一目的,於同時地或密切接近之時地實施,侵害單一法益,獨立性極為薄弱,依一般社會健全觀念難以強行分離,應包括於一行為予以評價,為接續犯,應論以一罪(最高法院104年臺上字第561號刑事判決)。

　　應注意的是,由於本條已將電磁紀錄直接列為保護之對象,因此,不須再考慮此電磁紀錄是否符合文義性——符合「準文書」之要件,此其一;又本次修法已將刑法第三二三條擬制電磁紀錄為動產之規定刪除,故無故取得他人電磁紀錄之情形,已無須再考慮竊盜罪「破壞他人持有並進而建立自己持有」之構成要件,法律適用上較為單純,此其二。目前實務上常見之虛擬寶物盜取案,亦因本罪增訂後不再論以竊盜罪,而改論以本罪。此外,修正時立法理由說明中謂:「目前刑法之立法體系,並不特別強調以保護法益之種類作為章節之區別,而係屬混合式之立法方式,例如在保護個人財產法益之毀損罪章(刑法第三十五章)中亦有出現保護社會法益之『足以生損害於公眾或他人』之構成要件(刑法第三五四條)」,故本罪之

保護法益同時兼及個人法益及社會安全法益❿，此其三。

　　隨著科技發展，前開電磁紀錄自不以電腦或其相關設備為限，例如設備錄相機內影像資料係屬刑法第二二〇條規定之（電磁紀錄）準文書，而有同法第十五章偽造文書印文罪之適用，仍無礙其同為同法第三五九條所定電腦或其相關設備之電磁紀錄（最高法院 105 年臺上字第 974 號刑事判決）。

㈢無故干擾他人電腦罪

　　刑法第三六〇條規定:「無故以電腦程式或其他電磁方式干擾他人電腦或其相關設備，致生損害於公眾或他人者，處三年以下有期徒刑、拘役或科或併科十萬元以下罰金。」

保護法益	電腦系統之效能。
行為客體	他人電腦或相關設備。
主觀構成要件要素	只處罰故意，不罰過失。
客觀構成要件行為	以電腦程式或其他電磁方式干擾他人電腦或其相關設備之行為。
情狀要件	1.無故。 2.致生損害於公眾或他人。

　　本罪之適用上應注意下列事項:

1.與刑法修正前第三五二條第二項規定之關係

　　刑法修正前第三五二條第二項原規定:「干擾他人電磁紀錄之處理，足以生損害於公眾或他人者，亦同。」與本條之精神類似，由於其保護之對象為「電磁紀錄之處理」，並未將攻擊方式明確界定，造成文義射程太廣，例如毀損鍵盤、螢幕等毀損硬體之方法，可能干擾電磁紀錄之處理，或者是拔除排線接頭雖未毀損硬體，亦可能干擾電磁紀錄之處理，前開事例均屬對有體物之攻擊，以傳統刑法之毀損罪評價即足矣⓫。而本條增設之目的

---

❿　學者柯耀程認為立法說明誤解法益之安置，在法益之概念上，不妨對於電腦內部之虛擬世界作獨立保護法益認定。請參考柯耀程，〈刑法新增「電腦網路犯罪規範」立法評論〉，《月旦法學教室》，11 期，頁 123，臺北（2003 年）。

⓫　甘添貴，《體系刑法各論第二卷》，頁 492，臺北，自版（2000 年初版）。

在於釐清干擾方式限於電腦程式或其他電磁方式，因刑法修正後，前揭第三五二條第二項已成贅文，遂併配合刪除。

2.「干擾行為」之解釋

所謂干擾行為，其性質或可視為係暫時性之使用不能，亦即利用足以造成電腦使用障礙之方法，不論係利用網路癱瘓之方法，或是植入暫時性封鎖之程式，而無法正常使用電腦及其相關設備。此種類型最常見者即是所謂電腦駭客之攻擊行為，此種行為之作用並非在造成電腦之內部損害，而是用以癱瘓使用者之電腦，以造成暫時性使用之不能❿。為避免干擾之範圍過於廣泛，本條乃限制行為之方式必須是使用以電腦程式或其他電磁方式干擾電腦程式始該當本罪。

3.以電子郵件灌爆信箱或大量寄送垃圾郵件是否構成本罪？

例如以電子郵件灌爆使用者信箱之行為是否亦屬於本罪所稱「干擾行為」？按寄送電子郵件者如屬惡意，方有本條之適用；惟如僅係信件傳遞，而無意間造成電子郵件服務系統或是服務平臺受到破壞，同時亦擠爆使用者之信箱，仍不得適用本條之規定。又如現行常見之垃圾郵件、掃描通訊埠等，因尚未致生損害於公眾或他人，原則上不構成本罪。

4.以外掛程式上網遊戲是否該當本罪

本問題應視行為人之干擾行為是否已「致生損害於公眾或他人」。例如練功程式，如係以正常遊戲節奏自動操作角色進行練功或尋寶，因此種程式並未影響到系統效能，應不該當本罪；反之，如果該程式係以非常誇張之密集封包傳送方法「加速」練功，因此種程式會造成伺服器超過負荷而當機，因而致生損害於公眾或他人，倘若行為人主觀上對此種損害之發生有所預見，則可能構成本罪。至於影響系統效能要到何種程度始能認定「致生損害於公眾或他人」，仍應視具體個案之情形，無法量化。

5.虛擬寶物盜取案是否尚構成本罪

刑法修正前有關虛擬寶物盜取案適用法律疑義，有謂除構成竊盜罪及

---

❿　柯耀程，〈刑法新增「電腦網路犯罪規範」立法評論〉，《月旦法學教室》，11 期，頁 125，臺北（2003 年）。

詐欺得利罪外,尚構成修正前原第三五二條第二項干擾電磁紀錄罪,則修法後是否亦有本條之適用?按輸入他人帳號密碼進而取得他人虛擬寶物均為原遊戲平臺提供之功能,此種行為尚未對電腦系統效能有所影響,毋寧認為僅造成伺服器之電磁紀錄被變更而已,而此種情形已於刑法增訂第三五九條無故取得變更電磁紀錄罪所涵括,故即使刑法修正時已刪除原第三五二條第二項之規定,仍不發生適用本罪之問題。

㈣對公務機關電腦或其相關設備犯罪之加重規定

刑法第三六一條規定:「對於公務機關之電腦或其相關設備犯前三條之罪者,加重其刑至二分之一。」

1.行為客體須為公務機關之電腦或其相關設備。

2.本條是否亦屬告訴乃論之罪?

按最高法院 19 年上字第 1962 號判例略謂,犯刑法第二七七條普通傷害罪,依同法第二八七條規定,須告訴乃論,雖被害人係行為人之直系血親尊親屬,應依同法第二八〇條加重其刑。該條既明定為對直系血親尊親屬犯第二七七條第一項之罪者,加重其刑至二分之一,是加重者為其刑,所犯者乃係第二七七條第一項之罪,第二八七條復規定第二七七條之罪須告訴乃論,又係以罪而不以刑,則對於直系血親尊親屬犯第二七七條第一項之罪者,自在告訴乃論之列。本條之規定類如前揭第二八〇條之立法設計,依同一法律中同一規定應為同一解釋之精神,本條似應依最高法院 19 年上字第 1962 號判例之見解,屬告訴乃論之罪。惟於立法院司法委員會一讀審查時,不但結論同意採非告訴乃論,審查會之審查報告中亦補充本條之修正理由略謂:「至於第三六一條之罪,因公務機關之電腦系統往往與國家安全或社會重大利益密切關聯,實有加強保護之必要,故採非告訴乃論以嚇阻不法。」❸換言之,於立法理由中將本條解為非告訴乃論之罪,而非以法律明文說明,此與前述第二八〇條之司法解釋為相異之處理,是否妥當,不無疑義。

---

❸ 葉奇鑫,〈刑法新修正妨害電腦使用罪章條文簡介〉,《法務通訊》,2140 期,第 5 版,臺北 (2003 年)。

㈤製作惡意電腦病毒程式罪

刑法第三六二條規定：「製作專供犯本章之罪之電腦程式，而供自己或他人犯本章之罪，致生損害於公眾或他人者，處五年以下有期徒刑、拘役或科或併科二十萬元以下罰金。」

行為客體	專供犯本章之罪之電腦程式。
主觀構成要件要素	只處罰故意，不罰過失。
客觀構成要件行為	製作專供犯本章之罪之惡意電腦病毒程式之行為。
情狀要件	致生損害於公眾或他人。

1.本罪處罰之對象為電腦病毒程式之製作人，而非使用人。是以，如係利用他人所製作之電腦病毒而為侵害行為，行為人應屬成立其他罪名之問題（應視行為人所為具體妨害行為究竟是入侵、干擾、取得、刪除或變更電磁紀錄）。

2.所謂專供犯本章之罪之電腦程式，典型之例子如電腦病毒程式及後門程式。

3.因本罪之成立須以致生損害於公眾或他人為要件，故如車諾比病毒案件較為顯著外，其他單純之個案乃屬舉證之問題。

㈥告訴乃論之規定

刑法第三六三條規定：「第三百五十八條至第三百六十條之罪，須告訴乃論。」本次修法將妨害電腦使用罪定位為告訴乃論之罪，係肇因於網際網路源於崇尚學術自由之大學及研究中心，「網路公民」向以自由、共享為標榜，甚至有人主張網路空間係一獨立之虛擬新社會，應免於國家統治，因此，為避免國家司法權過度介入網路虛擬空間，且為使有限之司法資源能集中於偵辦重大網路犯罪，故本章之罪除第三六一條及第三六二條外，其餘之罪均採告訴乃論。

【結論】

一、甲成立刑法第三五八條無故入侵他人電腦罪。按本罪保障的是電腦使

用安全，被害人原能合理期待其電腦網站係處於安全狀態，卻因為甲利用電腦系統漏洞而入侵電腦網站，故成立本罪。又甲基於概括之犯意，連續數行為而犯本罪，因甲所侵入者為政府機關之網站，其數行為為包括上一罪。

二、甲無正當理由進入政府網站，亦成立刑法第三五九條無故取得他人電腦之電磁紀錄罪，如甲前揭入侵政府電腦之行為與無故取得政府電磁紀錄之行為犯意各別，則應數罪併罰。

三、又被害人為政府機關，得適用刑法第三六一條規定，加重其刑至二分之一。

【參考法條】

刑法第十條第六項

稱電磁紀錄者，謂以電子、磁性、光學或其他相類之方式所製成，而供電腦處理之紀錄。

刑法第二二○條

在紙上或物品上之文字、符號、圖畫、照像，依習慣或特約，足以為表示其用意之證明者，關於本章及本章以外各罪，以文書論。

錄音、錄影或電磁紀錄，藉機器或電腦之處理所顯示之聲音、影像或符號，足以為表示其用意之證明者，亦同。

刑法第三五八條

無故輸入他人帳號密碼、破解使用電腦之保護措施或利用電腦系統之漏洞，而入侵他人之電腦或其相關設備者，處三年以下有期徒刑、拘役或科或併科十萬元以下罰金。

刑法第三五九條

無故取得、刪除或變更他人電腦或其相關設備之電磁紀錄，致生損害於公眾或他人者，處五年以下有期徒刑、拘役或科或併科二十萬元以下罰金。

刑法第三六○條

無故以電腦程式或其他電磁方式干擾他人電腦或其相關設備，致生損害於公眾或他人者，處三年以下有期徒刑、拘役或科或併科十萬元以下罰金。

刑法第三六一條

對於公務機關之電腦或其相關設備犯前三條之罪者，加重其刑至二分之一。

刑法第三六二條

製作專供犯本章之罪之電腦程式，而供自己或他人犯本章之罪，致生損害於公眾或他人者，處五年以下有期徒刑、拘役或科或併科二十萬元以下罰金。

刑法第三六三條

第三百五十八條至第三百六十條之罪，須告訴乃論。

【練習題】

一、甲因痛恨刑法老師乙給予低分，遂大量轉寄容量大之垃圾郵件擠爆乙之信箱。請問甲是否成立犯罪？

二、甲因被學校退學，入侵學校網站，造成網路系統癱瘓。請問甲是否成立犯罪？

▶ 刑事訴訟法論

朱石炎 著

　　刑事訴訟法是追訴、處罰犯罪的程序法，其立法目的在於確保程序公正適法，並求發現真實，進而確定國家具體刑罰權。實施刑事訴訟程序的公務員，務須恪遵嚴守。近年來，刑事訴訟法曾經多次局部修正，本書是依截至民國一〇四年八月最新修正內容撰寫，循法典編章順序，以條文號次為邊碼，是章節論述與條文釋義的結合，盼能提供初學者參考之用。

▶ 民法債編總論實例研習

陳啓垂 著

　　在私法或民法關係中，以債權債務關係最為多樣與複雜。「民法債編通則」為債編的共通規定，有極高的抽象性，法條間的關係錯綜複雜，對學習法律的學生而言，最難以學習與掌握。本書遵循法典章節體系及法條順序編排，依序撰擬相關案例，列出關鍵問題；再針對問題點，分別引用法條及相關學說理論為說明；在前此相關法律規定及學說理論基礎上，扼要解析前舉案例；最後附上相關法條及練習題。